KB075400

세상의 속도를
따라잡고 싶다면

Do it!

기출 유형 분석부터 문제 풀이 비법까지!

알고리즘 코딩 테스트

C++ 편

코딩 테스트를 처음 준비하는 취준생의 필독서!

김종관 지음

이지스퍼블리싱

세상의 속도를 따라잡고 싶다면 **Do it!**
변화의 속도를 즐기게 됩니다.

Do it!

알고리즘 코딩 테스트 — C++ 편

Do it! Algorithm Coding Test with C++

초판 발행 • 2022년 12월 28일
초판 3쇄 • 2024년 9월 25일

지은이 • 김종관
펴낸이 • 이지연
펴낸곳 • 이지스퍼블리싱(주)
출판사 등록번호 • 제313-2010-123호
주소 • 서울특별시 마포구 잔다리로 109 이지스빌딩 3층(우편번호 04003)
대표전화 • 02-325-1722 | **팩스** • 02-326-1723
홈페이지 • www.easyspub.co.kr | **페이스북** • www.facebook.com/easyspub
Do it! **스터디룸 카페** • cafe.naver.com/doitstudyroom | **인스타그램** • instagram.com/easyspub_it

총괄 • 최윤미 | **기획 및 책임편집** • 한승우 | **기획편집 2팀** • 한승우, 신지윤, 이소연
베타테스터 • 김현정, 김호균, 심주현, 양지혜, 이하은, 임동주, 최승혁
교정교열 • 안동현 | **표지 및 본문 디자인** • 트인글터 | **인쇄** • 보광문화사
마케팅 • 권정하 | **독자지원** • 박애림, 김수경 | **영업 및 교재 문의** • 이주동, 김요한(support@easyspub.co.kr)

ISBN 979-11-6303-433-9 13000
가격 34,000원

어떤 분야에서든 성공하기 위한
가장 작은 필요조건은
끊임없이 배우는 것이다.

**Continuous learning is the minimum requirement
for success in any field.**

브라이언 트레이시
Brian Tracy

취업과 이직을 위한 알고리즘 코딩 테스트!
출제 경향을 완벽하게 반영한 핵심 100제로 한 번에 합격한다!

알고리즘 코딩 테스트는 이제 카카오, 네이버, 삼성, 라인 등 IT 기업으로 취업과 이직을 할 때 통과해야 하는 필수 단계가 되었습니다. 대학생, IT 개발자, 취준생을 대상으로 코딩 테스트를 강의할 때마다 IT 기업에 입사하고 싶어 하는 열망이 점점 더 뜨거워지고 있다는 걸 피부로 느끼는 요즘입니다. 몇 년 동안 강의를 진행하면서 수강생이 가장 원하는 건 지금 자기 실력에 알맞은 난이도의 문제라는 걸 깨달았습니다. 그리고 그 문제를 어떻게 푸는지 배우는 사람의 눈높이에서 친절하게 알려 주는 것도요. 그래서 저 또한 코딩 테스트에 익숙하지 않은 초보자였던 시절을 되돌아보면서 배우는 사람의 눈높이에서 수강생을 바라보기 시작했습니다. 어떤 부분에서 어려움을 겪는지 더 살피고, 어떻게 하면 더 쉽게 설명할 수 있을지 고민했습니다. 제가 눈높이를 낮출수록 수강생은 더 긍정적인 반응을 보여줬습니다.

강의실 너머에 있을 더 많은 IT 기업 취준생에게

이 책은 그동안 코딩 테스트 강의를 하며 쌓아 온 노하우를 강의실 너머에 있을 더 많은 IT 기업 취준생에게 전하고자 집필했습니다. 역대 기출 유형에 해당하는 34가지 자료구조와 알고리즘의 이론부터 '백준 온라인 저지'에서 엄선한 핵심 문제 100개까지 코딩 테스트를 대비해 필요한 모든 것을 한 권에 담았습니다. 알고리즘과 문제는 가능한 한 난이도별로 배치하여 입문자도 책을 처음부터 끝까지 순서대로 공부하기만 하면 코딩 테스트에 응시할 만한 실력을 저절로 갖출 수 있도록 구성했습니다.

엄선한 핵심 알고리즘, 하나하나 자세히 묘사한 책

이 책에서는 실제로 IT 기업 코딩 테스트에 출제되었거나 앞으로 출제될 만한 영역을 선별하여 담았습니다. 코딩 테스트 대비에 집중할 수 있도록 출제 확률이 낮은 자료구조와 알고리즘 영역은 과감히 다루지 않았습니다. 엄선한 자료구조와 알고리즘의 핵심 이론은 도해와 그림으로 설명합니다. 이론을 단순히 외우는 데에 그치지 않고 원리를 최대한 이해할 수 있도록 알고리즘의 동작을 하나하나 자세히 묘사했습니다. 그림만 꼼꼼히 살펴봐도 코딩 테스트 문제를 해결할 수 있는 이론적인 자양분을 충분히 얻을 수 있습니다.

코딩 테스트는 시간과의 싸움, 4단계 문제 풀이 습관으로 해결!

코딩 테스트는 시간과의 싸움이 가장 중요합니다. 급한 마음에 섣불리 알고리즘을 골랐다가는 원래 알고 있던 문제도 풀지 못할 수 있거든요. 이 책에서는 문제 분석하기, 손으로 풀어 보기, 슈도코드 작성하기, 코드 구현하기까지 총 4단계로 문제를 해결합니다. 이 책에서 제안하는 4단계 문제 풀이 습관에 따라 문제를 풀다 보면 여러분은 실수하지 않는 문제 분석력과 적절한 알고리즘을 도출하는 능력, 도출한 알고리즘을 검증하는 능력, 검증한 알고리즘을 효율적으로 구현하는 능력까지 갖추게 됩니다.

백준 온라인 저지 핵심 100제를 풀고 리뷰하면 코딩 테스트 준비 끝!

이 책에 수록한 알고리즘 핵심 문제 100개는 국내 최대 알고리즘 문제집 사이트인 백준 온라인 저지에서 엄선했습니다. 모든 문제마다 효율적인 완성 소스 파일을 이지스퍼블리싱 홈페이지 자료실과 필자의 깃허브에서 제공합니다. 책에서 제공하는 소스 코드와 백준 온라인 저지 이용자들이 정답으로 작성한 코드 등을 스스로 작성한 코드와 비교하며 코드 리뷰도 꼭 해보기를 추천합니다. 코드 리뷰를 통해 코드를 최적화할 수 있고, 핵심 알고리즘 유형마다 활용할 수 있는 자기만의 템플릿 코드를 확보할 수 있습니다.

감사의 말을 전하며

먼저 책이 탄생할 수 있게 문제 인용을 허락해 주신 '백준 온라인 저지' 최백준 님께 감사의 말씀을 전합니다. 그리고 저에게 언제나 힘이 되어 준 아내 지혜에게 마음 깊이 고마움을 전합니다. 책 검수를 맡아 누구보다 꼼꼼하게 애정을 가지고 살펴봐 준 덕분에 완성도를 더 높일 수 있었습니다. 우리 부부의 가장 큰 보물 딸, 주아에게도 사랑한다는 말을 전합니다. 마지막으로 취업과 이직을 준비하는 여러분에게 이 책이 큰 도움이 되어 모두 원하는 IT 기업에 꼭 입사하길 바랍니다.

김종관 드림

코딩 테스트 실력이 쑥쑥 늘어나요! — 베타테스터의 한마디

혼자 알고리즘 문제를 풀 때는 답을 봐도 원리를 이해하지 못해서 풀이 방법을 금방 잊어버리곤 했습니다. 그런데 이 책의 꼼꼼한 설명과 슈도코드를 읽으며 문제를 훨씬 깊게 이해하게 됐어요. 문제에 접근하는 방법을 알려주고, 문제를 해결하는 사고력까지 길러주는 책이에요!

— **이하은**(컴퓨터공학과 4학년)

IT 업계에 근무하거나 취업, 이직을 준비한다면 누구나 알고리즘 공부를 꾸준히 하려 하지만 실천이 쉽지 않습니다. 이 책은 중요한 알고리즘별로 문제가 정리되어 있어 스스로 계획을 세우고 실천하는 데 많은 도움을 줍니다. 어떤 문제를 어디서부터 풀어야 할지 몰라 막막한 취준생에게 이 책을 추천합니다.

— **김현정**(3년 차 개발자)

이 책은 코딩 테스트에서 가장 중요한 '스스로 생각하는 힘'을 길러줍니다. [문제 분석하기 → 손으로 풀어 보기 → 슈도코드 작성하기 → 코드 구현하기] 순서로 문제를 풀면서 독자 스스로 풀이 방법을 고민해 볼 수 있는 기회를 꾸준히 제공합니다. 백준 온라인 저지 사이트를 기반으로 문제 풀이를 해 줘서 속 시원한 풀이 과정을 볼 수 있는 것도 이 책의 매력입니다.

— **임동주**(8년 차 개발자이자 5년 차 강사)

이렇게만 풀면 코딩 테스트 ALL PASS!

준비 단계 **핵심 이론 알아보기**

유형별 알고리즘의 핵심 이론을 알아보며 문제를 풀 수 있는 기본 지식을 갖춥니다.

> 그리디 알고리즘의 핵심 이론
>
> 그리디 알고리즘은 다음과 같은 3단계를 반복하면서 문제를
>
> 꼭 알아야 할 알고리즘 이론만 쏙쏙~
>
> **그리디 알고리즘 수행 과정**
>
> ① 해 선택: 현재 상태에서 가장 최선이라고 생각되는 해를 선택한다.
>
> ② 적절성 검사: 현재 선택한 해가 전체 문제의 제약 조건에 벗어나지 않는지 검사한다.
>
> ③ 해 검사: 현재까지 선택한 해 집합이 전체 문제를 해결할 수 있는지 검사한다. 전체 문제를 해결하지 못한다면 ①로 돌아가 같은 과정을 반복한다.

↓

01단계 **문제 분석하기**

핵심 이론을 토대로 알고리즘 문제를 분석합니다. 먼저 문제의 내용과 주어진 조건을 꼼꼼히 읽고 어떤 알고리즘을 사용하면 좋을지 등 전략을 세웁니다.

> 문제 032 **동전 개수의 최솟값 구하기**
>
> 문제마다 난이도 제공
>
> 시간 제한 1초 | 난이도 실버 III | 백준 온라인 저지 11047번
>
> 준규가 소유하고 있는 동전은 총 N종류이고, 각 동전의 개수가 많다. 동전을 적절히 사용해 그 가격의 합을 K로 만들려고 한다. 이때 필요한 동전 개수의 최솟값을 구하는 프로그램을 작성하시오.
>
> **01단계 문제 분석하기**
>
> 전형적인 그리디 알고리즘 문제입니다. 이 문제는 그리디 알고리즘으로 풀 수 있도록 뒤의 동전 가격 A_i가 앞에 나오는 동전 가격 A_{i-1}의 배수가 된다는 조건을 부여했습니다. 즉, 동전을 최소로 사용하여 K를 만들기 위해서는 가장 가격이 큰 동전부터 차례대로 사용하면 됩니다.

↓

02단계 **손으로 전략 세우기**

손으로 그림을 그려 보며 문제를 푸는 과정을 더 구체적으로 구상합니다.

> **02단계 손으로 풀어 보기**
>
> ❶ 가격이 큰 동전부터 내림차순으로 K보다 가격이 작거나 같은 동전이 나올 때까지 탐색합니다.
>
> 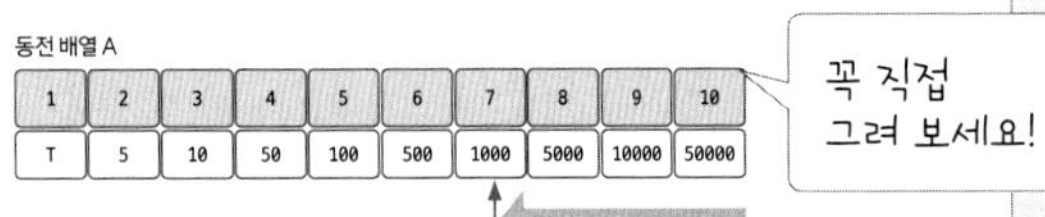
>
>
> ❷ 탐색을 멈춘 동전의 가격으로 K를 나눠 몫은 동전 개수에 더하고, 나머지는 K값으로 갱신합니다.
>
> 4200 / 1000 = 4 ⇒ 동전 개수 4개 추가
>
> 4200 % 1000 = 200 ⇒ K = 200

03단계 **슈도코드로 구체화하기**

슈도코드를 작성하며 지금까지 구상한 문제 풀이 과정을 코드로 어떻게 구현하면 좋을지 계획을 세웁니다.

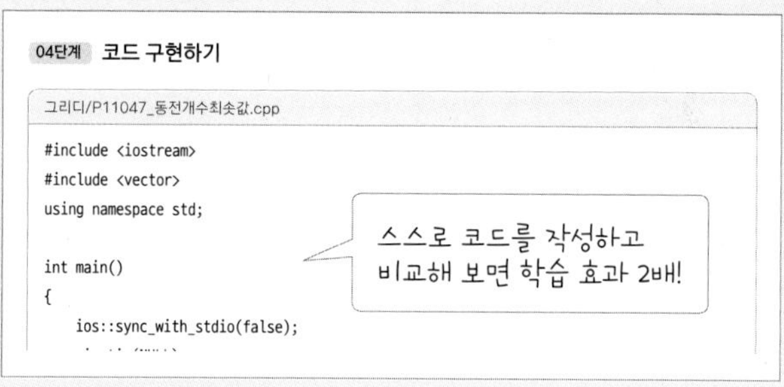

03단계 슈도코드 작성하기
N(동전 개수) K(목표 금액)
A(동전 데이터 배열)
for(N만큼 반복) {
배열 A 저장
}
// 가치가 큰 동전부터 선택해야 개수를 최소로 구성할 수 있음
for(N만큼 반복 → N - 1 ~ 0으로 역순으로 반복) {
코딩 인터뷰도
대비할 수 있어요!

04단계 **코드 작성·리뷰하기**

슈도코드로 설계한 프로그램을 실제 코드로 구현합니다. 출력이 예상한 대로 나오는지 확인하고, 책에서 제공하는 완성 소스 코드와도 비교해 보며 코드 리뷰까지 진행해 보세요.

04단계 코드 구현하기

그리디/P11047_동전개수최솟값.cpp

```
#include <iostream>
#include <vector>
using namespace std;

int main()
{
    ios::sync_with_stdio(false);
```

스스로 코드를 작성하고
비교해 보면 학습 효과 2배!

난이도 시스템으로 내 실력을 확인하자!

이 책에 수록한 모든 문제에는 난이도가 매겨져 있습니다. 코딩 테스트를 처음 준비한다면 난이도가 낮은 문제부터 차근차근 풀어 보세요.

▶ solved.ac에서 제공하는 난이도 표시 시스템을 활용했습니다.

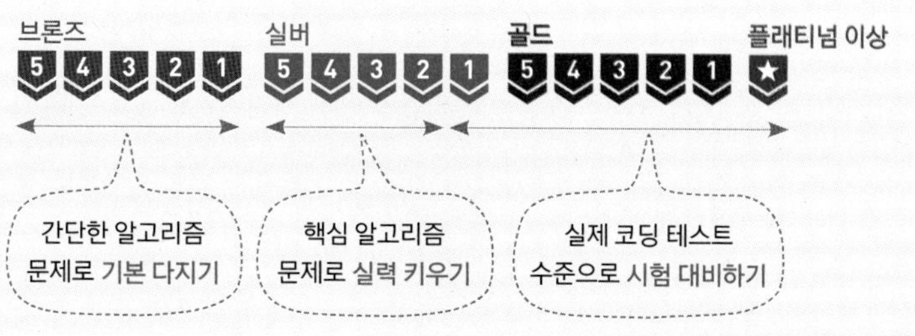

Q. 난이도가 낮은 문제도 꼭 풀어야 할까요?

안 풀고 넘어가도 됩니다. 그러나 쉬운 문제에서도 실전에서 사용할 수 있는 여러 가지 코딩 기술을 익힐 수 있습니다. 문제가 쉬우니 자신감까지 덤으로 올라갈 거예요!

Q. 난이도 시스템을 어떻게 이용해야 가장 효율적일까요?

난이도가 낮은 문제는 앞에, 높은 문제는 뒤에 나오도록 배치했습니다. 이 책에 나오는 순서대로 문제를 푸는 것을 추천합니다.

학습 계획표

30일 완성 코스!

딱 한 달만 집중해서 이 책에 실린 알고리즘 문제를 모두 풀어 보세요.
어떤 IT 기업의 코딩 테스트든 완벽하게 대비할 수 있습니다.

1일차	2일차	3일차	4일차	5일차
01~02 코딩 테스트 준비하기	03 자료구조 03-1 배열과 리스트 그리고 벡터 03-2 구간 합	03 자료구조 03-3 투 포인터 03-4 슬라이딩 윈도우	03 자료구조 03-5 스택과 큐	04 정렬 04-1 버블 정렬 04-2 선택 정렬
6일차	**7일차**	**8일차**	**9일차**	**10일차**
04 정렬 04-3 삽입 정렬 04-4 퀵 정렬	04 정렬 04-5 병합 정렬 04-6 기수 정렬	05 탐색 05-1 깊이 우선 탐색 05-2 너비 우선 탐색	05 탐색 05-3 이진 탐색	06 그리디 032~034 문제 풀이
11일차	**12일차**	**13일차**	**14일차**	**15일차**
06 그리디 035~036 문제 풀이	07 정수론 07-1 소수 구하기 07-2 오일러 피	07 정수론 07-3 유클리드 호제법 07-4 확장 유클리드 호제법	08 그래프 08-1 그래프의 표현	08 그래프 08-2 유니온 파인드
16일차	**17일차**	**18일차**	**19일차**	**20일차**
08 그래프 08-3 위상 정렬	08 그래프 08-4 다익스트라	08 그래프 08-5 벨만-포드 08-6 플로이드-워셜	08 그래프 08-7 최소 신장 트리	09 트리 09-1 트리 알아보기 09-2 트라이
21일차	**22일차**	**23일차**	**24일차**	**25일차**
09 트리 09-3 이진 트리	09 트리 09-4 세그먼트 트리	09 트리 09-5 최소 공통 조상	10 조합 076~080 문제 풀이	10 조합 081~083 문제 풀이
26일차	**27일차**	**28일차**	**29일차**	**30일차**
11 동적 계획법 084~087 문제 풀이	11 동적 계획법 088~090 문제 풀이	11 동적 계획법 091~093 문제 풀이	11 동적 계획법 094~096 문제 풀이	12 기하 097~100 문제 풀이

시험이 3일 남았다면?
100문제 중에서도 고르고 고른 **핵심 문제 25**개만
빠르게 풀어 보세요!

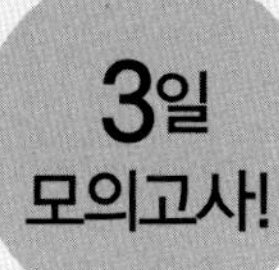

정답 소스 파일 — 이 책에서 제공하는 정답 소스 파일을 내려받으세요

이 책에 실린 모든 문제의 정답 소스 파일은 이지스퍼블리싱 홈페이지 자료실과 저자 깃허브에서 모두 내려받을 수 있습니다. 문제를 풀고 나면 꼭 정답 소스 파일과 비교하며 학습해 보세요.

- **이지스퍼블리싱 홈페이지:** www.easyspub.co.kr → 자료실 → 책 제목 검색
- **저자 깃허브:** github.com/doitcodingtest/C

100제 모두 실습 가능 — 백준 온라인 저지에서 문제를 직접 풀어 보세요

이 책에 실린 모든 문제는 백준 온라인 저지에 올라와 있습니다. 책에서 문제를 공부한 다음 백준 온라인 저지에서 다시 한번 문제를 직접 풀면서 복습해 보세요. 학습 효과를 두세 배 높일 수 있습니다.

저자 직강 동영상 제공 — 저자에게 과외 받듯이 공부할 수 있어요!

이 책의 핵심 내용을 담은 저자 직강 동영상을 무료로 제공합니다. 책과 함께 시청하면 더욱 쉽게 이해할 수 있어요.

- **이지스퍼블리싱 유튜브:** www.youtube.com/easyspub
- **저자 유튜브:** www.youtube.com/하루코딩

Do it! 스터디룸 — 친구와 함께 공부하고 책 선물도 받아 가세요

네이버 카페 'Do it! 스터디룸'에서 같은 고민을 하는 친구들과 함께 공부해 보세요. 내가 잘 이해한 내용은 남을 도와주고 내가 잘 이해하지 못한 내용은 도움을 받으면서 공부하면 복습 효과도 누릴 수 있습니다. 서로서로 코드와 개념 리뷰를 하며 훌륭한 개발자로 성장해 보세요.

- **Do it! 스터디룸:** cafe.naver.com/doitstudyroom

코딩 테스트 준비하기

Do it! 코딩 테스트 — 기초 편

핵심 알고리즘을 다루는 문제

첫째 마당

코딩 테스트 준비하기

코딩 테스트와 관련된 학습을 시작하기 전에 반드시 알아야 할 2가지 스킬인 시간 복잡도와 디버깅을 알아보겠습니다. 시간 복잡도와 디버깅은 코딩 테스트에서 매우 중요한 부분인데도 많은 사람이 간과하는 경우가 있습니다. 본격적인 알고리즘 공부에 앞서 이 2가지 스킬에 대해 알아보겠습니다.

01 어떤 알고리즘으로 풀어야 할까?

- 알고리즘 선택의 기준이 되는 시간 복잡도

02 코드의 논리 오류를 어떻게 잡을까?

- 가장 뛰어난 오류 탐색 방법, 디버깅

어떤 알고리즘으로 풀어야 할까?

—알고리즘 선택의 기준이 되는 시간 복잡도

코딩 테스트의 핵심 중 하나는 문제마다 주어진 시간 복잡도를 고려해
적절한 알고리즘을 선택하는 것입니다.
처음에 알고리즘을 잘못 선택하면 아무리 코드를 잘 짜려고 노력해도
좋은 결과를 거두기 어려우니까요.
문제를 본격적으로 풀어 보기 전에 시간 복잡도를 표기하는 방법과
활용하는 방법을 익혀 보겠습니다.

01-1 시간 복잡도 표기법 알아보기

알고리즘에서 시간 복잡도는 주어진 문제를 해결하기 위한 연산 횟수를 말합니다. 일반적으로 C++에서는 1억 번의 연산을 1초의 수행 시간으로 예측할 수 있습니다.

시간 복잡도 정의하기

실제 시간 복잡도를 정의하는 3가지 유형은 다음과 같습니다.

시간 복잡도 유형

- 빅-오메가($\Omega(n)$): 최선일 때(best case)의 연산 횟수를 나타낸 표기법
- 빅-세타($\Theta(n)$): 보통일 때(average case)의 연산 횟수를 나타낸 표기법
- 빅-오($O(n)$): 최악일 때(worst case)의 연산 횟수를 나타낸 표기법

다음은 1~100 사이의 무작윗값을 찾아 출력하는 코드입니다. 빅-오메가 표기법($\Omega(n)$)의 시간 복잡도는 1번, 빅-세타 표기법($\Theta(n)$)의 시간 복잡도는 N/2번, 빅-오 표기법($O(n)$)의 시간 복잡도는 N번입니다.

시간 복잡도 예제 코드

```
#include <iostream>
#include <cstdlib>
#include <ctime>
using namespace std;

int main()
{
    int findNumber;
    srand(time(NULL));
    findNumber = rand() % 100;  // 0 ~ 99 사이의 값 무작위 선택

    for (int i = 0; i < 100; i++) {
        if (i == findNumber) {
```

```
            cout << i;
            break;
        }
    }
}
```

코딩 테스트에서는 어떤 시간 복잡도 유형을 사용해야 할까?

코딩 테스트에서는 빅-오 표기법(O(n))을 기준으로 수행 시간을 계산하는 것이 좋습니다. 실제 테스트에서는 1개의 테스트 케이스로 합격, 불합격을 결정하지 않습니다. 응시자가 작성한 프로그램으로 다양한 테스트 케이스를 수행해 모든 케이스를 통과해야만 합격으로 판단하므로 시간 복잡도를 판단할 때는 최악일 때worst case를 염두에 둬야 합니다.

다음은 빅-오 표기법(O(n))으로 표현한 시간 복잡도 그래프입니다. 각각의 시간 복잡도는 데이터 크기(N)의 증가에 따라 성능(수행 시간)이 다르다는 것을 확인할 수 있습니다.

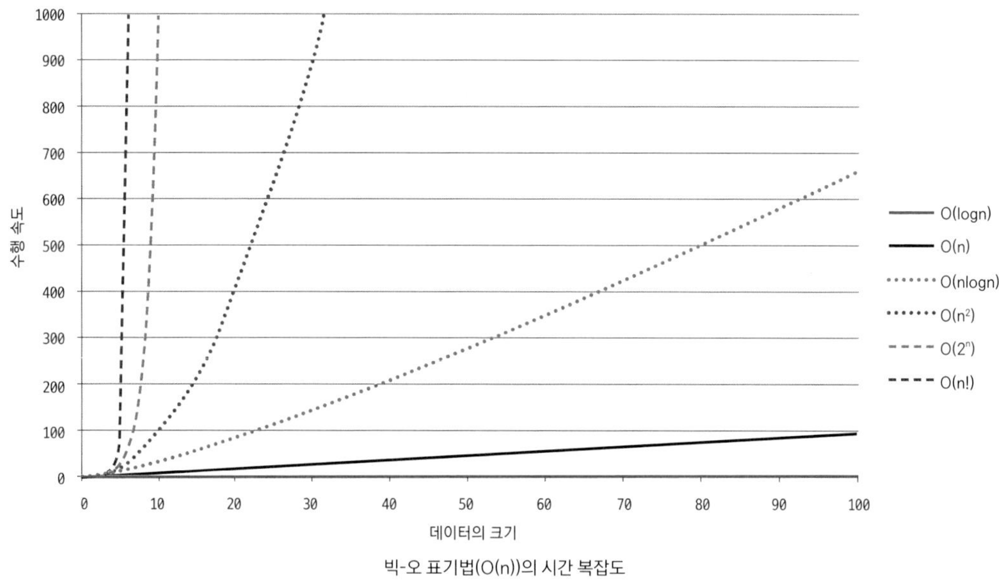

빅-오 표기법(O(n))의 시간 복잡도

다음 절에서는 이러한 내용을 바탕으로 시간 복잡도의 개념을 코딩 테스트에 어떻게 활용해야 하는지 알아보겠습니다.

01-2 시간 복잡도 활용하기

알고리즘 선택의 기준으로 사용하기

우리가 이 책에서 정렬 부분의 학습을 완료했고, 버블 정렬과 병합 정렬의 시간 복잡도를 각각 $O(n^2)$, $O(nlogn)$이라고 알고 있다고 가정하고 다음 문제를 예로 들어 설명하겠습니다.

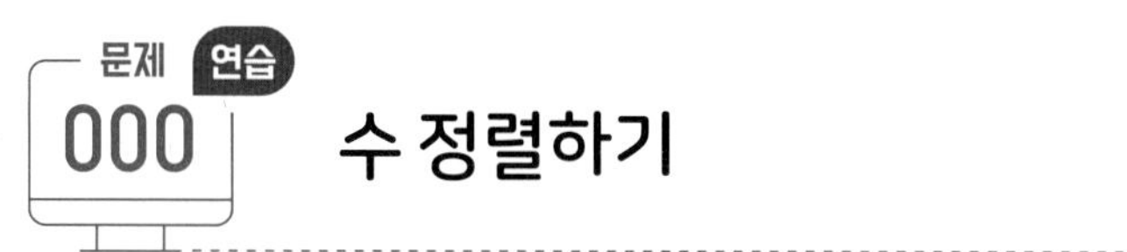

이 책에 실린 모든 문제는 백준 온라인 저지의 허락을 받아 엄선되었습니다.

시간 제한 2초 | 백준 온라인 저지 2750번

N개의 수가 주어졌을 때 이를 오름차순 정렬하는 프로그램을 작성하시오.

입력

1번째 줄에 수의 개수 N($1 \leq N \leq 1,000,000$), 2번째 줄부터는 N개의 줄에 숫자가 주어진다. 이 수는 절댓값이 1,000,000보다 작거나 같은 정수다. 수는 중복되지 않는다.

출력

1번째 줄부터 N개의 줄에 오름차순 정렬한 결과를 1줄에 1개씩 출력한다.

예제 입력 1
5 5 2 3 4 1

예제 출력 1
1 2 3 4 5

시간제한이 2초이므로 이 조건을 만족하려면 2억 번 이하의 연산 횟수로 문제를 해결해야 합니다. 따라서 문제에서 주어진 시간 제한과 데이터 크기를 바탕으로 어떤 정렬 알고리즘을 사용해야 할 것인지를 판단할 수 있습니다.

연산 횟수는 1초에 1억 번 연산하는 것을 기준으로 생각합니다.

시간 복잡도는 항상 최악일 때, 즉 데이터의 크기가 가장 클 때를 기준으로 합니다.

연산 횟수 계산 방법

- 연산 횟수 = 알고리즘 시간 복잡도 n값에 데이터의 최대 크기를 대입하여 도출

위 공식을 대입해 각 알고리즘이 이 문제에 적합한지 판단해 보겠습니다.

알고리즘 적합성 평가

- 버블 정렬 = $(1{,}000{,}000)^2$ = 1,000,000,000,000 > 200,000,000 → 부적합 알고리즘
- 병합 정렬 = $1{,}000{,}000\log_2(1{,}000{,}000)$ = 약 20,000,000 < 200,000,000 → 적합 알고리즘

문제에 주어진 시간제한이 2초이므로 연산 횟수 2억 번 안에 원하는 답을 구해야 합니다. 버블 정렬은 약 1조 번의 연산 횟수가 필요하므로 이 문제를 풀기에 적합한 알고리즘이 아니라고 판단할 수 있습니다. 병합 정렬은 약 2,000만 번의 연산 횟수로 답을 구할 수 있으므로 문제를 풀기에 적합한 알고리즘이라고 판단할 수 있습니다.

이와 같이 시간 복잡도 분석으로 문제에서 사용할 수 있는 알고리즘을 선택할 수 있고, 이 범위를 바탕으로 문제의 실마리를 찾을 수 있습니다. 즉, 데이터의 크기(N)를 단서로 사용해야 하는 알고리즘을 추측해 볼 수 있습니다.

시간 복잡도를 바탕으로 코드 로직 개선하기

시간 복잡도는 작성한 코드의 비효율적인 로직logic을 개선하는 바탕으로도 사용할 수 있습니다. 이 부분을 활용하려면 가장 먼저 코드의 시간 복잡도를 도출할 수 있어야 합니다. 시간 복잡도를 도출하려면 다음 2가지 기준을 고려해야 합니다.

시간 복잡도 도출 기준

① 상수는 시간 복잡도 계산에서 제외한다.

② 가장 많이 중첩된 반복문의 수행 횟수가 시간 복잡도의 기준이 된다.

코드를 예로 들어 설명하겠습니다.

예제 1: 연산 횟수 = N

```
#include <iostream>
using namespace std;

int main()
{
    int N = 1000;
    int cnt = 1;

    for (int i = 0; i < N; i++) {
        cout << "연산 횟수: " << cnt++ << "\n";
    }
}
```

예제 2: 연산 횟수 = 3N

```
#include <iostream>
using namespace std;

int main()
{
    int N = 1000;
    int cnt = 1;

    for (int i = 0; i < N; i++) {
        cout << "연산 횟수: " << cnt++ << "\n";
    }
    for (int i = 0; i < N; i++) {
        cout << "연산 횟수: " << cnt++ << "\n";
    }
    for (int i = 0; i < N; i++) {
        cout << "연산 횟수: " << cnt++ << "\n";
    }
}
```

두 예제 코드의 연산 횟수는 3배의 차이가 납니다. 언뜻 생각하면 큰 차이인 것 같지만 **코딩 테스트에서는 일반적으로 상수를 무시**하므로 두 코드 모두 시간 복잡도는 O(n)으로 같습니다.

다음 예제 코드를 확인해 보겠습니다.

예제 3: 연산 횟수 = N^2

```
#include <iostream>
using namespace std;

int main()
{
    int N = 1000;
    int cnt = 1;

    for (int i = 0; i < N; i++) {
        for (int j = 0; j< N; j++) {
            cout << "연산 횟수: " << cnt++ << "\n";
        }
    }
}
```

시간 복잡도는 가장 많이 중첩된 반복문을 기준으로 도출하므로 이 코드에서는 이중 for 문이 전체 코드의 시간 복잡도 기준이 됩니다. 만약 일반 for 문이 10개 더 있다 하더라도 도출 기준 ②에 따라 시간 복잡도의 변화 없이 N^2으로 유지됩니다.

이와 같이 자신이 작성한 코드의 시간 복잡도를 도출할 수 있다면 실제 코딩 테스트에서 시간 초과가 발생했을 때 이 원리를 바탕으로 문제가 되는 코드 부분을 도출할 수 있고, 이 부분을 연산에 더욱 효율적인 구조로 수정하는 작업으로 문제를 해결할 수 있습니다.

코드의 논리 오류를 어떻게 잡을까?

—가장 뛰어난 오류 탐색 방법, 디버깅

코딩 테스트에 떨어진 응시자와 이야기하다 보면
코드에서 논리 오류를 찾아내지 못해 코딩 테스트를 통과하지 못하는
안타까운 경우를 많이 봅니다.
이러한 상황에서 논리 오류를 찾는 가장 좋은 방법은 '디버깅'입니다.
2장에서는 디버깅에 대해 알아보겠습니다.

02-1 디버깅은 왜 중요할까?

프로그램에서 발생하는 문법 오류나 **논리 오류를 찾아 바로잡는 과정을 디버깅**debugging이라고 합니다. 문법 오류는 컴파일러가 자동으로 찾아 주므로 테스트할 때 문제가 되지 않습니다. 논리 오류는 코드가 사용자의 의도와 다르게 동작하는 것이며 다양한 형태로 발생합니다.

디버깅의 중요성

코딩 테스트에 떨어진 응시자와 만나 이야기하다 보면 이런 말을 많이 합니다.

학생 1: '아! index 범위 1개 차이로 이번 시험에 떨어졌어요. 너무 아쉬워요.'

학생 2: '계속 답이 나오지 않아 몇 시간 동안 헤맸는데, 알고 보니 예외 처리를 하나 빠트렸네요.'

두 학생이 디버깅을 제대로 했다면 아마 코딩 테스트에 통과했을 것입니다. 많은 사람이 문법을 배우는 과정에서 디버깅을 가볍게 생각하고 넘어갑니다. **하지만 디버깅은 코딩 테스트에 필요한 기술이고, 그냥 알아 두기만 하면 되는 것이 아니라 문제를 풀면서 반드시 해야 하는 과정입니다. 반드시 디버깅을 익힌 후에 코딩 테스트에 응시하기 바랍니다.**

디버깅하는 법

디버깅을 하는 방법은 코드에서 디버깅하고자 하는 줄에 중단점break point을 설정하고, IDE의 디버깅 기능을 실행해 진행하면 됩니다. 구체적인 방법은 다음과 같습니다.

디버깅 방법

① 코드에서 디버깅하고자 하는 줄에 중단점을 설정한다. 이때 중단점은 여러 개 설정할 수 있다.

② IDE의 디버깅 기능을 실행하면 코드를 1줄씩 실행하거나 다음 중단점까지 실행할 수 있으며, 이 과정에서 추적할 변숫값도 지정할 수 있다. 이 방법으로 변숫값이 자신이 의도한 대로 바뀌는지 파악한다.

③ 변숫값 이외에도 원하는 수식을 입력해 논리 오류를 파악할 수 있다.

②와 ③에서 말하는 변숫값 추적은 비주얼 스튜디오의 로컬Local, 자동Auto, 조사식Watch 창을 활용하면 됩니다. 해당 창은 이후 디버깅을 설명하며 자주 보게 될 것이므로 눈에 익혀 두세요.

3개의 창은 디버깅을 시작하고 나서 [디버그(D) → 창(W)] 메뉴의 하위 메뉴를 통해 실행할 수 있습니다.

비주얼 스튜디오의 로컬(Local) 창

비주얼 스튜디오의 자동(Auto) 창

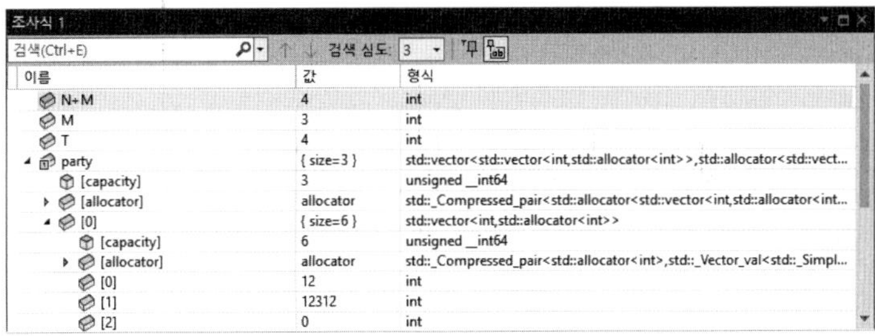

비주얼 스튜디오의 조사식(Watch) 창

02-2 디버깅 활용 사례 살펴보기

코딩 테스트를 진행하며 실수하기 쉬운 4가지 오류 찾아보기

다음은 구간 합 관련 코드입니다. 언뜻 보면 문제가 없는 것 같지만, 이 코드에는 실수하기 쉬운 4가지 오류가 숨었습니다. 먼저 코드를 봅시다.

결함 있는 코드 예제

```
#include <iostream>
#include <cstdlib>
#include <climits>
using namespace std;

int main()    // 배열에서 주어진 범위의 합을 구하세요.
{
    int testcase;
    cin >> testcase;

    int answer = 0;
    int A[100001] = {0};

    for (int i = 1; i < 10001; i++) {
        A[i] = rand() * 100;
    }

    for (int t = 1; t < testcase + 1; t++) {
        int start, end;
        cin >> start >> end;
        for (int i = start; i <= end; i++) {
            answer += A[i];
        }
        cout << testcase << " " << answer;
    }
}
```

실제 코딩 테스트에 입력할 코드와 비교하면 짧고 단순한 코드입니다. 아마 눈으로 금방 오류를 찾았을 수도 있습니다. 하지만, 코딩 테스트 문제는 이보다 복잡한 알고리즘 로직이 필요하며, 코드도 길어서 논리 오류를 눈으로 찾기란 쉽지 않습니다. 여기서는 디버깅을 활용해 오류를 찾아보겠습니다.

오류 1: 변수 초기화 오류 찾아보기

첫 번째 오류는 변수 초기화 로직에서 초기화를 제대로 하지 않은 경우입니다. 먼저 로컬 창을 봅시다.

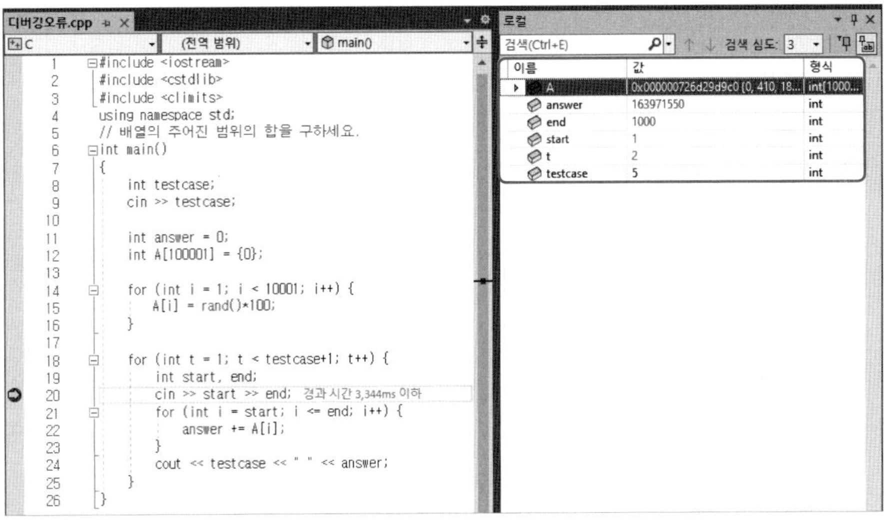

디버깅오류.cpp

```
1  #include <iostream>
2  #include <cstdlib>
3  #include <climits>
4  using namespace std;
5  // 배열의 주어진 범위의 합을 구하세요.
6  int main()
7  {
8      int testcase;
9      cin >> testcase;
10
11     int answer = 0;
12     int A[100001] = {0};
13
14     for (int i = 1; i < 10001; i++) {
15         A[i] = rand()*100;
16     }
17
18     for (int t = 1; t < testcase+1; t++) {
19         int start, end;
20         cin >> start >> end;  경과 시간 3,344ms 이하
21         for (int i = start; i <= end; i++) {
22             answer += A[i];
23         }
24         cout << testcase << " " << answer;
25     }
26 }
```

로컬

이름	값	형식
A	0x000000726d29d9c0 {0, 410, 18...	int[1000...
answer	163971550	int
end	1000	int
start	1	int
t	2	int
testcase	5	int

변수 초기화 오류 디버깅

로컬 창을 보면 t가 2이므로 두 번째 테스트 케이스를 진행하는 중입니다. 그리고 중단점은 20번째 줄을 가리키고 있으므로 이제 막 두 번째 테스트 케이스를 실행하기 시작한 시점입니다. 그런데 answer의 값은 0이 아닌 163971550입니다. 이는 초기화 로직에 문제가 있음을 의미합니다. 아마도 첫 번째 테스트 케이스에서 도출한 answer의 값이 그대로 남아 있는 모양입니다.

이처럼 변수 초기화 로직은 놓치기 쉽습니다. 코드가 복잡해지면 더욱 그렇겠지요. 그리고 변수 초기화 로직 때문에 테스트를 통과하지 못하는 경우가 뜻밖에 흔합니다. 따라서 실제 코딩 테스트의 두 번째 테스트 케이스부터 통과되지 않을 때는 모든 변수가 정상적으로 초기화되고 있는지 디버깅을 이용해 확인해 보는 것도 문제 해결에 도움이 됩니다.

오류 2: 반복문에서 인덱스 범위 지정 오류 찾아보기

두 번째 오류는 반복문에서 인덱스 범위를 잘못 지정한 경우입니다. 다음 화면을 봅시다.

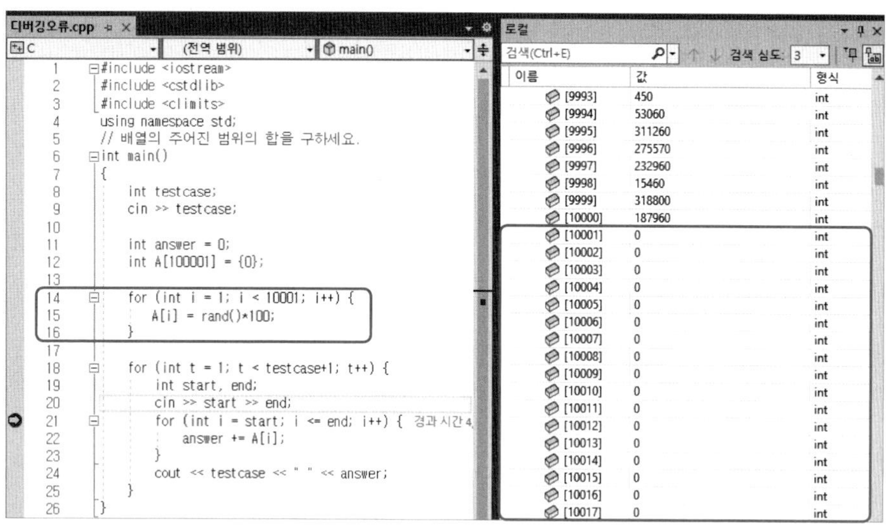

인덱스 오류 디버깅

종종 반복문에서 반복 범위를 잘못 지정하거나 비교 연산자 <, <=를 잘못 사용할 때가 있습니다. 위 경우 로컬 창에서 볼 수 있듯 A[10001]부터 값이 모두 0입니다. 반복문에서 배열 A에 값을 제대로 저장하지 않은 것이죠. 왜 그랬을까요? 14~16번 줄을 보면 초기에 합 배열을 구하는 과정에서 반복문의 범위가 10000이고, 이것이 문제임을 알 수 있습니다. 배열 A의 크기가 100001이므로 반복 범위는 100000이어야 합니다. 아마 코드를 입력하는 과정에서 0을 하나 빠뜨린 모양입니다.

이런 경우 외에도 배열 인덱스가 0부터 시작한다는 사실을 간과할 때도 있고, 반복문을 N까지 반복하도록 설정해야 하는데 비교 연산자를 잘못 입력하여 N - 1까지 반복하도록 설정할 때도 있습니다. 인덱스 범위 지정 오류는 여러 형태로 발생할 수 있으니 반복문을 사용할 때마다 범위와 시작 인덱스를 꼼꼼하게 확인하고, 혹시 모를 입력 실수에 대비해 디버깅하는 습관을 들이기 바랍니다.

오류 3: 잘못된 변수 사용 오류 찾아보기

출력 부분이나 로직 안에서 사용해야 하는 변수를 다른 변수와 혼동하여 잘못 사용할 때도 있습니다. 예를 들어 반복문에서 반복 변수를 사용해야 하는데, 기준 변수를 사용하거나 변수 이름 자체가 비슷해서 잘못 사용하는 경우입니다. 다음을 봅시다.

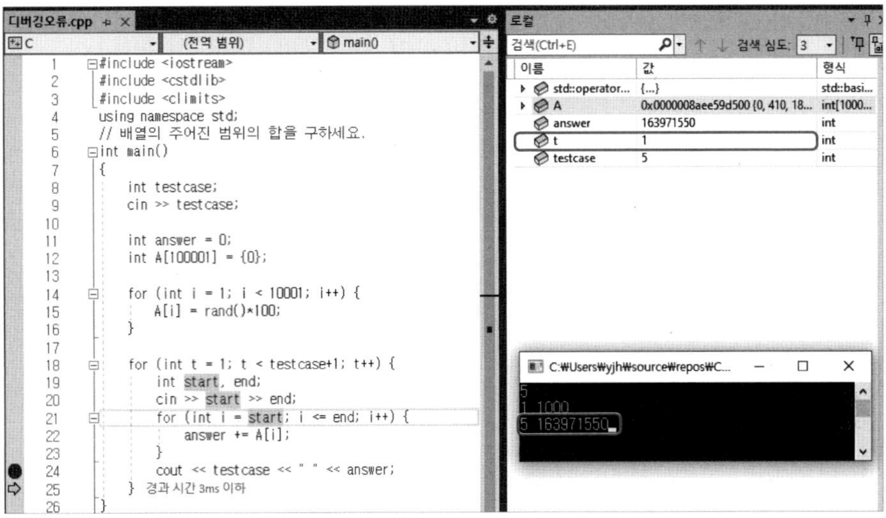

```
1  #include <iostream>
2  #include <cstdlib>
3  #include <climits>
4  using namespace std;
5  // 배열의 주어진 범위의 합을 구하세요.
6  int main()
7  {
8      int testcase;
9      cin >> testcase;
10
11     int answer = 0;
12     int A[100001] = {0};
13
14     for (int i = 1; i < 10001; i++) {
15         A[i] = rand()*100;
16     }
17
18     for (int t = 1; t < testcase+1; t++) {
19         int start, end;
20         cin >> start >> end;
21         for (int i = start; i <= end; i++) {
22             answer += A[i];
23         }
24         cout << testcase << " " << answer;
25     } 경과 시간 3ms 이하
26 }
```

이름	값	형식
std::operator...	{...}	std::basi...
A	0x0000008aee59d500 {0, 410, 18...	int[1000...
answer	163971550	int
t	1	int
testcase	5	int

```
5
1 1000
5 163971550
```

잘못된 변수 사용 오류 디버깅

t는 1이므로 첫 번째 테스트 케이스입니다. 그리고 디버깅은 25번째 줄을 가리키고 있습니다. 원래 문제에서 요구한 테스트 케이스의 출력 결과는 '몇 번째 테스트 케이스의 답이 무엇이다.'이므로 1 163971550의 형태로 출력해야 합니다. 그런데 출력 콘솔을 보면 5 163971550을 출력하고 있습니다. 분명히 첫 번째 테스트 케이스를 실행하는 중이므로 1이 출력되어야 하는데 그렇지 않습니다. 이는 24번째 줄에서 출력 변수를 t가 아니라 testcase로 지정했기 때문입니다. 아마도 코딩을 하는 도중에 t와 testcase를 혼동했을 가능성이 큽니다.

오류 4: 자료형 범위 오류 찾아보기

데이터 계산 도중 계산된 값을 변수에 저장할 때 변수에 지정한 자료형 범위를 넘을 때도 있습니다. 다음을 봅시다.

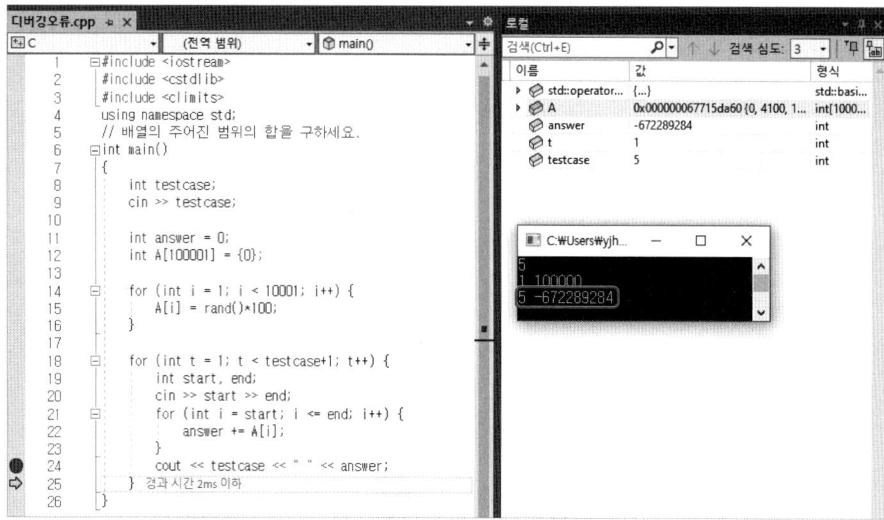

자료형 범위 오류 디버깅

로컬 창에서 answer 변수를 보면 음수가 저장된 것이 보입니다. 이 문제에서 A값은 모두 양수이기 때문에 answer 변수가 음수가 될 수 없습니다. 어디선가 버그가 발생한 것이 분명합니다. 왜 그럴까요? 그 이유는 answer를 int형으로 선언했기 때문입니다. 계산 과정에서 int형이 저장할 수 없는 범위의 값이 나온 것이죠. answer를 선언할 때 int형이 아니라 long long형으로 선언했다면 이런 오류는 발생하지 않았을 것입니다.

int형은 -2147483648 ~ 2147483647 범위를, long long형은 -9223372036854775808 ~ 9223372036854775807 범위를 저장할 수 있습니다.

지금까지 코드를 작성하며 하기 쉬운 실수 4가지를 디버깅으로 해결하는 방법을 살펴봤습니다. 디버깅을 이용하면 자신이 작성한 로직에 존재하는 논리 오류를 좀 더 효율적으로 발견할 수 있습니다. 실제 코딩 테스트에서는 시간이 촉박하므로 디버깅에 익숙해지는 것이 좋습니다.

의도치 않게 정답으로 음수를 출력한다면 변수 범위 초과를 의심해 보자!

앞서 소개한 4가지 실수 중 가장 하기 쉬운 실수는 자료형 범위 오류입니다. 이러한 오류를 해결하는 방법은 변수를 long형 또는 long long형으로 선언하는 것입니다. 대부분의 코딩 테스트에서 계산되는 값은 long형이나 long long형 안에서 표현할 수 있기 때문에 실제 시험장에서 의도치 않게 정답이나 저장 데이터가 음수로 바뀌어 있다면 int형 변수를 long이나 long long형으로 바꾸어 보는 것이 하나의 해결 방법이 될 수 있습니다.

Do it! 코딩 테스트 — 기초 편

이제 준비 운동은 끝났습니다. 이번에는 다양한 알고리즘에 관련된 핵심 이론과 이를 바탕으로 실전 문제를 해결하는 방법을 알아보겠습니다. 둘째마당을 마치면 코딩 테스트에 합격할 수 있는 최소한의 실력을 갖추게 될 것입니다. 그럼 시작하겠습니다!

자료구조

자료구조는 데이터를 효율적으로 저장, 접근, 수정하기 위한 그릇입니다.
코딩 테스트에서는 각 문제에 주어진 입력 데이터의 형태와
사용해야 하는 알고리즘에 따라 적절한 자료구조를 선정해 사용하는 것이
매우 중요합니다.

03-1 배열과 리스트 그리고 벡터

기본 자료구조인 배열과 리스트는 비슷한 점도 많지만 다른 점도 많습니다. 두 자료구조의 특징을 정확하게 이해하고 문제가 요구하는 조건에 따라 적절하게 선택해 사용하는 것이 중요합니다. 그럼 무엇이 비슷하고 무엇이 다른 건지 알아볼까요?

배열과 리스트의 핵심 이론

배열

배열은 메모리의 연속 공간에 값이 채워져 있는 형태의 자료구조입니다. 배열의 값은 인덱스를 통해 참조할 수 있으며, 선언한 자료형의 값만 저장할 수 있습니다. 다음 그림은 배열을 나타낸 것입니다. 그림을 보면 배열에 값 1, 값 2, ... 값 6이 채워져 있고, 각 값은 0부터 5까지 인덱스가 지정되어 있습니다.

배열의 구조

배열의 특징을 정리하면 다음과 같습니다.

배열의 특징

① 인덱스를 사용하여 값에 바로 접근할 수 있다.

② 새로운 값을 삽입하거나 특정 인덱스에 있는 값을 삭제하기 어렵다. 값을 삽입하거나 삭제하려면 해당 인덱스 주변에 있는 값을 이동시키는 과정이 필요하다.

③ 배열의 크기는 선언할 때 지정할 수 있으며, 한 번 선언하면 크기를 늘리거나 줄일 수 없다.

④ 구조가 간단하므로 코딩 테스트에서 많이 사용한다.

리스트

리스트는 값과 포인터를 묶은 노드라는 것을 포인터로 연결한 자료구조입니다.

노드는 컴퓨터 과학에서 값, 포인터를 쌍으로 갖는 기초 단위를 부르는 말입니다.

리스트의 구조

리스트의 특징을 정리하면 다음과 같습니다.

리스트의 특징

① 인덱스가 없으므로 값에 접근하려면 Head 포인터부터 순서대로 접근해야 한다. 다시 말해 값에 접근하는 속도가 느리다.

② 포인터로 연결되어 있으므로 데이터를 삽입하거나 삭제하는 연산 속도가 빠르다.

③ 선언할 때 크기를 별도로 지정하지 않아도 된다. 다시 말해 리스트의 크기는 정해져 있지 않으며, 크기가 변하기 쉬운 데이터를 다룰 때 적절하다.

④ 포인터를 저장할 공간이 필요하므로 배열보다 구조가 복잡하다.

벡터

vector는 C++ 표준 라이브러리Standard Template Library에 있는 자료구조 컨테이너 중 하나로, 사용자가 손쉽게 사용하기 위해 정의된 클래스입니다. 기존의 배열과 같은 특징을 가지면서 배열의 단점을 보완한 동적 배열의 형태라고 생각하면 됩니다. 벡터의 특징은 다음과 같습니다.

벡터의 특징

① 동적으로 원소를 추가할 수 있다. 즉, 크기가 자동으로 늘어난다.

② 맨 마지막 위치에 데이터를 삽입하거나 삭제할 때는 문제가 없지만 중간 데이터의 삽입 삭제는 배열과 같은 메커니즘으로 동작한다.

③ 배열과 마찬가지로 인덱스를 이용하여 각 데이터에 직접 접근할 수 있다.

가장 큰 특징은 개발자가 사용하기 편리하고 쉬우므로 코딩 테스트에서 굉장히 많이 사용한다는 점입니다. 다음은 벡터의 기본 사용법입니다.

벡터 사용법

```
// 선언
vector<int> A;                  // vector<자료형> 변수 이름; 형태로 선언

// 삽입 연산
A.push_back(1);                 // 마지막에 1 추가
A.insert(A.begin(), 7);         // 맨 앞에 7을 삽입
A.insert(A.begin() + 2, 10);    // index 2에 위치에 10 삽입

// 값 변경
A[4] = -5;                      // index 4의 값을 -5로 변경

// 삭제 연산
A.pop_back();                   // 마지막 값 삭제
A.erase(A.begin() + 3);         // index 3에 해당하는 값 삭제
A.clear();                      // 모든 값 삭제

// 정보 가져오기
A.size();                       // 데이터 개수
A.front();                      // 처음 값
A.back();                       // 마지막 값
A[3];                           // index 3에 해당하는 값
A.at(5);                        // index 5에 해당하는 값
A.begin();                      // 첫 번째 데이터 위치
A.end();                        // 마지막 데이터 다음 위치
```

문제 001

숫자의 합 구하기

문제 난이도는 solved.ac에서 제공하는 난이도 표시 시스템을 활용했습니다.

시간 제한 1초 | 난이도 B4 브론즈 Ⅳ | 백준 온라인 저지 11720번

N개의 숫자가 공백 없이 쓰여 있다. 이 숫자를 모두 합해 출력하는 프로그램을 작성하시오.

입력

1번째 줄에 숫자의 개수 N(1 ≤ N ≤ 100), 2번째 줄에 숫자 N개가 공백 없이 주어진다.

출력

입력으로 주어진 숫자 N개의 합을 출력한다.

예제 입력 1

```
1  // 숫자의 개수
1  // 공백 없이 주어진 N개의 숫자
```

예제 출력 1

```
1
```

예제 입력 2

```
5
54321
```

예제 출력 2

```
15
```

예제 입력 3

```
25
7000000000000000000000000
```

예제 출력 3

```
7
```

예제 입력 4

```
11
10987654321
```

예제 출력 4

```
46
```

01단계 문제 분석하기

N의 범위가 1부터 100까지이므로 값을 int, long과 같은 숫자형으로 담을 수 없습니다. 먼저 문자열 형태로 입력값을 받은 다음 이를 문자 배열로 변환하고, 문자 배열값을 순서대로 읽으면서 숫자형으로 변환하여 더해야 합니다. 예를 들어 입력값을 "1234"와 같이 문자열로 입력받고 이를 다시 '1', '2', '3', '4'와 같이 문자 배열로 변환한 다음, 다시 문자 배열을 1, 2, 3, 4로 변환하고 이를 더해 10을 구합니다.

문자열을 숫자형으로 변경하려면 아스키코드를 이해해야 합니다. 아스키코드에서 같은 의미의 문자와 숫자의 코드값 차이는 48입니다. 예를 들어 문자 '1'은 아스키코드 값이 49이므로, 문자 '1'을 숫자 1로 변환하려면 '1' - 48 또는 '1' - '0'과 같이 연산하면 됩니다.

02단계 손으로 풀어 보기

1 숫자의 개수만큼 입력받은 값을 string형으로 저장합니다.

string numbers = 10987654321

2 string형으로 입력받은 값을 한 칸씩 나누어 char[]형으로 변환합니다.

3 인덱스 0부터 끝까지 배열을 탐색하며 각 값을 정수형으로 변환하고 결괏값에 누적합니다.

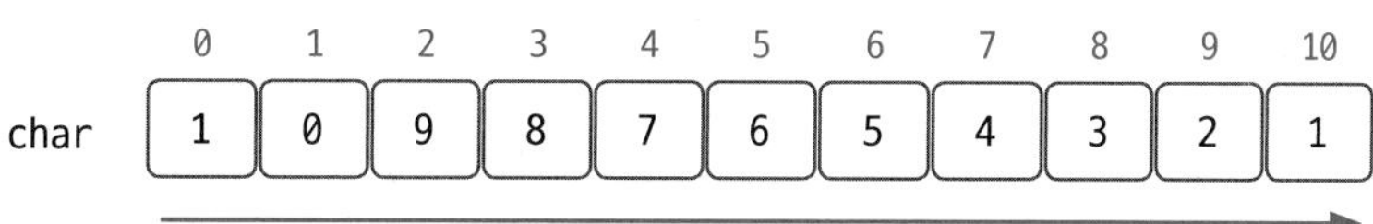

03단계 슈도코드 작성하기

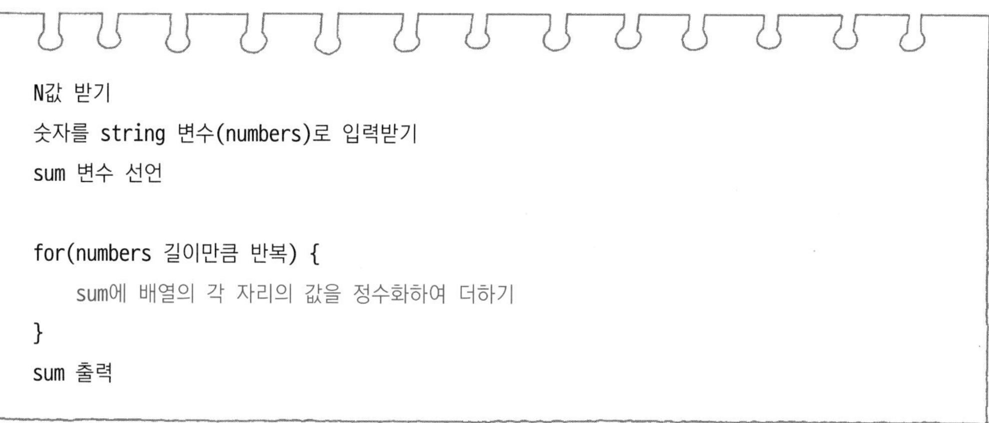

```
N값 받기
숫자를 string 변수(numbers)로 입력받기
sum 변수 선언

for(numbers 길이만큼 반복) {
    sum에 배열의 각 자리의 값을 정수화하여 더하기
}
sum 출력
```

04단계 코드 구현하기

자료구조/P11720_숫자의합.cpp

```
#include <iostream>
using namespace std;

int main()
{
    int N = 0;
    string numbers;
    cin >> N;
    cin >> numbers;

    int sum = 0;;
    for (int i = 0; i < numbers.length(); i++) {
        // numbers[i]를 정수로 계산하여 sum에 누적하기
        sum += numbers[i] - '0';
    }
    cout << sum << "\n";
}
```

여기서 잠깐!

C++에서의 형 변환

형 변환은 코딩 테스트에서 자주 사용하는 기술입니다. 자유롭게 사용할 수 있도록 관련 함수는 미리 연습해 두는 것이 좋겠죠?

string형 → 숫자형(int, long, double, float)

```
#include <string>  // 헤더 파일 추가
string sNum   = "1234";
string sNum_d = "1234.56";
int inum      = stoi(sNum);
long lnum     = stol(sNum);
double dnum   = stod(sNum_d);
float fnum    = stof(sNum_d);
```

숫자형(int, long, double, float) → string형

```
#include <string>  // 헤더 파일 추가
int inum    = 1234;
long lnum   = 1234;
double dnum = 1234.56;
float fnum  = 1234.56f;
string intToString    = to_string(inum);
string longToString   = to_string(lnum);
string doubleToString = to_string(dnum);
string floatToString  = to_string(fnum);
```

문제 002

평균 구하기

시간 제한 2초 | 난이도 B1 브론즈 I | 백준 온라인 저지 1546번

세준이는 기말고사를 망쳤다. 그래서 점수를 조작해 집에 가져가기로 결심했다. 일단 세준이는 자기 점수 중 최댓값을 골랐다. 그런 다음 최댓값을 M이라 할 때 모든 점수를 점수 / M * 100으로 고쳤다. 예를 들어 세준이의 최고점이 70점, 수학 점수가 50점이라면 수학 점수는 50 / 70 * 100이므로 71.43점이다. 세준이의 성적을 이 방법으로 계산했을 때 새로운 평균을 구하는 프로그램을 작성하시오.

입력

1번째 줄에 시험을 본 과목의 개수 N이 주어진다. 해당 값은 1,000보다 작거나 같다. 2번째 줄에 세준이의 현재 성적이 주어진다. 해당 값은 100보다 작거나 같은, 음이 아닌 정수이고, 적어도 1개의 값은 0보다 크다.

출력

1번째 줄에 새로운 평균을 출력한다. 실제 정답과 출력값의 절대 오차 또는 상대 오차가 10^{-2} 이하이면 정답이다.

예제 입력 1

```
3            // 시험을 본 과목의 개수
40 80 60     // 각 과목의 시험 성적
```

예제 출력 1

```
75.0
```

예제 입력 2

```
3
10 20 30
```

예제 출력 2

```
66.666667
```

예제 입력 3

```
4
1 100 100 100
```

예제 출력 3

```
75.25
```

예제 입력 4

```
5
1 2 4 8 16
```

예제 출력 4

```
38.75
```

예제 입력 5

```
2
3 10
```

예제 출력 5

```
65.0
```

01단계 문제 분석하기

최고 점수를 기준으로 전체 점수를 다시 계산해야 하므로 모든 점수를 입력받은 후에 최고점을 별도로 저장해야 합니다. 또한 문제에서 제시한 한 과목의 점수를 계산하는 식은 총합과 관련된 식으로 변환할 수 있습니다. 따라서 일일이 변환 점수를 구할 필요 없이 한 번에 변환한 점수의 평균 점수를 구할 수 있습니다.

변환 점수의 평균을 구하는 식(점수가 A, B, C인 경우)

```
(A / M * 100 + B / M * 100 + C / M * 100) / 3 = (A + B + C) * 100 / M / 3
```

02단계 손으로 풀어 보기

1 점수를 1차원 배열에 저장합니다.

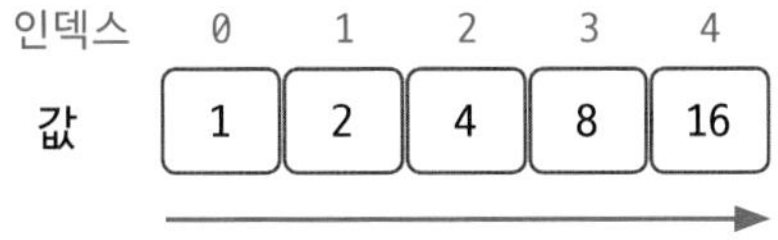

인덱스	0	1	2	3	4
값	1	2	4	8	16

2 배열을 탐색하며 최고 점수와 점수의 총합을 구합니다.

최고 점수 = 16, 총합 = 31

3 '총합 * 100 / 최고 점수 / 과목의 수'를 계산해 다시 계산한 점수의 평균값을 출력합니다.

총합 * 100 / 최고 점수 / 과목의 수 = 31 * 100 / 16 / 5 = 38.75

03단계 슈도코드 작성하기

```
N(시험을 본 과목의 개수)
A(과목 데이터 저장)

for(배열 길이만큼 반복) {
    점수 데이터 저장
}
for(배열 길이만큼 반복) {
    최고점 점수 판별하여 저장
    총점 계산
}
sum * 100 / 최고점 / 과목수 출력
```

04단계 코드 구현하기

자료구조/P1546_평균.cpp

```
#include <iostream>
using namespace std;

int main()
{
    int N = 0;
    int A[1000];
    cin >> N;

    for (int i = 0; i < N; i++) {
        cin >> A[i];
    }

    long sum = 0;
    long max = 0;

    for (int i = 0; i < N; i++) {
        if (A[i] > max) {
            max = A[i];
        }
        sum = sum + A[i];
    }
    // 한 과목과 관련된 수식을 모두 더한 후 관련된 수식으로 변환해 로직이 간단해짐
    double result = sum * 100.0 / max / N;
    cout << result << "\n";
}
```

03-2 구간 합

구간 합은 합 배열을 이용하여 시간 복잡도를 더 줄이기 위해 사용하는 특수한 목적의 알고리즘입니다. 코딩 테스트에서 사용 빈도가 높으니 꼭 알아 두기 바랍니다.

구간 합의 핵심 이론

구간 합 알고리즘을 활용하려면 먼저 합 배열을 구해야 합니다. 배열 A가 있을 때 합 배열 S는 다음과 같이 정의합니다.

합 배열 S 정의

```
S[i] = A[0] + A[1] + A[2] + … + A[i-1] + A[i]  // A[0]부터 A[i]까지의 합
```

합 배열은 기존의 배열을 전처리한 배열이라 생각하면 됩니다. 이렇게 합 배열을 미리 구해 놓으면 기존 배열의 일정 범위의 합을 구하는 시간 복잡도가 O(N)에서 O(1)로 감소합니다. 다음 그림을 통해 합 배열을 좀 더 자세히 설명해 보겠습니다.

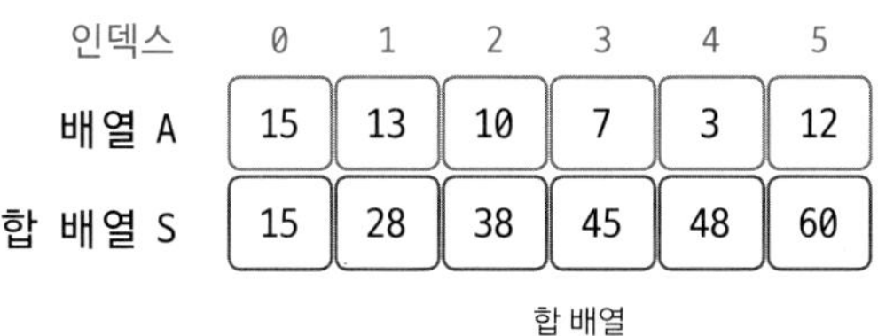

합 배열

A[i]부터 A[j]까지의 배열 합을 합 배열 없이 구하는 경우, 최악의 경우는 i가 0이고 j가 N인 경우로 시간 복잡도는 O(N)입니다. 이런 경우 앞에서 알아본 합 배열을 사용하면 O(1) 안에 답을 구할 수 있습니다. 합 배열은 다음과 같은 간단한 공식으로 만들 수 있습니다.

합 배열 S를 만드는 공식

```
S[i] = S[i-1] + A[i]
```

이렇게 구현된 합 배열을 이용하여 구간 합 역시 쉽게 구할 수 있습니다. i에서 j까지 구간 합을 구하는 공식은 다음과 같습니다.

구간 합을 구하는 공식

```
S[j] - S[i-1]   // i에서 j까지 구간 합
```

구간 합 공식이 어떻게 나온 것인지 다음 그림을 통해 자세히 알아보겠습니다. 다음 그림은 배열 A의 A[2]부터 A[5]까지의 구간 합을 합 배열을 통해 구하는 과정을 보여 줍니다.

구간 합 공식 유도

그림을 보면 합 배열과 구간 합이 연관되어 있다는 것을 알 수 있습니다. A[0] + ... + A[5]에서 A[0] + A[1]을 빼면 구간 합 A[2]+ ... + A[5]가 나오므로 S[5]에서 S[1]을 빼면 구간 합을 쉽게 구할 수 있습니다. 합 배열만 미리 구해 두면 구간 합은 한 번의 계산으로 구할 수 있는 것입니다.

A[2] ~ A[5] 구간 합을 합 배열로 구하는 과정

```
S[5] = A[0] + A[1] + A[2] + A[3] + A[4] + A[5]
S[1] = A[0] + A[1]
S[5] - S[1] = A[2] + A[3] + A[4] + A[5]
```

합 배열과 구간 합 공식을 적재적소에 활용하면 코딩 테스트에서 시간 복잡도를 줄이는 데 많은 도움이 될 것입니다.

문제 핵심 003

구간 합 구하기 1

시간 제한 0.5초 | 난이도 S3 실버 III | 백준 온라인 저지 11659번

수 N개가 주어졌을 때 i번째 수에서 j번째 수까지의 합을 구하는 프로그램을 작성하시오.

입력

1번째 줄에 수의 개수 N(1 ≤ N ≤ 100,000), 합을 구해야 하는 횟수 M(1 ≤ M ≤ 100,000), 2번째 줄에 N개의 수가 주어진다. 각 수는 1,000보다 작거나 같은 자연수다. 3번째 줄부터는 M개의 줄에 합을 구해야 하는 구간 i와 j가 주어진다.

출력

총 M개의 줄에 입력으로 주어진 i번째 수에서 j번째 수까지의 합을 출력한다.

예제 입력 1

```
5 3          // 데이터의 개수, 질의 개수
5 4 3 2 1    // 구간 합을 구할 대상 배열
1 3
2 4
5 5
```

예제 출력 1

```
12
9
1
```

01단계 문제 분석하기

문제에서 수의 개수와 합을 구해야 하는 횟수는 최대 100,000입니다. 게다가 구간마다 합을 매번 계산하면 0.5초 안에 모든 구간 합 계산을 끝낼 수 없습니다. 이럴 때 바로 구간 합을 이용해야 합니다. 구간 합 개념을 적용하는 가장 기본적인 문제이므로 핵심 이론에서 배웠던 내용을 그대로 적용해 코드를 작성하면 됩니다.

구간 합을 매번 계산한다면 최악의 경우 1억 회 이상의 연산을 수행하게 되어 1초 이상의 수행 시간이 필요합니다.

02단계 손으로 풀어 보기

❶ N개의 수를 입력받음과 동시에 합 배열을 생성합니다.

합 배열 공식

```
S[i] = S[i-1] + A[i]
```

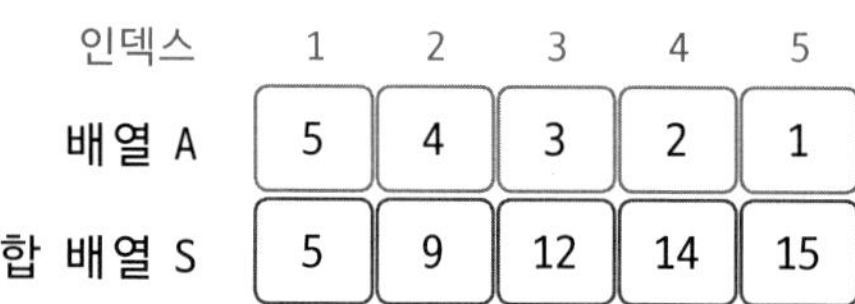

❷ 구간 i ~ j가 주어지면 구간 합을 구하는 공식으로 정답을 출력합니다.

구간 합 공식

```
S[j] - S[i-1]
```

질의1(1, 3): S[3] - S[0] = 12 - 0 = 12

질의2(2, 4): S[4] - S[1] = 14 - 5 = 9

질의3(5, 5): S[5] - S[4] = 15 - 14 = 1

03단계 슈도코드 작성하기

```
suNo(숫자 개수), quizNo(질의 개수), S(합 배열)

for(숫자 개수만큼 반복) {
    합 배열 생성(S[i] = S[i-1] + A)
}
for(질의 개수만큼 반복) {
    질의 범위 받기 (i ~ j)
    부분 합 출력(S[j] - S[i-1])
}
```

04단계 코드 구현하기

자료구조/P11659_구간합구하기.cpp

```
#include <iostream>
using namespace std;

int main()
{
    ios::sync_with_stdio(false);
    cin.tie(NULL);
    cout.tie(NULL);

    int suNo, quizNo;
    cin >> suNo >> quizNo;
    int S[100001] = {};

    for (int i = 1; i <= suNo; i++) {
        int temp;
        cin >> temp;
        S[i] = S[i-1] + temp;  // 구간 합 구하기
    }
    for (int i = 0; i < quizNo; i++) {
        int start, end;
        cin >> start >> end;
        cout << S[end] - S[start-1] << "\n";
    }
}
```

C++에서 시간 단축을 위한 ios::sync_with_stdio(false); cin.tie(NULL); cout.tie(NULL);

C++을 이용하여 문제를 풀 때 종종 시간을 초과하는 문제가 이 3개 구문 추가로 간단하게 해결될 때가 있습니다. 사실 위 3개의 구문은 다음과 같은 의미입니다.

```
ios::sync_with_stdio(false);
```

C의 stdio와 C++의 iostream의 동기화 비활성화, C++ 독립 버퍼 사용으로 수행 속도가 빨라지는 효과가 발생합니다.

```
cin.tie(NULL); cout.tie(NULL);
```

하나로 묶인 두 스트림을 풉니다. 기본적으로 cin, cout은 하나로 묶였는데, 이것은 한 스트림이 다른 스트림에서 각 IO 작업을 진행하기 전 자동으로 버퍼를 비워주는 것을 보장합니다. 특히 cin을 수행하기 전 기본적으로 cout 출력 버퍼를 지우는 작업을 수행하는데, 이 작업을 생략하기 때문에 속도가 빨라지는 효과가 있습니다.

위의 문구는 멀티스레드 환경이나 화면 출력 부분에서 의도와 다르게 동작할 수 있기 때문에 실제 프로젝트나 시스템 구축 시에 잘 사용하는 구문은 아닙니다. 다만, 코딩 테스트 환경은 싱글스레드 환경이 대부분이며 화면 출력을 고려하지 않기 때문에 속도 향상을 위해 이 구문을 사용한다고 이해하면 좋습니다.

문제 004 구간 합 구하기 2

시간 제한 1초 | 난이도 S1 실버 I | 백준 온라인 저지 11660번

N × N개의 수가 N × N 크기의 표에 채워져 있다. 표 안의 수 중 (X_1, Y_1)에서 (X_2, Y_2)까지의 합을 구하려 한다. X는 행, Y는 열을 의미한다. 예를 들어 N = 4이고, 표가 다음과 같이 채워져 있을 때를 살펴보자. (2, 2)에서 (3, 4)까지의 합을 구하면 3 + 4 + 5 + 4 + 5 + 6 = 27이고, (4, 4)에서 (4, 4)까지의 합을 구하면 7이다. 표에 채워져 있는 수와 합을 구하는 연산이 주어졌을 때 이를 처리하는 프로그램을 작성하시오.

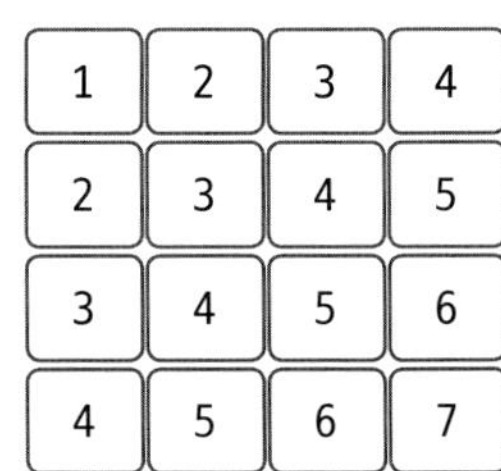

1	2	3	4
2	3	4	5
3	4	5	6
4	5	6	7

입력

1번째 줄에 표의 크기 N과 합을 구해야 하는 횟수 M이 주어진다(1 ≤ N ≤ 1024, 1 ≤ M ≤ 100,000). 2번째 줄부터 N개의 줄에는 표에 채워져 있는 수가 1행부터 차례대로 주어진다. 다음 M개의 줄에는 4개의 정수 X_1, Y_1, X_2, Y_2가 주어지며, (X_1, Y_1)에서 (X_2, Y_2)의 합을 구해 출력해야 한다. 표에 채워져 있는 수는 1,000보다 작거나 같은 자연수다($X_1 \leq X_2$, $Y_1 \leq Y_2$).

출력

총 M줄에 걸쳐 (X_1, Y_1)에서 (X_2, Y_2)까지 합을 구해 출력한다.

예제 입력 1

```
4 3      // 2차원 배열의 크기, 구간 합 질의의 개수
1 2 3 4  // 원본 배열 1번째 줄
2 3 4 5  // 원본 배열 2번째 줄
3 4 5 6  // 원본 배열 3번째 줄
4 5 6 7  // 원본 배열 4번째 줄
2 2 3 4  // 구간 합 (X1, Y1), (X2, Y2) 1번째 질의
3 4 3 4  // 구간 합 (X1, Y1), (X2, Y2) 2번째 질의
1 1 4 4  // 구간 합 (X1, Y1), (X2, Y2) 3번째 질의
```

예제 출력 1

```
27
6
64
```

예제 입력 2

```
2 4
1 2
3 4
1 1 1 1
1 2 1 2
2 1 2 1
2 2 2 2
```

예제 출력 2

```
1
2
3
4
```

01단계 문제 분석하기

먼저 질의의 개수가 100,000이므로 이 문제 역시 질의마다 합을 구하면 안 되고, 구간 합 배열을 이용해야 한다는 것을 알 수 있습니다. 구간 합 배열이 1차원에서 2차원으로 확장된 것으로 생각하여 구간 합 배열을 어떻게 구성할지 고민하는 것이 이 문제의 핵심입니다. 2차원 구간 합 배열은 다음과 같이 정의할 수 있습니다.

2차원 구간 합 배열 D[X][Y] 정의

D[X][Y] = 원본 배열의 (0, 0)부터 (X, Y)까지의 사각형 영역 안에 있는 수의 합

02단계 손으로 풀어 보기

❶ 2차원 구간 합 배열의 1행, 1열부터 구합니다. 구간 합 배열 1행, 1열은 다음과 같이 구합니다.

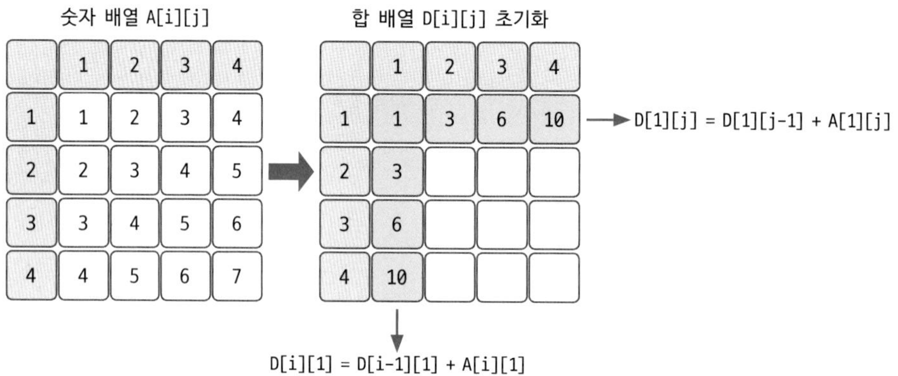

❷ 이를 통해 나머지 2차원 구간 합 배열을 채웁니다.

D[i][j]의 값을 채우는 구간 합 공식

D[i][j] = D[i][j-1] + D[i-1][j] - D[i-1][j-1] + A[i][j]

❸ 구간 합 배열을 이용하기 전에 질의에 대한 답을 도출하기 위한 과정을 원본 배열과 함께 살펴봅시다. 다음은 원본 배열에 구간 합을 표시하여 질의에 대한 답을 도출하는 과정을 보여 줍니다.

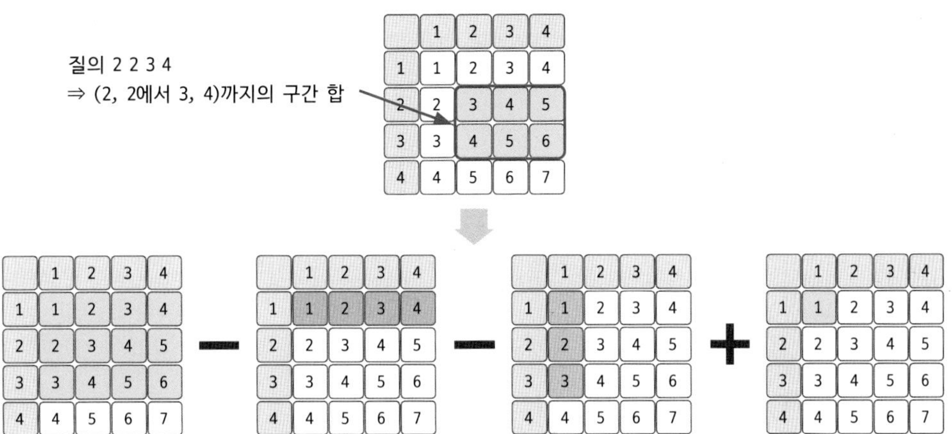

예를 들어 질의가 2 2 3 4라면 (3, 4) 구간 합에서 (1, 4) 구간 합, (3, 1) 구간 합을 뺀 다음 중복하여 뺀 (1, 1) 구간 합을 더하면 됩니다. 원본 배열에 표시한 구간 합을 다시 구간 합 배열에 표시하면 다음과 같습니다.

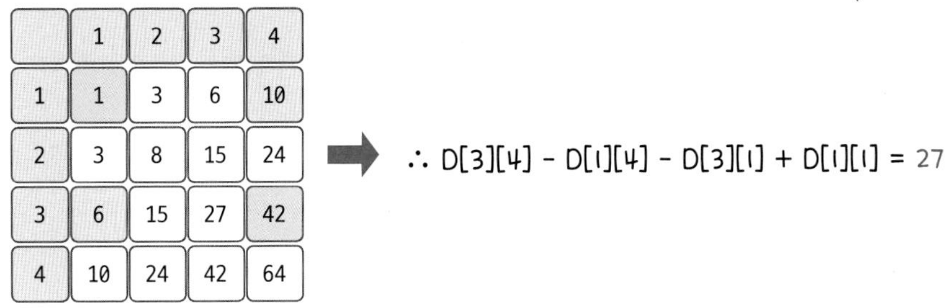

결국 질의에 대한 답을 구하는 공식은 다음과 같습니다. 이를 통해 각 질의의 답을 빠르게 구할 수 있습니다.

질의 X_1, Y_1, X_2, Y_2에 대한 답을 구간 합으로 구하는 방법

```
D[X2][Y2] - D[X1-1][Y2] - D[X2][Y1-1] + D[X1-1][Y1-1]
```

03단계 슈도코드 작성하기

```
N(배열 크기), M(질의 수)
A(원본 배열), D(합 배열)

for(N만큼 반복) {
    for(N만큼 반복) {
      원본 배열 저장
    }
}
for(N만큼 반복) {
    for(N만큼 반복) {
        합 배열 저장
        D[i][j] = D[i][j-1] + D[i-1][j] - D[i-1][j-1] + A[i][j];
    }
}
for(M만큼 반복) {
    질의 계산 및 출력하기
    결과 = D[x2][y2] - D[x1-1][y2] - D[x2][y1-1] + D[x1-1][y1-1];
}
```

04단계 코드 구현하기

자료구조/P11660_구간합구하기2.cpp

```cpp
#include <iostream>
#include <vector>
using namespace std;

int main()
{
    ios::sync_with_stdio(false);
    cin.tie(NULL);
    cout.tie(NULL);

    int N, M;
    cin >> N >> M;
```

```
    vector<vector<int>> A(N + 1, vector<int>(N + 1, 0));
    vector<vector<int>> D(N + 1, vector<int>(N + 1, 0));

    for (int i = 1; i <= N; i++) {
        for (int j = 1; j <= N; j++) {
            cin >> A[i][j];
            // 구간 합 구하기
            D[i][j] = D[i][j-1] + D[i-1][j] - D[i-1][j-1] + A[i][j];
        }
    }
    for (int i = 0; i < M; i++) {
        int x1, y1, x2, y2;
        cin >> x1 >> y1 >> x2 >> y2;
        // 구간 합 배열로 질의에 답변하기
        int result = D[x2][y2] - D[x1-1][y2] - D[x2][y1-1] + D[x1-1][y1-1];
        cout << result << "\n";
    }
}
```

문제 005 나머지 합 구하기

시간 제한 1초 | 난이도 G3 골드 III | 백준 온라인 저지 10986번

N개의 수 A_1, A_2, ..., A_N이 주어졌을 때 연속된 부분의 합이 M으로 나누어떨어지는 구간의 개수를 구하는 프로그램을 작성하시오. 즉, A_i + ... + A_j(i ≤ j)의 합이 M으로 나누어떨어지는 (i, j) 쌍의 개수를 구하시오.

입력

1번째 줄에 N과 M(1 ≤ N ≤ 106, 2 ≤ M ≤ 103), 2번째 줄에 N개의 수 A_1, A_2, ..., A_N이 주어진다(0 ≤ A_i ≤ 109).

출력

1번째 줄에 연속된 부분의 합이 M으로 나누어떨어지는 구간의 개수를 출력한다.

예제 입력 1
5 3 1 2 3 1 2

예제 출력 1
7

01단계 문제 분석하기

N의 최댓값이 10^6이라 연산량이 적게 느껴질 수 있습니다. 하지만 잠시 생각해 보면 10^6개의 수에 대하여 모든 구간 합을 구해야 하므로 1초 안에 연산하기는 어렵습니다. 여기서도 구간 합 배열을 이용해야 합니다. 이 문제의 핵심 아이디어는 다음과 같습니다.

나머지 합 문제 풀이의 핵심 아이디어

- (A + B) % C는 ((A % C) + (B % C)) % C와 같다. 다시 말해 특정 구간 수들의 나머지 연산을 더해 나머지 연산을 한 값과 이 구간 합의 나머지 연산을 한 값은 동일하다.
- 구간 합 배열을 이용한 식 S[j] - S[i]는 원본 배열의 i + 1부터 j까지의 구간 합이다.
- S[j] % M의 값과 S[i] % M의 값이 같다면 (S[j] - S[i]) % M은 0이다. 즉, 구간 합 배열의 원소를 M으로 나눈 나머지로 업데이트하고 S[j]와 S[i]가 같은 (i, j)쌍을 찾으면 원본 배열에서 i + 1부터 j까지의 구간 합이 M으로 나누어떨어진다는 것을 알 수 있다.

02단계 손으로 풀어 보기

앞서 본 아이디어를 이용해 문제를 손으로 풀어 보겠습니다.

1 배열 A의 합 배열 S를 생성합니다.

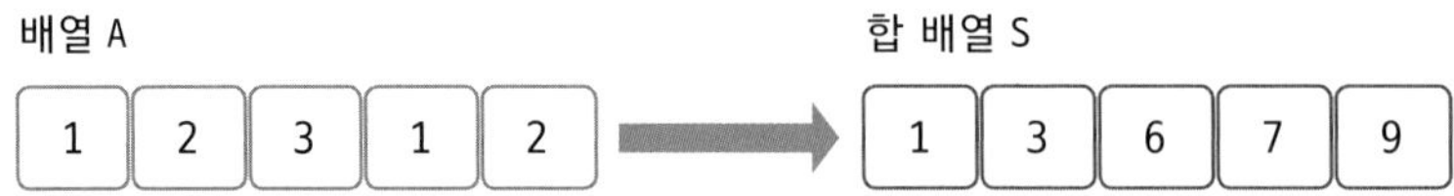

2 합 배열 S의 모든 값을 M(3)으로 나머지 연산을 수행해 값을 업데이트합니다.

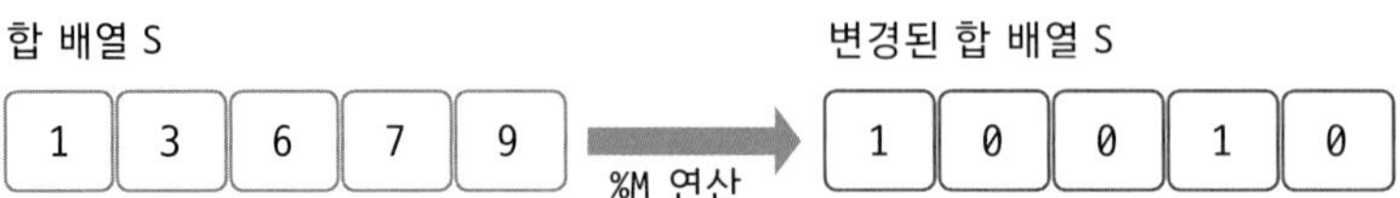

❸ 우선 변경된 합 배열에서 원소 값이 0인 개수만 세어 정답에 더합니다. 변경된 합 배열의 원소 값이 0이라는 뜻은 원본 배열의 0부터 i까지의 구간 합이 이미 M으로 나누어떨어진다는 뜻이기 때문입니다.

경우의 수 = +3

❹ 이제 변경된 합 배열에서 원소 값이 같은 인덱스의 개수, 즉, 나머지 값이 같은 합 배열의 개수를 셉니다. 변경된 합 배열에서 원소 값이 같은 2개의 원소를 뽑는 모든 경우의 수를 구하여 정답에 더하면 됩니다. 위의 예에서는 0이 3개, 1이 2개이므로 ${}_3C_2$, ${}_2C_2$로 경우의 수를 구하여 더하면 됩니다.

앞서 본 아이디어에서 변경된 합 배열에서 S[i]와 S[j]의 나머지가 같으면 원본 배열에서 i + 1부터 j까지의 구간 합이 M으로 나누어떨어지는 구간이라고 설명했습니다.

${}_3C_2$ = 3 → 경우의 수 = +3

${}_2C_2$ = 1 → 경우의 수 = +1

∴ 총 경우의 수 = 3 + 3 + 1 = 7

03단계 슈도코드 작성하기

```
N(수열의 개수), M(나누어떨어져야 하는 수)
S(합 배열), C(같은 나머지를 가지는 인덱스를 카운트하는 배열)

for(i → 1 ~ N) {
    S[i] = S[i-1] + A[i]  // 합 배열 저장
}
for(i → 0 ~ N) {
    remainder = S[i] % M  // 합 배열을 M으로 나눈 나머지 값
    if(remainder == 0) 정답을 1 증가시킴
    C[remainder]의 값을 1 증가시킴
}
for(i → 0 ~ M) {
    C[i](i를 나머지로 가지는 인덱스의 개수)에서 2가지를 뽑는 경우의 수를 정답에 더하기
    // C[i]개 중에 2개를 뽑는 경우의 수 계산 공식 → C[i] * (C[i] - 1) / 2
```

```
}
결괏값(answer) 출력
```

04단계 코드 구현하기

자료구조/P10986_나머지합.cpp

```
#include <iostream>
#include <vector>
using namespace std;

int main()
{
    ios::sync_with_stdio(false);
    cin.tie(NULL);
    cout.tie(NULL);

    int N, M;
    cin >> N >> M;
    vector<long> S(N, 0);
    vector<long> C(M, 0);
    long answer = 0;
    cin >> S[0];

    for (int i = 1; i < N; i++) {
        int temp = 0;
        cin >> temp;
        S[i] = S[i-1] + temp;
    }
    for (int i = 0; i < N; i++) {  // 합 배열의 모든 값에 % 연산 수행하기
        int remainder = S[i] % M;
        // 0 ~ i까지의 구간 합 자체가 0일 때 정답에 더하기
        if (remainder == 0) {
            answer++;
        }
        // 나머지가 같은 인덱스의 개수 세기
        C[remainder]++;
```

```
    }
    for (int i = 0; i < M; i++) {
        if (C[i] > 1) {
            // 나머지가 같은 인덱스 중 2개를 뽑는 경우의 수를 더하기
            answer = answer + (C[i] * (C[i] - 1) / 2);
        }
    }
    cout << answer << "\n";
}
```

03-3 투 포인터

투 포인터는 2개의 포인터로 알고리즘의 시간 복잡도를 최적화합니다. 알고리즘이 매우 간단하므로 바로 실전 문제를 풀어 보겠습니다.

문제 006 연속된 자연수의 합 구하기

시간 제한 2초 | 난이도 실버 V | 백준 온라인 저지 2018번

어떠한 자연수 N은 몇 개의 연속된 자연수의 합으로 나타낼 수 있다. 당신은 어떤 자연수 N(1 ≤ N ≤ 10,000,000)을 몇 개의 연속된 자연수의 합으로 나타내는 가짓수를 알고 싶다. 이때 사용하는 자연수는 N 이하여야 한다. 예를 들어 15를 나타내는 방법은 15, 7 + 8, 4 + 5 + 6, 1 + 2 + 3 + 4 + 5이다. 반면, 10을 나타내는 방법은 10, 1 + 2 + 3 + 4이다. N을 입력받아 연속된 자연수의 합으로 나타내는 가짓수를 출력하는 프로그램을 작성하시오.

입력

1번째 줄에 정수 N이 주어진다.

출력

입력된 자연수 N을 연속된 자연수의 합으로 나타내는 가짓수를 출력한다.

예제 입력 1	예제 출력 1
15 // N	4

01단계 문제 분석하기

이 문제는 시간 복잡도 분석으로 사용할 알고리즘의 범위부터 줄여야 합니다. 우선 문제에 주어진 시간 제한은 2초입니다. 그런데 N의 최댓값은 10,000,000으로 매우 크게 잡혀 있습니다. 이런 상황에서는 O(nlogn)의 시간 복잡도 알고리즘을 사용하면 제한 시간을 초과하므로 O(n)의 시간 복잡도 알고리즘을 사용해야 합니다. 이런 경우 자주 사용하는 방법이 투 포인터입니다. 연속된 자연수의 합을 구하는 것이 문제이므로 시작 인덱스와 종료 인덱스를 지정하여 연속된 수를 표현하겠습니다. 시작 인덱스, 종료 인덱스를 투 포인터로 지정한 후 문제에 접근해 보겠습니다.

02단계 손으로 풀어 보기

1 입력받은 값을 N에 저장한 후 코드에서 사용할 변수를 모두 초기화합니다. 결과 변수 count를 1로 초기화하는 이유는 N이 15일 때 숫자 15만 뽑는 경우의 수를 미리 넣고 초기화했기 때문입니다.

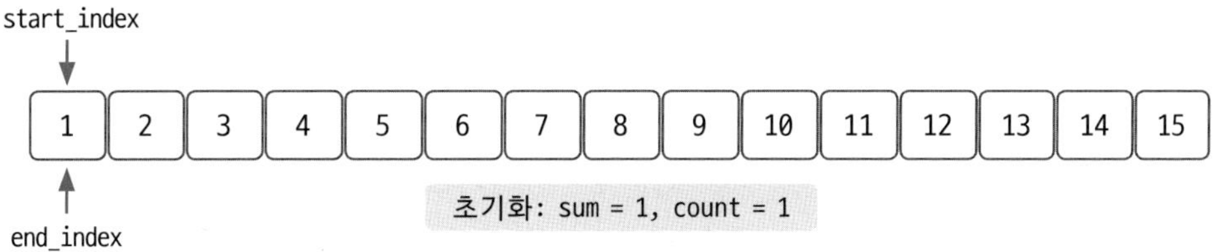

2 다음에서 보이는 투 포인터 이동 원칙을 활용해 배열의 끝까지 탐색하면서 합이 N이 될 경우의 수를 구합니다. start_index를 오른쪽으로 한 칸 이동하는 것은 연속된 자연수에서 왼쪽 값을 삭제하는 것과 효과가 같으며, end_index를 오른쪽으로 한 칸 이동하는 것은 연속된 자연수의 범위를 한 칸 더 확장하는 의미입니다. sum과 N이 같을 때는 경우의 수를 1 증가시키고, end_index를 오른쪽으로 이동시킵니다.

투 포인터 이동 원칙

- sum > N: sum = sum – start_index; start_index++;
- sum < N: end_index++; sum = sum + end_index;
- sum == N: end_index++; sum = sum + end_index; count++;

❸ 2단계를 end_index가 N이 될 때까지 반복하되, 포인터가 이동할 때마다 현재의 총합과 N을 비교해 값이 같으면 count를 1만큼 증가시키면 됩니다.

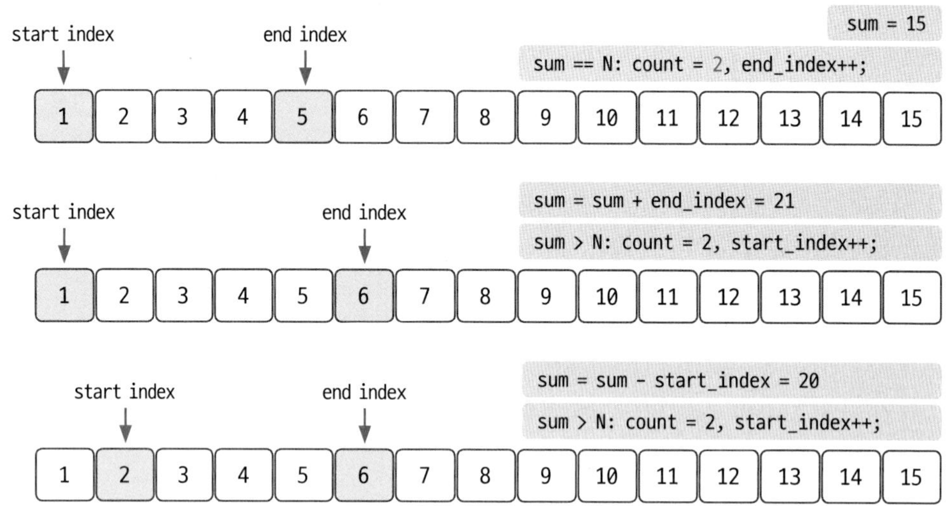

03단계 슈도코드 작성하기

```
N(연속된 자연수의 합)
start_index = 1
end_index = 1
sum = 1  // 현재 연속된 합 값을 저장하는 변수

while(end_index != N) {
    if(sum == N) 경우의 수 증가, end_index 증가, sum값 변경
    else if(sum > N) sum값 변경, start_index 증가
    else if(sum < N) end_index 증가, sum값 변경
}
경우의 수 출력
```

04단계 **코드 구현하기**

자료구조/P2018_연속된자연수의합.cpp

```
#include <iostream>
using namespace std;

int main()
{
    ios::sync_with_stdio(false);
    cin.tie(NULL);
    cout.tie(NULL);

    int N;
    cin >> N;
    int count = 1;
    int start_index = 1;
    int end_index = 1;
    int sum = 1;

    while (end_index != N) {
        if (sum == N) {        // 답을 찾았을 때
            count++;
            end_index++;
            sum = sum + end_index;
        }
        else if (sum > N) {  // 현재 합이 답보다 클 때
            sum = sum - start_index;
            start_index++;
        }
        else {                 // 현재 합이 답보다 작을 때
            end_index++;
            sum = sum + end_index;
        }
    }
    cout << count << "\n";
}
```

문제 007

주몽의 명령

시간 제한 2초 | 난이도 S4 실버 IV | 백준 온라인 저지 1940번

주몽은 철기군을 양성하기 위한 프로젝트에 나섰다. 그래서 야철대장에게 철기군이 입을 갑옷을 만들라고 명령했다. 야철대장은 주몽의 명령에 따르기 위해 연구에 착수하던 중 갑옷을 만드는 재료들은 각각 고유한 번호가 있고, 갑옷은 2개의 재료로 만드는 데 2가지 재료의 고유한 번호를 합쳐 M(1 ≤ M ≤ 10,000,000)이 되면 갑옷이 만들어진다는 사실을 발견했다. 야철대장은 자신이 만들고 있는 재료로 갑옷을 몇 개나 만들 수 있는지 궁금해졌다. 야철대장의 궁금증을 풀어 주기 위해 N(1 ≤ N ≤ 15,000)개의 재료와 M이 주어졌을 때 몇 개의 갑옷을 만들 수 있는지를 구하는 프로그램을 작성하시오.

입력

1번째 줄에 재료의 개수 N(1 ≤ N ≤ 15,000), 2번째 줄에 갑옷을 만드는 데 필요한 수 M(1 ≤ M ≤ 10,000,000)이 주어진다. 3번째 줄에는 N개의 재료들이 가진 고유한 번호들이 공백을 사이에 두고 주어진다. 고유한 번호는 100,000보다 작거나 같은 자연수다.

출력

1번째 줄에 갑옷을 만들 수 있는 개수를 출력한다.

예제 입력 1

```
6       // 재료의 개수
9       // 갑옷이 완성되는 번호의 합
2 7 4 1 5 3  // 재료들
```

예제 출력 1

```
2
```

01단계 문제 분석하기

우선 시간 복잡도를 고려해 봅시다. 두 재료의 번호의 합, 즉, 크기를 비교하므로 값을 정렬하면 문제를 좀 더 쉽게 풀 수 있습니다. N의 최대 범위가 15,000이므로 O(nlogn) 시간 복잡도 알고리즘을 사용해도 문제가 없겠네요. 일반적으로 정렬 알고리즘의 시간 복잡도는 O(nlogn)

입니다. 즉, 정렬을 사용해도 괜찮습니다. 입력받은 N개의 재룟값을 정렬한 다음 양쪽 끝의 위치를 투 포인터로 지정해 문제에 접근해 보겠습니다.

02단계 손으로 풀어 보기

1 재료 데이터를 배열 A[N]에 저장한 후 오름차순 정렬합니다.

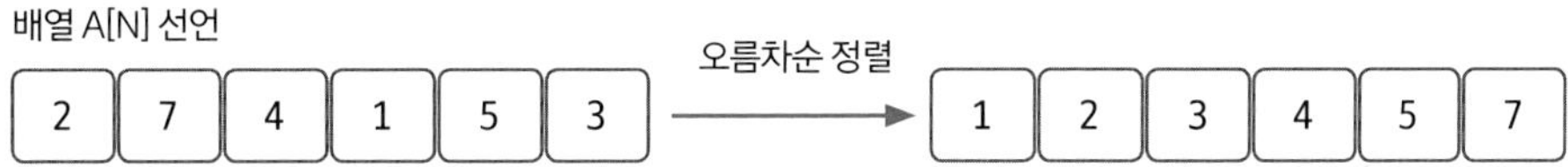

2 투 포인터 i, j를 양쪽 끝에 위치시킨 후 문제의 조건에 적합한 포인터 이동 원칙을 활용해 탐색을 수행합니다. 다음은 투 포인터 이동 원칙입니다.

투 포인터 이동 원칙

- `A[i] + A[j] > M: j--;` // 번호의 합이 M보다 크므로 큰 번호 index를 내립니다.
- `A[i] + A[j] < M: i++;` // 번호의 합이 M보다 작으므로 작은 번호 index를 올립니다.
- `A[i] + A[j] == M: i++; j--; count++;` // 양쪽 포인터를 모두 이동시키고 count를 증가시킵니다.

3 2단계를 i와 j가 만날 때까지 반복합니다. 반복이 끝나면 count를 출력합니다.

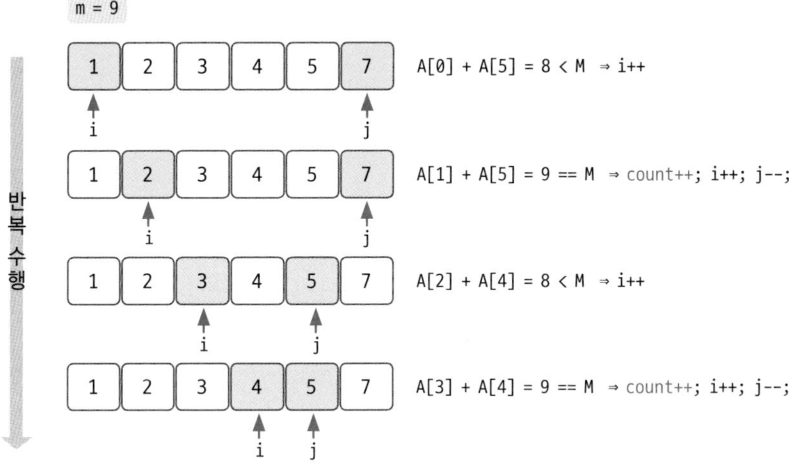

03단계 슈도코드 작성하기

```
N(재료의 개수), M(갑옷이 되는 번호)
A(재료 데이터 저장 배열)

for(N만큼 반복) {
    재료 배열 저장
}
재료 배열 정렬

while(i < j) {
    if(재료 합 < M) 작은 번호 재료를 한 칸 뒤로 변경
    else if(재료 합 > M) 큰 번호 재료를 한 칸 앞으로 변경
    else 경우의 수 증가, 양쪽 index 각각 변경
}
경우의 수 출력
```

04단계 코드 구현하기

자료구조/P1940_주몽.cpp

```
#include <iostream>
#include <vector>
#include <algorithm>
using namespace std;

int main()
{
    ios::sync_with_stdio(false);
    cin.tie(NULL);
    cout.tie(NULL);

    int N, M;
    cin >> N >> M;
    vector<int> A(N, 0);
```

```
    for (int i = 0; i < N; i++) {
        cin >> A[i];
    }
    sort(A.begin(), A.end());

    int count = 0;
    int i = 0;
    int j = N - 1;

    while (i < j) {  // 투 포인터 이동 원칙에 따라 포인터를 이동하여 처리
        if (A[i] + A[j] < M) {
            i++;
        }
        else if (A[i] + A[j] > M) {
            j--;
        }
        else {
            count++;
            i++;
            j--;
        }
    }
    cout << count << "\n";
}
```

문제 핵심 008 '좋은 수' 구하기

시간 제한 2초 | 난이도 G4 골드 IV | 백준 온라인 저지 1253번

주어진 N개의 수에서 다른 두 수의 합으로 표현되는 수가 있다면 그 수를 '좋은 수'라고 한다. N개의 수 중 좋은 수가 총 몇 개인지 출력하시오.

xhark님이 제작한 문제를 수정해 수록했습니다.

입력

1번째 줄에 수의 개수 N(1 ≤ N ≤ 2,000), 2번째 줄에 N개의 수의 값(A_i)이 주어진다($|A_i|$ ≤ 1,000,000,000, A_i는 정수).

출력

좋은 수의 개수를 출력한다.

예제 입력 1

```
10  // 수의 개수
1 2 3 4 5 6 7 8 9 10
```

예제 출력 1

```
8
```

01단계 문제 분석하기

시간 복잡도부터 생각해 봅시다. N의 개수가 최대 2,000이라 가정해도 좋은 수 하나를 찾는 알고리즘의 시간 복잡도는 N^2보다 작아야 합니다. 만약 좋은 수 하나를 찾는 데 시간 복잡도가 N^2인 알고리즘을 사용하면 최종 시간 복잡도는 N^3이 되어 제한 시간 안에 문제를 풀 수 없기 때문이죠. 따라서 좋은 수 하나를 찾는 알고리즘의 시간 복잡도는 최소 O(nlogn)이어야 합니다. 정렬, 투 포인터 알고리즘을 사용하면 되겠네요. **단 정렬된 데이터에서 자기 자신을 좋은 수 만들기에 포함하면 안 됩니다.** 이점을 예외로 처리해야 한다는 것을 염두에 두고 문제에 접근해 보겠습니다.

02단계 손으로 풀어 보기

1. 수를 입력받아 배열에 저장한 후 정렬합니다.

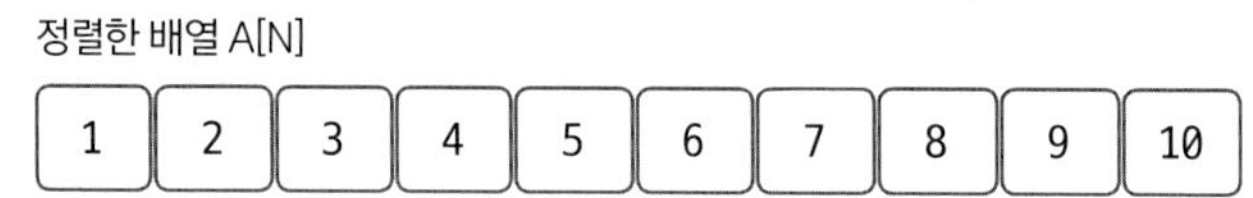

2. 투 포인터 i, j를 배열 A 양쪽 끝에 위치시키고 조건에 적합한 투 포인터 이동 원칙을 활용해 탐색을 수행합니다. 판별의 대상이 되는 수는 K라고 가정합니다.

투 포인터 이동 원칙

- A[i] + A[j] > K: j--; A[i] + A[j] < K: i++;
- A[i] + A[j] == K: count++; 프로세스 종료

3 2단계를 배열의 모든 수에 대하여 반복합니다. 즉, K가 N이 될 때까지 반복하며 좋은 수가 몇 개인지 셉니다.

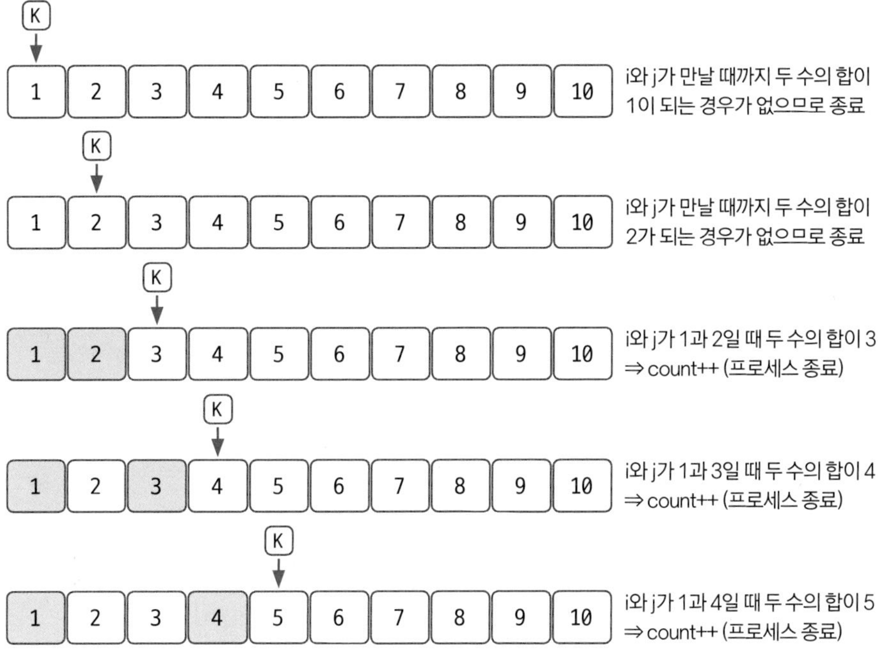

03단계 슈도코드 작성하기

```
N(배열의 데이터 개수)
A(데이터 저장 배열)

for(N만큼 반복) {
    배열 A에 데이터 저장
}
배열 A 정렬하기

for(N만큼 반복) {
```

```
    변수 초기화(찾고자 하는 값 find = A[k], 포인터 i, 포인터 j)
    while(i < j) {  // 투 포인터 알고리즘
      if(A[i] + A[j] == find)
        두 포인터 i j가 k가 아닐 경우 결괏값에 반영 및 while 문 종료
        두 포인터 i j가 k가 맞을 경우 포인터 변경 및 계속 수행
      else if(A[i] + A[j] < find) 포인터 i 증가
      else 포인터 j 감소
    }
}
좋은 수 개수 출력
```

04단계 코드 구현하기

자료구조/P1253_좋은수.cpp

```cpp
#include <iostream>
#include <vector>
#include <algorithm>
using namespace std;

int main()
{
    ios::sync_with_stdio(false);
    cin.tie(NULL);
    cout.tie(NULL);

    int N;
    cin >> N;
    vector<int> A(N, 0);

    for (int i = 0; i < N; i++) {
        cin >> A[i];
    }
    sort(A.begin(), A.end());
    int Result = 0;
```

```
    for (int k = 0; k < N; k++) {
        long find = A[k];
        int i = 0;
        int j = N - 1;

        while (i < j) {  // 투 포인터 알고리즘
            if (A[i] + A[j] == find) {  // 서로 다른 두 수의 합인지 체크
                if (i != k && j != k) {
                    Result++;
                    break;
                }
                else if (i == k) {
                    i++;
                }
                else if (j == k) {
                    j--;
                }
            }
            else if (A[i] + A[j] < find) {
                i++;
            }
            else {
                j--;
            }
        }
    }
    cout << Result << "\n";
}
```

핵심

03-4 슬라이딩 윈도우

슬라이딩 윈도우 알고리즘은 2개의 포인터로 범위를 지정한 다음, 범위window를 유지한 채로 이동sliding하며 문제를 해결합니다. 투 포인터 알고리즘과 매우 비슷하고 원리도 간단하므로 설명 없이 바로 실전 문제를 풀며 슬라이딩 윈도우 알고리즘의 개념과 원리를 공부해 보겠습니다.

문제 009

DNA 비밀번호

시간 제한 2초 | 난이도 실버 V | 백준 온라인 저지 12891번

평소 문자열을 이용해 노는 것을 좋아하는 민호는 DNA 문자열을 알게 됐다. DNA 문자열은 모든 문자열에 등장하는 문자가 {'A', 'C', 'G', 'T'}인 문자열을 말한다. 예를 들어 "ACKA"는 DNA 문자열이 아니지만, "ACCA"는 DNA 문자열이다. 이런 신비한 문자열에 완전히 매료된 민호는 임의의 DNA 문자열을 만들고 만들어진 DNA 문자열의 부분 문자열을 비밀번호로 사용하기로 마음먹었다.

하지만 민호는 이 방법에는 큰 문제가 있다는 것을 발견했다. 임의의 DNA 문자열의 부분 문자열을 뽑았을 때 "AAAA"와 같이 보안에 취약한 비밀번호가 만들어질 수 있기 때문이다. 그래서 민호는 부분 문자열에서 등장하는 문자의 개수가 특정 개수 이상이어야 비밀번호로 사용할 수 있다는 규칙을 만들었다. 예를 들어 임의의 DNA 문자열이 "AAACCTGCCAA"이고, 민호가 뽑을 부분 문자열의 길이를 4라고 가정해 보자. 그리고 부분 문자열에 'A'는 1개 이상, 'C'는 1개 이상, 'G'는 1개 이상, 'T'는 0개 이상 등장해야 비밀번호로 사용할 수 있다고 가정해 보자. 이때 "ACCT"는 'G'가 1개 이상 등장해야 한다는 조건을 만족하지 못해 비밀번호로 사용할 수 없지만, "GCCA"은 모든 조건을 만족하므로 비밀번호로 사용할 수 있다.

민호가 만든 임의의 DNA 문자열과 비밀번호로 사용할 부분 분자열의 길이 그리고 {'A', 'C', 'G', 'T'}가 각각 몇 번 이상 등장해야 비밀번호로 사용할 수 있는지, 순서대로 주어졌을 때 민호가 만들 수 있는 비밀번호의 종류의 수를 구하는 프로그램을 작성하시오. 단, 부분 문자열이 등장하는 위치가 다르면 부분 문자열의 내용이 같더라도 다른 문자열로 취급한다.

(↓) 입력

1번째 줄에 민호가 임의로 만든 DNA 문자열의 길이 |S|와 비밀번호로 사용할 부분 문자열의 길이 |P|가 주어진다(1 ≤ |P| ≤ |S| ≤ 1,000,000). 2번째 줄에 민호가 임의로 만든 DNA 문자열이 주어진다. 3번째 줄에 부분 문자열에 포함돼야 할 {'A', 'C', 'G', 'T'}의 최소 개수가 공백 문자를 사이에 두고 각각 주어진다. 각각의 수는 |S|보다 작거나 같은 음이 아닌 정수로 총합은 |S|보다 작거나 같다는 것이 보장된다.

(↑) 출력

첫 번째 줄에 민호가 만들 수 있는 비밀번호 종류의 개수를 출력한다.

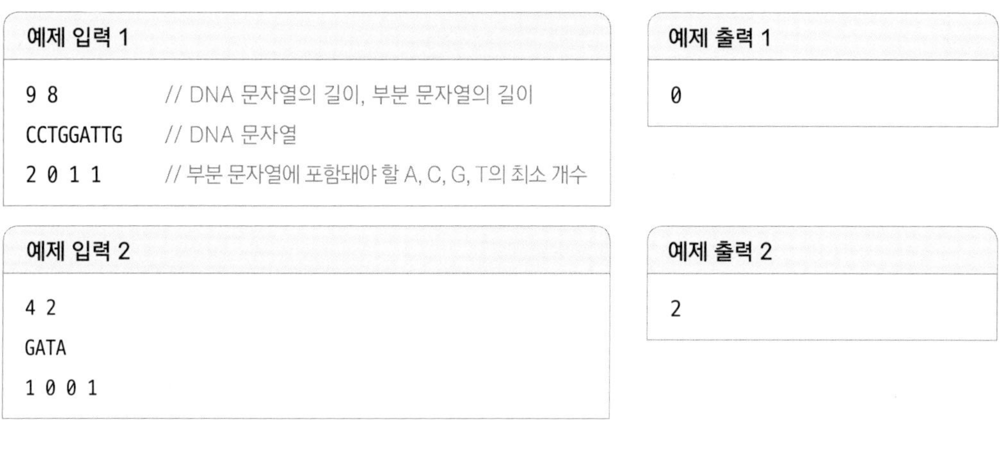

예제 입력 1

```
9 8          // DNA 문자열의 길이, 부분 문자열의 길이
CCTGGATTG    // DNA 문자열
2 0 1 1      // 부분 문자열에 포함돼야 할 A, C, G, T의 최소 개수
```

예제 출력 1

```
0
```

예제 입력 2

```
4 2
GATA
1 0 0 1
```

예제 출력 2

```
2
```

01단계 문제 분석하기

P와 S의 길이가 1,000,000으로 매우 크기 때문에 O(n)의 시간 복잡도 알고리즘으로 문제를 해결해야 합니다. 이때 부분 문자열의 길이가 P이므로 슬라이딩 윈도우의 개념을 이용하면 문제를 쉽게 해결할 수 있습니다. 그림을 보며 슬라이딩 윈도우가 무엇인지 설명해 보겠습니다.

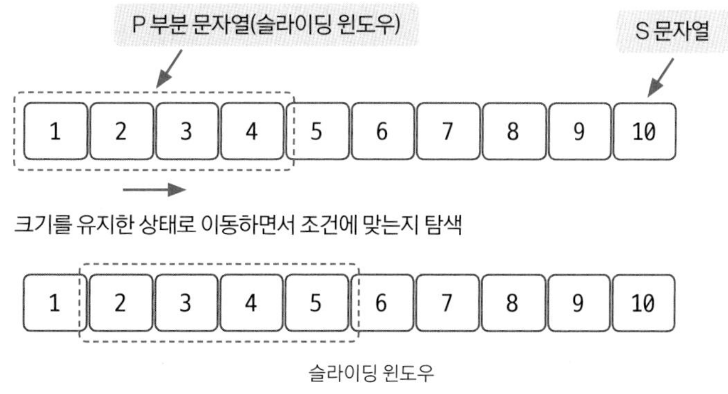

그림을 보면 길이가 P인 윈도우를 지정하여 배열 S의 시작점에 놓습니다. 그런 다음 윈도우를 오른쪽으로 밀면서 윈도우에 잡힌 값들이 조건에 맞는지 탐색합니다. 마치 창틀에 창문을 놓고 이동하는 모양 같네요. 그래서 슬라이딩 윈도우라는 이름이 지어진 것입니다. 배열 S의 길이만큼만 탐색을 진행하면 되므로 O(n)의 시간 복잡도로 문제를 해결할 수 있습니다. 이 개념을 바탕으로 문제를 풀어 보겠습니다.

02단계 손으로 풀어 보기

1 배열 S와 비밀번호 체크 배열을 저장합니다.

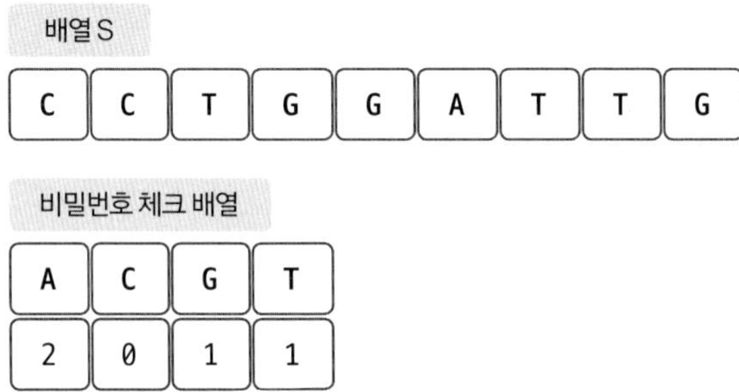

2 윈도우에 포함된 문자로 현재 상태 배열을 만듭니다. 그런 다음 현재 상태 배열과 비밀번호 체크 배열을 비교하여 유효 비밀번호인지 판단합니다.

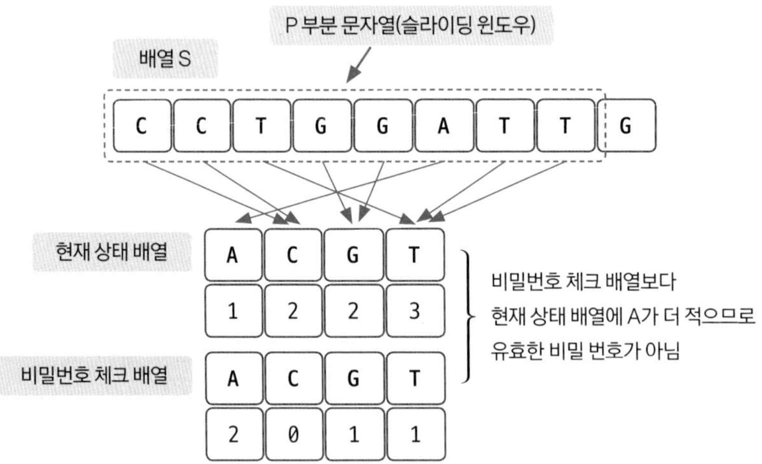

3 윈도우를 한 칸씩 이동하며 현재 상태 배열을 업데이트합니다. 현재 상태 배열을 업데이트한 이후에는 비밀번호 체크 배열과 비교하여 비밀번호 유효성을 판단합니다. 현재 상태 배열을 업데이트할 때는 빠지는 문자열, 신규 문자열만 보고 업데이트하는 방식으로 진행합니다.

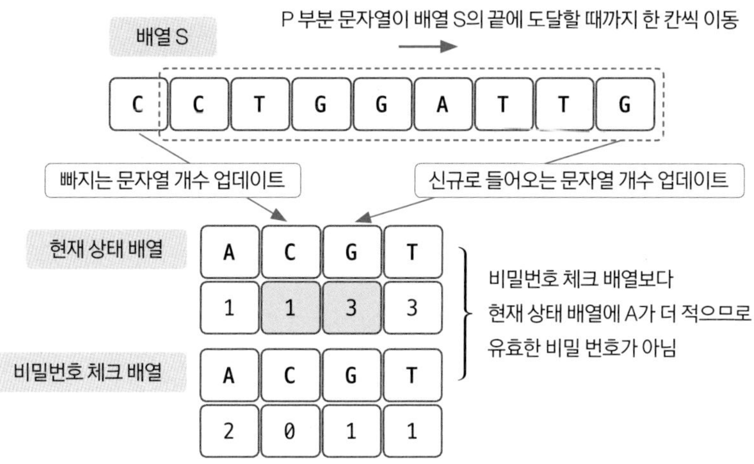

위 그림의 경우 윈도우를 한 칸 이동하여 C가 빠지고, G가 추가되어 현재 상태 배열을 1, 2, 2, 3에서 1, 1, 3, 3으로 업데이트한 것입니다. 비밀번호 체크 배열과 비교했을 때 A가 2보다 작으니 유효 비밀번호가 아니네요.

이 문제는 슬라이딩 윈도우 원리 이외에도 '실제 문자열과 관련된 배열 처리를 어떻게 할 것인가?', '비밀번호 유효성 검사를 보다 빠르게 할 수 있는 방법이 있을까?' 등 코드 수준에서 고민이 필요한 부분이 있습니다. 슈도코드와 실제 코드를 보면서 아이디어와 관련된 영감을 얻어 보세요.

03단계 슈도코드 작성하기

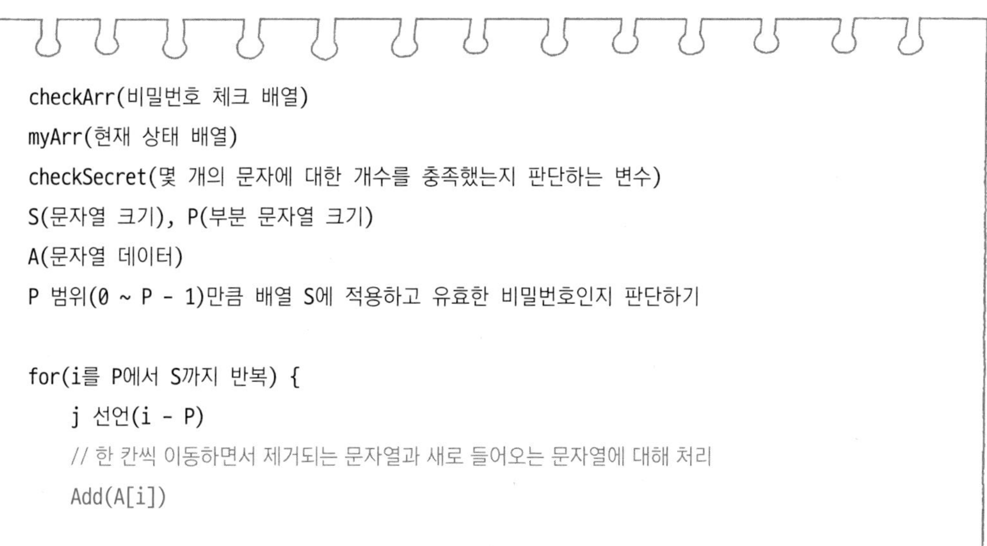

```
checkArr(비밀번호 체크 배열)
myArr(현재 상태 배열)
checkSecret(몇 개의 문자에 대한 개수를 충족했는지 판단하는 변수)
S(문자열 크기), P(부분 문자열 크기)
A(문자열 데이터)
P 범위(0 ~ P - 1)만큼 배열 S에 적용하고 유효한 비밀번호인지 판단하기

for(i를 P에서 S까지 반복) {
    j 선언(i - P)
    // 한 칸씩 이동하면서 제거되는 문자열과 새로 들어오는 문자열에 대해 처리
    Add(A[i])
```

```
        Remove(A[j])
        현재 부분 문자열이 유효한 비밀번호인지(checkSecret == 4) 판단하여 결괏값 업데이트
    }
    결괏값 출력

    // 별도 함수
    Add(문자 더하기 함수) {
        새로 들어온 문자에 대해 myArr 업데이트 및 checkSecret값 변경
    }
    Remove(문자 빼기 함수) {
        제거되는 문자에 대해 myArr 업데이트 및 checkSecret값 변경
    }
```

이 문제는 앞에서 언급했듯이 유효한 비밀번호를 검사할 때 **기존 검사 결과에 새로 들어온 문자열, 제거되는 문자열만 반영하여 확인하는 것**이 핵심입니다. 이 부분에 주목하며 코드를 작성해 보세요.

04단계 코드 구현하기

자료구조/P12891_DNA비밀번호.cpp

```cpp
#include <iostream>
using namespace std;

int checkArr[4];
int myArr[4];
int checkSecret = 0;
void Add(char c);
void Remove(char c);

int main()
{
    ios::sync_with_stdio(false);
    cin.tie(NULL);
    cout.tie(NULL);

    int S, P;
```

```
    cin >> S >> P;
    int Result = 0;
    string A;
    cin >> A;

    for (int i = 0; i < 4; i++) {
        cin >> checkArr[i];
        if (checkArr[i] == 0) {
            checkSecret++;
        }
    }
    for (int i = 0; i < P; i++) {  // 초기 P 부분 문자열 처리
        Add(A[i]);
    }
    if (checkSecret == 4) {
        Result++;
    }
    // 슬라이딩 윈도우 처리 부분
    for (int i = P; i < S; i++) {
        int j = i - P;
        Add(A[i]);
        Remove(A[j]);
        // 4자리 수에 대한 크기가 모두 충족되었을 때는 유효한 비밀번호
        if (checkSecret == 4) {
            Result++;
        }
    }
    cout << Result << "\n";
}

void Add(char c) {  // 새로 들어온 문자를 처리하는 함수
    switch (c) {
    case 'A':
        myArr[0]++;
        if (myArr[0] == checkArr[0])
            checkSecret++;
        break;
    case 'C':
        myArr[1]++;
```

```
            if (myArr[1] == checkArr[1])
                checkSecret++;
            break;
        case 'G':
            myArr[2]++;
            if (myArr[2] == checkArr[2])
                checkSecret++;
            break;
        case 'T':
            myArr[3]++;
            if (myArr[3] == checkArr[3])
                checkSecret++;
            break;
        }
    }

    void Remove(char c) {  // 제거할 문자를 처리하는 함수
        switch (c) {
        case 'A':
            if (myArr[0] == checkArr[0])
                checkSecret--;
            myArr[0]--;
            break;
        case 'C':
            if (myArr[1] == checkArr[1])
                checkSecret--;
            myArr[1]--;
            break;
        case 'G':
            if (myArr[2] == checkArr[2])
                checkSecret--;
            myArr[2]--;
            break;
        case 'T':
            if (myArr[3] == checkArr[3])
                checkSecret--;
            myArr[3]--;
            break;
        }
    }
```

문제 핵심 010

최솟값 찾기 1

시간 제한 2.4초 | 난이도 P0 플래티넘 | 백준 온라인 저지 11003번

N개의 수 A_1, A_2, ..., A_N과 L이 주어진다. A_{i-L+1} ~ A_i 중 최솟값을 D_i라고 할 때 D에 저장된 수를 출력하는 프로그램을 작성하시오. 이때 i ≤ 0인 A_i는 무시하고 D를 구해야 한다.

입력

1번째 줄에 N과 L(1 ≤ L ≤ N ≤ 5,000,000), 2번째 줄에 N개의 수 A_i가 주어진다($-10^9 \le A_i \le 10^9$).

출력

1번째 줄에 D_i를 공백으로 구분해 순서대로 출력한다.

예제 입력 1

```
12 3  // 숫자의 개수, 슬라이딩 윈도우의 크기
1 5 2 3 6 2 3 7 3 5 2 6
```

예제 출력 1

```
1 1 1 2 2 2 2 2 3 3 2 2
```

01단계 문제 분석하기

일정 범위 안에서 최솟값을 구하는 문제이므로 슬라이딩 윈도우와 정렬을 사용하면 될 것 같습니다. 윈도우의 크기는 문제에서 최솟값을 구하는 범위가 i - L + 1부터 i까지이므로 L로 생각하면 됩니다. 최솟값을 찾기 위한 정렬은 어떨까요? 일반적으로 정렬은 O(nlogn)의 시간 복잡도를 가지므로 N과 L의 최대 범위가 5,000,000인 이 문제에서는 정렬을 사용할 수 없습니다. 다시 말해 O(n)의 시간 복잡도로 해결해야 합니다. 하지만 슬라이딩 윈도우를 덱[deque]으로 구현하여 정렬 효과를 볼 수 있습니다. 우선 덱의 구조를 이해해 봅시다.

덱의 구조

그림을 보면 덱은 양 끝에서 데이터를 삽입하거나 삭제할 수 있는 자료구조라는 것을 파악할 수 있습니다. 왼쪽에서는 push_front(), pop_front() 함수가 삽입, 삭제 역할을 하고, 오른쪽에서는 push_back(), pop_back() 함수가 삽입, 삭제 역할을 합니다. 덱을 이용하여 정렬 효과를 어떻게 보는지는 손으로 문제를 풀어보며 알아봅시다.

02단계 손으로 풀어 보기

1 덱에서는 (인덱스, 숫자) 형태의 노드를 클래스로 구현하여 저장합니다. 덱에서 노드를 제거하는 상황을 설명하기 위해 (1, 1)을 덱에 추가할 때, (2, 5)를 덱에 추가할 때 필요한 탐색, 검사 과정은 생략했습니다. 생략한 과정들은 덱에서 노드를 제거하는 과정을 설명한 이후 다시 설명하겠습니다.

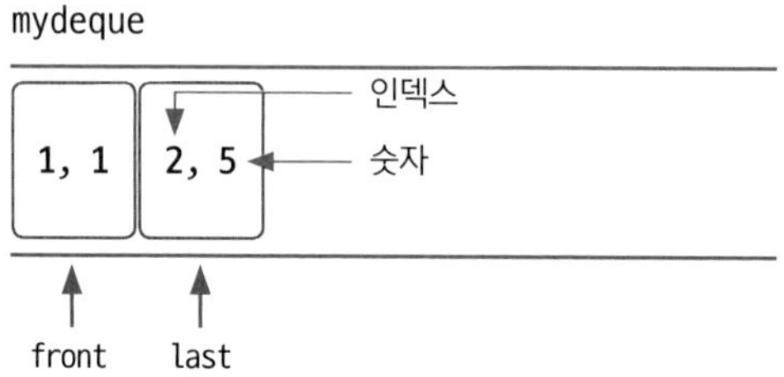

2 이 상태에서 새 노드 (3, 2)가 덱에 저장됩니다. 여기부터 기존 덱에 있던 노드가 제거됩니다.

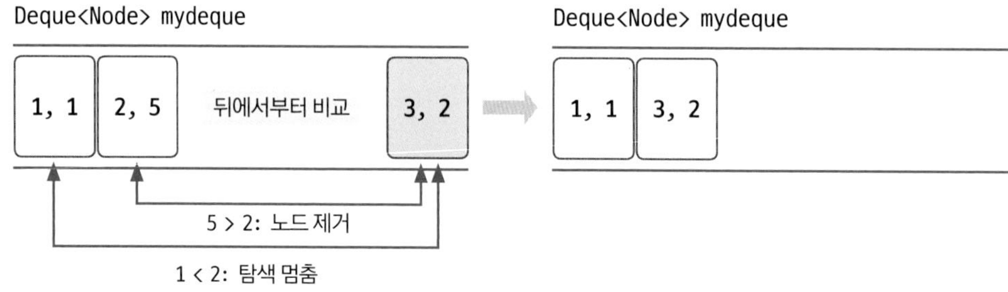

새 노드 (3, 2)가 저장될 때 덱 뒤에서부터 비교를 시작합니다. (2, 5)는 (3, 2)보다 숫자가 크므로 (2, 5)는 덱에서 제거[pop_back]합니다. 이어서 (1, 1)은 (3, 2)보다 숫자가 작으므로 탐색을 멈추고 (3, 2)를 덱에 저장[push_back]합니다. 결과를 보면 (2, 5)가 덱에서 제거되어 덱에는 (1, 1), (3, 2) 순서로 노드가 오름차순 정렬되어 있습니다. 바로 이것이 덱을 이용하여 정렬 효과를 보는 방법입니다. 정리를 끝마친 상태의 덱을 보면 인덱스 범위는 1~3으로 슬라이딩 윈도우의 크기인 K(3)와 같습니다. 최솟값 찾기는 쉽습니다. **바로 덱 처음에 있는 (1, 1) 노드와 숫잣값입니다.**

❸ 계속해서 새 노드를 추가합시다. 이번에는 인덱스 범위가 슬라이딩 윈도우를 벗어난 예를 볼 수 있을 겁니다.

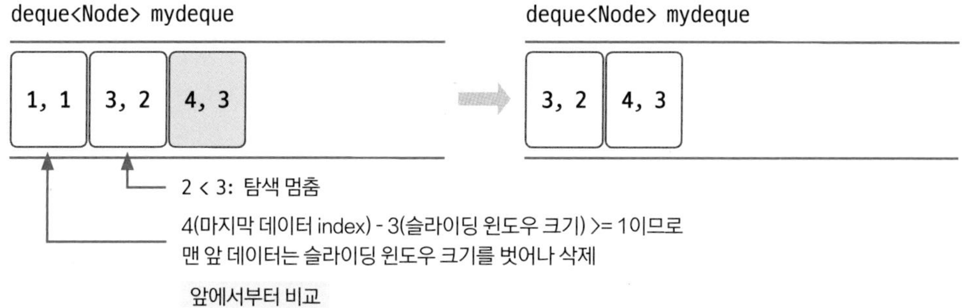

새 노드 (4, 3)은 덱 뒤에서부터 비교했을 때 (3, 2)보다 숫자가 크므로 덱에 저장됩니다. 여기서 인덱스 범위에 의해 덱 앞쪽의 노드가 제거됩니다. (1, 1), (3, 2), (4, 3)의 인덱스 범위는 1~4이므로 윈도우 범위인 3을 벗어납니다. 최솟값은 윈도우 범위 내에서 찾기로 했으므로 (1, 1)은 덱에서 제거해야 합니다. **제거가 끝난 이후에 최솟값을 출력하면 2입니다.**

윈도우를 1칸 오른쪽으로 슬라이딩 하는 모습을 상상하면 됩니다.

❹ 다시 정리하면 숫자 비교, 윈도우 범위 계산이 끝난 덱에서 맨 앞에 있는 노드의 숫자를 출력하기만 하면 정답이 됩니다. 다음은 전체 과정을 보여 줍니다.

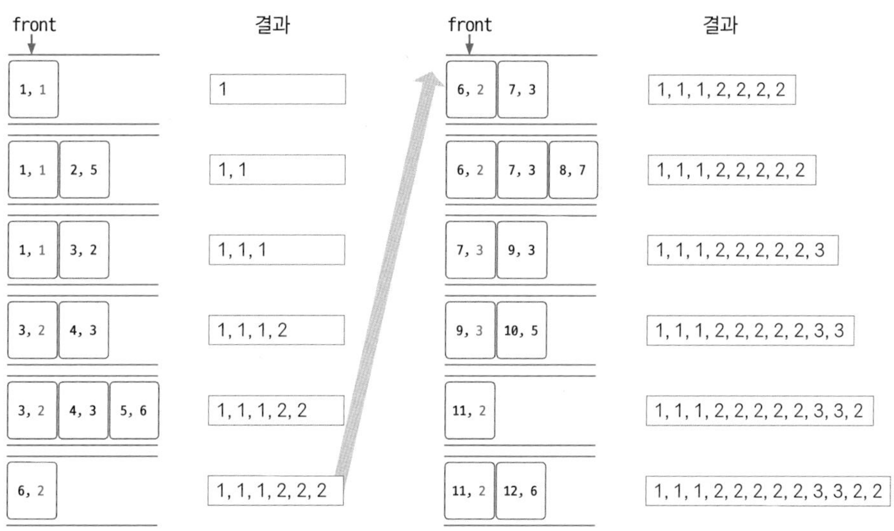

정답을 출력하는 과정

① 최초 (1, 1)이 덱에 추가되면 비교 대상이 없고, 범위도 만족하므로 바로 1을 출력한다.

② (2, 5)는 (1, 1)과 숫자를 비교했을 때 더 크므로 탐색을 멈추고 덱에 추가한다. 인덱스 범위가 1~2여서 윈도우 범위를 만족하므로 다시 1을 출력한다.

③ (3, 2)는 (2, 5)와 숫자를 비교했을 때 더 작으므로 (2, 5)를 덱에서 제거한다. (1, 1)은 여전히 (3, 2)보다 숫자가 작으므로 탐색을 멈추고 (3, 2)를 덱에 저장한다. 덱의 상태는 (1, 1), (3, 2)가 되고, 인덱스 범위 1~3 역시 윈도우 범위를 만족하므로 다시 1을 출력한다.

(...생략...)

03단계 슈도코드 작성하기

```
N(데이터 개수) L(최솟값을 구하는 범위)
Node 타입 선언(int, int)
deque<Node> mydeque(데이터를 담을 덱 자료구조)

for(N만큼 반복) {
    now(현재 데이터)
    덱의 마지막 위치에서부터 now보다 큰 값은 덱에서 제거
    덱의 마지막 위치에 now값 저장
    덱의 첫 번째 위치에서부터 L의 범위를 벗어난 값(now index - L <= index)을 덱에서 제거
    덱의 첫 번째 데이터 출력
}
```

04단계 코드 구현하기

자료구조/P11003_최솟값찾기.cpp

```
#include <iostream>
#include <deque>
using namespace std;
typedef pair<int, int> Node;

int main()
{
    ios::sync_with_stdio(false);
    cin.tie(NULL);
```

```
    cout.tie(NULL);

    int N, L;
    cin >> N >> L;
    deque<Node> mydeque;

    for (int i = 0; i < N; i++) {
        int now;
        cin >> now;
        // 값이 들어올 때마다 정렬하지 않고
        // 현재 수보다 큰 값을 덱에서 제거하여 시간 복잡도를 줄임
        while (mydeque.size() && mydeque.back().first > now) {
            mydeque.pop_back();
        }
        mydeque.push_back(Node(now, i));
        // 범위에서 벗어난 값은 덱에서 제거
        if (mydeque.front().second <= i - L) {
            mydeque.pop_front();
        }
        cout << mydeque.front().first << ' ';
    }
}
```

이 문제의 핵심은 정렬 알고리즘을 사용하지 않고도 슬라이딩 윈도우와 덱을 이용해 정렬 효과를 보는 것입니다. 코드를 직접 구현하면서 슬라이딩 윈도우 기법을 자신의 것으로 만들어 보세요.

03-5 스택과 큐

스택과 큐는 배열에서 조금 더 발전한 형태의 자료구조입니다. 서로 구조는 비슷하지만 처리 방식은 다릅니다. 두 자료구조를 잠시 알아보겠습니다.

스택과 큐의 핵심 이론

스택

스택[stack]은 삽입과 삭제 연산이 후입선출[LIFO: Last-in First-out]로 이뤄지는 자료구조입니다. 후입선출은 삽입과 삭제가 한 쪽에서만 일어나는 특징이 있습니다. 다음 그림을 살펴봅시다.

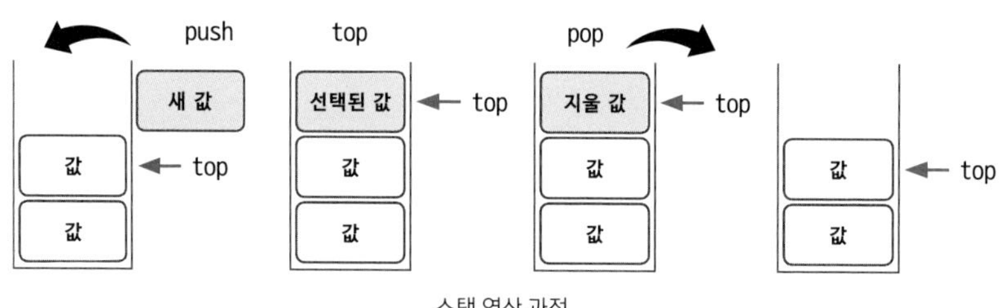

스택 연산 과정

그림을 보면 새 값이 스택에 들어가면 top이 새 값을 가리킵니다. 스택에서 값을 빼낼 때 pop는 top이 가리키는 값을 스택에서 빼게 되어 있으므로 결과적으로는 가장 마지막에 넣었던 값이 나오게 됩니다. 그림에 여러 영어 표현이 있는데, 이것은 스택 용어입니다. 스택 용어도 미리 알아 두고 넘어갑시다.

스택 용어

위치

- top: 삽입과 삭제가 일어나는 위치를 뜻한다.

연산

- push: top 위치에 새로운 데이터를 삽입하는 연산이다.
- pop: top 위치에 현재 있는 데이터를 삭제하고 확인하는 연산이다.
- top: top 위치에 현재 있는 데이터를 단순 확인하는 연산이다.

스택은 깊이 우선 탐색DFS: Depth First Search, 백트래킹 종류의 코딩 테스트에 효과적이므로 반드시 알아 두어야 합니다. 후입선출은 개념 자체가 재귀 함수 알고리즘 원리와 일맥상통하기 때문입니다.

큐

큐queue는 삽입과 삭제 연산이 선입선출FIFO: First-in First-out로 이뤄지는 자료구조입니다. 스택과 다르게 먼저 들어온 데이터가 먼저 나갑니다. 그래서 삽입과 삭제가 양방향에서 이뤄집니다.

큐 연산 과정

그림을 보면 새 값 추가는 큐의 back에서 이뤄지고, 삭제는 큐의 front에서 이뤄집니다. 큐 관련 용어는 다음과 같습니다.

큐 용어

위치

- back: 큐에서 가장 끝 데이터를 가리키는 영역이다.
- front: 큐에서 가장 앞의 데이터를 가리키는 영역이다.

연산

- push: back 부분에 새로운 데이터를 삽입하는 연산이다.
- pop: front 부분에 있는 데이터를 삭제하고 확인하는 연산이다.

큐는 너비 우선 탐색BFS: Breadth First Search에서 자주 사용하므로 이 역시도 스택과 함께 잘 알아 두어야 하는 개념입니다.

우선순위 큐도 있어요!

우선순위 큐priority queue는 값이 들어간 순서와 상관없이 우선순위가 높은 데이터가 먼저 나오는 자료구조입니다. 큐 설정에 따라 front에 항상 최댓값 또는 최솟값이 위치합니다. 우선순위 큐는 일반적으로 힙heap을 이용해 구현하는데, 힙은 트리 종류 중 하나이므로 여기서는 개념 정도만 알아 두세요. 우선순위 큐, 힙은 06장에서 자세히 설명하겠습니다.

문제 011 스택으로 수열 만들기

시간 제한 2초 | 난이도 S3 실버 III | 백준 온라인 저지 1874번

1부터 n까지의 수를 스택에 저장하고 출력하는 방식으로 하나의 수열을 만들 수 있다. 이때 스택에 push하는 순서는 반드시 오름차순을 지키도록 한다고 가정한다. 수열이 주어졌을 때 이러한 방식으로 스택을 이용해 주어진 수열을 만들 수 있는지 확인하고 만들 수 있다면 어떤 순서로 push와 pop을 수행하여야 하는지 확인하는 프로그램을 작성해 보자.

author5님이 제작한 문제를 일부 수정해 수록했습니다.

입력

1번째 줄에 수열의 개수 n(1 ≤ n ≤ 100,000)이 주어진다. 2번째 줄에서 n개의 줄에는 수열을 이루는 1 이상 n 이하의 정수가 1개씩 순서대로 주어진다. 이때 같은 정수가 두 번 이상 나오지는 않는다.

출력

수열을 만들기 위한 연산 순서를 출력한다. push 연산은 +, pop 연산은 -로 출력하고, 불가능할 때는 NO를 출력한다.

예제 입력 1

```
8  // 수열의 개수
4
3
6
8
7
5
2
1
```

예제 출력 1

```
+
+
+
+
-
-
+
+
-
+
+
-
-
-
-
-
```

예제 입력 2

```
5
1
2
5
3
4
```

예제 출력 2

```
NO
```

01단계 문제 분석하기

스택의 원리를 정확하게 알고 있는지를 묻는 문제입니다. 이 문제는 스택의 pop, push 연산과 후입선출 개념을 이해하고 있다면 쉽게 풀 수 있습니다. 스택에 넣는 값은 오름차순 정렬이어야 한다는 것에 유념하며 손으로 문제를 풀어 보겠습니다.

02단계 손으로 풀어 보기

이 문제는 1부터 자연수를 증가시키면서 입력으로 주어진 숫자와 비교하여 증가시킨 자연수를 스택에 추가하거나 빼는 방식으로 풀면 됩니다. 예제 1번을 이용해 설명하겠습니다. 먼저 스택 연산은 다음 2가지 방법으로 수행합니다.

스택 연산 수행 방법

1. 현재 수열 값 ≥ 자연수

현재 수열 값이 자연수보다 크거나 같을 때까지 자연수를 1씩 증가시키며 자연수를 스택에 push한다. 그리고 push가 끝나면 수열을 출력하기 위해 마지막 1회만 pop한다.

예를 들어 현재 수열 값이 4면 스택에는 1, 2, 3, 4를 push하고 마지막에 1회만 pop하여 4를 출력한 뒤 조건문을 빠져나온다. 자연수는 5가 된다.

2. 현재 수열 값 < 자연수

현재 수열 값보다 자연수가 크다면 pop으로 스택에 있는 값을 꺼낸다. 꺼낸 값이 현재 수열 값이거나 아닐 수 있다. 만약 아니라면 후입선출 원리에 따라 수열을 표현할 수 없으므로 NO를 출력한 후 문제를 종료하고, 현재 수열 값이라면 그대로 조건문을 빠져나온다.

앞의 예를 이어 설명하면 자연수는 5, 현재 수열 값은 3이므로 스택에서 3을 꺼낸다. 현재 수열 값과 스택에서 꺼낸 값은 같으므로 계속해서 스택 연산을 수행할 수 있다. 스택에는 1, 2가 남아 있으며, 자연수는 5다.

다음 그림을 통해 push, pop하는 과정을 이해해 보세요. push는 한 조건문에서 수행하므로 그림을 보면 바로 이해하기 쉽지만, pop은 양 조건문에서 1회씩 진행하므로 그림을 볼 때 유의하여 보기 바랍니다.

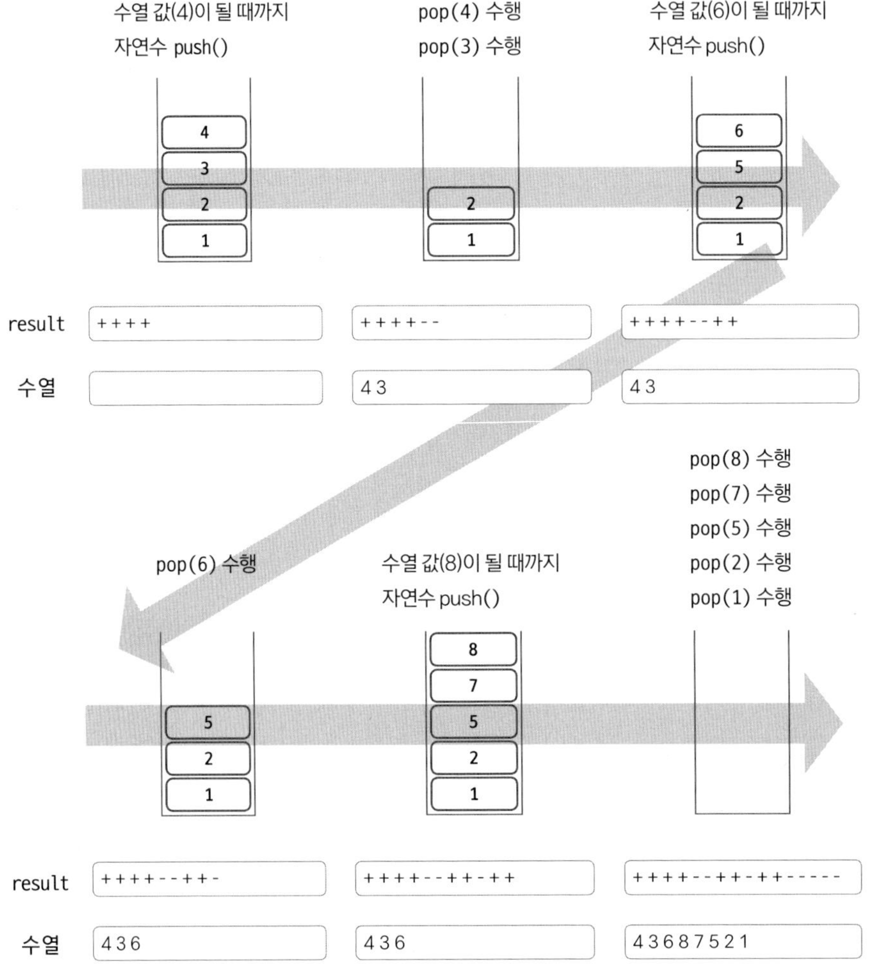

03단계 **슈도코드 작성하기**

```
N(수열 개수)
A(수열 저장 배열)
resultV(결과 저장 배열)
수열 저장 배열에 데이터 저장

for(N만큼 반복) {
    if(현재 수열 값 >= 오름차순 자연수) {
        while(값이 같아질 때까지) {
            push()
            (+)저장
        }
        마지막 값을 pop()
        (-)저장
    }
    else {  // 현재 수열 값 < 오름차순 자연수
       스택의 가장 위의 값 pop()
        if(스택 pop 결괏값 > 수열의 수) {
            NO 출력
        }
        else {
            (-)저장
        }
    }
}
if(-값을 출력한 적이 없으면) {
    저장한 값 출력
}
```

04단계 **코드 구현하기**

자료구조/P1874_스택수열.cpp

```
#include <iostream>
#include <vector>
#include <stack>
using namespace std;

int main()
{
    ios::sync_with_stdio(false);
    cin.tie(NULL);
    cout.tie(NULL);

    int N;
    cin >> N;
    vector<int> A(N, 0);
    vector<char> resultV;

    for (int i = 0; i < N; i++) {
        cin >> A[i];
    }

    stack<int> myStack;
    int num = 1;  // 오름차순 수
    bool result = true;

    for (int i = 0; i < A.size(); i++) {
        int su = A[i];  // 현재 수열의 수
        // 현재 수열값 >= 오름차순 자연수: 값이 같아질 때까지 push() 수행
        if (su >= num) {
            while (su >= num) {  // push()
                myStack.push(num++);
                resultV.push_back('+');
            }
            myStack.pop();
            resultV.push_back('-');
        }
```

```
        // 현재 수열값 < 오름차순 자연수: pop()을 수행하여 수열 원소를 꺼냄
        else {
            int n = myStack.top();
            myStack.pop();
            // 스택의 가장 위의 수가 만들어야 하는 수열의 수보다 크다면 수열 출력 불가능
            if (n > su) {
                cout << "NO";
                result = false;
                break;
            }
            else {
                resultV.push_back('-');
            }
        }
    }
    if (result) {
        for (int i = 0; i < resultV.size(); i++) {
            cout << resultV[i] << '\n';
        }
    }
}
```

문제 012 오큰수 구하기

시간 제한 1초 | 난이도 G4 골드 IV | 백준 온라인 저지 17298번

크기가 N인 수열 A = A_1, A_2, ..., A_N이 있다. 수열의 각 원소 A_i에 관련된 오큰수 NGE(i)를 구하려고 한다. A_i의 오큰수는 오른쪽에 있으면서 A_i보다 큰 수 중 가장 왼쪽에 있는 수를 의미한다. 이러한 수가 없을 때 오큰수는 -1이다. 예를 들어 A = [3, 5, 2, 7]일 때 NGE(1) = 5, NGE(2) = 7, NGE(3) = 7, NGE(4) = -1이다. A = [9, 5, 4, 8]일 경우에는 NGE(1) = -1, NGE(2) = 8, NGE(3) = 8, NGE(4) = -1이다.

입력

1번째 줄에 수열 A의 크기 N(1 ≤ N ≤ 1,000,000), 2번째 줄에 수열 A의 원소 A_1, A_2, ..., A_N(1 ≤ A_i ≤ 1,000,000)이 주어진다.

출력

총 N개의 수 NGE(1), NGE(2), ..., NGE(N)을 공백으로 구분해 출력한다.

예제 입력 1

```
4   // 수열의 크기
3 5 2 7
```

예제 출력 1

```
5 7 7 -1
```

예제 입력 2

```
4
9 5 4 8
```

예제 출력 2

```
-1 8 8 -1
```

01단계 문제 분석하기

N의 최대 크기가 1,000,000이므로 반복문으로 오큰수를 찾으면 제한 시간을 초과합니다. 스택에 다음 아이디어를 추가해 이 문제를 풀어 보겠습니다.

핵심 아이디어

- 스택에 새로 들어오는 수가 top에 존재하는 수보다 크면 그 수는 오큰수가 된다.
- 오큰수를 구한 후 수열에서 오큰수가 존재하지 않는 숫자에 -1을 출력해야 한다.

손으로 문제를 풀어 보면서 이 2가지 아이디어를 발전시키고 예외 상황까지 고려해 봅시다.

02단계 손으로 풀어 보기

정답 배열의 값을 모두 채운 후 출력하면 문제가 요구하는 답을 구할 수 있습니다. 다음 문제 푸는 순서를 예제 입력 1, 예제 입력 2에 적용해 봅시다.

문제 푸는 순서

① 스택이 채워져 있고 A[index] > A[top]인 경우 pop한 인덱스를 이용하여 정답 수열에 오큰수를 저장합니다. pop은 조건을 만족하는 동안 계속 반복합니다. 과정 1을 마치면 과정 2로 넘어갑니다.

② 현재 인덱스를 스택에 push하고 다음 인덱스로 넘어갑니다.

③ 과정 1~2를 수열 길이만큼 반복한 다음 현재 스택에 남아 있는 인덱스에 -1을 저장합니다.

우선 예제 입력 1을 놓고 문제 푸는 순서를 적용해 봅니다. pop은 정답 배열에 값을 추가하는 것이고, push 다음 인덱스를 본다고 생각하면 됩니다.

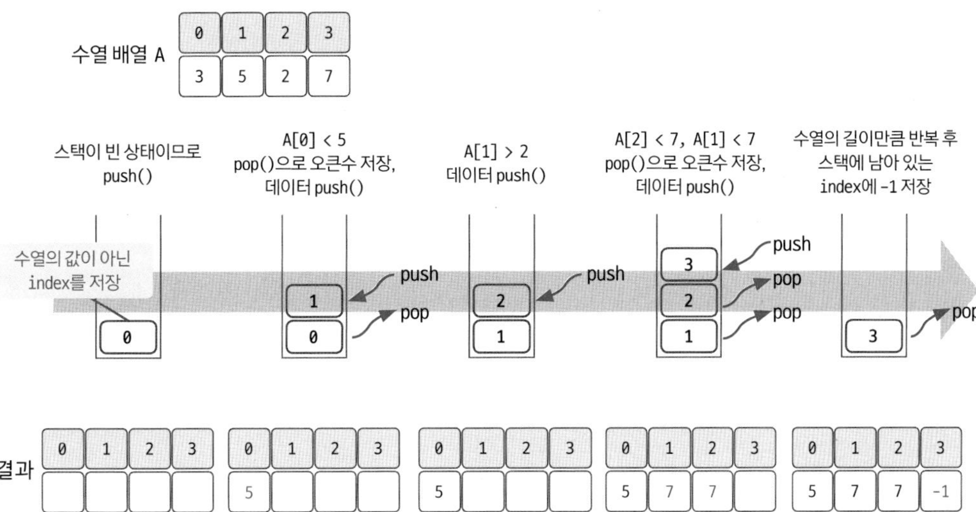

처음에는 스택이 비어 있으므로 과정 ① 없이 과정 ②를 진행합니다. 인덱스 0을 push하고 다음 인덱스로 넘어갑니다. A[1]은 5이고 A[top]은 3이므로 스택에서 pop을 수행하고 Result[0]에 오큰수 5를 저장합니다. 1회 반복으로 스택이 비었으므로 pop은 더 진행하지 않습니다. 인덱스 1을 push하고 다음 인덱스로 넘어갑니다. A[2]는 2이고 A[top]은 5이므로 과정 2를 진행하여 push하고 다음 인덱스로 넘어갑니다. 이 과정을 수열의 길이만큼 반복 후 스택에 남아 있는 index에 -1을 저장하면 정답 배열을 완성할 수 있습니다. 계속해서 예제 입력 2에 대해서도 위 과정을 수행해 봅시다.

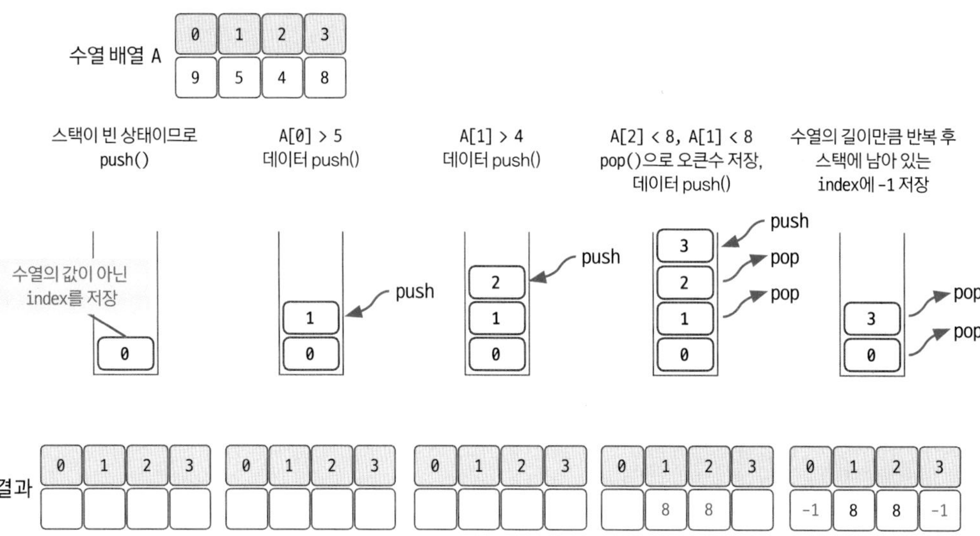

스택이 비어 있으니 0을 push하고 다음 인덱스 1로 넘어갑니다. A[0] 〉 A[1]이므로 다시 1을 push하고 다음 인덱스 2로 넘어갑니다. A[1] 〉 A[2]이므로 다시 2를 push하고 다음 인덱스 3으로 넘어갑니다. A[2] 〈 A[3]이므로 pop하고 result[2]에 8을 저장합니다. 계속해서 A[1] 〈 A[3]이므로 pop하고 result[1]에 8을 저장합니다. A[0] 〉 A[3]이므로 pop을 중단하고 3을 push합니다. 다음 인덱스가 없으니 3, 0을 순서대로 pop하며 정답 배열에 -1을 저장합니다.

03단계 슈도코드 작성하기

```
N(수열 개수), A(수열 배열), ans(정답 배열)
수열 배열 채우기
최초 스택 초기화(0 push)

for(N만큼 반복) {
    while(스택이 비지 않고 현재 수열값이 top에 해당하는 수열보다 클 때까지) {
        정답 배열에 오큰수를 현재 수열로 저장
        스택 pop 수행
    }
    현재 수열을 스택에 push
}
while(스택이 빌 때까지) {
    스택에 있는 인덱스에 대하여 정답 배열에 -1 저장
```

```
    스택 pop 수행
}
정답 배열 출력
```

04단계 코드 구현하기

자료구조/P17298_오큰수.cpp

```
#include <iostream>
#include <vector>
#include <stack>
using namespace std;

int main()
{
    ios::sync_with_stdio(false);
    cin.tie(NULL);
    cout.tie(NULL);

    int N;
    cin >> N;
    vector<int> A(N, 0);
    vector<int> ans(N, 0);

    for (int i = 0; i < N; i++) {
        cin >> A[i];
    }

    stack<int> myStack;
    myStack.push(0);

    for (int i = 1; i < N; i++) {
        // 스택이 비지 않고 현재 수열이 스택 top 위치의 값보다 크면
        while (!myStack.empty() && A[myStack.top()] < A[i]) {
            ans[myStack.top()] = A[i];  // 정답 배열에 오큰수를 현재 수열로 저장하기
            myStack.pop();
        }
        myStack.push(i); // 신규 데이터 push()
```

```
    }
    while (!myStack.empty()) {
        // 반복문을 다 돌고 나왔는데 스택이 비지 않다면 빌 때까지
        ans[myStack.top()] = -1;
        myStack.pop();
    }
    for (int i = 0; i < N; i++) {  // 정답 출력
        cout << ans[i] << " ";
    }
}
```

스택의 후입선출이라는 독특한 성질이 종종 시간 복잡도를 줄이거나 특정한 문제의 조건을 손쉽게 해결하는 실마리가 될 때가 있습니다. 문제에 접근할 때 혹시 스택을 이용하면 손쉽게 풀리지 않는지 한 번쯤 고민해 보세요.

문제 013 카드 게임

시간 제한 2초 | 난이도 S4 실버 IV | 백준 온라인 저지 2164번

N장의 카드가 있다. 각각의 카드는 차례로 1에서 N까지의 번호가 붙어 있으며, 1번 카드가 가장 위, N번 카드가 가장 아래인 상태로 놓여 있다. 이제 다음과 같은 동작을 카드가 1장 남을 때까지 반복한다.

먼저 가장 위에 있는 카드를 바닥에 버린다. 그다음 가장 위에 있는 카드를 가장 아래에 있는 카드 밑으로 옮긴다. 예를 들어 N = 4일 때를 생각해 보자. 카드는 가장 위에서부터 1, 2, 3, 4의 순서대로 놓여 있다. 1을 버리면 2, 3, 4가 남는다. 여기서 2를 가장 아래로 옮기면 순서가 3, 4, 2가 된다. 3을 버리면 4, 2가 남고, 4를 밑으로 옮기면 순서가 2, 4가 된다. 마지막으로 2를 버리면 카드 4가 남는다. N이 주어졌을 때 가장 마지막에 남는 카드를 구하는 프로그램을 작성하시오.

입력

1번째 줄에 정수 N(1 ≤ N ≤ 500,000)이 주어진다.

출력

1번째 줄에 남는 카드의 번호를 출력한다.

예제 입력 1
6 // 카드의 개수

예제 출력 1
4

01단계 문제 분석하기

큐를 잘 이해하고 있는지를 묻는 문제입니다. 가장 위의 카드를 가장 아래에 있는 카드 밑으로 옮기는 동작은 큐의 선입선출 성질을 이용하면 쉽게 구현할 수 있습니다. 카드의 개수의 최대가 500,000이므로 시간 복잡도의 제약도 크지 않습니다. 큐로 이 문제를 해결해 봅시다.

02단계 손으로 풀어 보기

다음 순서대로 예제를 풀어 보겠습니다.

문제 푸는 순서

① pop을 수행하여 맨 앞의 카드를 버린다.

② 과정 1에 이어 바로 pop → push를 수행해 맨 앞에 있는 카드를 가장 아래로 옮긴다.

③ 큐의 크기가 1이 될 때까지 과정 1~2를 반복한 후 큐에 남은 원소를 출력한다.

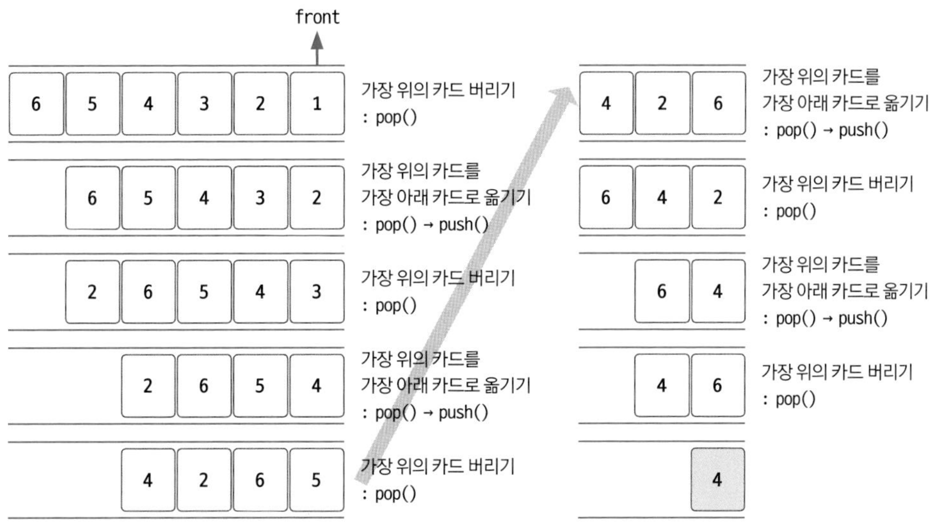

03단계 슈도코드 작성하기

```
N(카드 개수)
myQueue(카드 저장 큐)

for(카드 개수만큼 반복) {
    큐에 카드 저장
}
while(카드가 1장 남을 때까지) {
    맨 위의 카드를 버림
    맨 위의 카드를 제일 아래 카드 밑으로 이동
}
마지막으로 남은 카드 출력
```

04단계 코드 구현하기

자료구조/P2164_카드.cpp

```cpp
#include <iostream>
#include <queue>
using namespace std;

int main()
{
    ios::sync_with_stdio(false);
    cin.tie(NULL);
    cout.tie(NULL);

    queue<int> myQueue;
    int N;
    cin >> N;

    for (int i = 1; i <= N; i++) {  // 카드를 큐에 저장하기
        myQueue.push(i);
    }
    while (myQueue.size() > 1) {  // 카드가 1장 남을 때까지
```

```
        myQueue.pop();                       // 맨 위 카드를 버림
        myQueue.push(myQueue.front());  // 맨 위 카드를 가장 아래 카드 밑으로 이동
        myQueue.pop();
    }
    cout << myQueue.front();
}
```

문제 014

절댓값 힙 구현하기

시간 제한 2초 | 난이도 S1 실버 I | 백준 온라인 저지 11286번

절댓값 힙은 다음과 같은 연산을 지원하는 자료구조다.

① 배열에 정수 x(x ≠ 0)를 넣는다.

② 배열에서 절댓값이 가장 작은 값을 출력한 후 그 값을 배열에서 제거한다. 절댓값이 가장 작은 값이 여러 개일 경우에는 그중 가장 작은 수를 출력하고, 그 값을 배열에서 제거한다.

프로그램은 처음에 비어 있는 배열에서 시작한다. 절댓값 힙을 구현하시오.

입력

1번째 줄에 연산의 개수 N(1 ≤ N ≤ 100,000)이 주어진다. 다음 N개의 줄에는 연산과 관련된 정보를 나타내는 정수 x가 주어진다. 만약 x가 0이 아니라면 배열에 x라는 값을 추가하고, x가 0이라면 배열에서 절댓값이 가장 작은 값을 출력하고, 그 값을 배열에서 제거한다. 입력되는 정수는 -2^{31}보다 크고 2^{31}보다 작다.

출력

입력에서 0이 주어진 횟수만큼 답을 출력한다. 만약 배열이 비어 있는데 절댓값이 가장 작은 값을 출력하라고 할 때는 0을 출력하면 된다.

예제 입력 1

```
18  // 연산의 개수
 1
-1
 0
 0
 0
 1
 1
-1
-1
 2
-2
 0
 0
 0
 0
 0
 0
 0
```

예제 출력 1

```
-1
 1
 0
-1
-1
 1
 1
-2
 2
 0
```

01단계 문제 분석하기

N의 최대 범위가 100,000으로 O(nlogn) 시간 복잡도를 가진 알고리즘으로 풀 수 있습니다. 데이터가 새로 삽입될 때마다 절댓값과 관련된 정렬이 필요하므로 우선순위 큐로 문제를 쉽게 해결할 수 있습니다. 단, 이 문제는 절댓값 정렬이 필요하므로 우선순위 큐의 정렬 기준을 직접 정의해야 합니다. 예제의 절댓값이 같을 때는 음수를 우선하여 출력해야 하는 사실을 기억하며 문제에 접근합시다.

02단계 손으로 풀어 보기

다음 순서대로 예제를 풀어 보겠습니다.

문제 푸는 순서

① x = 0일 때

큐가 비어 있을 때는 0을 출력하고 비어 있지 않을 때는 절댓값이 최소인 값을 출력한다. 단, 절댓값이 같다면 음수를 우선하여 출력한다.

② x = 1일 때

큐에 새로운 값을 추가하고 우선순위 큐 정렬 기준으로 자동 정렬한다.

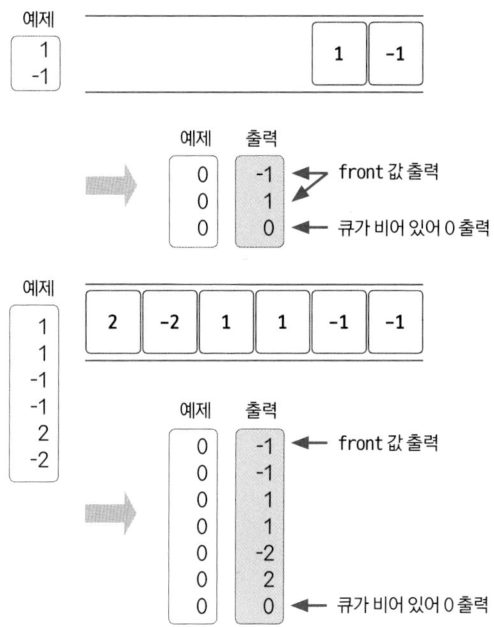

03단계 슈도코드 작성하기

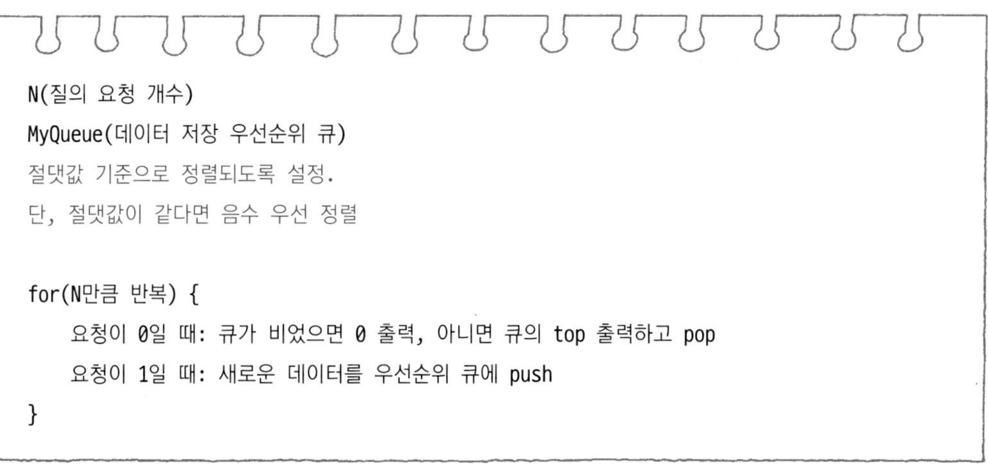

```
N(질의 요청 개수)
MyQueue(데이터 저장 우선순위 큐)
절댓값 기준으로 정렬되도록 설정.
단, 절댓값이 같다면 음수 우선 정렬

for(N만큼 반복) {
    요청이 0일 때: 큐가 비었으면 0 출력, 아니면 큐의 top 출력하고 pop
    요청이 1일 때: 새로운 데이터를 우선순위 큐에 push
}
```

우선순위 큐를 그냥 선언하여 사용하기는 쉽습니다. 하지만 정렬 기준을 새로 적용하여 선언하는 방법은 의외로 모르는 사람이 많습니다. 이 문제를 통해 우선순위 큐에 정렬 기준을 새로 적용하는 방법을 알기 바랍니다.

04단계 코드 구현하기

자료구조/P11286_절댓값힙.cpp

```
#include <iostream>
#include <queue>
using namespace std;

struct compare {
    bool operator()(int o1, int o2) {
        int first_abs = abs(o1);
        int second_abs = abs(o2);
        if (first_abs == second_abs) {
            return o1 > o2;                 // 절댓값이 같을 때는 음수 우선 정렬
        }
        else {
            return first_abs > second_abs;  // 절댓값을 기준으로 정렬
        }
    }
};

int main()
{
    ios::sync_with_stdio(false);
    cin.tie(NULL);
    cout.tie(NULL);

    // 우선순위 큐 선언 방식: <자료형, 구현체, 비교 함수명>
    priority_queue<int, vector<int>, compare> MyQueue;

    int N;
    cin >> N;

    for (int i = 0; i < N; i++) {
```

```
        int request;
        cin >> request;

        if (request == 0) {
            if (MyQueue.empty()) {
                cout << "0\n";
            }
            else {
                cout << MyQueue.top() << '\n';
                MyQueue.pop();
            }
        }
        else {
            MyQueue.push(request);
        }
    }
}
```

정렬

정렬sort은
데이터를 정해진 기준에 따라 배치해
의미 있는 구조로 재설정하는 것을 말합니다.

04-1 버블 정렬

4장에서 다룰 정렬 알고리즘의 정의는 다음과 같습니다.

정렬 알고리즘 정의

정렬 알고리즘	정의
버블bubble	데이터의 인접 요소끼리 비교하고, swap 연산을 수행하며 정렬하는 방식
선택selection	대상에서 가장 크거나 작은 데이터를 찾아가 선택을 반복하면서 정렬하는 방식
삽입insertion	대상을 선택해 정렬된 영역에서 선택 데이터의 적절한 위치를 찾아 삽입하면서 정렬하는 방식
퀵quick	pivot 값을 선정해 해당 값을 기준으로 정렬하는 방식
병합merge	이미 정렬된 부분 집합들을 효율적으로 병합해 전체를 정렬하는 방식
기수radix	데이터의 자릿수를 바탕으로 비교해 데이터를 정렬하는 방식

먼저 버블 정렬부터 자세히 알아보겠습니다.

버블 정렬의 핵심 이론

버블 정렬bubble sort은 두 인접한 데이터의 크기를 비교해 정렬하는 방법입니다. 간단하게 구현할 순 있지만, 시간 복잡도는 $O(n^2)$으로 다른 정렬 알고리즘보다 속도가 느린 편입니다. 다음 그림과 같이 루프loop를 돌면서 인접한 데이터 간의 swap 연산으로 정렬합니다.

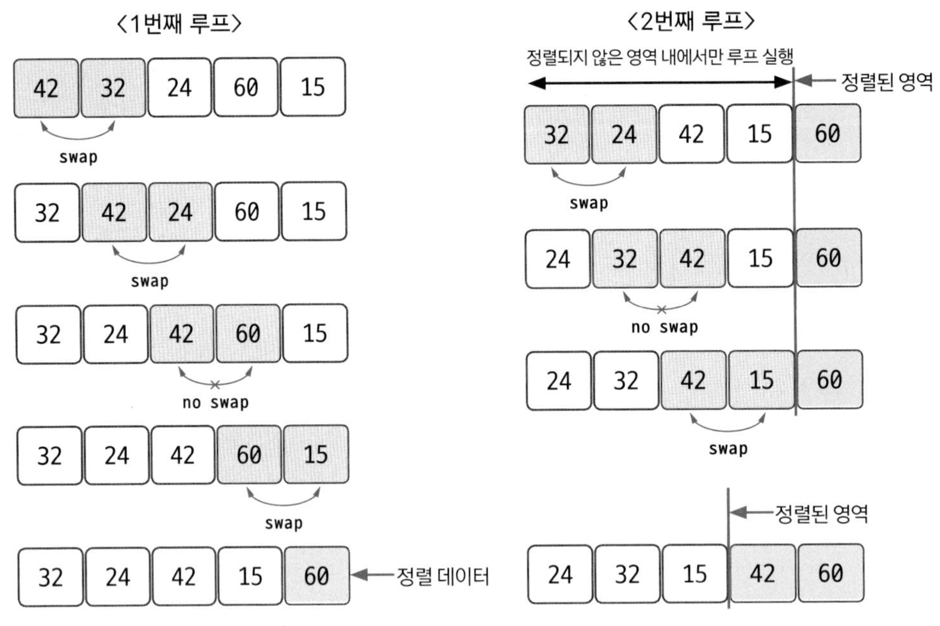

버블 정렬 수행 방식

정렬 과정은 다음과 같습니다.

버블 정렬 과정

① 비교 연산이 필요한 루프 범위를 설정한다.

② 인접한 데이터 값을 비교한다.

③ swap 조건에 부합하면 swap 연산을 수행한다.

④ 루프 범위가 끝날 때까지 ②~③을 반복한다.

⑤ 정렬된 영역을 설정한다. 다음 루프를 실행할 때는 이 영역을 제외한다.

⑥ 비교 대상이 없을 때까지 ①~⑤를 반복한다.

만약 특정한 루프의 전체 영역에서 swap이 한 번도 발생하지 않았다면 그 영역 뒤에 있는 데이터가 모두 정렬됐다는 뜻이므로 프로세스를 종료해도 됩니다.

수 정렬하기 1

시간 제한 2초 | 난이도 B1 브론즈 I | 백준 온라인 저지 2750번

N개의 수가 주어졌을 때 이를 오름차순 정렬하는 프로그램을 작성하시오.

입력

1번째 줄에 수의 개수 N(1 ≤ N ≤ 1,000), 2번째 줄부터 N개의 줄에 숫자가 주어진다. 이 수는 절댓값이 1,000보다 작거나 같은 정수다. 수는 중복되지 않는다.

출력

1번째 줄부터 N개의 줄에 오름차순 정렬한 결과를 1줄에 1개씩 출력한다.

예제 입력 1

```
5  // 수의 개수
5
2
3
4
1
```

예제 출력 1

```
1
2
3
4
5
```

01단계 문제 분석하기

sort() 함수를 이용해 쉽게 정렬할 수 있지만, 이번에는 정렬을 직접 구현해 문제를 해결해 보겠습니다.

N의 최대 범위가 1,000으로 매우 작기 때문에 $O(n^2)$ 시간 복잡도 알고리즘으로 풀 수 있습니다. 버블 정렬의 시간 복잡도가 $O(n^2)$이므로 버블 정렬 알고리즘을 이용해 정렬해도 시간 복잡도 안에서 문제를 해결할 수 있습니다.

02단계 손으로 풀어 보기

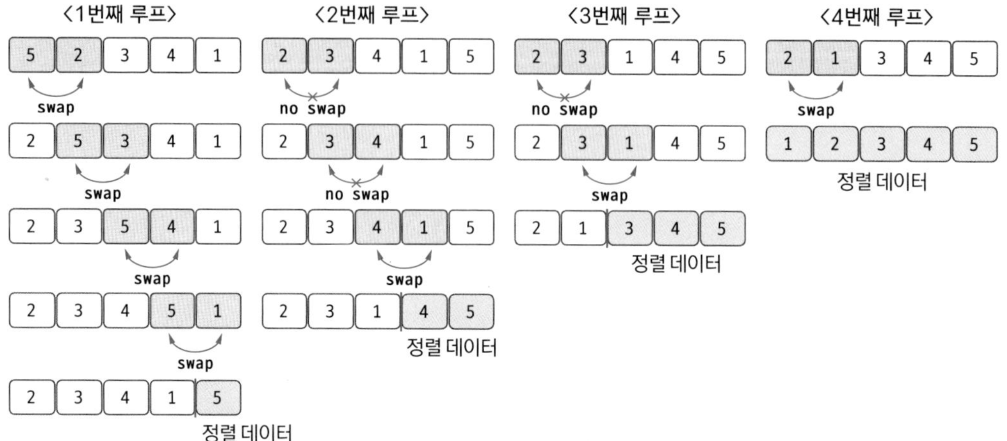

03단계 슈도코드 작성하기

```
N(정렬할 수 개수)
A(수 저장 배열)
for(i: 0 ~ N - 1) {
    for(j: 0 ~ N – 1 - i) {
        현재 배열 A값보다 한 칸 오른쪽 배열값이 더 작으면 두 수 위치 교체
    }
}
배열 A 출력
```

04단계 코드 구현하기

자료구조/P2750_수정렬하기.cpp

```cpp
#include <iostream>
#include <vector>
using namespace std;

int main()
{
    ios::sync_with_stdio(false);
```

```
    cin.tie(NULL);
    cout.tie(NULL);

    int N;
    cin >> N;
    vector<int> A(N, 0);

    for (int i = 0; i < N; i++) {
        cin >> A[i];
    }

    for (int i = 0; i < N - 1; i++) {
        for (int j = 0; j < N - 1 - i; j++) {
            if (A[j] > A[j+1]) {
                int temp = A[j];
                A[j] = A[j+1];
                A[j+1] = temp;
            }
        }
    }

    for (int i = 0; i < N; i++) {
        cout << A[i] << "\n";
    }
}
```

핵심

문제 016 버블 정렬 프로그램 1

시간 제한 2초 | 난이도 G2 골드 II | 백준 온라인 저지 1377번

영식이는 다음과 같은 버블 정렬 프로그램을 만들었다.

```
bool change = false;
for(int i = 1; i <= N + 1; i++)
{
  change = false;
  for(int j = 1; j <= N - i; j++) {
    if(A[j] > A[j+1]) {
      change = true;
      swap(A[j], A[j+1]);
    }
  }
  if(change == false) {
    cout << i << '\n';
    break;
  }
}
```

위 코드에서 N은 배열의 크기, A는 수가 들어 있는 배열이다. 수는 배열의 1번 방부터 채운다. 위와 같은 코드를 실행시켰을 때 어떤 값이 출력되는지를 구하는 프로그램을 작성하시오.

입력

1번째 줄에 N이 주어진다. N은 500,000보다 작거나 같은 자연수다. 2번째 줄부터 N개의 줄에 A[1]부터 A[N]까지 1개씩 주어진다. A에 들어 있는 수는 1,000,000보다 작거나 같은 자연수 또는 0이다.

출력

정답을 출력한다.

예제 입력 1

```
5  // 배열의 크기
10
1
5
2
3
```

예제 출력 1

```
3
```

01단계 문제 분석하기

버블 정렬의 swap이 한 번도 일어나지 않은 루프가 언제인지 알아내는 문제입니다. 핵심 이론에서 언급했듯이 '버블 정렬의 이중 for 문에서 안쪽 for 문 전체를 돌 때 swap이 일어나지 않았다'는 것은 이미 모든 데이터가 정렬됐다는 것을 의미합니다. 이때는 프로세스를 바로 종료해 시간 복잡도를 줄일 수 있습니다. 하지만 이 문제는 N의 최대 범위가 500,000이므로 버블 정렬로 문제를 풀면 시간을 초과할 수 있습니다. 안쪽 for 문이 몇 번 수행됐는지 구하는 다른 아이디어가 필요합니다. 다음 아이디어를 생각해 봅시다.

안쪽 for 문이 몇 번 수행됐는지 구하는 다른 아이디어

안쪽 루프는 1에서 n - j까지, 즉 왼쪽에서 오른쪽으로 이동하면서 swap을 수행한다. 이는 특정 데이터가 안쪽 루프에서 swap의 왼쪽으로 이동할 수 있는 최대 거리가 1이라는 뜻이다. 즉, 데이터의 정렬 전 index와 정렬 후 index를 비교해 왼쪽으로 가장 많이 이동한 값을 찾으면 이 문제를 해결할 수 있다.

이 아이디어를 적용해 문제를 풀어 보겠습니다.

02단계 손으로 풀어 보기

1 기본으로 제공하는 sort() 함수로 배열을 정렬합니다. sort() 함수의 시간 복잡도는 O(nlogn)입니다.

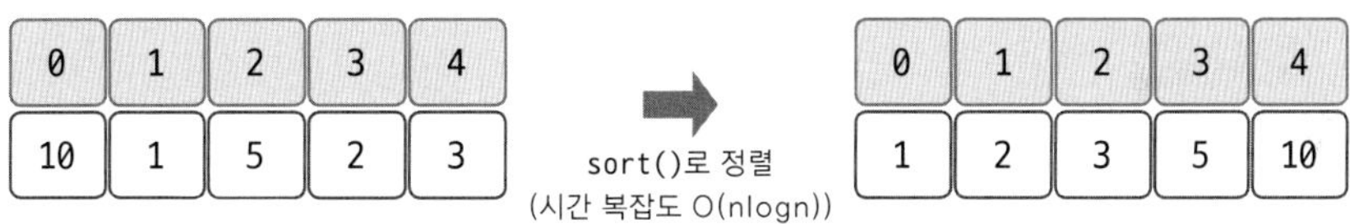

2 각 데이터마다 정렬 전 index값에서 정렬 후 index값을 빼고 최댓값을 찾습니다. 그리고 swap이 일어나지 않는 반복문이 한 번 더 실행되는 것을 감안해 최댓값에 1을 더합니다.

정렬 전 index – 정렬 후 index

data	1	2	3	5	10
정렬 전 index	1	3	4	2	0
정렬 후 index	0	1	2	3	4
결괏값	1	2	2	-1	-4

∴ 2 + 1 = 3

03단계 슈도코드 작성하기

```
N(데이터 개수)
A(데이터 저장 배열)

for(N만큼 반복) {
    배열 A 저장
}

배열 A 정렬

for(N만큼 반복) {
    배열 데이터(A[i]) 정렬 전 index - 정렬 후 index 계산 값의 최댓값을 찾아 저장
}

최댓값 + 1을 정답으로 출력
```

04단계 코드 구현하기

자료구조/P1377_버블정렬1.cpp

```cpp
#include <iostream>
#include <vector>
#include <algorithm>
using namespace std;

int main()
{
    ios::sync_with_stdio(false);
    cin.tie(NULL);
    cout.tie(NULL);

    int N;
    cin >> N;
    vector<pair<int, int>> A(N);

    for (int i = 0; i < N; i++) {
        cin >> A[i].first;
```

```
        A[i].second = i;
    }

    sort(A.begin(), A.end());  // 배열 A 정렬 시간 복잡도: O(nlogn)
    int Max = 0;

    for (int i = 0; i < N; i++) {
        // 정렬 전 index - 정렬 후 index를 계산한 값 중 최댓값을 찾아 저장
        if (Max < A[i].second - i) {
            Max = A[i].second - i;
        }
    }
    cout << Max + 1;
}
```

04-2 선택 정렬

선택 정렬selection sort은 대상 데이터에서 최대나 최소 데이터를 나열된 순으로 찾아가며 선택하는 방법입니다. 선택 정렬은 구현 방법이 복잡하고, 시간 복잡도도 $O(n^2)$으로 효율적이지 않아 코딩 테스트에서는 많이 사용하지 않습니다. 선택 정렬 원리만 간단히 알아보고 넘어가겠습니다.

선택 정렬의 핵심 이론

최솟값 또는 최댓값을 찾고, 남은 정렬 부분의 가장 앞에 있는 데이터와 swap하는 것이 선택 정렬의 핵심입니다.

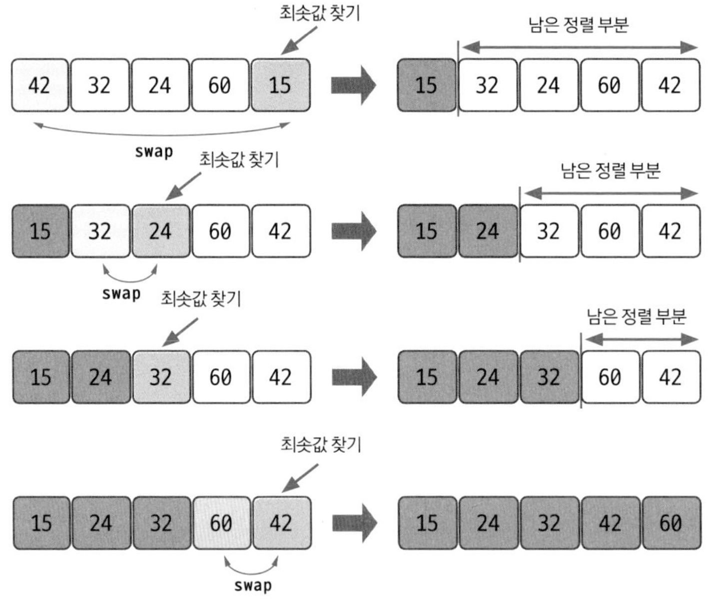

선택 정렬 수행 방식

선택 정렬의 자세한 과정은 다음과 같습니다.

선택 정렬 과정

① 남은 정렬 부분에서 최솟값 또는 최댓값을 찾는다.

② 남은 정렬 부분에서 가장 앞에 있는 데이터와 선택된 데이터를 swap한다.

③ 가장 앞에 있는 데이터의 위치를 변경해(index++) 남은 정렬 부분의 범위를 축소한다.

④ 전체 데이터 크기만큼 index가 커질 때까지, 즉 남은 정렬 부분이 없을 때까지 반복한다.

선택 정렬 자체를 묻는 코딩 테스트 문제는 잘 나오지 않지만, 이 원리를 응용하는 문제는 나올 수 있으므로 선택 정렬이 어떤 원리로 작동하는지는 알아 두세요.

문제 017 내림차순으로 자릿수 정렬하기

시간 제한 2초 | 난이도 S5 실버 V | 백준 온라인 저지 1427번

배열을 정렬하는 것은 쉽다. 수가 주어지면 그 수의 각 자릿수를 내림차순으로 정렬하시오.

입력

1번째 줄에 정렬할 수 N이 주어진다. N은 1,000,000,000보다 작거나 같은 자연수다.

출력

1번째 줄에 자릿수를 내림차순 정렬한 수를 출력한다.

예제 입력 1	예제 출력 1
2143	4321

01단계 문제 분석하기

자연수를 받아 자릿수별로 정렬하는 문제이므로 먼저 숫자를 자릿수별로 나누는 작업이 필요합니다. 나머지 연산으로 분리할 수도 있지만 여기서는 입력값을 string으로 받은 후 substr() 함수를 이용해 자릿수 단위로 분리하고, 이를 다시 int형으로 변경해 배열에 저장하겠습니다. 그다음에는 단순하게 배열을 정렬하면 됩니다. 내장 함수를 사용해도 되지만, N의 길이가 길지 않으므로 앞에서 배운 선택 정렬을 사용해 내림차순 정렬을 수행해 보겠습니다.

02단계 손으로 풀어 보기

1 string 변수로 정렬할 데이터를 받아 int형 배열에 저장합니다. 이때는 substr() 함수를 사용해 숫자를 자릿수별로 나눈 후 배열에 저장합니다.

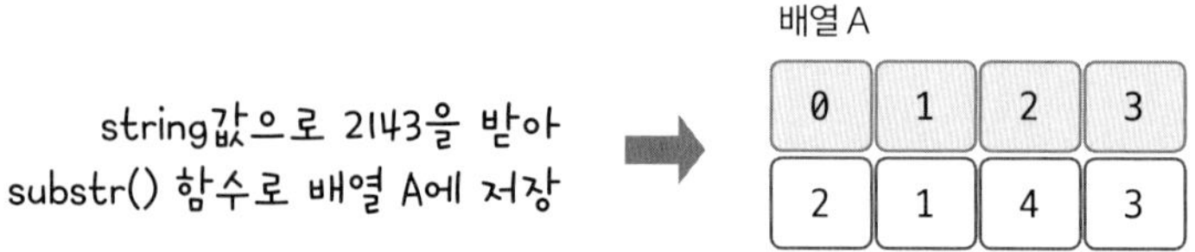

2 배열의 데이터를 선택 정렬 알고리즘을 이용해 내림차순 정렬합니다. 내림차순 정렬이므로 최댓값을 찾아 기준이 되는 자리와 swap합니다.

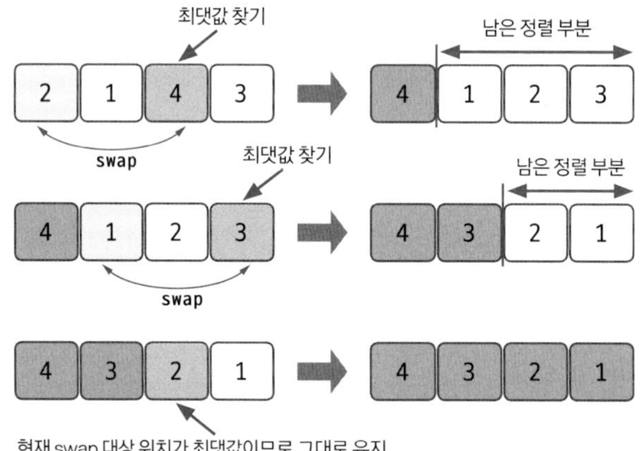

03단계 슈도코드 작성하기

```
str(정렬하고자 하는 수)
A(자릿수별로 구분하여 저장한 배열)

for(str의 길이만큼 반복) {
    배열 A 저장 → str.substr() 사용
}

for(i: 0 ~ str 길이만큼 반복) {
    for(j: i + 1 ~ str 길이만큼 반복) {
        현재 범위에서 Max값 찾기
    }
    현재 i의 값과 Max값 중 Max값이 더 크면 Swap 수행
}

배열 A 출력
```

04단계 코드 구현하기

자료구조/P1427_내림차순정렬.cpp

```cpp
#include <iostream>
#include <vector>
#include <string>
using namespace std;

int main()
{
    ios::sync_with_stdio(false);
    cin.tie(NULL);
    cout.tie(NULL);

    string str;
    cin >> str;
    vector<int> A(str.size(), 0);

```

```
    for (int i = 0; i < str.size(); i++) {
        A[i] = stoi(str.substr(i, 1));
    }
    for (int i = 0; i < str.length(); i++) {
        int Max = i;
        for (int j = i + 1; j < str.length(); j++) {
            if (A[j] > A[Max]) {  // 내림차순이므로 최댓값을 찾음
                Max = j;
            }
        }
        if (A[i] < A[Max]) {
            int temp = A[i];
            A[i] = A[Max];
            A[Max] = temp;
        }
    }
    for (int i = 0; i < A.size(); i++) {
        cout << A[i];
    }
}
```

04-3 삽입 정렬

삽입 정렬insertion sort은 이미 정렬된 데이터 범위에 정렬되지 않은 데이터를 적절한 위치에 삽입해 정렬하는 방식입니다. 시간 복잡도는 $O(n^2)$으로 느린 편이지만 구현하기가 쉽습니다.

삽입 정렬의 핵심 이론

선택 데이터를 현재 정렬된 데이터 범위 내에서 적절한 위치에 삽입하는 것이 삽입 정렬의 핵심입니다.

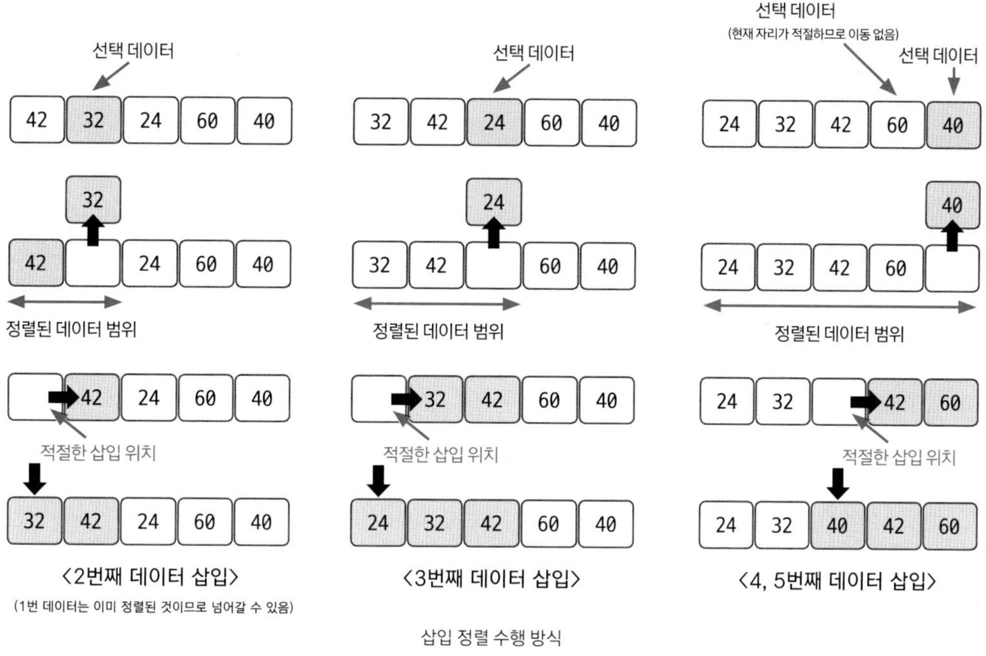

삽입 정렬 수행 방식

삽입 정렬 수행 방식

삽입 정렬의 자세한 과정은 다음과 같습니다.

삽입 정렬 과정

① 현재 index에 있는 데이터 값을 선택한다.

② 현재 선택한 데이터가 정렬된 데이터 범위에 삽입될 위치를 탐색한다.

③ 삽입 위치부터 index에 있는 위치까지 shift 연산을 수행한다.

④ 삽입 위치에 현재 선택한 데이터를 삽입하고 index++ 연산을 수행한다.

⑤ 전체 데이터의 크기만큼 index가 커질 때까지, 즉 선택할 데이터가 없을 때까지 반복한다.

적절한 삽입 위치를 탐색하는 부분에서 이진 탐색^binary search^ 등과 같은 탐색 알고리즘을 사용하면 시간 복잡도를 줄일 수 있습니다.

문제 018

ATM 인출 시간 계산하기

시간 제한 1초 | 난이도 S3 실버 III | 백준 온라인 저지 11399번

인하은행에는 ATM이 1대밖에 없다. 지금 이 ATM 앞에 N명의 사람들이 줄을 서 있다. 사람은 1번에서 N번까지 번호가 매겨져 있으며, i번 사람이 돈을 인출하는 데 걸리는 시간은 P_i분이다.

사람들이 줄을 서는 순서에 따라서 돈을 인출하는 데 필요한 시간의 합이 달라진다. 예를 들어 총 5명이 있고, $P_1 = 3$, $P_2 = 1$, $P_3 = 4$, $P_4 = 3$, $P_5 = 2$일 때를 생각해 보자. [1, 2, 3, 4, 5] 순서로 줄을 선다면 1번 사람은 3분 만에 돈을 뽑을 수 있다. 2번 사람은 1번 사람이 돈을 뽑을 때까지 기다려야 하므로 3 + 1 = 4분이 걸린다. 3번 사람은 1번, 2번 사람이 돈을 뽑을 때까지 기다려야 하므로 총 3 + 1 + 4 = 8분이 걸린다. 4번 사람은 3 + 1 + 4 + 3 = 11분, 5번 사람은 3 + 1 + 4 + 3 + 2 = 13분이 걸린다. 즉, 각 사람이 돈을 인출하는 데 필요한 시간의 합은 3 + 4 + 8 + 11 + 13 = 39분이다. [2, 5, 1, 4, 3] 순서로 줄을 선다면 2번은 1분, 5번은 1 + 2 = 3분, 1번은 1 + 2 + 3 = 6분, 4번은 1 + 2 + 3 + 3 = 9분, 3번은 1 + 2 + 3 + 3 + 4 = 13분이 걸리므로 각 사람이 돈을 인출하는 데 필요한 시간의 합은 1 + 3 + 6 + 9 + 13 = 32분이다. 이 순서보다 모든 사람이 돈을 인출하는 데 필요한 시간이 짧을 수는 없다.

줄을 서 있는 사람의 수 N과 각 사람이 돈을 인출하는 데 걸리는 시간 P_i가 주어졌을 때 각 사람이 돈을 인출하는 데 필요한 시간의 합의 최솟값을 구하는 프로그램을 작성하시오.

입력

1번째 줄에 사람의 수 N(1 ≤ N ≤ 1,000), 2번째 줄에 각 사람이 돈을 인출하는 데 걸리는 시간 P_i(1 ≤ P_i ≤ 1,000)가 주어진다.

출력

1번째 줄에 각 사람이 돈을 인출하는 데 필요한 시간의 합의 최솟값을 출력한다.

예제 입력 1

```
5  // 데이터 개수
3 1 4 3 2
```

예제 출력 1

```
32
```

01단계 문제 분석하기

ATM에서 모든 사람이 가장 빠른 시간에 인출하는 방법을 그리디 방식으로 해결해 봅니다. ATM 앞에 있는 사람 중 인출 시간이 가장 적게 걸리는 사람이 먼저 인출할 수 있도록 순서를 정하는 것이 곧 그리디 방식입니다. 그리고 이를 위해서는 인출 시간을 기준으로 값을 정렬해야 합니다. N의 최댓값이 1,000이고, 시간제한이 1초이므로 시간 복잡도가 $O(n^2)$ 이하인 정렬 알고리즘 중 아무거나 사용해도 됩니다. 여기서는 삽입 정렬을 이용하겠습니다. 정렬을 마친 후에는 각 사람이 돈을 인출하는 데 필요한 시간을 더하면 되겠네요.

02단계 손으로 풀어 보기

1. 삽입 정렬을 이용해 인출 시간 P_i를 기준으로 데이터를 오름차순 정렬합니다. 삽입 정렬은 그림만 봐도 이해할 수 있으므로 자세한 설명은 생략하겠습니다.

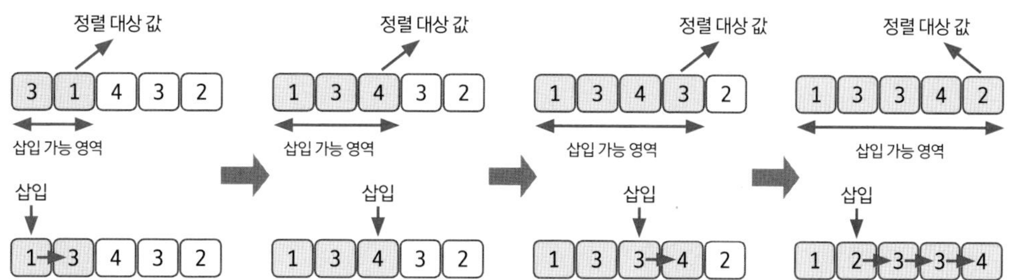

❷ 정렬된 데이터를 바탕으로 모든 사람이 돈을 인출하는 데 필요한 최솟값을 구합니다. 인출에 필요한 시간은 앞사람들의 인출 시간의 합 + 자신의 인출 시간이므로 합 배열로 풉니다.

합 배열(S) 만드는 공식: S[i] = S[i-1] + A[i]

03단계 슈도코드 작성하기

```
N(사람의 수)
A(자릿수별로 구분하여 저장한 배열)
S(합 배열 A → 각 사람의 인출 완료를 위해 필요한 시간을 저장)

for(N만큼 반복) {
    배열 A 저장
}
for(i를 N만큼 반복) {
    for(j를 i - 1 ~ 0까지 뒤에서부터 반복) {
        현재 범위에서 삽입 위치 찾기
    }
    for(j를 i ~ insert_point + 1까지 뒤에서부터 반복) {
        삽입을 위해 삽입 위치부터 i까지 데이터를 한 칸씩 뒤로 밀기
    }
    삽입 위치에 현재 데이터 삽입하기
}
for(N만큼 반복) {
    배열 A를 통한 합 배열 S 만들기
}
배열 S 각 데이터의 값을 모두 합하여 결과 출력
```

04단계 **코드 구현하기**

자료구조/P11399_ATM.cpp

```
#include <iostream>
#include <vector>
using namespace std;

int main()
{
    ios::sync_with_stdio(false);
    cin.tie(NULL);
    cout.tie(NULL);

    int N;
    cin >> N;
    vector<int> A(N, 0);
    vector<int> S(N, 0);

    for (int i = 0; i < N; i++) {
        cin >> A[i];
    }
    for (int i = 1; i < N; i++) {  // 삽입 정렬
        int insert_point = i;
        int insert_value = A[i];
        for (int j = i - 1; j >= 0; j--) {
            if (A[j] < A[i]) {
                insert_point = j + 1;
                break;
            }
            if (j == 0) {
                insert_point = 0;
            }
        }
        for (int j = i; j > insert_point; j--) {
            A[j] = A[j-1];
        }
        A[insert_point] = insert_value;
    }
```

```
    S[0] = A[0];  // 합 배열 만들기

    for (int i = 1; i < N; i++) {
        S[i] = S[i-1] + A[i];
    }

    int sum = 0;  // 합 배열 총합 구하기

    for (int i = 0; i < N; i++) {
        sum = sum + S[i];
    }
    cout << sum;
}
```

04-4 퀵 정렬

퀵 정렬quick sort은 기준값pivot을 선정해 해당 값보다 작은 데이터와 큰 데이터로 분류하는 것을 반복해 정렬하는 알고리즘입니다. 기준값이 어떻게 선정되는지가 시간 복잡도에 많은 영향을 미치고, 평균 시간 복잡도는 O(nlogn)이며 최악의 경우에는 시간 복잡도가 $O(n^2)$이 됩니다.

이후 기준값은 pivot이라 부르겠습니다.

퀵 정렬의 핵심 이론

pivot을 중심으로 계속 데이터를 2개의 집합으로 나누면서 정렬하는 것이 퀵 정렬의 핵심입니다. 다음 그림을 봅시다.

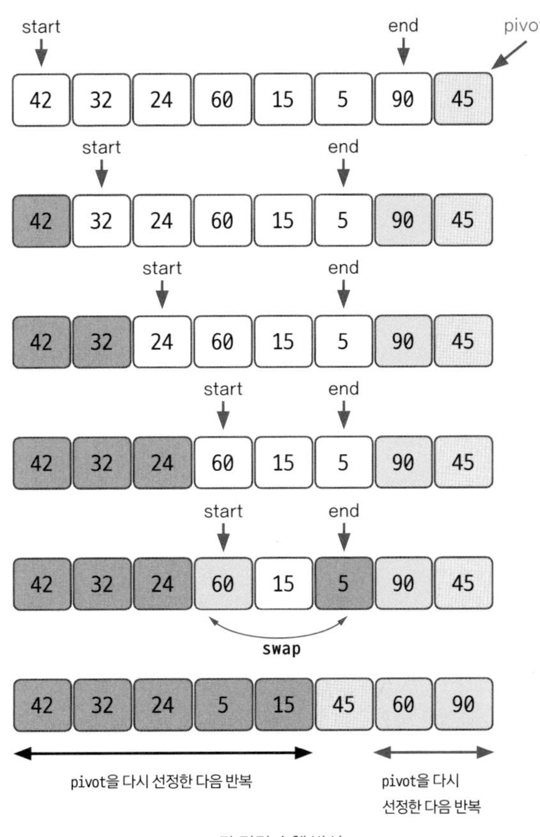

퀵 정렬 수행 방식

퀵 정렬의 자세한 과정은 다음과 같습니다.

퀵 정렬 과정

① 데이터를 분할하는 pivot을 설정한다(위 그림의 경우 가장 오른쪽 끝을 pivot으로 설정).

② pivot을 기준으로 다음 a~e 과정을 거쳐 데이터를 2개의 집합으로 분리한다.

②-a start가 가리키는 데이터가 pivot이 가리키는 데이터보다 작으면 start를 오른쪽으로 1칸 이동한다.

②-b end가 가리키는 데이터가 pivot이 가리키는 데이터보다 크면 end를 왼쪽으로 1칸 이동한다.

②-c start가 가리키는 데이터가 pivot이 가리키는 데이터보다 크고, end가 가리키는 데이터가 pivot이 가리키는 데이터보다 작으면 start, end가 가리키는 데이터를 swap하고 start는 오른쪽, end는 왼쪽으로 1칸씩 이동한다.

②-d start와 end가 만날 때까지 ②-a~②-c를 반복한다.

②-e start와 end가 만나면 만난 지점에서 가리키는 데이터와 pivot이 가리키는 데이터를 비교하여 pivot이 가리키는 데이터가 크면 만난 지점의 오른쪽에, 작으면 만난 지점의 왼쪽에 pivot이 가리키는 데이터를 삽입한다.

③ 분리 집합에서 각각 다시 pivot을 선정한다.

④ 분리 집합이 1개 이하가 될 때까지 과정 ①~③을 반복한다.

퀵 정렬의 시간 복잡도는 비교적 준수하므로 코딩 테스트에서도 종종 응용합니다. 재귀 함수의 형태로 직접 구현해 볼 것을 추천합니다.

문제 019

K번째 수 구하기

시간 제한 2초 | 난이도 S5 실버 V | 백준 온라인 저지 11004번

수 N개(A_1, A_2, ..., A_N)가 주어진다. A를 오름차순 정렬했을 때 앞에서부터 K번째에 있는 수를 구하는 프로그램을 작성하시오.

입력

1번째 줄에 N($1 \leq N \leq 5{,}000{,}000$)과 K($1 \leq K \leq N$), 2번째 줄에 A_1, A_2, ..., A_N이 주어진다($-10^9 \leq A_i \leq 10^9$).

출력

A를 정렬했을 때 앞에서부터 K번째에 있는 수를 출력한다.

예제 입력 1	예제 출력 1
5 2 // 데이터 개수, K번째 수 4 1 2 3 5	2

01단계 문제 분석하기

앞에서 배운 퀵 정렬을 구현해 주어진 수를 오름차순 정렬하고, K번째 수를 출력해 보겠습니다.

퀵 정렬은 pivot의 선택에 따라 최악의 시간 복잡도가 n^2이므로 해당 문제에서는 병합 정렬 등을 이용하는 게 더 안전합니다. 다만 여기에서는 퀵 정렬의 원리를 이해하고자 퀵 정렬로 풀이를 진행합니다.

pivot을 정하는 방법

- **pivot == K**: K번째 수를 찾은 것이므로 알고리즘을 종료한다.
- **pivot > K**: pivot의 왼쪽 부분에 K가 있으므로 왼쪽(S ~ pivot - 1)만 정렬을 수행한다.
- **pivot < K**: pivot의 오른쪽 부분에 K가 있으므로 오른쪽(pivot + 1 ~ E)만 정렬을 수행한다.

배열의 중간 위치를 pivot으로 설정하겠습니다.

02단계 손으로 풀어 보기

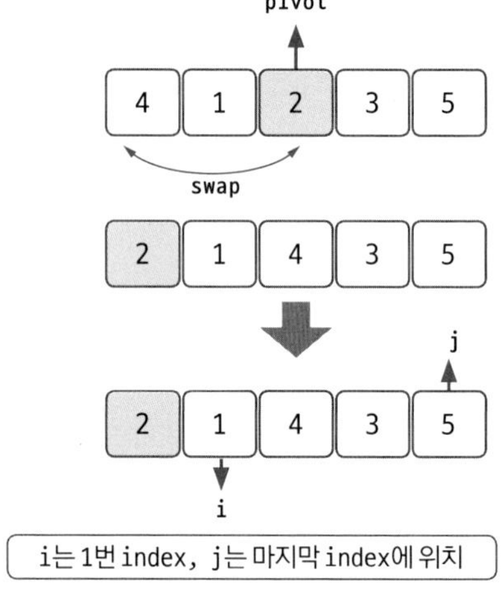

1 중간 위치를 pivot으로 설정한 다음 맨 앞에 있는 값과 swap합니다. pivot을 맨 앞으로 옮기는 이유는 i, j 이동을 편하게 하기 위함입니다. 이어서 i와 j를 pivot을 제외한 그룹에서 왼쪽, 오른쪽 끝으로 정합니다.

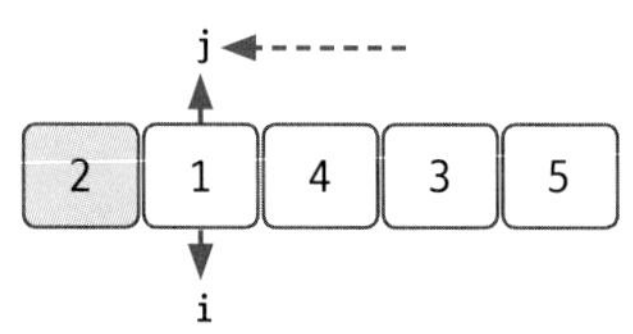

2 우선 j를 이동합니다. j번째 값이 pivot보다 크면 j-- 연산을 반복합니다. 그 결과 j는 1에 위치하게 됩니다. j를 이동한 후에는 i번째 값이 pivot보다 작으면서 i보다 j가 크면 i++ 연산을 반복합니다. 지금은 i와 j의 위치가 같으므로 i는 이동하지 않습니다.

3 pivot을 두 집합을 나눠 주는 위치, 즉 i와 j가 만난 위치와 swap합니다.

4 K는 2이므로 이제 더 이상 정렬하지 않고 A[1]을 출력합니다.

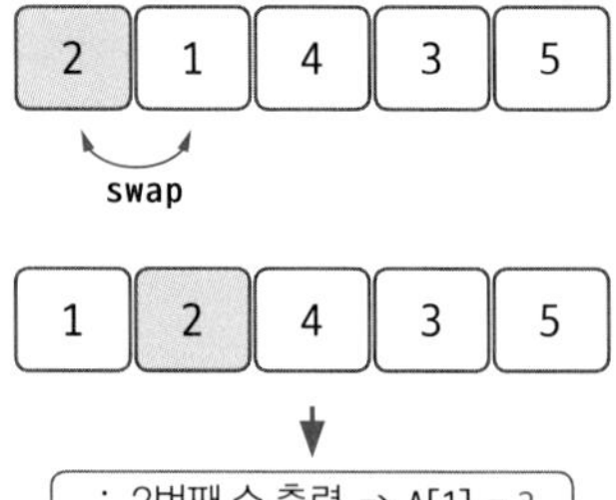

03단계 슈도코드 작성하기

```
N(숫자의 개수), K(K번째 수)
A(숫자 데이터 저장 배열)

for(N만큼 반복) {
    배열 A 저장
}

퀵 정렬 실행
K번째 데이터 출력

// 함수 구현 부분
퀵 정렬 함수(시작, 종료, K) {
    피벗 구하기 함수(시작 인덱스, 종료 인덱스)
    if(피벗 == K) 종료
    else if(K < 피벗) 퀵 정렬 수행(시작 인덱스, 피벗 - 1, K)
    else 퀵 정렬 수행(피벗 + 1, 종료 인덱스, K)
}

피벗 구하기 함수(시작 인덱스, 종료 인덱스) {
    데이터가 2개인 경우는 바로 비교하여 정렬
    M(중앙값)
    중앙값을 시작 위치와 Swap
    pivot(피벗)을 시작 위치 값 A[S]로 저장
    i(시작점), j(종료점)

    while i <= j:
        피벗보다 큰 수가 나올 때까지 i 증가
        피벗보다 작은 수가 나올 때까지 j 감소
        찾은 i와 j 데이터를 swap
    피벗 데이터를 나눈 두 그룹의 경계 index에 저장하기
    경계 index 반환
}
```

04단계 코드 구현하기

자료구조/P11004_K번째수.cpp

```
#include <iostream>
#include <vector>
using namespace std;

void quickSort(vector<int> &A, int S, int E, int K);
int partition(vector<int> &A, int S, int E);
void swap(vector<int> &A, int i, int j);

int main()
{
    ios::sync_with_stdio(false);
    cin.tie(NULL);
    cout.tie(NULL);

    int N, K;
    cin >> N >> K;
    vector<int> A(N, 0);

    for (int i = 0; i < N; i++) {
        cin >> A[i];
    }
    quickSort(A, 0, N - 1, K - 1);
    cout << A[K-1];
}

void quickSort(vector<int> &A, int S, int E, int K) {
    int pivot = partition(A, S, E);
    if (pivot == K) {        // K번째 수가 pivot이면 더는 구할 필요 없음
        return;
    }
    else if (K < pivot) {  // K가 pivot보다 작으면 왼쪽 그룹만 정렬 수행하기
        quickSort(A, S, pivot - 1, K);
    }
    else {                 // K가 pivot보다 크면 오른쪽 그룹만 정렬 수행하기
        quickSort(A, pivot + 1, E, K);
    }
```

```
}

int partition(vector<int> &A, int S, int E) {
    if (S + 1 == E) {
        if (A[S] > A[E]) {
            swap(A, S, E);
        }
        return E;
    }

    int M = (S + E) / 2;
    swap(A, S, M);  // 중앙값을 1번째 요소로 이동
    int pivot = A[S];
    int i = S + 1, j = E;

    while (i <= j) {
        while j >= S+1  && pivot < A[j] {  // 피벗보다 작은 수가 나올 때까지 j--
            j--;
        }
        while i <= E && pivot > A[i] {  // 피벗보다 큰 수가 나올 때까지 i++
            i++;
        }
        if (i < j) {
            swap(A, i++, j--);  // 찾은 i와 j를 교환하기
        }
        else {
            break;
        }
    }
    // i == j 피벗의 값을 양쪽으로 분리한 가운데에 오도록 설정하기
    A[S] = A[j];
    A[j] = pivot;
    return j;
}

void swap(vector<int> &A, int i, int j) {
    int temp = A[i];
    A[i] = A[j];
    A[j] = temp;
}
```

04-5 병합 정렬

병합 정렬merge sort은 분할 정복divide and conquer 방식을 사용해 데이터를 분할하고 분할한 집합을 정렬하며 합치는 알고리즘입니다. 병합 정렬의 시간 복잡도는 O(nlogn)입니다.

병합 정렬의 핵심 이론

다음 그림을 보며 병합 정렬을 이해해 봅시다. 부분 그룹은 setN으로 표시했습니다.

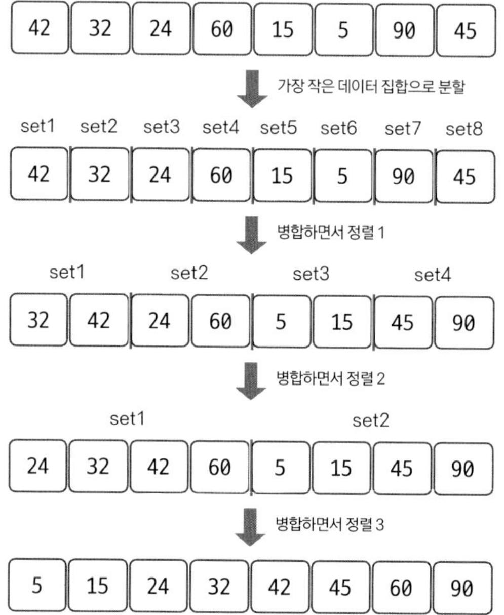

병합 정렬 수행 방식

그림을 보면 최초에는 8개의 그룹으로 나눕니다. 이 상태에서 2개씩 그룹을 합치며 오름차순 정렬합니다. 그 결과 (32, 42), (24, 60), (5, 15), (45, 90)이 됩니다. 이어서 2개씩 그룹을 합치며 다시 오름차순 정렬합니다. 그 결과 (24, 32, 42, 60), (5, 15, 45, 90)이 됩니다. 이런 방식으로 병합 정렬 과정을 거치면 (5, 15, 24, 32, 42, 45, 60, 90)이 되어 전체를 오름차순으로 정렬할 수 있습니다.

병합 정렬은 코딩 테스트의 정렬 관련 문제에서 자주 등장합니다. 특히 2개의 그룹을 병합하는 원리는 꼭 숙지해야 합니다. 다음 설명을 통해 2개의 그룹을 병합하는 원리를 알아봅시다.

2개의 그룹을 병합하는 과정

투 포인터 개념을 사용하여 왼쪽, 오른쪽 그룹을 병합합니다. 왼쪽 포인터와 오른쪽 포인터의 값을 비교하여 작은 값을 결과 배열에 추가하고 포인터를 오른쪽으로 1칸 이동시킵니다. 이 방식은 여러 문제에서 응용하므로 반드시 숙지하는 것이 좋습니다.

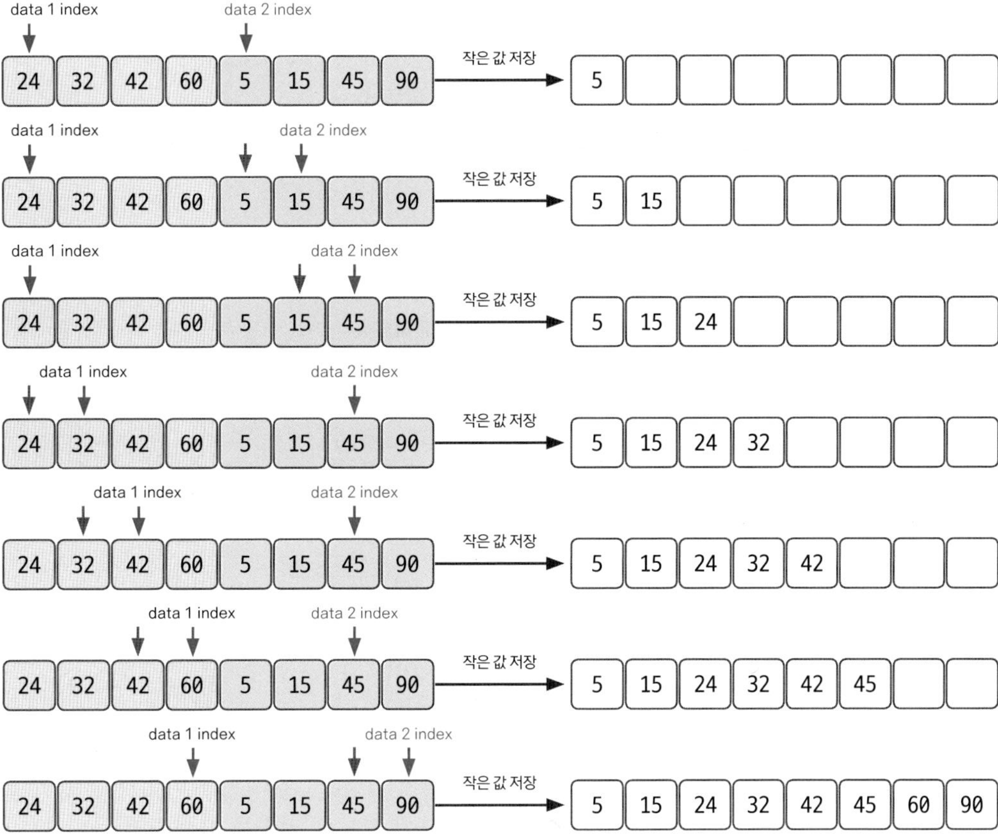

수 정렬하기 2

시간 제한 2초 | 난이도 실버 V | 백준 온라인 저지 2751번

N개의 수가 주어졌을 때 이를 오름차순 정렬하는 프로그램을 작성하시오.

입력

1번째 줄에 수의 개수 N(1 ≤ N ≤ 1,000,000), 2번째 줄부터 N개의 줄에 숫자가 주어진다. 이 수는 절댓값이 1,000,000보다 작거나 같은 정수다. 수는 중복되지 않는다.

출력

1번째 줄부터 N개의 줄에 오름차순 정렬한 결과를 1줄에 1개씩 출력한다.

예제 입력 1

```
5  // 수의 개수
5
4
3
2
1
```

예제 출력 1

```
1
2
3
4
5
```

01단계 문제 분석하기

N의 최대 범위가 1,000,000이므로 O(nlogn)의 시간 복잡도로 정렬을 수행하면 됩니다. 앞에서 배운 병합 정렬로 정렬을 수행한 후 결과를 출력해 보겠습니다.

02단계 손으로 풀어 보기

❶ 정렬할 그룹을 최소 길이로 나눕니다. 그림에서 알 수 있듯이 원본 배열 길이가 5이므로 2, 2, 1 길이로 나눴습니다. 이제 나눈 그룹마다 병합 정렬합니다. 그룹마다 index1, index2를 지정하여 비교하면서 정렬 용도로 선언한 tmp 배열에 병합 정렬합니다.

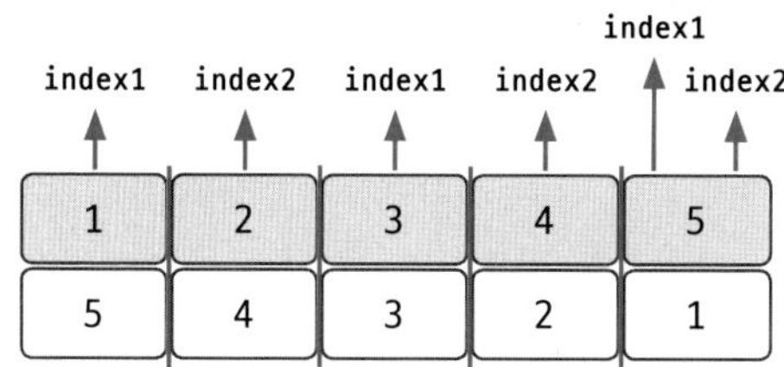

여기서는 그룹이 3개이므로 2번째, 3번째 그룹을 병합했습니다.

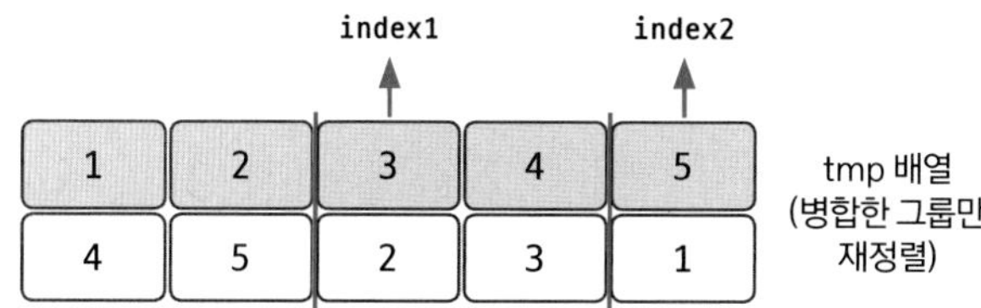

❷ 이어서 병합된 그룹을 대상으로 정렬합니다. index2의 경우 오른쪽으로 이동할 공간이 없으므로 index1만 이동하는 형태로 정렬합니다.

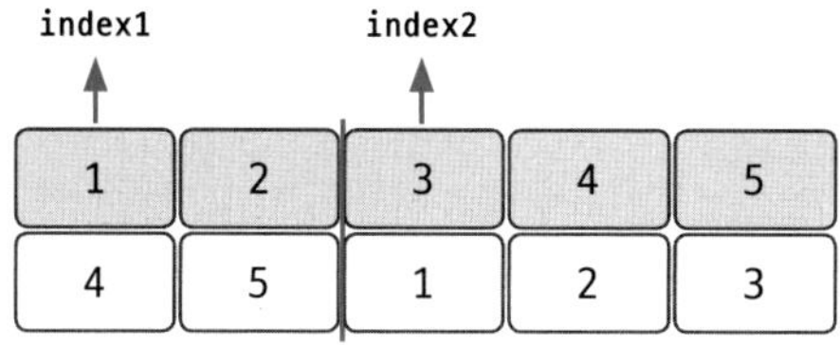

❸ 마지막 정렬입니다. 1, 2, 3, 4, 5 순서로 깔끔하게 정렬이 끝났습니다.

1	2	3	4	5
1	2	3	4	5

03단계 슈도코드 작성하기

```
N(정렬할 수 개수)
A(정렬할 배열 선언)
tmp(정렬 시 잠시 사용할 임시 배열 선언)

for(N의 개수만큼) {
    배열 A에 데이터 저장
}

병합 정렬 함수 수행
결괏값 출력

// 병합 정렬 함수 구현 부분
병합 정렬(s, e) {
    s(시작점), e(종료점), m(중간점)
    // 재귀 함수 형태로 구현
    병합 정렬(s, m)
    병합 정렬(m + 1, e)

    for(s ~ e) {
        임시 배열 tmp 저장
    }
    // 두 그룹을 병합하는 로직
    index1 → 앞쪽 그룹 시작점
    index2 → 뒤쪽 그룹 시작점

    while(index1 <= 중간점 && index2 <= 종료점)
        양쪽 그룹의 index가 가리키는 값을 비교하여 더 작은 수를 선택하여 배열에 저장하고
        선택된 데이터의 index값을 한 칸 오른쪽으로 이동함
        반복문이 끝난 후 남은 데이터 정리
}
```

04단계 코드 구현하기

자료구조/P2751_수정렬하기2.cpp

```
#include <iostream>
#include <vector>
using namespace std;

void merge_sort(int s, int e);
static vector<int> A;
static vector<int> tmp;

int main()
{
    ios::sync_with_stdio(false);
    cin.tie(NULL);
    cout.tie(NULL);

    int N;
    cin >> N;
    A = vector<int>(N + 1, 0);
    tmp = vector<int>(N + 1, 0);

    for (int i = 1; i <= N; i++) {
        cin >> A[i];
    }
    merge_sort(1, N);  // 병합 정렬 수행하기

    for (int i = 1; i <= N; i++) {
        cout << A[i] << "\n";
    }
}

void merge_sort(int s, int e) {
    if (e - s < 1) {
        return;
    }

    int m = s + (e - s) / 2;
```

```
    // 재귀 함수 형태로 구현
    merge_sort(s, m);
    merge_sort(m + 1, e);

    for (int i = s; i <= e; i++) {
        tmp[i] = A[i];
    }

    int k = s;
    int index1 = s;
    int index2 = m + 1;

    while (index1 <= m && index2 <= e) {  // 두 그룹을 병합하는 로직
        if (tmp[index1] > tmp[index2]) {
            A[k] = tmp[index2];
            k++;
            index2++;
        }
        else {
            A[k] = tmp[index1];
            k++;
            index1++;
        }
    }
    // 한쪽 그룹이 모두 선택된 후 남아있는 값 정리하기
    while (index1 <= m) {
        A[k] = tmp[index1];
        k++;
        index1++;
    }
    while (index2 <= e) {
        A[k] = tmp[index2];
        k++;
        index2++;
    }
}
```

문제 021

버블 정렬 프로그램 2

시간 제한 1초 | 난이도 P0 플래티넘 | 백준 온라인 저지 1517번

버블 정렬은 서로 인접해 있는 두 수를 바꾸면서 정렬하는 방법이다. 예를 들어 수열이 3, 2, 1이었다고 가정해 보자. 이때는 인접해 있는 3, 2가 바뀌어야 하므로 2, 3, 1이 된다. 그다음은 3, 1이 바뀌어야 하므로 2, 1, 3이 된다. 그다음에는 2, 1이 바뀌어야 하므로 1, 2, 3이 된다. 그러면 더 이상 바꿀 수 없으므로 정렬이 완료된다.

N개의 수로 이뤄진 수열 A[1], A[2], …, A[N]이 있다. 이 수열로 버블 정렬을 수행할 때 swap이 총 몇 번 발생하는지 알아내는 프로그램을 작성하시오.

입력

1번째 줄에 N(1 ≤ N ≤ 500,000), 2번째 줄에 N개의 정수로 A[1], A[2], …, A[N]이 주어진다. 각각의 A[i]는 0 ≤ |A[i]| ≤ 1,000,000,000의 범위에 들어 있다.

출력

1번째 줄에 swap 횟수를 출력한다.

예제 입력 1

```
8  // 수의 개수
3 2 8 1 7 4 5 6
```

예제 출력 1

```
11
```

01단계 문제 분석하기

N의 최대 범위가 500,000이므로 O(nlogn)의 시간 복잡도로 정렬을 수행하면 됩니다. 앞에서 배운 병합 정렬로 정렬을 수행한 후 결과를 출력해 보겠습니다.

제목은 버블 정렬이지만, N의 최대 범위가 500,000이므로 곧이곧대로 버블 정렬을 사용하면 제한 시간을 초과합니다. 즉, 이 문제는 버블 정렬이 아닌 O(nlogn)의 시간 복잡도를 가진 병합 정렬을 사용해야 합니다. 병합 정렬을 이해한 상태라면 두 그룹을 병합하는 과정에 버블 정렬의 swap이 포함되어 있다는 것을 떠올릴 수 있습니다. 다음 그림을 봅시다.

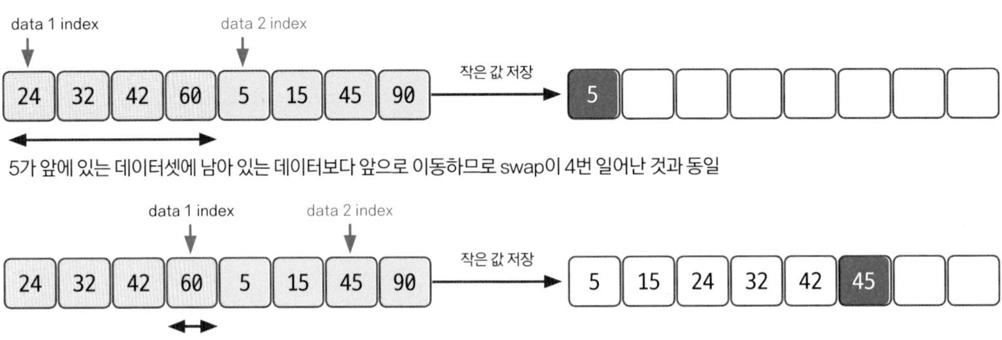

위쪽 그림을 보면 두 그룹을 병합 정렬하는 과정에서 뒤쪽 그룹의 5가 앞쪽 그룹의 24, 43, 42, 60의 앞에 놓입니다. 이는 버블 정렬에서 swap을 4번 해야 볼 수 있는 효과입니다. 아래쪽 그림도 마찬가지입니다. 45는 60보다 앞에 놓이므로 버블 정렬에서 swap을 1번 한 것과 동일합니다. 이 아이디어로 문제를 해결해 보겠습니다.

02단계 손으로 풀어 보기

병합 정렬은 동일하게 진행합니다. 다만 정렬 과정에서 index가 이동한 거리를 result에 저장합니다.

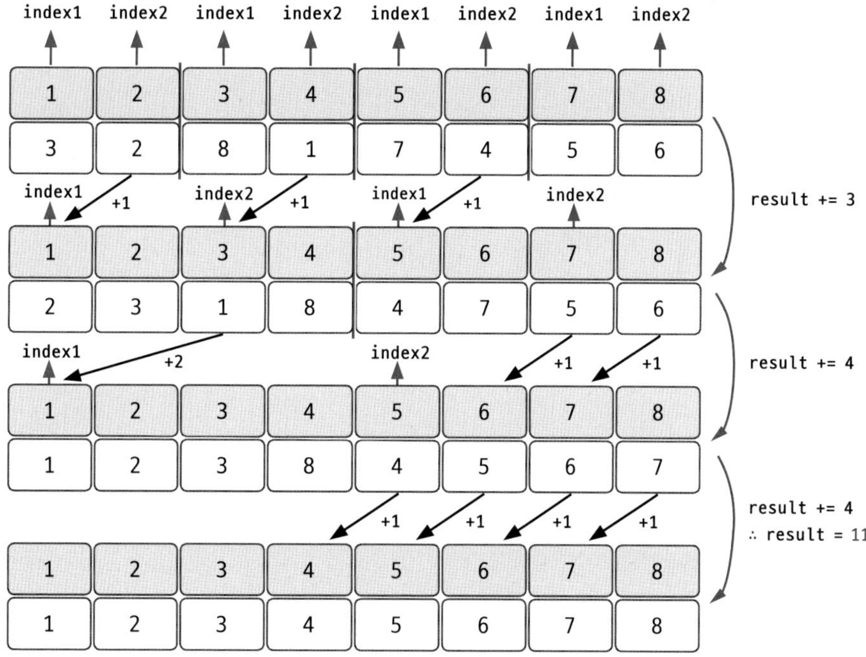

그림을 보면 그룹을 정렬하는 과정에서 원소가 앞으로 이동한 거리만큼 result에 더합니다. 예를 들어 (3, 2), (8, 1), (7, 4), (5, 6) 그룹은 1, 2, 3번째 그룹에서 2, 1, 4 원소만 이동하므로 result에 총 3을 더합니다. (2, 3, 1, 8), (4, 7, 5, 6) 그룹은 1이 2칸, 5, 6이 각각 1칸씩 이동하므로 result에 4를 더합니다. 마지막으로 (1, 2, 3, 8, 4, 5, 6, 7)은 4, 5, 6, 7이 1칸씩 이동하므로 result에 4를 더합니다.

03단계 슈도코드 작성하기

코드는 [문제 20]과 대부분 동일합니다. swap 횟수를 세기 위한 로직만 추가합니다.

```
N(정렬할 수 개수)
A(정렬할 배열 선언)
tmp(정렬 시 잠시 사용할 임시 배열 선언)

for(N의 개수만큼) {
    배열 A에 데이터 저장
}
```

```
병합 정렬 함수 수행
결괏값 출력

// 병합 정렬 함수 구현 부분
병합 정렬(s, e) {
    s(시작점), e(종료점), m(중간점)
    // 재귀 함수 형태로 구현
    병합 정렬(s, m)
    병합 정렬(m + 1, e)
    for(s ~ e) {
        tmp 배열 저장
    }
    // 두 그룹을 Merge하는 로직
    index1 → 앞쪽 그룹 시작점
    index2 → 뒤쪽 그룹 시작점
    while(index1 <= 중간점 && index2 <= 종료점) {
        양쪽 그룹의 index가 가리키는 값을 비교하여 더 작은 수를 선택하여 배열에 저장하고
        선택된 데이터의 index값을 한 칸 오른쪽으로 이동함
        이때 뒤쪽 데이터 값이 더 작아 선택되는 경우
        Swap이 일어났다고 가정하며 현재 남아있는 앞쪽 데이터 개수만큼 결괏값에 더함
    }
    반복문의 끝난 후 남아있는 데이터 정리
}
```

04단계 코드 구현하기

자료구조/P1517_버블정렬2.cpp

```
#include <iostream>
#include <vector>
using namespace std;

void merge_sort(int s, int e);
static vector<int> A;
static vector<int> tmp;
static long result;
```

```
int main()
{
    ios::sync_with_stdio(false);
    cin.tie(NULL);
    cout.tie(NULL);

    int N;
    cin >> N;
    A = vector<int>(N + 1, 0);
    tmp = vector<int>(N + 1, 0);

    for (int i = 1; i <= N; i++) {
        cin >> A[i];
    }

    result = 0;
    merge_sort(1, N);  // 병합 정렬 수행하기
    cout << result << "\n";
}

void merge_sort(int s, int e) {
    if (e - s < 1) {
        return;
    }

    int m = s + (e - s) / 2;
    // 재귀 함수 형태로 구현
    merge_sort(s, m);
    merge_sort(m + 1, e);

    for (int i = s; i <= e; i++) {
        tmp[i] = A[i];
    }

    int k = s;
    int index1 = s;
    int index2 = m + 1;

    while (index1 <= m && index2 <= e) {  // 두 그룹을 병합하는 로직
```

```
        if (tmp[index1] > tmp[index2]) {
            A[k] = tmp[index2];
            // 뒤쪽 데이터 값이 작아 선택되는 경우 결괏값 업데이트
            result = result + index2 - k;
            k++;
            index2++;
        }
        else {
            A[k] = tmp[index1];
            k++;
            index1++;
        }
    }
    // 한쪽 그룹이 모두 선택된 후 남아있는 값 정리하기
    while (index1 <= m) {
        A[k] = tmp[index1];
        k++;
        index1++;
    }
    while (index2 <= e) {
        A[k] = tmp[index2];
        k++;
        index2++;
    }
}
```

04-6 기수 정렬

기수 정렬radix sort은 값을 비교하지 않는 특이한 정렬입니다. 기수 정렬은 값을 놓고 비교할 자릿수를 정한 다음 해당 자릿수만 비교합니다. 기수 정렬의 시간 복잡도는 O(kn)으로, 여기서 k는 데이터의 자릿수를 말합니다.

예를 들어 234, 123을 비교하면 4와 3, 3과 2, 2와 1만 비교합니다.

기수 정렬의 핵심 이론

기수 정렬은 10개의 큐를 이용합니다. 각 큐는 값의 자릿수를 대표합니다. 다음 그림을 봅시다.

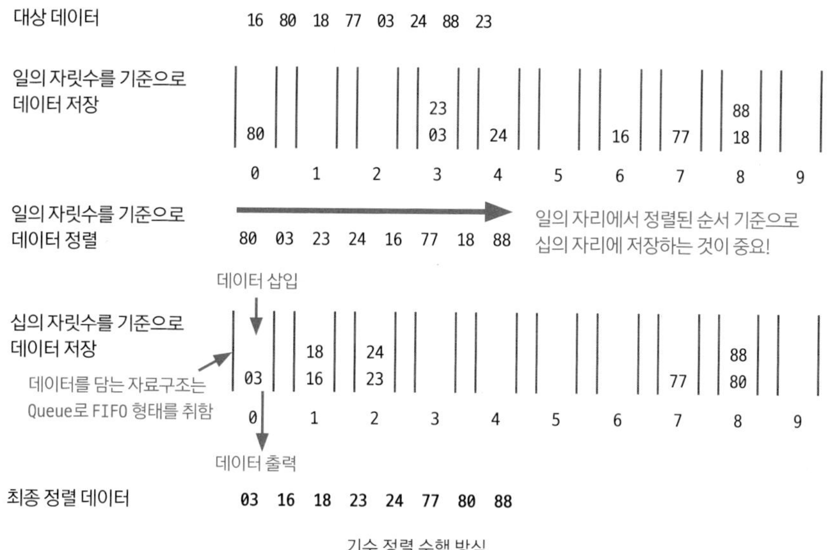

기수 정렬 수행 방식

그림을 보면 원본 배열은 16, 80, 18, 77, 03, 24, 88, 23입니다. 그러면 일의 자릿수 기준으로 배열 원소를 큐에 집어넣습니다. 그런 다음 0번째 큐부터 9번째 큐까지 pop을 진행합니다. 그 결과 80, 03, 23, 24, 16, 77, 18, 88이 만들어집니다. 이어서 십의 자릿수를 기준으로 같은 과정을 진행합니다. 마지막 자릿수를 기준으로 정렬할 때까지 앞의 과정을 반복합니다.

기수 정렬은 시간 복잡도가 가장 짧은 정렬입니다. 만약 코딩 테스트에서 정렬해야 하는 데이터의 개수가 너무 많으면 기수 정렬 알고리즘을 활용해 보세요.

문제 022

수 정렬하기 3

시간 제한 3초 | 난이도 S5 실버 V | 백준 온라인 저지 10989번

N개의 수가 주어졌을 때 이를 오름차순 정렬하는 프로그램을 작성하시오.

입력

1번째 줄에 수의 개수 N(1 ≤ N ≤ 10,000,000), 2번째 줄부터 N개의 줄에 숫자가 주어진다. 이 수는 10,000보다 작거나 같은 자연수다.

출력

1번째 줄부터 N개의 줄에 오름차순 정렬한 결과를 1줄에 1개씩 출력한다.

예제 입력 1

```
11
215
15
344
372
294
100
8
145
24
198
831
```

예제 출력 1

```
8
15
24
100
145
198
215
294
344
372
831
```

01단계 문제 분석하기

이 문제는 N의 최대 개수가 10,000,000으로 매우 크기 때문에 O(nlogn)보다 더 빠른 알고리즘이 필요합니다. 문제에서 주어지는 숫자의 크기가 10,000 이하라는 것을 바탕으로 기수 정렬과 함께 많이 사용하는 계수 정렬[counting sort]을 사용하여 문제를 해결해 보도록 하겠습니다. 계수 정렬은 로직이 기수 정렬보다 조금 더 간단합니다.

02단계 손으로 풀어 보기

숫자 크기가 10,000 이하이므로 10,001 크기의 배열을 선언합니다. 이후 문제에서 입력하는 수를 차례대로 받아 수의 값을 배열의 인덱스값으로 판단하고 해당 인덱스에 해당하는 값을 1 증가하여 줍니다.

샘플 데이터 (10, 8, 5, 7, 10, 3, 2)를 예로 들어 설명합니다.

1. count 배열 선언(초기화 값: 0)

1	2	3	4	5	6	7	8	9	10
0	0	0	0	0	0	0	0	0	0

2. 데이터를 입력받아 수 값에 해당하는 index값 증가

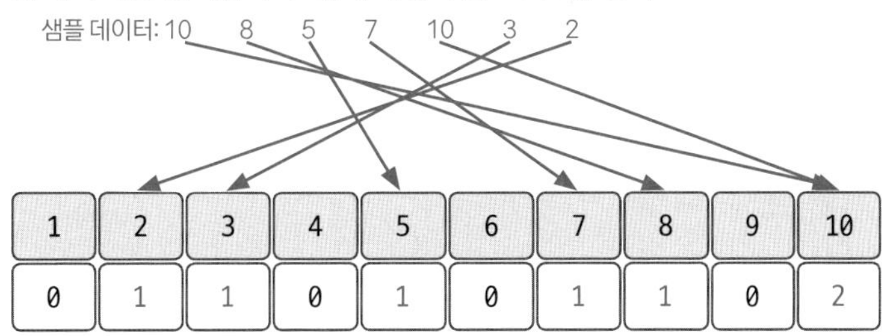

이어서 배열을 처음부터 끝까지 탐색하면서 값이 0이 아닐 경우 해당 값이 있는 index를 값만큼 반복하여 출력하여 줍니다.

3. 배열을 전체 탐색하면서 0이 아닌 곳의 값에 해당하는 index를 값만큼 반복 출력

탐색

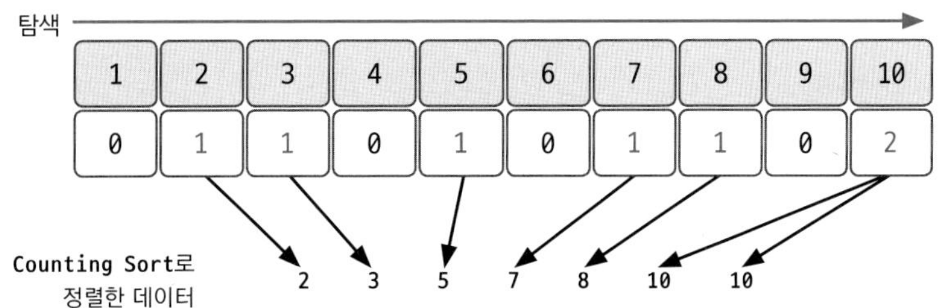

03단계 슈도코드 작성하기

```
N(정렬할 수 개수)
count(계수 정렬 배열)

for(N만큼 반복) {
    count 배열에 현재 수에 해당하는 index의 값 1 증가시키기
}
for(i는 0 ~ 10000까지) {
    if(count[i]의 값이 0이 아니면) {  // i가 기존 input에 있는 수였다면
        해당 값만큼 i를 반복하여 출력
    }
}
```

04단계 코드 구현하기

자료구조/P10989_수정렬하기3.cpp

```cpp
#include <iostream>
using namespace std;

int main()
{
    ios::sync_with_stdio(false);
    cin.tie(NULL);
    cout.tie(NULL);

    int N;
    cin >> N;
    int count[10001] = { 0 };
    int number = 0;

    for (int i = 1; i <= N; i++) {
        cin >> number;
        count[number]++;
    }
    for (int i = 0; i <= 10000; i++) {
        if (count[i] != 0) {
```

```
            // 해당 count 배열의 값만큼 index를 반복하여 출력
            for (int j = 0; j < count[i]; j++) {
                cout << i << "\n";
            }
        }
    }
}
```

탐색

탐색은 주어진 데이터에서 자신이 원하는 데이터를 찾아내는 알고리즘을 말합니다.
주어진 데이터의 성질(정렬 데이터 또는 비정렬 데이터)에 따라 적절한
탐색 알고리즘을 선택하는 것이 중요하고, 실제 모든 코딩 테스트 문제의 기본이 되는
알고리즘이므로 직접 구현해 원리를 완벽하게 이해하는 것이 중요합니다.
탐색 영역에서는 그래프를 자주 탐색하므로 5장을 학습하기 전에
'08-1 그래프의 표현'의 핵심 이론을 읽으면 도움이 될 것입니다.

05-1 깊이 우선 탐색

깊이 우선 탐색DFS: depth-first search은 그래프 완전 탐색 기법 중 하나입니다. 깊이 우선 탐색은 그래프의 시작 노드에서 출발하여 탐색할 한쪽 분기를 정하여 최대 깊이까지 탐색을 마친 후 다른 쪽 분기로 이동하여 다시 탐색을 수행하는 알고리즘입니다.

다음은 깊이 우선 탐색의 기능, 특징, 시간 복잡도를 표로 정리한 것입니다. 표의 시간 복잡도는 노드 개수를 V, 에지 개수를 E로 표시했습니다.

깊이 우선 탐색

기능	특징	시간 복잡도(노드 수: V, 에지 수: E)
그래프 완전 탐색	▪ 재귀 함수로 구현 ▪ 스택 자료구조 이용	O(V + E)

깊이 우선 탐색은 실제 구현 시 재귀 함수를 이용하므로 스택 오버플로stack overflow에 유의해야 합니다. 깊이 우선 탐색을 응용하여 풀 수 있는 문제는 단절점 찾기, 단절선 찾기, 사이클 찾기, 위상 정렬 등이 있습니다. 앞으로 깊이 우선 탐색은 DFS라 부르겠습니다.

깊이 우선 탐색의 핵심 이론

DFS는 한 번 방문한 노드를 다시 방문하면 안 되므로 노드 방문 여부를 체크할 배열이 필요하며, 그래프는 인접 리스트로 표현하겠습니다. 그리고 DFS의 탐색 방식은 후입선출 특성을 가지므로 스택을 사용하여 설명하겠습니다.

여기서는 설명의 편의를 위해 스택을 사용했습니다. 하지만 DFS 구현은 스택보다는 스택 성질을 갖는 재귀 함수로 많이 구현합니다. 이번 설명 이후 대부분의 DFS 문제는 재귀 함수로 구현하겠습니다.

1. DFS를 시작할 노드를 정한 후 사용할 자료구조 초기화하기

DFS를 위해 필요한 초기 작업은 인접 리스트로 그래프 표현하기, 방문 배열 초기화하기, 시작 노드 스택에 삽입하기입니다. 스택에 시작 노드를 1로 삽입할 때 해당 위치의 방문 배열을 체크하면 T, F, F, F, F, F가 됩니다.

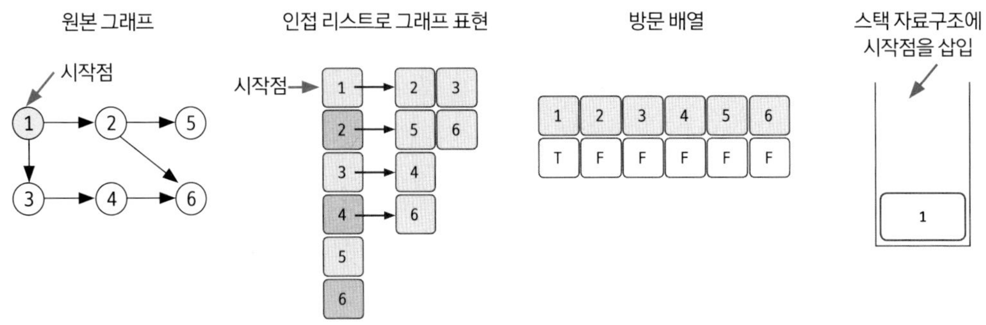

DFS를 위한 자료구조 초기화

2. 스택에서 노드를 꺼낸 후 꺼낸 노드의 인접 노드를 다시 스택에 삽입하기

이제 pop을 수행하여 노드를 꺼냅니다. 꺼낸 노드를 탐색 순서에 기입하고 인접 리스트의 인접 노드를 스택에 삽입하며 방문 배열을 체크합니다. 방문 배열은 T, T, T, F, F, F가 됩니다.

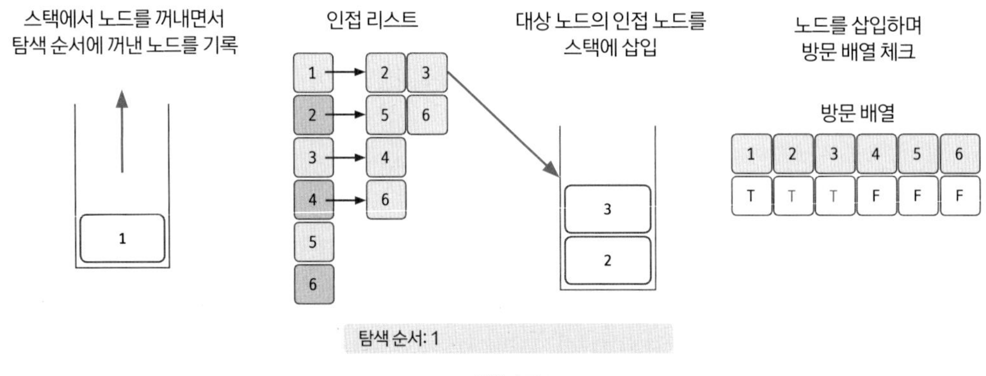

DFS 실행 과정 1

3. 스택 자료구조에 값이 없을 때까지 반복하기

앞선 과정을 스택 자료구조에 값이 없을 때까지 반복합니다. 이때 이미 다녀간 노드는 방문 배열을 바탕으로 재삽입하지 않는 것이 핵심입니다.

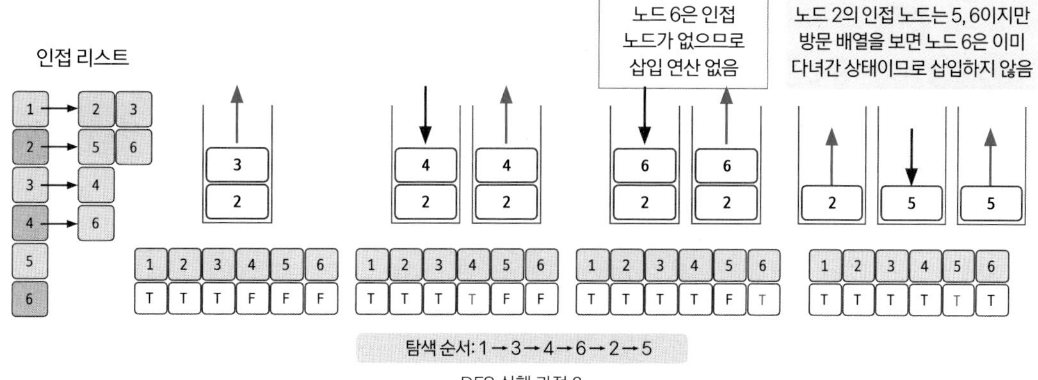
인접 리스트
노드 6은 인접 노드가 없으므로 삽입 연산 없음
노드 2의 인접 노드는 5, 6이지만 방문 배열을 보면 노드 6은 이미 다녀간 상태이므로 삽입하지 않음
탐색 순서: 1→3→4→6→2→5
DFS 실행 과정 2

이어서 설명하면 스택에서 3을 꺼내며 탐색 순서에 기록하고 인접 노드 4를 스택에 삽입하며 방문 배열에 체크합니다. 4를 꺼내며 탐색 순서에 기록하고 6을 삽입하며 방문 배열에 체크합니다. 6을 꺼내며 탐색 순서에 기록하고 6과 인접한 노드는 없으므로 추가 삽입은 없습니다. 계속해서 스택에서 2를 꺼내며 탐색 순서에 기록하고 2와 인접한 5, 6을 삽입하기 위해 봅니다. 이때 6은 방문 배열에 T로 체크되어 있으므로 5만 삽입합니다. 이 과정을 스택이 빌 때까지 진행합니다.

스택에 노드를 삽입할 때 방문 배열을 체크하고, 스택에서 노드를 뺄 때 탐색 순서에 기록하며 인접 노드를 방문 배열과 대조하여 살펴봅니다.

문제 핵심

023 연결 요소의 개수 구하기

시간 제한 3초 | 난이도 S5 실버 V | 백준 온라인 저지 11724번

방향 없는 그래프가 주어졌을 때 연결 요소connected component의 개수를 구하는 프로그램을 작성하시오.

입력

1번째 줄에 노드의 개수 N(1 ≤ N ≤ 1,000)과 에지의 개수 M(0 ≤ M ≤ N×(N - 1)/2), 2번째 줄부터 M개의 줄에 에지의 양끝 점 u와 v가 주어진다(1 ≤ u, v ≤ N, u ≠ v). 같은 에지는 한 번만 주어진다.

출력

1번째 줄에 연결 요소의 개수를 출력한다.

예제 입력 1

```
6 5 // 노드 개수, 에지 개수
1 2
2 5
5 1
3 4
4 6
```

예제 출력 1

```
2
```

예제 입력 2

```
6 8
1 2
2 5
5 1
3 4
4 6
5 4
2 4
2 3
```

예제 출력 2

```
1
```

01단계 문제 분석하기

노드의 최대 개수가 1,000이므로 시간 복잡도 N^2 이하의 알고리즘을 모두 사용할 수 있습니다. 연결 요소는 에지로 연결된 노드의 집합이며, 한 번의 DFS가 끝날 때까지 탐색한 모든 노드의 집합을 하나의 연결 요소로 판단할 수 있습니다.

02단계 손으로 풀어 보기

1 그래프를 인접 리스트로 저장하고 방문 배열도 초기화합니다. 방향이 없는 그래프이기 때문에 양쪽으로 에지를 모두 저장합니다.

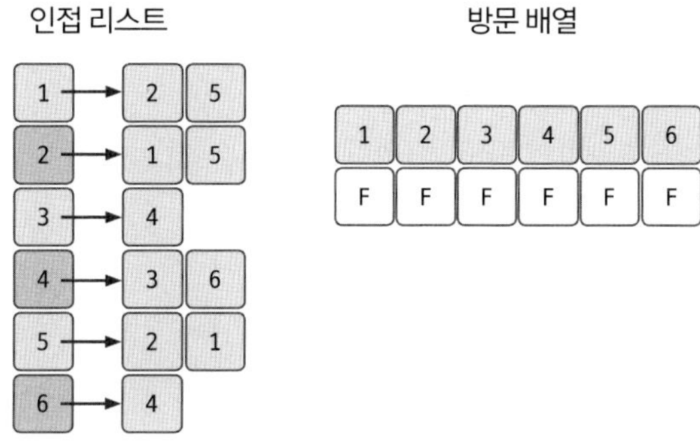

2 임의의 시작점에서 DFS를 수행합니다. 현재의 경우 1을 시작점으로 정했습니다. 탐색을 마친 이후 방문한 곳은 1, 2, 5가 되었습니다.

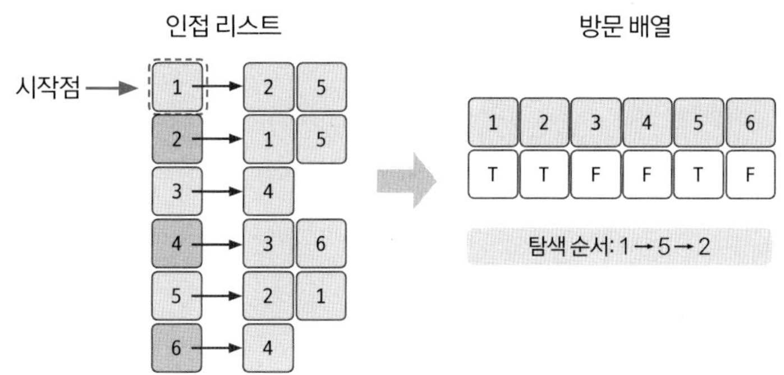

❸ 아직 방문하지 않은 노드가 있으므로 시작점을 다시 정해 탐색을 진행합니다. 현재의 경우 3, 4, 6 순서로 탐색을 마쳤습니다. 모든 노드를 방문했으니 전체 탐색을 종료합니다.

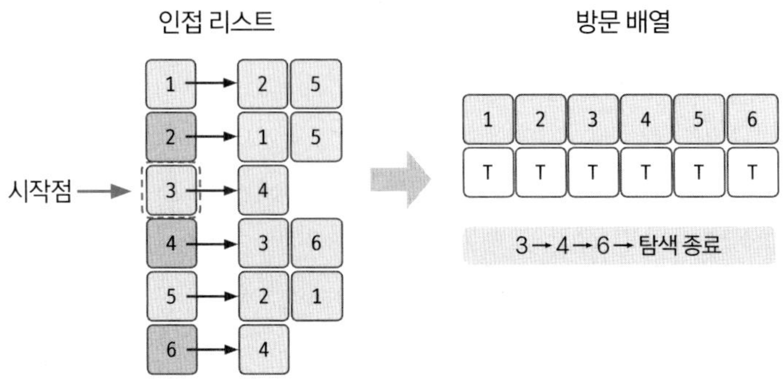

❹ 1~3 과정을 통해 총 2번의 DFS가 진행되었다는 것을 알 수 있습니다. 즉, 연결 요소 개수는 2개입니다.

모든 노드를 탐색하여 탐색 종료 → DFS 총 2회 수행
∴ 연결 요소 개수 = 2

만약 그래프가 모두 연결되어 있었다면 DFS는 1번 실행되었을 것입니다. 다시 말해 모든 노드를 탐색하는 데 실행한 DFS의 실행 횟수가 곧 연결 요소 개수와 같습니다.

03단계 슈도코드 작성하기

```
N(노드 개수), M(에지 개수)
A(그래프 데이터 저장 인접 리스트)  // 이차원 벡터 형태
visited(방문 기록 저장 배열)
벡터 A 크기 N + 1로 재설정

for(M의 개수만큼 반복) {
    인접 리스트 A에 그래프 데이터 저장
}
for(N의 개수만큼 반복) {
    if(방문하지 않은 노드가 있으면) {
        연결 요소 개수++
        DFS 실행
    }
```

```
}
연결 요소 개수 출력

DFS{   // DFS 구현
    if(현재 노드 == 방문 노드) return;
    visited 배열에 현재 노드 방문 기록
    for(현재 노드에서 연결된 모든 노드 탐색) {
        if(현재 노드의 연결 노드 중 방문하지 않은 노드) {
            DFS 실행(방문하지 않은 노드)   // 재귀 함수 형태
        }
    }
}
```

앞에서 DFS를 설명할 때는 스택으로 설명했지만 여기서는 재귀 함수를 사용했습니다. "그러면 완전히 다른 방식으로 DFS를 구현한 것인가요?"라고 질문할 수 있습니다. 하지만 재귀 함수는 스택과 같은 방식으로 처리됩니다. 즉, 위의 슈도코드는 인접 리스트와 스택을 사용한 방식과 같은 방식으로 구현한 것이라 할 수 있습니다.

04단계 코드 구현하기

탐색/P11724_연결요소의개수.cpp

```
#include <iostream>
#include <vector>
using namespace std;

static vector<vector <int>> A;
static vector<bool> visited;
void DFS(int v);

int main()
{
    ios::sync_with_stdio(false);
    cin.tie(NULL);
    cout.tie(NULL);
```

```
    int N, M;
    cin >> N >> M;
    A.resize(N + 1);
    visited = vector<bool>(N + 1, false);

    for (int i = 0; i < M; i++) {
        int s, e;
        cin >> s >> e ;
        A[s].push_back(e);
        A[e].push_back(s);
    }

    int count = 0;

    for (int i = 1; i < N + 1; i++) {
        if (!visited[i]) {  // 방문하지 않은 노드가 없을 때까지 반복
            count++;
            DFS(i);
        }
    }
    cout << count << "\n";
}

void DFS(int v) {
    if (visited[v]) {
        return;
    }

    visited[v] = true;

    for (int i : A[v]) {
        if (visited[i] == false) {  // 연결 노드 중 방문하지 않은 노드만 탐색함
            DFS(i);
        }
    }
}
```

문제 024

신기한 소수 찾기

시간 제한 2초 | 난이도 G5 골드 V | 백준 온라인 저지 2023번

수빈이가 세상에서 가장 좋아하는 것은 소수이고, 취미는 소수를 이용해 노는 것이다. 요즘 수빈이가 가장 관심 있어 하는 소수는 7331이다. 7331은 신기하게도 733도 소수, 73도 소수, 7도 소수다. 즉, 왼쪽부터 1자리, 2자리, 3자리, 4자릿수 모두 소수다. 수빈이는 이런 숫자를 신기한 소수라고 이름 붙였다. 수빈이는 N자리 숫자 중 어떤 수들이 신기한 소수인지 궁금해졌다. 숫자 N이 주어졌을 때 N자리 숫자 중 신기한 소수를 모두 찾아보자.

입력

1번째 줄에 N(1 ≤ N ≤ 8)이 주어진다.

출력

N자리 숫자 중 신기한 소수를 오름차순 정렬해 1줄에 1개씩 출력한다.

예제 입력 1

```
4 // 자릿수 N
```

예제 출력 1

```
2333
2339
2393
2399
2939
3119
3137
3733
3739
3793
3797
5939
7193
7331
7333
7393
```

01단계 문제 분석하기

앞에서 언급했듯이 DFS는 재귀 함수의 형태를 띱니다. 여기서는 재귀 함수의 원리 설명과 함께 DFS를 풀어봅니다. 재귀 함수를 잘 이해하면 문제 조건에 맞도록 코드를 수정하기가 쉬울 것입니다. 재귀 함수를 이용한 DFS 문제를 많이 풀어 보세요. 이 문제는 재귀 함수에 자릿수 개념을 붙여 구현합니다. 또한 문제 조건에 맞도록 가지치기도 해보겠습니다.

02단계 손으로 풀어 보기

소수는 약수가 1과 자기 자신인 수를 말합니다. 예를 들어 4는 약수가 1, 2, 4이므로 소수가 아니고 7은 1, 7이므로 소수입니다. 소수 정의를 생각하며 문제를 풀어 봅시다.

우선 자릿수가 한 개인 소수는 2, 3, 5, 7이므로 이 수부터 탐색을 시작합니다. 4, 6, 8, 9를 제외한 가지치기 방식을 적용한 것입니다. 이어서 자릿수가 두 개인 현재 수 * 10 + a를 계산하여 이 수가 소수인지 판단하고, 소수라면 재귀 함수로 자릿수를 하나 늘립니다. 단, a가 짝수인 경우는 항상 2를 약수로 가지므로 가지치기로 a가 짝수인 경우를 제외합니다. 이런 방식으로 자릿수를 N까지 확장했을 때 그 값이 소수라면 해당 값을 출력합니다.

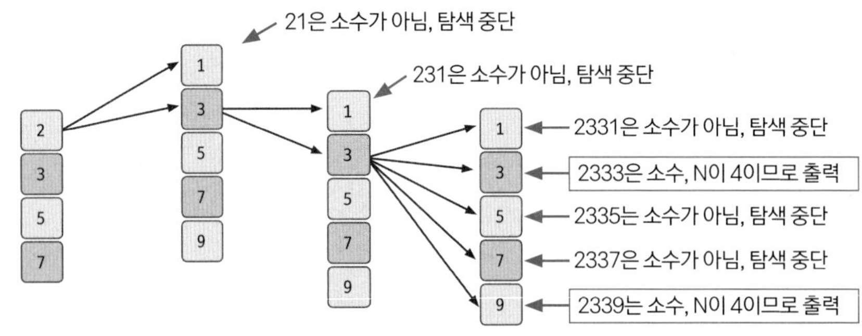

위 그림을 보면 앞에서 말한 방식, 즉, DFS의 형태로 탐색합니다. 그리고 첫 탐색 배열, 중간 탐색 배열을 가지치기하여 시간 복잡도를 줄였습니다. 또한 중간 탐색 과정에서 소수가 아닌 경우 멈추는 가지치기도 포함되므로 제한 시간 내에 문제를 풀 수 있습니다. 소수를 판별하는 방법은 보통 에라토스테네스의 체를 사용하지만 여기서는 단순한 소수 판별 함수를 사용해도 시간 안에 문제를 풀 수 있습니다.

03단계 **슈도코드 작성하기**

```
N(자릿수)
DFS 실행 (2, 3, 5, 7을 시작 수로 시작함)

// DFS 구현
DFS(숫자, 현재 자릿수) {
    if(자릿수 == N) {
        if(소수이면) 수 출력
        탐색 종료
    }
    for(1 ~ 9 반복) {
        if(뒤에 붙는 수가 홀수이면서 소수인 경우)
            DFS(수 * 10 + 뒤에 붙는 수, 현재 자릿수 + 1) 실행
    }
}

// 소수 구하기 함수
for(i를 2 ~ 현재 수/2까지 반복) {
    if(i로 나눈 나머지가 0이면) return 소수가 아님
}
return 소수임
```

04단계 **코드 구현하기**

탐색/P2023_신기한소수.cpp

```
#include <iostream>
using namespace std;

void DFS(int number, int jarisu);
bool isPrime(int num);
static int N;

int main()
{
    ios::sync_with_stdio(false);
```

```
    cin.tie(NULL);
    cout.tie(NULL);

    cin >> N;
    DFS(2, 1);
    DFS(3, 1);
    DFS(5, 1);
    DFS(7, 1);
}

void DFS(int number, int jarisu) {
    if (jarisu == N) {
        if (isPrime(number)) {
            cout << number << "\n";
        }
        return;
    }
    for (int i = 1; i < 10; i++) {
        if (i % 2 == 0) {                   // 짝수이면 더는 탐색할 필요가 없음
            continue;
        }
        if (isPrime(number * 10 + i)) {  // 소수이면 재귀로 자릿수를 늘림
            DFS(number * 10 + i, jarisu + 1);
        }
    }
}

bool isPrime(int num) {
    for (int i = 2; i <= num / 2; i++) {
        if (num % i == 0) {
            return false;
        }
    }
    return true;
}
```

문제 025

친구 관계 파악하기

시간 제한 2초 | 난이도 G5 골드 V | 백준 온라인 저지 13023번

BOJ 알고리즘 캠프에는 총 N명이 참가하고 있다. 사람들은 0번부터 N - 1번으로 번호가 매겨져 있고, 일부 사람들은 친구다. 오늘은 다음과 같은 친구 관계를 가진 사람 A, B, C, D, E가 존재하는지 구해 보려고 한다.

- A는 B와 친구다.
- B는 C와 친구다.
- C는 D와 친구다.
- D는 E와 친구다.

위와 같은 친구 관계가 존재하는지 여부를 구하는 프로그램을 작성하시오.

입력

1번째 줄에 사람의 수 N(5 ≤ N ≤ 2,000)과 친구 관계의 수 M(1 ≤ M ≤ 2,000), 2번째 줄부터 M개의 줄에 정수 a와 b가 주어진다. a와 b는 친구라는 뜻이다(0 ≤ a, b ≤ N - 1, a ≠ b). 같은 친구 관계가 2번 이상 주어지지는 않는다.

출력

문제의 조건에 맞는 A, B, C, D, E가 존재하면 1을 없으면 0을 출력한다.

예제 입력 1

```
8 8    // 노드 개수, 에지 개수
1 7
3 7
4 7
3 4
4 6
3 5
0 4
2 7
```

예제 출력 1

```
1
```

예제 입력 2

```
5 5
0 1
1 2
2 3
3 0
1 4
```

예제 출력 2

```
1
```

예제 입력 3
6 5 0 1 0 2 0 3 0 4 0 5

예제 출력 3
0

예제 입력 4
5 4 0 1 1 2 2 3 3 4

예제 출력 4
1

01단계 문제 분석하기

N의 최대 범위가 2,000이므로 알고리즘의 시간 복잡도를 고려할 때 좀 자유롭겠네요. 그리고 문제에서 요구하는 A, B, C, D, E의 관계는 재귀 함수의 형태와 비슷합니다. 주어진 모든 노드에 DFS를 수행하고 재귀의 깊이가 5 이상(5개의 노드가 재귀 형태로 연결)이면 1, 아니라면 0을 출력합니다. DFS의 시간 복잡도는 O(V + E)이므로 최대 4,000, 모든 노드를 진행했을 때 4,000 * 2,000, 즉, 8,000,000이므로 DFS를 사용해도 제한 시간 내에 문제를 풀 수 있습니다.

02단계 손으로 풀어 보기

1 그래프 데이터를 인접 리스트로 저장합니다.

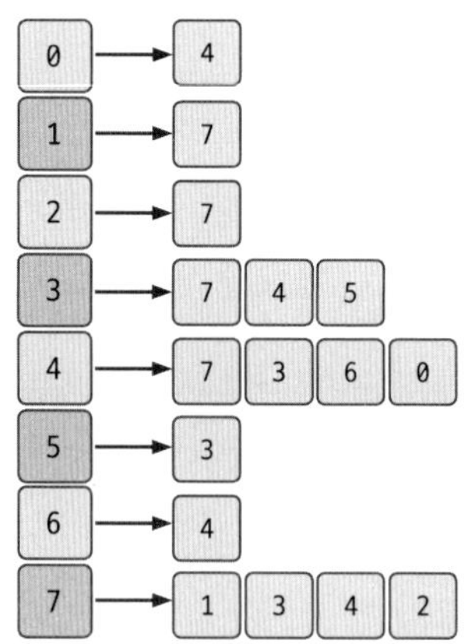

❷ 모든 노드에서 DFS를 수행합니다. 수행할 때 재귀 호출마다 깊이를 더합니다. 깊이가 5가 되면 1을 출력하고 프로그램을 종료합니다.

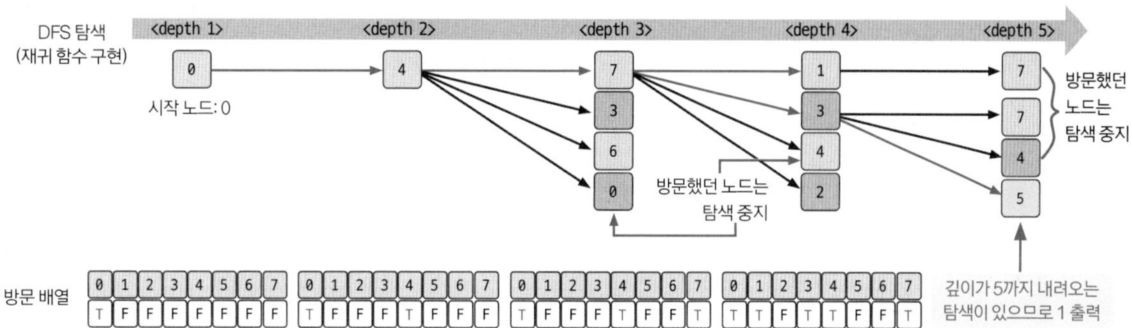

❸ 모든 노드를 돌아도 1이 출력되지 않았다면 0을 출력합니다.

03단계 슈도코드 작성하기

```
N(노드 개수), M(에지 개수)
A(그래프 데이터 저장 인접 리스트)
visited(방문 기록 저장 배열)
arrive(도착 확인 변수)

A 인접 리스트 크기 초기화
visited 배열 초기화

for(M의 개수만큼 반복) {
    인접 리스트 A에 그래프 데이터 저장
}
for(N의 개수만큼 반복) {
    노드마다 DFS 실행
    if(arrive) 반복문 종료  // 깊이가 5에 도달한 적이 있다면
}

if(arrive) 1 출력
else 0 출력
```

```
DFS{  // DFS 구현
    if(깊이가 5 || arrive) {
        arrive = true;
        함수 종료
    }
    visited 배열에 현재 노드 방문 기록
    현재 노드의 연결 노드 중 방문하지 않은 노드에 대해 DFS 실행(호출마다 깊이는 1씩 증가)
    visited 배열에 현재 노드 방문 삭제
}
```

04단계 코드 구현하기

탐색/P13023_친구관계파악하기.cpp

```cpp
#include <iostream>
#include <vector>
using namespace std;

static vector<vector <int>> A;
static vector<bool> visited;
static bool arrive;
void DFS(int now, int depth);

int main()
{
    ios::sync_with_stdio(false);
    cin.tie(NULL);
    cout.tie(NULL);

    int N, M;
    arrive = false;
    cin >> N >> M;
    A.resize(N);
    visited = vector<bool>(N, false);

    for (int i = 0; i < M; i++) {
        int s, e;
        cin >> s >> e;
```

```
        A[s].push_back(e);
        A[e].push_back(s);
    }
    for (int i = 0; i < N; i++) {  // 노드마다 DFS 실행
        DFS(i, 1);
        if (arrive) {
            break;
        }
    }

    if(arrive) {
        cout << 1 << "\n";
    }
    else {
        cout << 0 << "\n";
    }
}

void DFS(int now, int depth) {
    if (depth == 5 || arrive) {  // 깊이가 5가 되면 프로그램 종료
        arrive = true;
        return;
    }
    visited[now] = true;

    for (int i : A[now]) {
        if (!visited[i]) {
            DFS(i, depth + 1);    // 재귀 호출 시 depth를 1씩 증가하여 호출하기
        }
    }
    visited[now] = false;
}
```

05-2 너비 우선 탐색

너비 우선 탐색BFS, breadth-first search도 그래프를 완전 탐색하는 방법 중 하나로, 시작 노드에서 출발해 시작 노드를 기준으로 가까운 노드를 먼저 방문하면서 탐색하는 알고리즘입니다.

너비 우선 탐색

기능	특징	시간 복잡도(노드 수: V, 에지 수: E)
그래프 완전 탐색	▪ FIFO 탐색 ▪ Queue 자료구조 이용	O(V + E)

너비 우선 탐색은 선입선출 방식으로 탐색하므로 큐를 이용해 구현합니다. 또한 너비 우선 탐색은 탐색 시작 노드와 가까운 노드를 우선하여 탐색하므로 목표 노드에 도착하는 경로가 여러 개일 때 최단 경로를 보장합니다. 이후 너비 우선 탐색은 BFS라 부르겠습니다.

너비 우선 탐색의 핵심 이론

BFS의 원리를 3단계로 나눠 자세히 알아볼까요?

1. BFS를 시작할 노드를 정한 후 사용할 자료구조 초기화하기

BFS도 DFS와 마찬가지로 방문했던 노드는 다시 방문하지 않으므로 방문한 노드를 체크하기 위한 배열이 필요합니다. 그래프를 인접 리스트로 표현하는 것 역시 DFS와 동일합니다. 하나 차이점이 있다면 탐색을 위해 스택이 아닌 큐를 사용합니다.

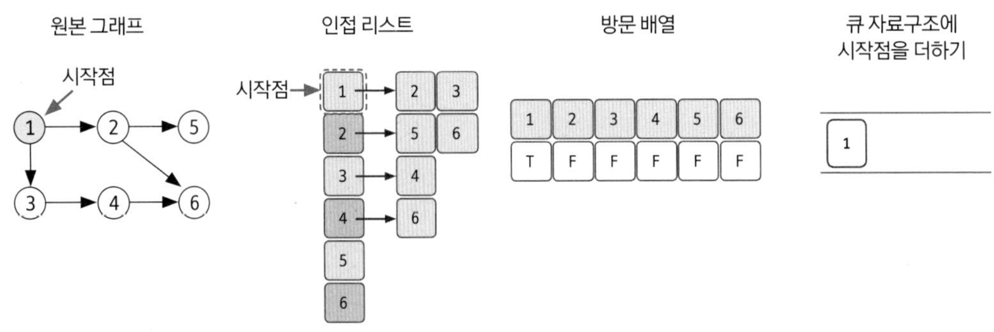

BFS를 위한 자료구조 초기화

위 그림은 시작 노드를 큐에 삽입하며 방문 배열을 체크한 것을 보여 줍니다.

2. 큐에서 노드를 꺼낸 후 꺼낸 노드의 인접 노드를 다시 큐에 삽입하기

큐에서 노드를 꺼내면서 인접 노드를 큐에 삽입합니다. 이때 방문 배열을 체크하여 이미 방문한 노드는 큐에 삽입하지 않습니다. 또한 큐에서 꺼낸 노드는 탐색 순서에 기록합니다.

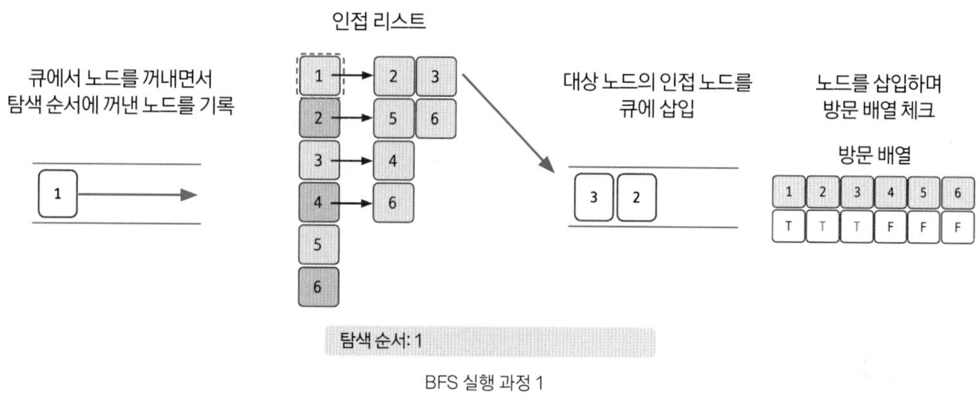

BFS 실행 과정 1

위 그림의 경우 1을 꺼내며 탐색 순서에 1을 기록하고 인접 노드 3, 2를 큐에 삽입하며 방문 배열에 체크했습니다.

3. 큐 자료구조에 값이 없을 때까지 반복하기

큐에 노드가 없을 때까지 앞선 과정을 반복합니다. 선입선출 방식으로 탐색하므로 탐색 순서가 DFS와 다름을 확인해 보세요.

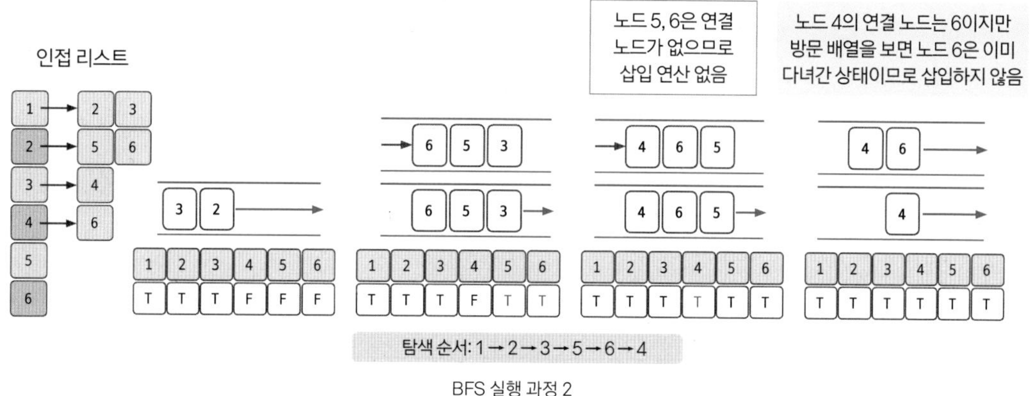

BFS 실행 과정 2

2, 3 순서로 노드를 꺼내며 인접 노드를 큐에 삽입합니다. 2의 경우 5, 6은 아직 방문한 적이 없으므로 방문 배열을 체크하며 모두 삽입합니다. 3의 경우 4 역시 방문한 적이 없으므로 방문 배열을 체크하며 삽입합니다. 탐색 순서는 2, 3이 기록됩니다. 5, 6을 꺼낼 때는 인접 노드가 없으니 탐색 순서에 기록만 하고 꺼냅니다. 4를 꺼낼 때는 인접 노드가 6이지만 이미 앞서 방문했으므로 6은 큐에 삽입하지 않고 꺼내기만 합니다. 최종 탐색 순서는 1, 2, 3, 5, 6, 4입니다.

문제 빈출 026 DFS와 BFS 프로그램

시간 제한 2초 | 난이도 S2 실버 II | 백준 온라인 저지 1260번

그래프를 DFS로 탐색한 결과와 BFS로 탐색한 결과를 출력하는 프로그램을 작성하시오. 단, 방문할 수 있는 노드가 여러 개일 경우에는 노드 번호가 작은 것을 먼저 방문하고 더 이상 방문할 수 있는 노드가 없을 때 종료한다. 노드 번호는 1에서 N까지다.

입력

1번째 줄에 노드의 개수 N(1 ≤ N ≤ 1,000), 에지의 개수 M(1 ≤ M ≤ 10,000), 탐색을 시작할 노드의 번호 V가 주어진다. 그다음 M개의 줄에는 에지가 연결하는 두 노드의 번호가 주어진다. 어떤 두 노드 사이에 여러 개의 에지가 있을 수 있다. 입력으로 주어지는 에지는 양방향이다.

출력

1번째 줄에 DFS를 수행한 결과, 그다음 줄에 BFS를 수행한 결과를 출력한다. V부터 방문한 점을 순서대로 출력하면 된다.

예제 입력 1

```
4 5 1  // 노드 개수, 에지 개수, 시작점
1 2
1 3
1 4
2 4
3 4
```

예제 출력 1

```
1 2 4 3
1 2 3 4
```

예제 입력 2

```
5 5 3
5 4
5 2
1 2
3 4
3 1
```

예제 출력 2

```
3 1 2 5 4
3 1 4 2 5
```

01단계 문제 분석하기

DFS와 BFS를 구현할 수 있는지 물어보는 기본 문제입니다. 앞에서 제대로 공부했다면 충분히 풀 수 있습니다.

02단계 손으로 풀어 보기

1 인접 리스트에 그래프를 저장합니다.

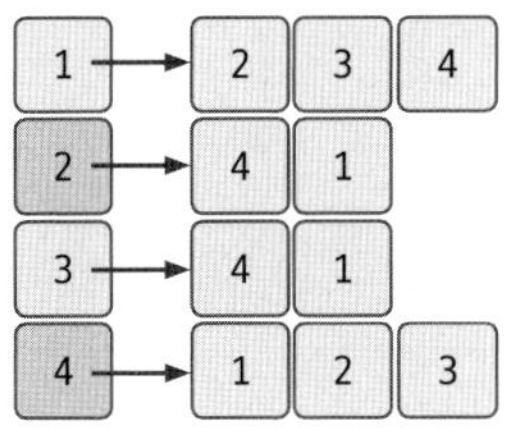

2 DFS를 실행하면서 방문 배열 체크와 탐색 노드 기록을 수행합니다. 문제 조건에서 작은 번호의 노드부터 탐색한다고 했으므로 인접 노드를 오름차순으로 정렬한 후 재귀 함수를 호출합니다.

DFS를 재귀 함수 호출 방식으로 푸는 과정은 '문제 024 신기한 소수 찾기'에서 설명했습니다.

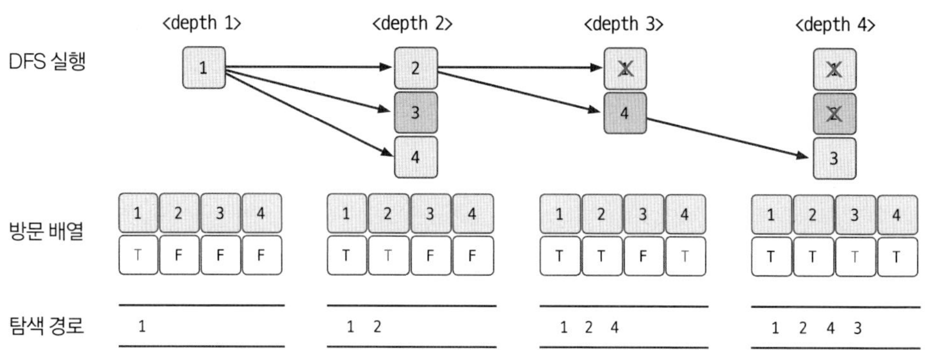

1을 방문 배열에 체크하고 탐색 경로에 기록합니다. 인접 노드는 2, 3, 4입니다. 작은 번호부터 탐색해야 하므로 2를 재귀 함수로 호출합니다. 2를 방문 배열 및 탐색 경로에 기록하고 인접 노드를 봅니다. 2와 인접한 노드는 4, 1입니다. 1, 4로 정렬하여 재귀 함수로 호출하되 1은 이미 방문했으므로 4를 다시 재귀 함수로 호출합니다. 이후 과정은 여러분이 생각해 보기 바랍니다.

3 BFS도 같은 방식으로 진행합니다. 노드를 오름차순으로 정렬하여 큐에 삽입합니다.

DFS와 달리 BFS는 재귀 함수로 구현하지 않고 큐를 이용하여 구현합니다.

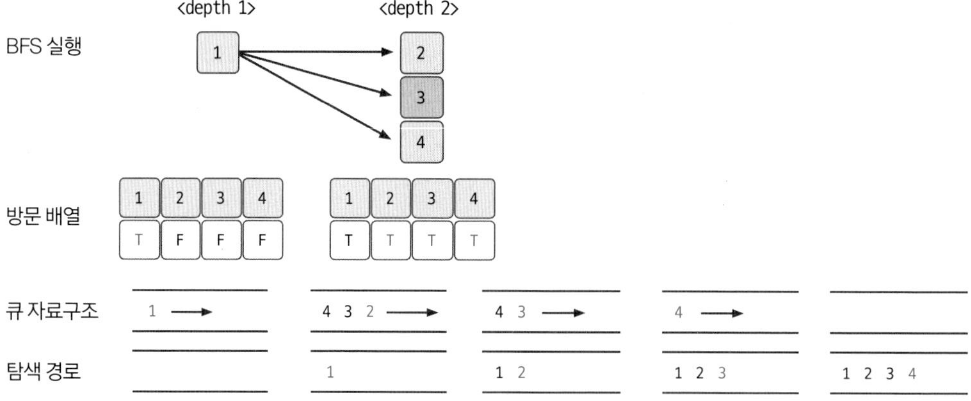

4 DFS와 BFS를 마쳤다면 각각 탐색하며 기록한 데이터를 출력합니다.

03단계 **슈도코드 작성하기**


```
N(노드 개수), M(에지 개수), Start(시작점)
A(그래프 데이터 저장 인접 리스트) visited(방문 기록 저장 배열)
인접 리스트 A 크기 초기화

for(M의 개수만큼 반복) {
    인접 리스트 A에 그래프 데이터 저장
}

// 방문할 수 있는 노드가 여러 개일 때는 번호가 작은 것을 먼저 방문하기 위해 정렬
for(N의 개수만큼 반복) {
    각 노드에 대한 에지를 정렬함
}

visited 배열 초기화
DFS(Start) 실행
visited 배열 초기화
BFS(Start) 실행

DFS{  // DFS 구현
    현재 노드 출력
    visited 배열에 현재 노드 방문 기록
    현재 노드의 연결 노드 중 방문하지 않은 노드에 대해 DFS 실행(재귀 형태)
}

BFS{  // BFS 구현
    큐 자료구조에 시작 노드 넣기
    visited 배열에 현재 노드 방문 기록
    while(큐가 빌 때까지) {
        큐에서 노드 데이터를 가져오기
        가져온 노드 출력
        현재 노드의 연결 노드 중 방문하지 않은 노드에 대해
        큐에 데이터를 삽입하고 visited 배열에 방문 기록
    }
}
```

04단계 코드 구현하기

탐색/P1260_DFS와BFS.cpp

```
#include <iostream>
#include <vector>
#include <algorithm>
#include <queue>
using namespace std;

static vector<vector <int>> A;
static vector<bool> visited;
static bool arrive;
void DFS(int node);
void BFS(int node);

int main()
{
    ios::sync_with_stdio(false);
    cin.tie(NULL);
    cout.tie(NULL);

    int N, M, Start;
    arrive = false;
    cin >> N >> M >> Start;
    A.resize(N + 1);

    for (int i = 0; i < M; i++) {
        int s, e;
        cin >> s >> e;
        A[s].push_back(e);
        A[e].push_back(s);
    }
    // 방문할 수 있는 노드가 여러 개일 때는 번호가 작은 것을 먼저 방문하기 위해 정렬
    for (int i = 1; i <= N; i++) {
        sort(A[i].begin(), A[i].end());
    }

    visited = vector<bool>(N + 1, false);
```

```
    DFS(Start);
    cout << "\n";
    fill(visited.begin(), visited.end(), false);  // 방문 배열 초기화
    BFS(Start);
    cout << "\n";
}

void DFS(int node) {  // DFS 구현
    cout << node << " ";
    visited[node] = true;

    for (int i : A[node]) {
        if (!visited[i]) {
            DFS(i);
        }
    }
}

void BFS(int node) {  // BFS 구현
    queue<int> myqueue;
    myqueue.push(node);
    visited[node] = true;

    while (!myqueue.empty()) {
        int now_node = myqueue.front();
        myqueue.pop();
        cout << now_node << " ";
        for (int i : A[now_node]) {
            if (!visited[i]) {
                visited[i] = true;
                myqueue.push(i);
            }
        }
    }
}
```

빈출

문제 027 미로 탐색하기

시간 제한 1초 | 난이도 실버 I | 백준 온라인 저지 2178번

4×6 크기의 배열로 표현되는 다음과 같은 미로가 있다.

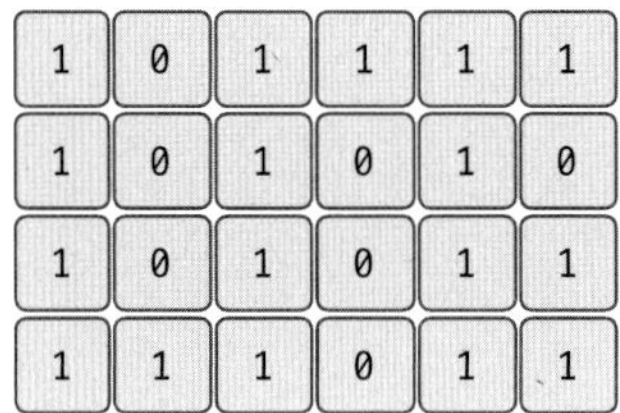

1	0	1	1	1	1
1	0	1	0	1	0
1	0	1	0	1	1
1	1	1	0	1	1

미로의 각 칸에 들어 있는 숫자 중 1은 이동할 수 있는 칸, 0은 이동할 수 없는 칸을 나타낸다. 한 칸에서 다른 칸으로 이동할 때는 서로 인접한 칸으로만 이동할 수 있다. 이동한 칸을 셀 때는 시작 위치와 도착 위치를 포함한다. 즉, (1, 1)에서 (4, 6)으로 이동하려면 총 15칸을 지나가야 한다.

N x M 크기의 미로가 주어질 때 (1, 1)에서 출발해 (N, M)의 위치로 이동하기 위해 지나야 하는 칸 수의 최솟값을 구하는 프로그램을 작성하시오.

입력

1번째 줄에 두 정수 N, M(2 ≤ N, M ≤ 100), 그다음 N개의 줄에는 미로의 내용이 M개의 정수로 주어진다. 각각의 수들은 붙어서 입력된다.

출력

1번째 줄에 지나야 하는 칸 수의 최솟값을 출력한다. 항상 도착 위치로 이동할 수 있을 때만 입력으로 주어진다.

예제 입력 1

```
4 6  // N, M
101111
101010
101011
111011
```

예제 출력 1

```
15
```

예제 입력 2

```
4 6
110110
110110
111111
111101
```

예제 출력 2

```
9
```

예제 입력 3

```
2 25
1011101110111011101110111
1110111011101110111011101
```

예제 출력 3

```
38
```

예제 입력 4

```
7 7
1011111
1110001
1000001
1000001
1000001
1000001
1111111
```

예제 출력 4

```
13
```

01단계 문제 분석하기

N, M의 최대 데이터의 크기가 100으로 매우 작기 때문에 시간제한은 별도로 생각하지 않아도 되는 문제입니다. 문제의 요구 사항은 지나야 하는 칸 수의 최솟값을 찾는 것입니다. 이는 완전 탐색을 진행하며 몇 번째 깊이에서 원하는 값을 찾을 수 있는지를 구하는 것과 동일합니다. 따라서 BFS를 사용해 최초로 도달했을 때 깊이를 출력하면 문제를 해결할 수 있습니다. DFS보다 BFS가 적합한 이유는 BFS는 해당 깊이에서 갈 수 있는 노드 탐색을 마친 후 다음 깊이로 넘어가기 때문입니다.

02단계 손으로 풀어 보기

예제 입력 2번을 이용해 풀어 보겠습니다. 먼저 2차원 배열에 데이터를 저장한 다음 (1, 1)에서 BFS를 실행합니다. 상, 하, 좌, 우 네 방향을 보며 인접한 칸을 봅니다. 인접한 칸의 숫자가 1이면서 아직 방문하지 않았다면 큐에 삽입합니다. 종료 지점 (N, M)에서 BFS를 종료하며 깊이를 출력합니다.

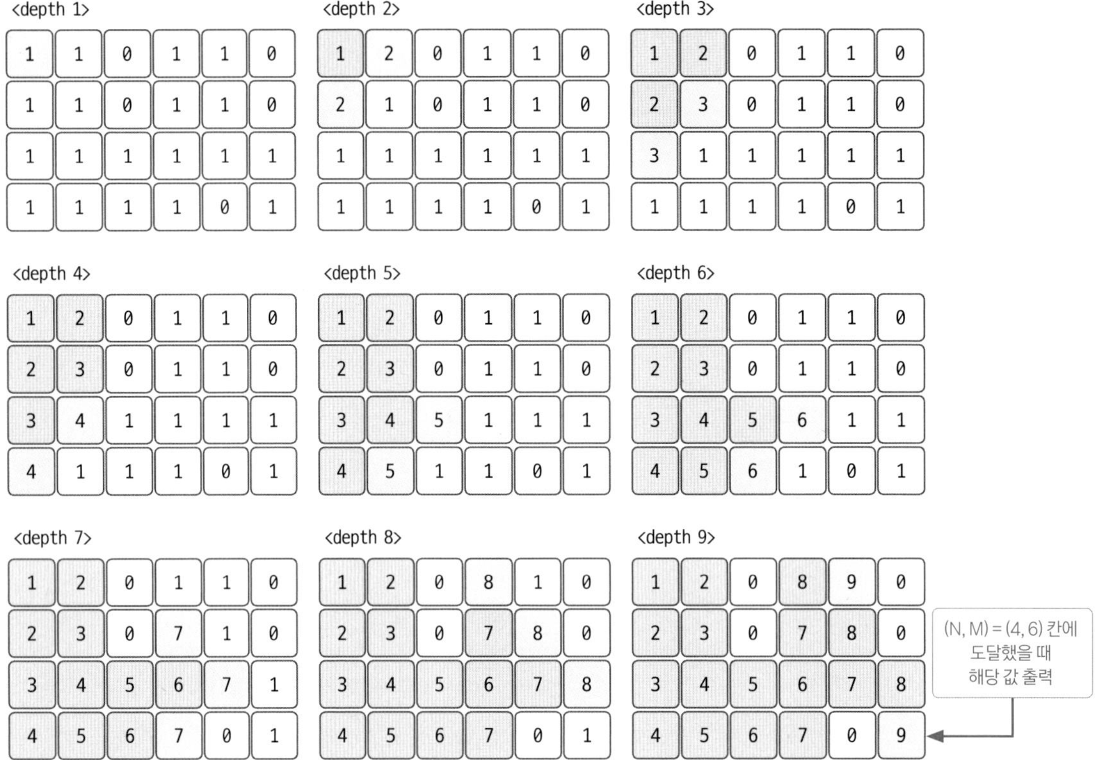

그림을 보면 (1, 1)에서 출발해 상, 하, 좌, 우 순서로 노드를 큐에 삽입하며 방문 배열에 체크합니다. 지금은 하, 우만 방문할 수 있으므로 하, 우 순서로 노드를 큐에 삽입합니다. 이때 방문한 데이터의 값을 depth의 값으로 저장하기 위해 이전 데이터의 값 + 1로 업데이트합니다. 이런 방식으로 노드를 방문하면 깊이 9단계에서 (4, 6)에 도달합니다.

03단계 슈도코드 작성하기

```
dx, dy(상하좌우 탐색을 위한 define값 정의 변수)
A(데이터 저장 이차원 배열)
N(row), N(column)
visited(방문 기록 이차원 배열)

for(N의 개수만큼 반복) {
    for(M의 개수만큼 반복) {
        배열 A에 데이터 저장
    }
```

```
}

BFS(0, 0) 실행

BFS{  // BFS 구현
    큐 자료구조에 시작 노드 넣기
    visited 배열에 현재 노드 방문 기록
    while(큐가 비어 있을 때까지) {
        큐에서 노드 데이터를 가져오기
        for(상하좌우 탐색) {
            if(유효한 좌표) {
                if(이동할 수 있는 칸이면서 방문하지 않은 노드) {
                    visited 배열에 방문 기록
                    배열 A에 새롭게 이동한 노드의 depth를
                            현재 노드의 depth + 1 값으로 업데이트
                    큐에 데이터 삽입
                }
            }
        }
    }
}
```

04단계 코드 구현하기

탐색/P2178_미로탐색.cpp

```
#include <iostream>
#include <queue>
using namespace std;

static int dx[] = {0, 1, 0, -1};
static int dy[] = {1, 0, -1, 0};
static int A[101][101];
static bool visited[101][101] = { false };
static int N, M;
void BFS(int i, int j);

int main()
```

```
{
    ios::sync_with_stdio(false);
    cin.tie(NULL);
    cout.tie(NULL);

    cin >> N >> M;

    for (int i = 0; i < N; i++) {
        string s;
        cin >> s;
        for (int j = 0; j < M; j++) {
            A[i][j] = s[j] - '0';
        }
    }
    BFS(0, 0);
    cout << A[N-1][M-1] << "\n";
}

void BFS(int i, int j) {  // BFS 구현
    queue<pair<int, int>> myqueue;
    myqueue.push(make_pair(i, j));

    while (!myqueue.empty()) {
        int now[2];
        now[0] = myqueue.front().first;
        now[1] = myqueue.front().second;
        myqueue.pop();
        visited[i][j] = true;

        for (int k = 0; k < 4; k++) {
            int x = now[0] + dx[k];
            int y = now[1] + dy[k];

            if (x >= 0 && y >= 0 && x < N && y < M) {  // 좌표 유효성 검사
                if (A[x][y] != 0 && !visited[x][y]) {  // 미방문 노드 검사
                    visited[x][y] = true;
                    A[x][y] = A[now[0]][now[1]] + 1;    // 깊이 업데이트
                    myqueue.push(make_pair(x, y));
                }
```

```
            }
        }
    }
}
```

문제 028 트리의 지름 구하기

시간 제한 2초 | 난이도 G3 골드 III | 백준 온라인 저지 1167번

트리의 지름은 트리를 구성하는 노드 중 두 노드 사이의 거리가 가장 긴 것을 말한다. 트리의 지름을 구하시오.

author5님이 제작한 문제를 일부 수정해 수록했습니다.

입력

1번째 줄에서는 트리의 노드 개수 V(2 ≤ V ≤ 100,000), 2번째 줄부터 V개의 줄에 걸쳐 에지의 정보가 주어진다. 먼저 노드 번호가 주어지고, 그다음으로 연결된 에지의 정보를 의미하는 정수가 2개씩(연결된 노드 번호, 거리) 주어진다. 거리는 10,000 이하의 자연수다.

예를 들어 2번째 줄에 3 1 2 4 3 -1이 주어질 때 노드 3은 노드 1과 거리가 2인 에지로 연결돼 있고, 노드 4와 거리가 3인 에지로 연결돼 있다는 뜻이다. -1은 더 이상 노드가 없으므로 종료한다는 의미다.

출력

트리의 지름을 출력한다.

예제 입력 1

```
5  // 노드 개수
1 3 2 -1
2 4 4 -1
3 1 2 4 3 -1
4 2 4 3 3 5 6 -1
5 4 6 -1
```

예제 출력 1

```
11
```

01단계 문제 분석하기

가장 긴 경로를 찾는 방법과 관련된 아이디어가 필요한 문제입니다. 아이디어는 다음과 같습니다.

가장 긴 경로 찾기 아이디어

- **아이디어**: 임의의 노드에서 가장 긴 경로로 연결된 노드는 트리의 지름에 해당하는 두 노드 중 하나다.

이 아이디어를 바탕으로 문제를 풀어 보겠습니다.

02단계 손으로 풀어 보기

1 그래프를 인접 리스트로 저장합니다. 이때 그림에서 알 수 있듯이 (노드, 가중치)를 표현하기 위해 노드는 벡터로 선언합니다.

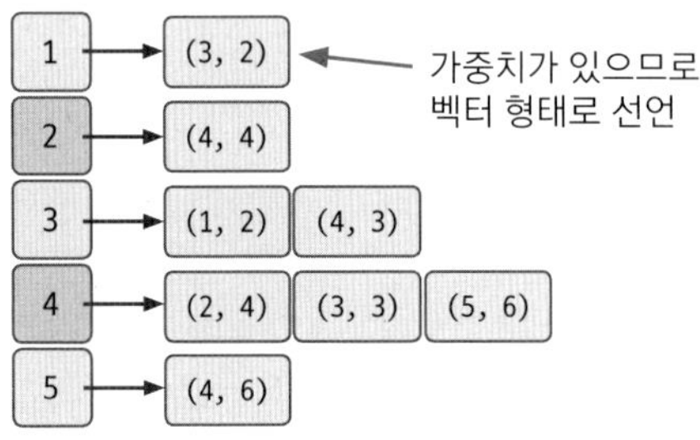

2 임의의 노드에서 BFS를 수행하고 탐색할 때 각 노드의 거리를 배열에 저장합니다. 여기에서는 임의의 노드 중 노드 2에서 탐색을 시작하는 경우를 살펴보겠습니다.

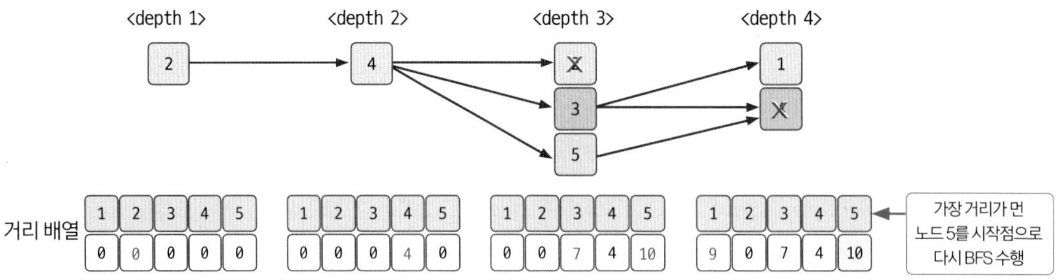

그림을 보면 2에서 출발하므로 distance[2]는 0입니다. 2는 4와 연결되어 있으므로 4를 방문합니다. 2와 4의 거리는 4이므로 distance[4]에 현재 노드의 거리 + 에지 길이, 즉, distance[2] + 4를 기록합니다. 그 결과 distance[4]에는 4가 기록됩니다. 이어서 4는 2,

3, 5와 연결되어 있습니다. 그런데 2는 방문했으므로 3과 5를 방문합니다. 4에서 3으로 향하는 에지 길이는 3이므로 distance[3]에 distance[4] + 3을 기록합니다. 그 결과 distance[3]에는 7이 기록됩니다. 이런 방식으로 노드를 방문하며 거리 배열을 업데이트합니다.

3 과정 2에서 얻은 배열에서 임의의 노드와 가장 먼 노드를 찾습니다. 그런 다음 그 노드부터 BFS를 다시 수행합니다. 이와 마찬가지로 탐색할 때 각 노드의 거리를 배열에 저장합니다. 지금은 distance[5]가 가장 크므로 5부터 BFS를 다시 수행합니다.

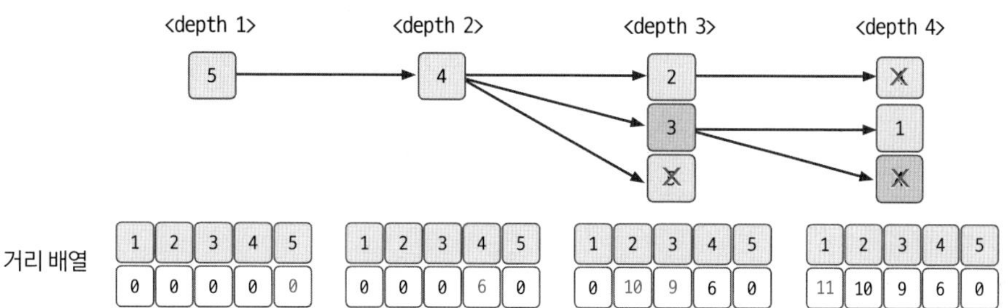

distance 업데이트 방식은 과정 2와 같습니다. 업데이트 결과는 11, 10, 9, 6, 0입니다.

4 과정 3에서 거리 배열에 저장한 값 중 가장 큰 값을 이 트리의 지름으로 출력합니다.

03단계 슈도코드 작성하기

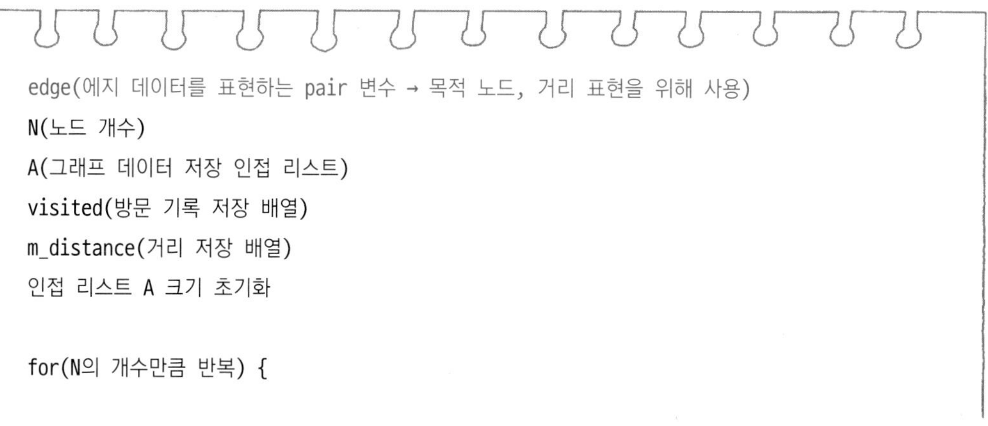

```
edge(에지 데이터를 표현하는 pair 변수 → 목적 노드, 거리 표현을 위해 사용)
N(노드 개수)
A(그래프 데이터 저장 인접 리스트)
visited(방문 기록 저장 배열)
m_distance(거리 저장 배열)
인접 리스트 A 크기 초기화

for(N의 개수만큼 반복) {
```

```
    인접 리스트 A에 그래프 데이터 저장
}

visited 배열 초기화
m_distance 배열 초기화

BFS(임의의 점을 시작점으로) 실행

m_distance 배열에서 가장 큰 값을 가지는 노드를 시작점으로 지정
visited 배열 초기화
m_distance 배열 초기화
BFS(새로운 시작점으로) 실행
distance 배열에서 가장 큰 수를 정답으로 출력

BFS{  // BFS 구현
    큐 자료구조에 시작 노드 삽입
    visited 배열에 현재 노드 방문 기록
    while(큐가 비어 있을 때까지) {
        큐에서 노드 데이터를 가져오기
        현재 노드의 연결 노드 중 방문하지 않은 노드에 대해
        큐에 데이터 삽입하고 visited 배열에 방문 기록
        그리고 현재 노드의 거리 + 에지의 가중치로 방문하지 않은 노드 거리 배열 업데이트
    }
}
```

04단계 코드 구현하기

탐색/P1167_트리의지름.cpp

```cpp
#include <iostream>
#include <vector>
#include <algorithm>
#include <queue>
using namespace std;

typedef pair<int, int> edge;
static vector<vector <edge>> A;
```

```
static vector<bool> visited;
static vector<int> m_distance;
void BFS(int node);

int main()
{
    ios::sync_with_stdio(false);
    cin.tie(NULL);
    cout.tie(NULL);

    int N;
    cin >> N;
    A.resize(N + 1);

    for (int i = 0; i < N; i++) {
        int S;
        cin >> S;
        while (true) {
            int E, V;
            cin >> E;
            if (E == -1) {
                break;
            }
            cin >> V;
            A[S].push_back(edge(E, V));
        }
    }

    m_distance = vector<int>(N + 1, 0);
    visited = vector<bool>(N + 1, false);
    BFS(1);
    int Max = 1;

    for (int i = 2; i <= N; i++) {
        if (m_distance[Max] < m_distance[i]) {
            Max = i;
        }
    }
    fill(m_distance.begin(), m_distance.end(), 0);  // 거리 배열 초기화
```

```
    fill(visited.begin(), visited.end(), false);    // 방문 배열 초기화
    BFS(Max);  // 거리 배열에서 가장 큰 값을 다시 시작점으로 지정
    sort(m_distance.begin(), m_distance.end());
    cout << m_distance[N] << "\n";
}

void BFS(int index) {  // BFS 구현
    queue<int> myqueue;
    myqueue.push(index);
    visited[index] = true;

    while (!myqueue.empty()) {
        int now_node = myqueue.front();
        myqueue.pop();
        for (edge i : A[now_node]) {
            if (!visited[i.first]) {
                visited[i.first] = true;
                myqueue.push(i.first);
                // 거리 배열 업데이트
                m_distance[i.first] = m_distance[now_node] + i.second;
            }
        }
    }
}
```

05-3 이진 탐색

이진 탐색binary search은 데이터가 정렬된 상태에서 원하는 값을 찾아내는 알고리즘입니다. 대상 데이터의 중앙값과 찾고자 하는 값을 비교해 데이터의 크기를 절반씩 줄이면서 대상을 찾습니다.

이진 탐색

기능	특징	시간 복잡도
타깃 데이터 탐색	중앙값 비교를 통한 대상 축소 방식	O(logN)

이진 탐색은 정렬 데이터에서 원하는 데이터를 탐색할 때 사용하는 가장 일반적인 알고리즘입니다. 구현 및 원리가 비교적 간단하므로 많은 코딩 테스트에서 부분 문제로 요구하는 영역입니다.

이진 탐색의 핵심 이론

이진 탐색은 오름차순으로 정렬된 데이터에서 다음 4가지 과정을 반복합니다.

내림차순이라면 조건을 반대로 하여 과정을 반복하면 됩니다.

이진 탐색 과정

① 현재 데이터셋의 중앙값median을 선택한다.

② 중앙값 > 타깃 데이터target data일 때 중앙값 기준으로 왼쪽 데이터셋을 선택한다.

③ 중앙값 < 타깃 데이터일 때 중앙값 기준으로 오른쪽 데이터셋을 선택한다.

④ 과정 ①~③을 반복하다가 중앙값 == 타깃 데이터일 때 탐색을 종료한다.

좀 더 자세히 알아보겠습니다. 총 16개의 데이터가 있는 데이터셋에서 값이 55인 데이터를 찾는 과정입니다.

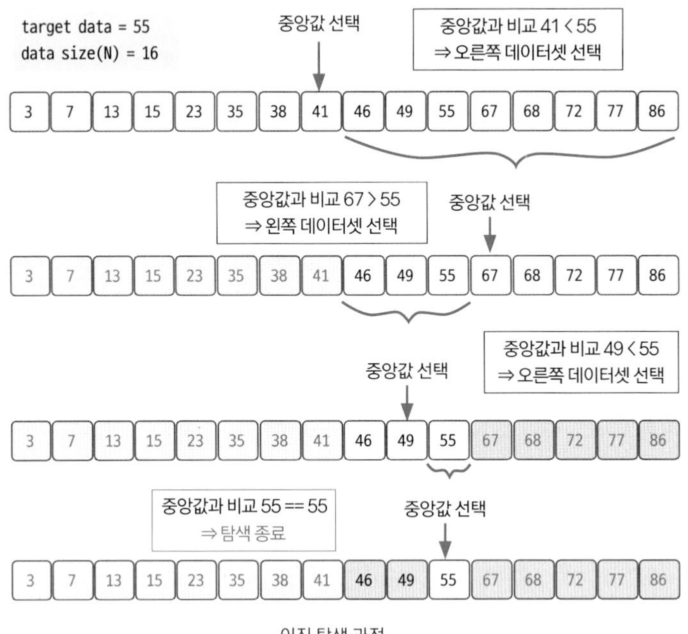

이진 탐색 과정

이렇게 이진 탐색을 사용하면 N개의 데이터에서 logN번의 연산으로 원하는 데이터의 위치를 찾을 수 있습니다. 예를 들어 16개의 데이터면 최대 4번의 연산으로 원하는 데이터의 위치를 찾을 수 있습니다. 다만 이진 탐색은 데이터가 정렬되어 있어야 합니다. 이런 특징을 잘 염두에 두고 문제를 풀어 봅시다.

문제 핵심
029

원하는 정수 찾기

시간 제한 2초 | 난이도 S4 실버 IV | 백준 온라인 저지 1920번

N개의 정수 A[1], A[2], …, A[N]이 주어져 있을 때 이 안에 X라는 정수가 존재하는지 알아내는 프로그램을 작성하시오.

입력

1번째 줄에 자연수 N(1 ≤ N ≤ 100,000), 그다음 줄에 N개의 정수 A[1], A[2], …, A[N]이 주어진다. 그다음 줄에 M(1 ≤ M ≤ 100,000), 그다음 줄에 M개의 수들이 주어지는데, 이 수들이 A 안에 존재하는지 알아내면 된다. 모든 정수의 범위는 -2^{31}보다 크거나 같고, 2^{31}보다는 작다.

출력

M개의 줄에 답을 출력한다. 존재하면 1, 존재하지 않으면 0을 출력한다.

예제 입력 1

```
5  // 데이터 개수
4 1 5 2 3
5  // 찾아야 할 숫자 개수
1 3 7 9 5
```

예제 출력 1

```
1
1
0
0
1
```

01단계 문제 분석하기

N의 최대 범위가 100,000이므로 단순 반복문으로는 이 문제를 풀 수 없습니다. 이진 탐색을 적용하면 데이터 정렬까지 고려하여 O(nlogn) 시간 복잡도로 해결할 수 있으므로 이진 탐색을 적용합시다. 앞에서 언급했듯이 이진 탐색은 정렬을 가정하므로 정렬 함수도 사용합니다.

기본 정렬은 O(nlogn)의 시간 복잡도를 가지므로 정렬을 수행해도 제한 시간을 초과하지 않습니다.

02단계 **손으로 풀어 보기**

1 탐색 데이터를 1차원 배열에 저장한 다음 이를 정렬합니다.

2 X라는 정수가 존재하는지 이진 탐색을 사용해 확인합니다.

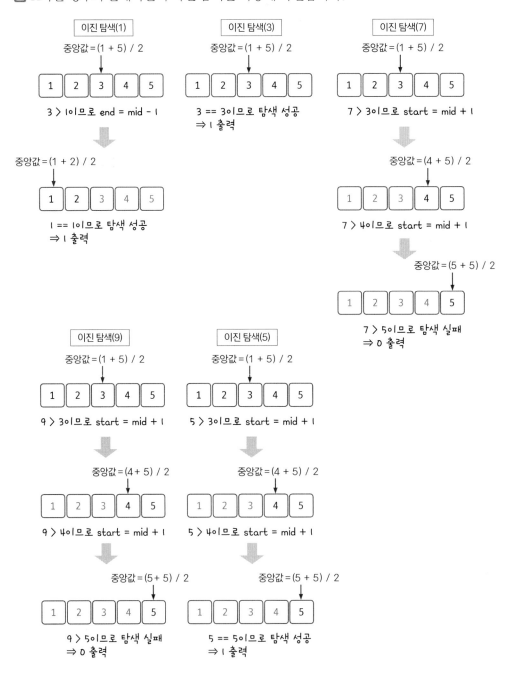

이진 탐색(1)
중앙값 = (1 + 5) / 2
1 2 3 4 5
3 > 1이므로 end = mid - 1
중앙값 = (1 + 2) / 2
1 2 3 4 5
1 == 1이므로 탐색 성공
⇒ 1 출력

이진 탐색(3)
중앙값 = (1 + 5) / 2
1 2 3 4 5
3 == 3이므로 탐색 성공
⇒ 1 출력

이진 탐색(7)
중앙값 = (1 + 5) / 2
1 2 3 4 5
7 > 3이므로 start = mid + 1
중앙값 = (4 + 5) / 2
1 2 3 4 5
7 > 4이므로 start = mid + 1
중앙값 = (5 + 5) / 2
1 2 3 4 5
7 > 5이므로 탐색 실패
⇒ 0 출력

이진 탐색(9)
중앙값 = (1 + 5) / 2
1 2 3 4 5
9 > 3이므로 start = mid + 1
중앙값 = (4+ 5) / 2
1 2 3 4 5
9 > 4이므로 start = mid + 1
중앙값 = (5+ 5) / 2
1 2 3 4 5
9 > 5이므로 탐색 실패
⇒ 0 출력

이진 탐색(5)
중앙값 = (1 + 5) / 2
1 2 3 4 5
5 > 3이므로 start = mid + 1
중앙값 = (4 + 5) / 2
1 2 3 4 5
5 > 4이므로 start = mid + 1
중앙값 = (5 + 5) / 2
1 2 3 4 5
5 == 5이므로 탐색 성공
⇒ 1 출력

03단계 **슈도코드 작성하기**


```
N(정렬할 수 개수), M(탐색할 숫자의 개수)
A(정렬할 배열)

for(N의 개수만큼 반복) {
    배열 A 저장
}
배열 A 정렬

for(M의 개수만큼 반복) {
    target(찾아야 하는 수)
    // 이진 탐색 시작
    start(시작 인덱스),
    end(종료 인덱스)
        while(시작 인덱스 <= 종료 인덱스) {
            midi(중간 인덱스)
            midv(중간 인덱스에 있는 값)
            if(중간값 > target) {
                종료 인덱스 = 중간 인덱스 - 1
            }
            else if(중간값 < target) {
                시작 인덱스 = 중간 인덱스 + 1
            }
            else {
                찾았으므로 반복문 종료
            }
        }
    if(찾았음) 1 출력
    else 0 출력
}
```

04단계 **코드 구현하기**

탐색/P1920_원하는정수찾기.cpp

```
#include <iostream>
#include <vector>
#include <algorithm>
using namespace std;

int main()
{
    ios::sync_with_stdio(false);
    cin.tie(NULL);
    cout.tie(NULL);

    int N, M;
    cin >> N;
    vector<int> A(N);

    for (int i = 0; i < N; i++) {
        cin >> A[i];
    }

    sort(A.begin(), A.end());  // 배열 A 정렬 시간 복잡도: O(nlogn)
    cin >> M;

    for (int i = 0; i < M; i++) {
        bool find = false;
        int target;
        cin >> target;
        // 이진 탐색 시작
        int start = 0;
        int end = A.size() - 1;

        while (start <= end) {
            int midi = (start + end) / 2;
            int midV = A[midi];

            if (midV > target) {
                end = midi - 1;
```

```
            }
            else if (midV < target) {
                start = midi + 1;
            }
            else {
                find = true;
                break;
            }
        }
        if (find) {
            cout << 1 << "\n";
        }
        else {
            cout << 0 << "\n";
        }
    }
}
```

문제 030

블루레이 만들기

시간 제한 2초 | 난이도 S1 실버 I | 백준 온라인 저지 2343번

강토는 자신의 기타 레슨 동영상을 블루레이로 만들어 판매하려고 한다. 블루레이에는 총 N개의 레슨이 들어가는데, 블루레이를 녹화할 때 레슨의 순서가 바뀌면 안 된다. 순서가 뒤바뀔 때는 레슨의 흐름이 끊겨 학생들이 혼란에 빠질 수 있기 때문이다. 즉, i, j번 레슨을 같은 블루레이에 녹화하려면 i와 j 사이의 모든 레슨도 같은 블루레이에 녹화해야 한다.

강토는 이 블루레이가 얼마나 팔릴지 아직 알 수 없어 제작 개수를 가급적 줄이려고 한다. 강토는 고민 끝에 M개의 블루레이에 모든 기타 레슨 동영상을 녹화하기로 했다. 이때 블루레이의 크기(녹화할 수 있는 길이)는 최소, M개의 블루레이는 모두 같은 크기로 만들려고 한다.

강토의 각 레슨의 길이가 분 단위(자연수)로 주어질 때 가능한 블루레이의 크기 중 최솟값을 구하는 프로그램을 작성하시오.

입력

1번째 줄에 레슨의 수 N(1 ≤ N ≤ 100,000)과 M(1 ≤ M ≤ N), 2번째 줄에 강토의 기타 레슨의 길이가 레슨 순서대로 분 단위(자연수)로 주어진다. 각 레슨의 길이는 10,000분을 넘지 않는다.

출력

1번째 줄에 블루레이 크기 중 최솟값을 출력한다.

예제 입력 1

```
9 3  // 레슨 수, 블루레이 개수
1 2 3 4 5 6 7 8 9
```

예제 출력 1

```
17
```

01단계 문제 분석하기

블루레이의 크기가 모두 같고 녹화 순서가 바뀌지 않아야 함이라는 문제 조건이 이진 탐색 알고리즘을 선택하게 하는 실마리입니다. 블루레이에 첫 레슨부터 마지막 레슨까지 차례대로 저장하다 보면 지정한 블루레이 크기로 모든 레슨을 저장할 수 있는지 판단할 수 있기 때문입니다. 모두 저장할 수 있다면 블루레이 크기를 줄이고 저장할 수 없다면 블루레이 크기를 늘리는 방식으로 블루레이 크기의 최솟값을 알 수 있습니다.

02단계 손으로 풀어 보기

1 이진 탐색의 시작 인덱스는 최대 길이의 레슨이고 종료 인덱스는 모든 레슨 길이의 합입니다. 총 9개로 구성된 레슨의 시간은 각각 1, 2, 3, 4, 5, 6, 7, 8, 9이므로 이진 탐색의 시작 인덱스는 최대 레슨 시간인 9, 종료 인덱스는 레슨 시간을 모두 합한 45입니다. 블루레이 개수가 3일 때 9~45 사이에서 블루레이 크기의 최솟값을 이진 탐색으로 찾으면 됩니다.

2 9~45 사이에서 이진 탐색을 다음과 같이 수행합니다. 이진 탐색은 시작 인덱스 〉 종료 인덱스일 때까지 수행합니다.

이진 탐색 수행

- 중앙값 크기로 모든 레슨을 저장할 수 있으면 종료 인덱스 = 중앙값 - 1 // 왼쪽 데이터셋
- 중앙값 크기로 모든 레슨을 저장할 수 없으면 시작 인덱스 = 중앙값 + 1 // 오른쪽 데이터셋

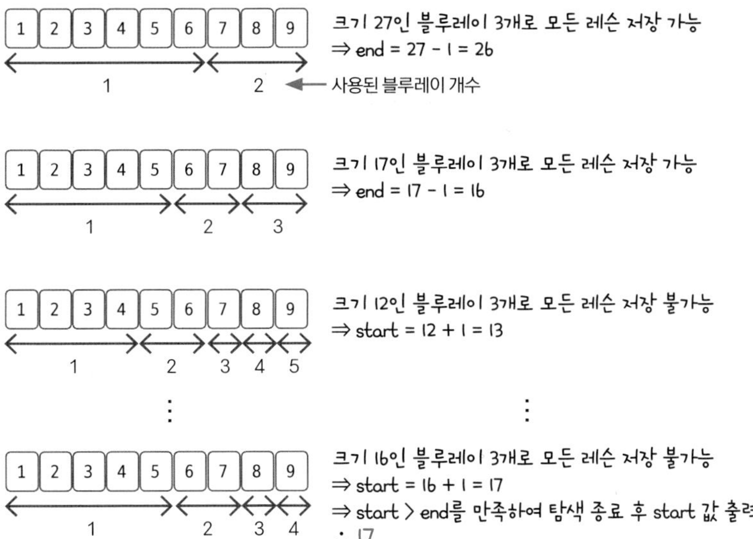

1번째 탐색에서 중앙값은 (9 + 45) / 2의 몫인 27입니다. **크기가 27인 블루레이에 강의를 1부터 9까지 차례대로 저장할 때 총 몇 장의 블루레이가 필요한지 확인합니다.** 지금은 2장의 블루레이에 모든 레슨을 저장할 수 있습니다. 입력에서 주어진 블루레이 개수 3장 이내에 모든 레슨을 저장할 수 있으므로 종료 인덱스를 27 - 1 = 26으로 수정한 뒤 다시 탐색을 수행합니다.

2번째 탐색에서 중앙값은 (9 + 26) / 2의 몫인 17입니다. 이 경우 총 3장의 블루레이에 모든 강의가 담깁니다. 다시 종료 인덱스를 17 - 1 = 16으로 수정한 뒤 탐색을 수행합니다.

3번째 탐색에서 중앙값은 (9 + 16) / 2의 몫인 12입니다. 이 경우 총 5장의 블루레이에 모든 강의가 담깁니다. 3장으로 모든 레슨을 저장할 수 없으므로 시작 인덱스를 12 + 1 = 13으로 수정한 뒤 다시 탐색을 수행합니다.

이런 방식으로 **이진 탐색을 진행하다가 시작 인덱스 〉 종료 인덱스 조건이 만족할 때 이진 탐색을 종료하면 시작 인덱스는 17입니다.** 바로 이 값이 문제의 조건을 만족하는 블루레이 크기의 최솟값입니다.

03단계 슈도코드 작성하기

```
N(레슨 개수)
M(블루레이 개수)
A(기타 레슨 데이터 저장 배열)
start(시작 인덱스)
end(종료 인덱스)

for(N의 개수만큼 반복) {
    배열 A 저장
    시작 인덱스 저장(배열 A 중 최댓값)
    종료 인덱스 저장(배열 A의 총합)
}

while(시작 인덱스 <= 종료 인덱스) {
    middle(중간 인덱스)
    sum(레슨 합)
    count(현재 사용한 블루레이 개수)

    for(N의 개수만큼 반복) {
        만약 sum + 현재 레슨 시간 > 중간 인덱스이면
        count수를 올려주고 sum을 0으로 리셋
        // 현재 블루레이에 저장할 수 없어 새로운 블루레이로 교체한다는 의미
        sum에 현재 레슨 시간 값 더하기
    }
    sum이 0이 아니면 마지막 블루레이가 필요하므로 count수 올리기
    if(count > M → 현재 중간 인덱스 값으로 모든 레슨 저장 불가)
        시작 인덱스 = 중앙 인덱스 + 1
    else(현재 중간 인덱스 값으로 모든 레슨 저장 가능)
        종료 인덱스 = 중앙 인덱스 -1
}

시작 인덱스 출력
```

04단계 코드 구현하기

탐색/P2343_기타레슨.cpp

```
#include <iostream>
#include <vector>
using namespace std;

int main()
{
    ios::sync_with_stdio(false);
    cin.tie(NULL);
    cout.tie(NULL);

    int N, M;
    cin >> N >> M;
    vector<int> A(N);
    int start = 0;
    int end = 0;

    for (int i = 0; i < N; i++) {
        cin >> A[i];
        if (start < A[i]) {
            start = A[i];   // 레슨 최댓값을 시작 인덱스로 저장
        }
        end = end + A[i];   // 모든 레슨의 값을 종료 인덱스로 저장
    }

    while (start <= end) {
        int middle = (start + end) / 2;
        int sum = 0;
        int count = 0;

        // middle값으로 모든 레슨을 저장할 수 있는지 확인
        for (int i = 0; i < N; i++) {
            if (sum + A[i] > middle) {
                count++;
                sum = 0;
            }
```

```
            sum = sum + A[i];
        }
        if (sum != 0) {
            count++;
        }
        if (count > M) {
            start = middle + 1;
        }
        else {
            end = middle - 1;
       }
    }
    cout << start << "\n";
}
```

문제 031

배열에서 K번째 수 찾기

시간 제한 2초 | 난이도 골드 II | 백준 온라인 저지 1300번

세준이는 크기가 N × N인 배열 A를 만들었다. 배열에 들어 있는 수는 A[i][j] = i × j이다. 이 수를 1차원 배열 B에 넣으면 B의 크기는 N × N이 된다. B를 오름차순 정렬했을 때 B[k]를 구하라(배열 A와 B의 인덱스는 1부터 시작한다).

입력

1번째 줄에 배열의 크기 N이 주어진다. N은 10^5보다 작거나 같은 자연수다. 2번째 줄에 k가 주어진다. k는 min(10^9, N^2)보다 작거나 같은 자연수다.

출력

B[k]를 출력한다.

예제 입력 1
3 7

예제 출력 1
6

01단계 문제 분석하기

k의 범위가 1~min(10^9, N^2)이므로 시간 복잡도가 N^2인 알고리즘은 사용할 수 없습니다. 여기서는 이진 탐색을 사용합니다. 이진 탐색으로 중앙값보다 작은 수의 개수를 세면서 범위를 절반씩 줄이는 방법으로 B[k]값을 구합니다. 다시 말해 작은 수의 개수가 k - 1개인 중앙값이 정답입니다. 작은 수의 개수를 세는 아이디어가 이 문제를 푸는 열쇠입니다.

이 문제는 이진 탐색을 떠올리는 것 자체가 가장 어렵습니다.

02단계 손으로 풀어 보기

2차원 배열은 N행이 N의 배수로 구성되어 있으므로 2차원 배열에서의 k번째 수는 k를 넘지 않습니다. 다시 말해 2차원 배열의 1~k번째 안에 정답이 있습니다. 이점에 주목하여 이진 탐색의 시작 인덱스를 1, 종료 인덱스를 k로 정합니다. 다음은 N = 3, k = 7일 때를 예로 든 것입니다.

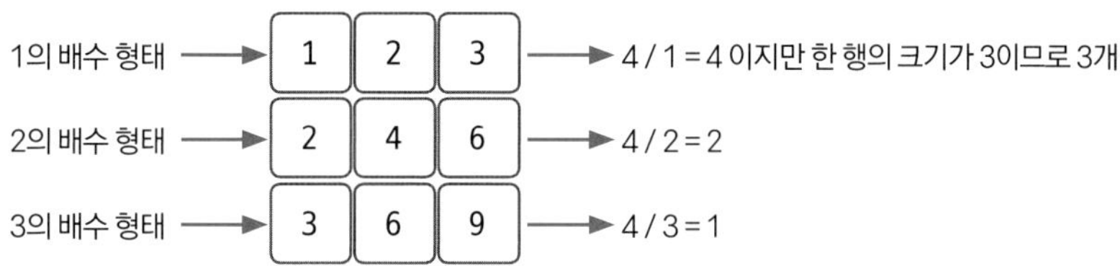

최초의 중앙값은 4입니다. 각 행에서 중앙값보다 작거나 같은 수의 개수는 그림에서 알 수 있듯이 중앙값을 각 행의 첫 번째 값으로 나눈 값입니다. 단, 나눈 값이 N보다 크면 N으로 정합니다. 1열은 1로 나눠 4, 2열은 2로 나눠 2, 3열은 3으로 나눠 1을 얻습니다. 그 결과 각 열에서 중앙값 4보다 작거나 같은 수의 개수는 3, 2, 1로 6개가 됩니다. 중앙값보다 작거나 같은 수의 개수는 min(middle / i, N)으로 계산합니다. 그리고 이를 통해 중앙값 4는 6번째 수보다 큰 수가 될 수 없다는 것을 알 수 있으며, 중앙값 4보다 큰 범위에 정답이 있다는 것을 유추할 수 있습니다.

정리하면 중앙값보다 작은 수의 개수가 k보다 작으면 시작 인덱스를 중앙값 + 1, 중앙값보다 작은 수의 개수가 k보다 크거나 같으면 종료 인덱스를 중앙값 - 1로 하면서 정답을 중앙값으로 업데이트하며 시작 인덱스가 종료 인덱스보다 커질 때까지 이진 탐색을 진행합니다.

이진 탐색 조건

- 중앙값 크기보다 작은 수가 K보다 작으면 시작 인덱스 = 중앙값 + 1
- 중앙값 크기보다 작은 수가 K보다 크거나 같으면 종료 인덱스 = 중앙값 - 1, 정답 변수 = 중앙값

이제 문제를 풀어봅시다.

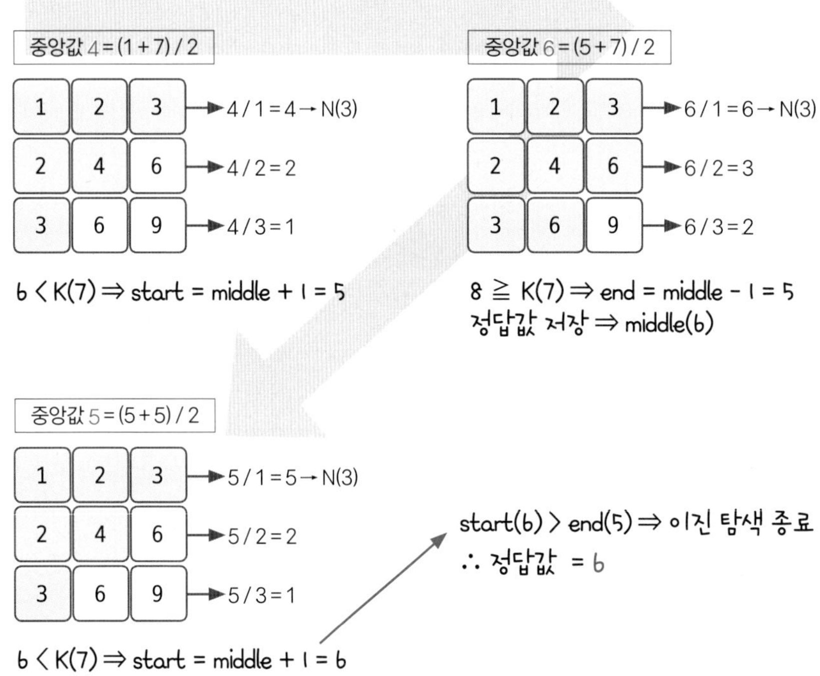

위 그림은 N = 3, k = 7을 찾는 과정을 보여 줍니다. 1번째 중앙값은 4이며 4보다 작거나 같은 수의 개수는 6(k보다 작음)이므로 시작 인덱스를 중앙값 + 1 = 5, 종료 인덱스를 7로 하고 정답 업데이트는 하지 않습니다. 계속해서 이진 탐색을 진행합니다. 2번째 중앙값은 6이며 6보다 작거나 같은 수의 개수는 8(k보다 크거나 같음)이므로 시작 인덱스를 5, 종료 인덱스를 중앙값 - 1 = 5로 하고 정답을 6으로 업데이트합니다. 아직 시작 인덱스가 종료 인덱스보다 크지 않으므로 계속해서 이진 탐색을 진행합니다. 3번째 중앙값은 5이며 5보다 작거나 같은 수

의 개수는 6(k보다 작음)이므로 시작 인덱스를 중앙값 + 1 = 6, 종료 인덱스를 5로 합니다. 시작 인덱스가 종료 인덱스보다 크므로 이진 탐색을 종료합니다. 이 과정에서 업데이트한 정답은 6이므로 정답은 6이 됩니다.

03단계 슈도코드 작성하기

```
N(배열의 크기)
K(구하고자 하는 index)
start(시작 인덱스 = 1)
end(종료 인덱스 = K)

while(시작 인덱스 <= 종료 인덱스) {  // 이진 탐색 수행
    middle(중앙 인덱스)
    cnt(중앙값보다 작은 수)

    // 중앙값보다 작은 수는 몇 개인지 계산
    for(N의 개수만큼 반복) {
        cnt에 중앙 인덱스를 i로 나눈 값과 N 중 작은 값 더하기
    }
    if(cnt < K) {  // 현재 중간값보다 작은 수의 개수가 K보다 작음
        시작 인덱스 = 중앙 인덱스 + 1
    }
    else {         // 현재 중간값보다 작은 수의 개수가 K보다 크거나 같음
        종료 인덱스 = 중앙 인덱스 -1
        정답 변수에 중앙값 저장
    }
}
정답 출력
```

04단계 코드 구현하기

탐색/P1300_K번째수.cpp

```
#include <iostream>
using namespace std;

int main()
{
    ios::sync_with_stdio(false);
    cin.tie(NULL);
    cout.tie(NULL);

    long N, K;
    cin >> N >> K;
    long start = 1, end = K;
    long ans = 0;

    // 이진 탐색 수행
    while (start <= end) {
        long middle = (start + end) / 2;
        long cnt = 0;

        // 중앙값보다 작은 수는 몇 개인지 계산
        for (int i = 1; i <= N; i++) {
            cnt += min(middle/i, N);  // 작은 수를 카운트하는 핵심 로직
        }
        if (cnt < K) {
            start = middle + 1;
        }
        else {
            ans = middle;  // 현재 단계의 중앙값을 정답 변수에 저장
            end = middle - 1;
        }
    }
    cout << ans << "\n";
}
```

그리디

그리디 알고리즘은 현재 상태에서 볼 수 있는 선택지 중에 최선의 선택을 하는 알고리즘입니다. 그리디 알고리즘은 동적 계획법보다 구현하기 쉽고 시간 복잡도가 우수합니다. 하지만 항상 최적의 해를 보장하지 못한다는 단점도 있습니다. 그래서 코딩 테스트에서 그리디 알고리즘을 사용하기 전에는 항상 그리디 알고리즘을 적용할 때의 논리 유무를 충분히 살펴야 합니다.

06-1 그리디 알고리즘

그리디greedy 알고리즘은 현재 상태에서 보는 선택지 중 최선의 선택지가 전체 선택지 중 최선의 선택지라고 가정하는 알고리즘입니다.

그리디 알고리즘의 핵심 이론

그리디 알고리즘은 다음과 같은 3단계를 반복하면서 문제를 해결합니다.

그리디 알고리즘 수행 과정

① 해 선택: 현재 상태에서 가장 최선이라고 생각되는 해를 선택한다.

② 적절성 검사: 현재 선택한 해가 전체 문제의 제약 조건에 벗어나지 않는지 검사한다.

③ 해 검사: 현재까지 선택한 해 집합이 전체 문제를 해결할 수 있는지 검사한다. 전체 문제를 해결하지 못한다면 ①로 돌아가 같은 과정을 반복한다.

문제를 풀면서 그리디 알고리즘을 활용하는 방법을 익혀 보겠습니다.

문제 032 동전 개수의 최솟값 구하기

시간 제한 1초 | 난이도 S3 실버 III | 백준 온라인 저지 11047번

준규가 소유하고 있는 동전은 총 N종류이고, 각 동전의 개수가 많다. 동전을 적절히 사용해 그 가격의 합을 K로 만들려고 한다. 이때 필요한 동전 개수의 최솟값을 구하는 프로그램을 작성하시오.

입력

1번째 줄에 N과 K($1 \le N \le 10$, $1 \le K \le 100{,}000{,}000$), 2번째 줄부터 N개의 줄에 동전의 가격 A_i가 오름차순으로 주어진다($1 \le A_i \le 1{,}000{,}000$, $A_1 = 1$, $i \ge 2$일 때 A_i는 A_{i-1}의 배수).

출력

1번째 줄에 K원을 만드는 데 필요한 동전 개수의 최솟값을 출력한다.

예제 입력 1

```
10 4200  // 동전 수, 목표 금액
1
5
10
50
100
500
1000
5000
10000
50000
```

예제 출력 1

```
6
```

예제 입력 2

```
10 4790
1
5
10
50
100
500
1000
5000
10000
50000
```

예제 출력 2

```
12
```

01단계 문제 분석하기

전형적인 그리디 알고리즘 문제입니다. 이 문제는 그리디 알고리즘으로 풀 수 있도록 뒤의 동전 가격 A_i가 앞에 나오는 동전 가격 A_{i-1}의 배수가 된다는 조건을 부여했습니다. 즉, 동전을 최소로 사용하여 K를 만들기 위해서는 가장 가격이 큰 동전부터 차례대로 사용하면 됩니다.

02단계 손으로 풀어 보기

1 가격이 큰 동전부터 내림차순으로 K보다 가격이 작거나 같은 동전이 나올 때까지 탐색합니다.

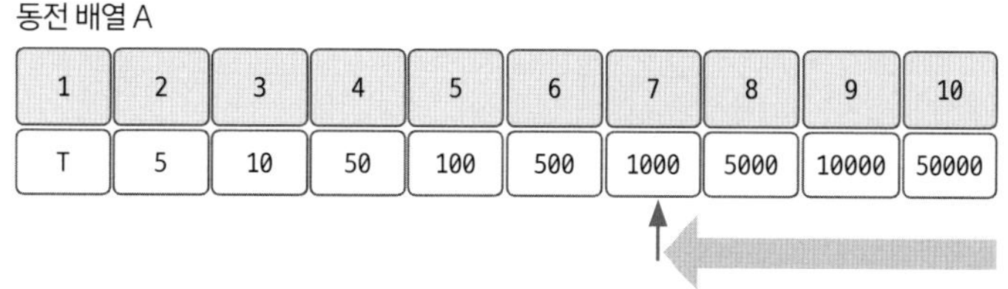

2 탐색을 멈춘 동전의 가격으로 K를 나눠 몫은 동전 개수에 더하고, 나머지는 K값으로 갱신합니다.

4200 / 1000 = 4 ⇒ 동전 개수 4개 추가

4200 % 1000 = 200 ⇒ K = 200

3 과정 1~2를 나머지가 0이 될 때까지 반복합니다.

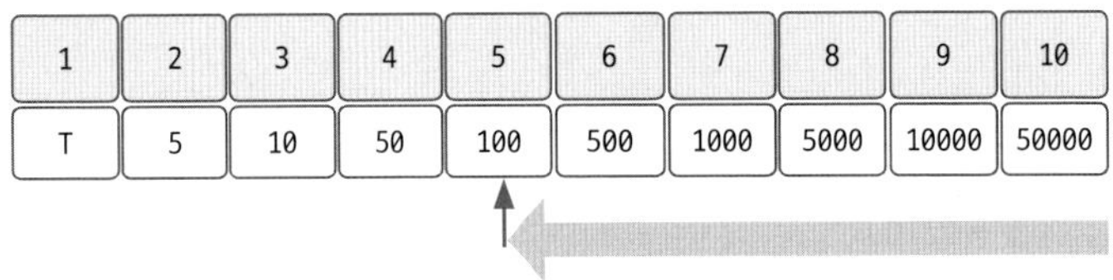

1	2	3	4	5	6	7	8	9	10
T	5	10	50	100	500	1000	5000	10000	50000

200 / 100 = 2 ⇒ 동전 개수 2개 추가

200 % 100 = 0 ⇒ K = 0

탐색을 종료하고 현재까지 나온 동전 개수를 출력 ⇒ ∴ 4 + 2 = 6

03단계 슈도코드 작성하기

```
N(동전 개수), K(목표 금액)
A(동전 데이터 배열)

for(N만큼 반복) {
    배열 A 저장
}
// 가치가 큰 동전부터 선택해야 개수를 최소로 구성할 수 있음
for(N만큼 반복 → N - 1 ~ 0으로 역순으로 반복) {
    if(현재 K보다 동전 가치가 작으면) {
        동전 수 += 목표 금액 / 현재 동전 가치
        목표 금액 = 목표 금액 % 현재 동전 가치
    }
}
누직된 동전 수 출력
```

04단계 코드 구현하기

그리디/P11047_동전개수최솟값.cpp

```
#include <iostream>
#include <vector>
using namespace std;

int main()
{
    ios::sync_with_stdio(false);
    cin.tie(NULL);
    cout.tie(NULL);

    int N, K;
    cin >> N >> K;
    vector<int> A(N);

    for (int i = 0; i < N; i++) {
        cin >> A[i];
    }

    int count = 0;

    for (int i = N - 1; i >= 0; i--) {
        if (A[i] <= K) {    // 현재 동전의 가치가 K보다 작거나 같으면 구성에 추가
            count += (K / A[i]);
            K = K % A[i];   // K를 현재 동전을 사용하고 남은 금액으로 업데이트함
        }
    }
    cout << count << "\n";
}
```

문제 033

카드 정렬하기

시간 제한 2초 | 난이도 G4 골드 IV | 백준 온라인 저지 1715번

정렬된 두 묶음의 숫자 카드가 있다. 각 묶음의 카드의 개수가 A, B일 때 보통 두 묶음을 합쳐 1개로 만들려면 A + B번 비교해야 한다. 예를 들어 20장의 숫자 카드 묶음과 30장의 숫자 카드 묶음을 합치려면 50번의 비교가 필요하다.

매우 많은 숫자 카드 묶음이 책상 위에 놓여 있다고 가정해 보자. 이들을 두 묶음씩 골라 서로 합쳐 나가면 고르는 순서에 따라 비교 횟수가 달라진다. 예를 들어 10장, 20장, 40장의 묶음이 있다면 10장과 20장을 합친 후 합친 30장 묶음과 40장을 합치면 (10 + 20) + (30 + 40) = 100번의 비교가 필요하다. 그러나 10장과 40장을 합친 후 합친 50장 묶음과 20장을 합치면 (10 + 40) + (50 + 20) = 120번의 비교가 필요하므로 덜 효율적이다.

N개의 숫자 카드 묶음의 각각의 크기가 주어질 때 최소한 몇 번의 비교가 필요한지를 구하는 프로그램을 작성하시오.

입력

1번째 줄에 N이 주어진다(1 ≤ N ≤ 100,000). 그다음 N개의 줄에 걸쳐 숫자 카드 묶음의 각각의 크기가 주어진다. 숫자 카드 묶음의 크기는 1,000보다 작거나 같은 양의 정수다.

출력

1번째 줄에 최소 비교 횟수를 출력한다.

예제 입력 1

```
3 // 카드 묶음 수
10
20
40
```

예제 출력 1

```
100
```

01단계 문제 분석하기

잘 생각하면 먼저 선택된 카드 묶음이 비교 횟수에 더 많은 영향을 미치는 것을 알 수 있습니다. 따라서 카드 묶음의 카드의 개수가 작은 순서대로 먼저 합치는 것이 전체 비교 횟수를 줄일 수 있는 방법입니다. 현재 데이터 중 가장 작은 카드의 개수를 가진 묶음 2개를 뽑아야 하고, 이 2개를 기준으로 합친 새로운 카드 묶음을 다시 데이터에 넣고 정렬해야 합니다. 즉, 데이터의 삽입 삭제, 정렬이 자주 일어난다는 뜻입니다. 따라서 이 문제는 우선순위 큐를 이용해야 합니다.

02단계 손으로 풀어 보기

1 현재 카드의 개수가 가장 작은 묶음 2개를 선택해 합칩니다.

2 합친 카드 묶음을 다시 전체 카드 묶음 속에 넣습니다.

3 과정 1~2를 카드 묶음이 1개만 남을 때까지 반복합니다.

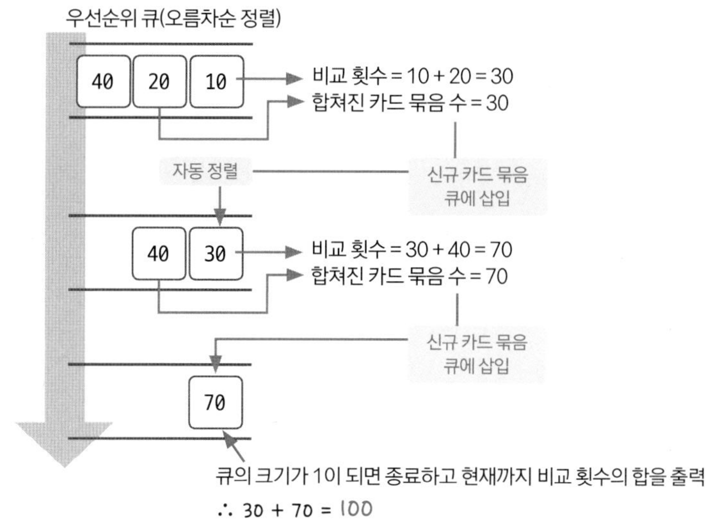

03단계 슈도코드 작성하기

```
N(카드 묶음 개수)
pq(우선순위 큐) // 오름차순 정렬

for(N만큼 반복) {
    우선순위 큐에 데이터 저장
}
// 자동 정렬 때문에 작은 카드 묶음 2개를 쉽게 뽑을 수 있음
while(우선순위 큐 크기가 1이 될 때까지) {
    2개 카드 묶음을 큐에서 뽑음
    2개 카드 묶음을 합치는 데 필요한 비교 횟수를 결괏값에 더해 줌
    2개 카드 묶음의 합을 우선순위 큐에 다시 넣어 줌
}
누적된 비교횟수 출력
```

04단계 코드 구현하기

그리디/P1715_카드정렬하기.cpp

```cpp
#include <iostream>
#include <queue>
using namespace std;

int main()
{
    ios::sync_with_stdio(false);
    cin.tie(NULL);
    cout.tie(NULL);

    int N;
    cin >> N;
    priority_queue<int, vector<int>, greater<int>> pq;  // 오름차순 정렬
    int data;

    for (int i = 0; i < N; i++) {
        cin >> data;
```

```
        pq.push(data);
    }

    int data1 = 0;
    int data2 = 0;
    int sum = 0;

    while (pq.size() != 1) {
        data1 = pq.top();
        pq.pop();
        data2 = pq.top();
        pq.pop();
        sum += data1 + data2;
        pq.push(data1 + data2);
    }
    cout << sum << "\n";
}
```

문제 034

수를 묶어서 최댓값 만들기

시간 제한 2초 | 난이도 G4 골드 IV | 백준 온라인 저지 1744번

길이가 N인 수열이 주어질 때 수열의 합을 구하려고 한다. 그런데 수열의 합을 구하기 전에 먼저 수열 안에 있는 임의의 두 수를 묶으려 한다. 위치에 상관없이 두 수를 묶을 수 있다. 단, 같은 위치에 있는 수(자기 자신)를 묶을 수는 없다. 묶인 두 수는 수열의 합을 구할 때 서로 곱한 후 계산한다. 수열의 모든 수는 각각 한 번씩만 묶을 수 있다. 예를 들어 어떤 수열이 {0, 1, 2, 4, 3, 5}일 때 그냥 이 수열의 합을 구하면 0 + 1 + 2 + 4 + 3 + 5 = 15이다. 하지만 2와 3을 묶고, 4와 5를 묶으면 0 + 1 + (2 * 3) + (4 * 5) = 27이 돼 최댓값이 나온다.

주어진 수열의 각 수를 적절히 묶어 그 합을 최대로 만드는 프로그램을 작성하시오.

입력

1번째 줄에 수열의 크기 N이 주어진다. N은 50보다 작은 자연수다. 2번째 줄부터 N개의 줄에 수열의 각 수가 주어진다. 수열의 수는 -1,000보다 크거나 같고, 1,000보다 작거나 같은 정수다.

출력

합이 최대가 나오게 수를 묶었을 때 그 합을 출력한다. 정답은 항상 2^{31}보다 작다.

예제 입력 1

```
9  // 수의 개수
-1
-8
2
1
3
6
-5
0
1
```

예제 출력 1

```
62
```

01단계 문제 분석하기

N의 최대 범위가 50이므로 시간 복잡도와 관련된 제약은 적은 문제입니다. 문제의 내용에 집중해 아이디어를 생각해 봅시다. 가능한 한 큰 수들끼리 묶어야 결괏값이 커진다는 것을 알 수 있습니다. 주어진 수열이 1, 2, 3, 4라면 1 * 4 + 2 * 3보다 1 * 2 + 3 * 4의 결괏값이 더 큽니다. 또한 음수끼리 곱하면 양수로 변하는 성질을 추가로 고려해 문제를 풀어 보겠습니다.

02단계 손으로 풀어 보기

1 수의 집합을 1보다 큰 수, 1, 0, 음수 이렇게 4가지 유형으로 나눠 저장합니다.

1보다 큰 양수	1의 개수	0의 개수	음수
2 3 6	2	1	-1 -5 -8

2 1보다 큰 수의 집합을 정렬해 최댓값부터 차례대로 곱한 후에 더합니다. 원소의 개수가 홀수일 때 마지막 남은 수는 그대로 더합니다.

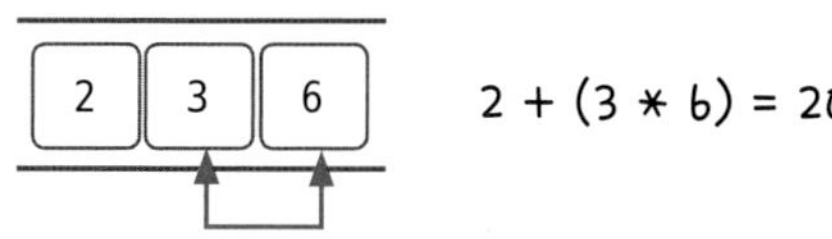

❸ 음수의 집합을 정렬해 최솟값부터 차례대로 곱한 후에 더합니다. 원소의 개수가 홀수일 때 수열에 0이 있다면 1개 남는 음수를 0과 곱해 0을 만들고, 수열에 0이 없다면 그대로 더합니다.

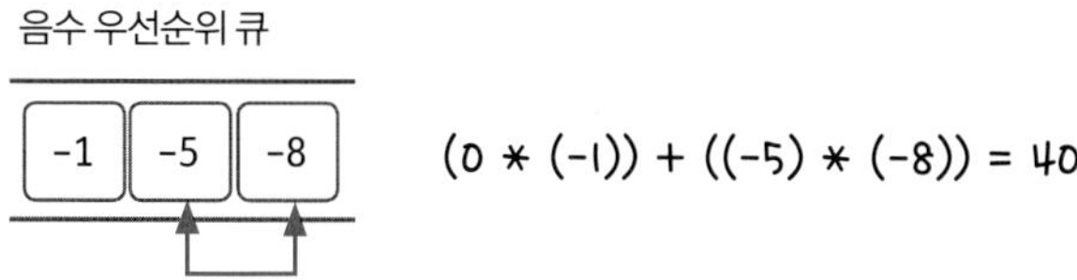

❹ 과정 2~3에서 구한 값을 더하고, 그 값에 숫자 1의 개수를 더합니다.

∴ 20 + 40 + 2 = 62

03단계 슈도코드 작성하기

```
N(카드 묶음 개수)
plusPq(양수 우선순위 큐)
minusPq(음수 우선순위 큐)
one(1의 개수 카운트)
zero(0의 개수 카운트)

for(N만큼 반복) {
    데이터를 4개의 그룹에 분리 저장
}
// 양수 처리
while(양수 우선순위 큐 크기가 2보다 작을 때까지) {
    수 2개를 큐에서 뽑음(remove 연산)
    두 개의 수를 곱한 값을 결괏값에 더해 줌
}
양수 우선순위 큐에 데이터가 남아있으면
해당 데이터를 결괏값에 더해 줌
```

```
// 음수 처리
while(음수 우선순위 큐 크기가 2보다 작을 때까지) {
    수 2개를 큐에서 뽑음(remove 연산)
    두 개의 수를 곱한 값을 결괏값에 더해 줌
}
음수 우선순위 큐에 데이터가 남아있고 0 데이터가 하나도 없으면
해당 데이터를 결괏값에 더해 줌

// 1 처리
1의 숫자 개수를 결괏값에 더해 줌

결괏값 출력
```

04단계 코드 구현하기

그리디/P1744_수묶기.cpp

```cpp
#include <iostream>
#include <queue>
using namespace std;

int main()
{
    ios::sync_with_stdio(false);
    cin.tie(NULL);
    cout.tie(NULL);

    int N;
    cin >> N;
    priority_queue<int> plusPq;                                    // 내림차순 정렬
    priority_queue<int, vector<int>, greater<int>> minusPq;   // 오름차순 정렬
    int one = 0;
    int zero = 0;

    for (int i = 0; i < N; i++) {  // 4개의 그룹으로 분리하여 저장
        int data;
        cin >> data;
```

```
        if (data > 1) {
            plusPq.push(data);
        }
        else if (data == 1) {
            one++;
        }
        else if (data == 0) {
            zero++;
        }
        else {
            minusPq.push(data);
        }
    }

    int sum = 0;

    // 양수 처리
    while (plusPq.size() > 1) {
        int first = plusPq.top();
        plusPq.pop();
        int second = plusPq.top();
        plusPq.pop();
        sum = sum + first * second;
    }
    if (!plusPq.empty()) {
        sum = sum + plusPq.top();
        plusPq.pop();
    }
    // 음수 처리
    while (minusPq.size() > 1) {
        int first = minusPq.top();
        minusPq.pop();
        int second = minusPq.top();
        minusPq.pop();
        sum = sum + first * second;
    }
    if (!minusPq.empty()) {
        if (zero == 0) {
```

```
            sum = sum + minusPq.top();
            minusPq.pop();
        }
    }
    // 1 처리
    sum = sum + one;
    cout << sum << "\n";
}
```

문제 035 회의실 배정하기

시간 제한 2초 | 난이도 S1 실버 I | 백준 온라인 저지 1931번

1개의 회의실에서 N개의 회의를 진행하기 위해 회의실 사용표를 만들려고 한다. 각 회의 시작 시간과 끝나는 시간이 주어질 때 회의 시간이 겹치지 않으면서 회의를 가장 많이 진행하려면 최대 몇 번까지 할 수 있는지 알아보자. 단, 회의를 시작하면 중간에 중단할 수 없고, 한 회의를 끝내는 것과 동시에 다음 회의를 시작할 수 있다. 회의의 시작 시간과 끝나는 시간이 같을 수도 있는데, 이때는 시작하자마자 끝나는 것으로 생각하면 된다.

입력

1번째 줄에 회의의 수 N(1 ≤ N ≤ 100,000), 2번째 줄부터 N + 1줄까지는 각 회의의 시작 시간과 끝나는 시간이 공백을 사이에 두고 주어진다. 시작 시간과 끝나는 시간은 2^{31}-1보다 작거나 같은 자연수 또는 0이다.

출력

1번째 줄에 진행할 수 있는 회의의 최대 개수를 출력한다.

예제 입력 1

```
11  // 회의 개수
1 4
3 5
0 6
5 7
3 8
5 9
6 10
8 11
8 12
2 13
12 14
```

예제 출력 1

```
4
```

01단계 **문제 분석하기**

문제에서는 1개의 회의실에 회의가 겹치지 않게 최대한 많은 회의를 배정해야 합니다. 이때는 그리디 알고리즘을 적용해야 하는데, 현재 회의의 종료 시간이 빠를수록 다음 회의와 겹치지 않게 시작하는 데 유리합니다. 그렇기 때문에 종료 시간이 빠른 순서대로 정렬해 겹치지 않는 회의실을 적절하게 선택하면 이 문제를 해결할 수 있습니다.

02단계 **손으로 풀어 보기**

1 회의 정보와 관련된 데이터를 저장한 후 종료 시간순으로 정렬합니다. 단, 종료 시간이 같을 때는 시작 시간을 기준으로 다시 한번 정렬합니다.

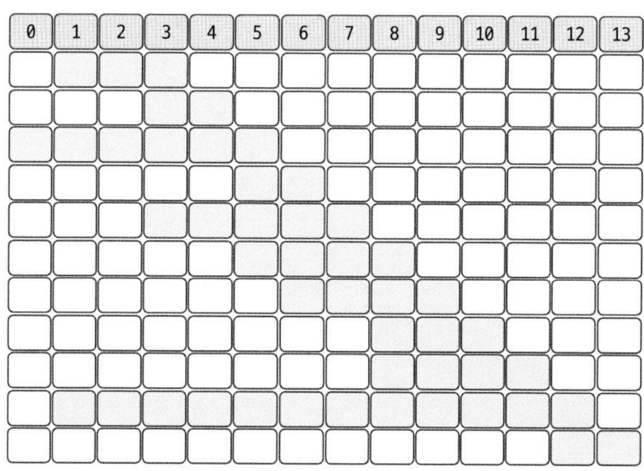

2 차례대로 탐색하다가 시간이 겹치지 않는 회의가 나오면 선택합니다.

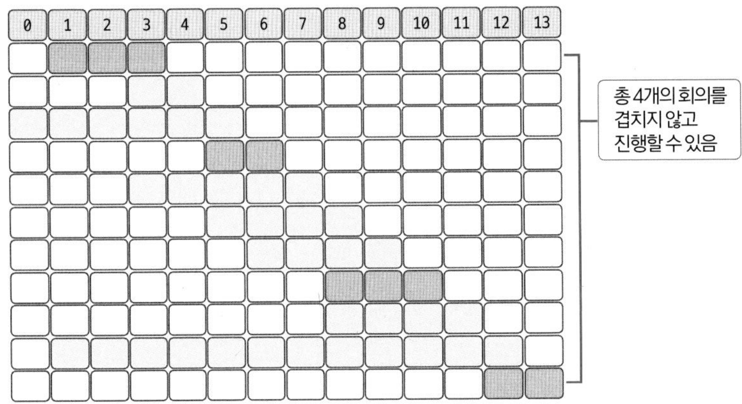

위의 경우 총 4개의 회의를 겹치지 않고 진행할 수 있습니다. 4를 출력합니다.

종료 시간이 같은 경우

위 문제에 나오지는 않았지만, 종료 시간이 같을 때는 시작 시간이 빠른 순으로 정렬하는 기준이 포함돼야 합니다. 문제에서 회의의 시작 시간과 종료 시간이 같을 수도 있다고 했습니다. 예를 들어 (2, 2) (1, 2) 2개의 회의가 있다고 가정했을 때 실제로는 2개의 회의가 겹치지 않게 할 수 있지만, 로직상 (2, 2)가 먼저 나오면 나중 나온 (1, 2)가 불가능할 수 있습니다. 따라서 종료 시간이 같으면 시작 시간이 빠른 순서로 정렬하는 로직도 추가해야 합니다.

03단계 슈도코드 작성하기

```
N(회의 개수)
A(회의 정보 저장)
배열 A 정렬 수행(종료 시간 기준으로 정렬, 종료 시간이 같으면 시작 시간 기준으로 정렬)

for(히의실 개수만큼 반복) {
    if(앞 회의의 종료 시간보다 시작 시간이 큰 회의가 나온 경우) {
        현재 회의의 종료 시간으로 종료 시간 업데이트
        진행 가능 회의 수 1 증가
```

```
    }
}
총 진행 가능 회의 수 출력
```

04단계 코드 구현하기

그리디/P1913_회의실배정.cpp

```
#include <iostream>
#include <vector>
#include <algorithm>
using namespace std;

int main()
{
    ios::sync_with_stdio(false);
    cin.tie(NULL);
    cout.tie(NULL);

    int N;
    cin >> N;
    vector<pair<int, int>> A(N);

    for (int i = 0; i < N; i++) {  // 종료 시간 정렬 우선을 위해 종료 값을 first에 저장
        cin >> A[i].second;
        cin >> A[i].first;
    }

    sort(A.begin(), A.end());

    int count = 0;
    int end = -1;

    for (int i = 0; i < N; i++) {
        if (A[i].second >= end) {  // 겹치지 않는 다음 회의가 나온 경우
            end = A[i].first;      // 종료 시간 업데이트
            count++;
```

```
        }
    }
    cout << count << "\n";
}
```

문제 핵심

036 최솟값을 만드는 괄호 배치 찾기

시간 제한 2초 | 난이도 S2 실버 II | 백준 온라인 저지 1541번

세준이는 양수와 +, - 그리고 괄호를 이용해 어떤 수식을 만들었다. 그리고 괄호를 모두 지우고, 다시 괄호를 적절히 넣어 이 수식의 값을 최소로 만들려고 한다. 이렇게 수식의 괄호를 다시 적절하게 배치해 수식의 값을 최소로 만드는 프로그램을 작성하시오.

입력

1번째 줄에 식이 주어진다. 식은 '0'~'9', '+' 그리고 '-'만으로 이뤄져 있고, 가장 처음과 마지막 문자는 숫자다. 그리고 연속해서 2개 이상의 연산자가 나타나지 않고, 5자리보다 많이 연속되는 숫자는 없다. 수는 0으로 시작할 수 있다. 입력으로 주어지는 식의 길이는 50보다 작거나 같다.

출력

1번째 줄에 정답을 출력한다.

예제 입력 1	예제 출력 1
100-40+50+74-30+29-45+43+11	-222

핵심

01단계 문제 분석하기

그리디의 관점에서 생각하면 쉽게 풀 수 있는 문제입니다. 최솟값을 만들기 위해서는 가능한 한 큰 수를 빼야 합니다. 수식이 더하기와 빼기 연산만으로 이뤄져 있기 때문에 더하기에 해당하는 부분에 괄호를 쳐서 먼저 모두 계산한 후 빼기를 실행하면 문제가 해결됩니다.

02단계 손으로 풀어 보기

1 가장 먼저 더하기 연산을 실행합니다.

100 - 40 + 50 + 74 - 30 + 29 - 45 + 43 + 11

164 59 99

2 가장 앞에 있는 값에서 더하기 연산으로 나온 결괏값들을 모두 뺍니다.

$$\therefore 100 - 164 - 59 - 99 = -222$$

03단계 슈도코드 작성하기

```
answer(정답 변수)
들어온 데이터를 "-" 기호를 기준으로 split 함수 수행

for(나눈 데이터 개수만큼 반복) {
    결괏값 = mySum 함수 수행
    if(제일 앞 데이터인 경우)
        answer에 결괏값 더하기
    else
        answer에 결괏값 빼기
}
answer 출력

// 문자열을 특정 구분자로 잘라 벡터에 저장하여 반환하는 함수
split 함수 구현(문자열, 구분자) {
    // 들어온 문자열을 구분자 단위로 저장
    while(getline(문자열 스트림, 임시 변수, 구분자)) {
        string 벡터에 임시 변수 데이터 추가
```

```
    }
    저장된 string 벡터 반환
}

// 현재 String에 있는 수를 모두 더하는 함수(예: 1 + 2 + 3 + 4 + 5 → 15 반환)
mySum 함수 구현{
    현재 들어온 String값을 "+" 기호 기준으로 split 수행
    for(나눈 데이터 개수만큼 반복) {
        String값을 Integer형으로 변환하여 반환값에 더하기
    }
    전체 합 반환
}
```

04단계 코드 구현하기

그리디/P1541_잃어버린괄호.cpp

```
#include <iostream>
#include <vector>
#include <string>
#include <sstream>
using namespace std;

vector<string> split(string input, char delimiter);
int mySum(string a);

int main()
{
    ios::sync_with_stdio(false);
    cin.tie(NULL);
    cout.tie(NULL);

    int answer = 0;
    string example;
    cin >> example;
    vector<string> str = split(example, '-');

    for (int i = 0; i < str.size(); i++) {
```

```
        int temp = mySum(str[i]);
        if (i == 0) {
            answer = answer + temp;  // 제일 앞에 것만 더하고
        }
        else {
            answer = answer - temp;  // 뒤에 부분은 더한 값을 빼 줌
        }
    }
    cout << answer << "\n";
}

// 문자열 특정 구분자로 잘라 벡터에 저장하는 함수
vector<string> split(string input, char delimiter) {
    vector<string> result;
    stringstream mystream(input);
    string splitdata;

    while (getline(mystream, splitdata, delimiter)) {
        result.push_back(splitdata);
    }
    return result;
}

int mySum(string a) {  // 나뉜 그룹의 더하기 연산 수행 함수
    int sum = 0;
    vector<string> temp = split(a, '+');

    for (int i = 0; i < temp.size(); i++) {
        sum += stoi(temp[i]);
    }
    return sum;
}
```

정수론

수학에서 정수론은 수의 성질을 탐구하고 공부하는 분야를 뜻합니다.
실제 코딩 테스트에서는 모든 정수론의 분야가 나오지 않고,
영역도 매우 방대하므로 전체를 공부하기에는 효율성이 떨어집니다.
따라서 7장에서는 정수론 영역에서 가장 많이 등장하는
소수 부분과 호제법 부분을 집중적으로 다루겠습니다.

07-1 소수 구하기

소수prime number는 자신보다 작은 2개의 자연수를 곱해 만들 수 없는 1보다 큰 자연수를 말합니다. 이와 같은 의미로 1과 자기 자신 외에 약수가 존재하지 않는 수를 말합니다. 코딩 테스트에서는 이러한 소수를 판별하는 방식을 묻는 소수 구하기 문제가 종종 출제됩니다.

소수 구하기의 핵심 이론

소수를 구하는 대표적인 판별법으로는 에라토스테네스의 체를 들 수 있습니다. 에라토스테네스의 체 원리는 다음과 같습니다.

에라토스테네스의 체 원리

① 구하고자 하는 소수의 범위만큼 1차원 배열을 생성한다.

② 2부터 시작하고 현재 숫자가 지워진 상태가 아닌 경우 현재 선택된 숫자의 배수에 해당하는 수를 배열에서 끝까지 탐색하면서 지운다. 이때 처음으로 선택된 숫자는 지우지 않는다.

③ 배열의 끝까지 ②를 반복한 후 배열에 남은 모든 수를 출력한다.

에라토스테네스의 체의 원리 이해하기

1부터 30까지의 수 중 소수를 구하는 예시를 보면서 에라토스테네스의 체의 원리를 알아보겠습니다.

1. 먼저 주어진 범위까지 배열을 생성합니다. 1은 소수가 아니므로 삭제하고, 배열은 2부터 시작합니다.

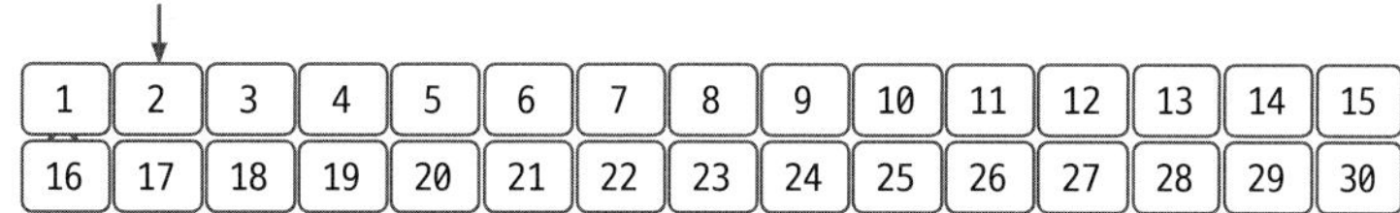

2. 선택한 수의 배수를 모두 삭제합니다. 현재의 경우 2의 배수를 모두 삭제했습니다.

~~1~~	2	3	~~4~~	5	~~6~~	7	~~8~~	9	~~10~~	11	~~12~~	13	~~14~~	15
~~16~~	17	~~18~~	19	~~20~~	21	~~22~~	23	~~24~~	25	~~26~~	27	~~28~~	29	~~30~~

❸ 다음 지워지지 않은 수를 선택합니다. 즉, 3을 선택하고 선택한 수의 모든 배수를 삭제합니다. 이미 지운 수는 다시 지우지 않습니다.

❹ 앞의 과정을 배열의 끝까지 반복합니다.

~~1~~	2	3	~~4~~	5	~~6~~	7	~~8~~	~~9~~	~~10~~	11	~~12~~	13	~~14~~	~~15~~
~~16~~	17	~~18~~	19	~~20~~	~~21~~	~~22~~	23	~~24~~	~~25~~	~~26~~	~~27~~	~~28~~	29	~~30~~

❺ 삭제되지 않은 수를 모두 출력합니다.

즉, 1부터 30까지의 수 중 소수는 2, 3, 5, 7, 11, 13, 17, 19, 23, 29입니다.

에라토스테네스의 체를 사용할 때 시간 복잡도는?

일반적으로 에라토스테네스의 체를 구현하려면 이중 for문을 이용하므로 시간 복잡도가 $O(N^2)$ 정도라고 판단할 수 있습니다. 하지만 실제 시간 복잡도는 최적화의 정도에 따라 다르겠지만, 일반적으로 O(Nlog(logN))입니다. 그 이유는 배수를 삭제하는 연산으로 실제 구현에서 바깥쪽 for문을 생략하는 경우가 빈번하게 발생하기 때문입니다. 이러한 이유 때문에 에라토스테네스의 체 기법은 현재에도 코딩 테스트에서 소수를 구하는 일반적인 방법으로 통용되고 있습니다.

문제 빈출 037

소수 구하기

시간 제한 2초 | 난이도 S3 실버 III | 백준 온라인 저지 1929번

M 이상 N 이하의 소수를 모두 출력하는 프로그램을 작성하시오.

입력

1번째 줄에 자연수 M과 N이 빈칸을 사이에 두고 주어진다(1 ≤ M ≤ N ≤ 1,000,000). M 이상 N 이하의 소수가 1개 이상 있는 입력만 주어진다.

출력

1줄에 1개씩, 증가하는 순서대로 소수를 출력한다.

예제 입력 1

```
3 16
```

예제 출력 1

```
3
5
7
11
13
```

01단계 문제 분석하기

숫자 사이에 소수를 출력하는 문제입니다. N의 최대 범위가 1,000,000이므로 일반적인 소수 구하기 방식으로 문제를 풀면 시간 초과가 발생합니다. 따라서 앞서 배운 에라토스테네스 방법으로 문제를 풀어야 합니다.

일반적으로 소수를 찾을 때는 2 이상부터 자기 자신보다 작은 수로 나눴을 때 나머지가 0이 아닌 수를 찾습니다.

02단계 손으로 풀어 보기

1 크기가 N + 1인 배열을 선언한 후 값은 각각의 인덱스값으로 채웁니다. 소수 구하기에서는 0번째 배열을 사용하지 않아 다음 그림에서는 0번째 배열이 생략되어 있습니다.

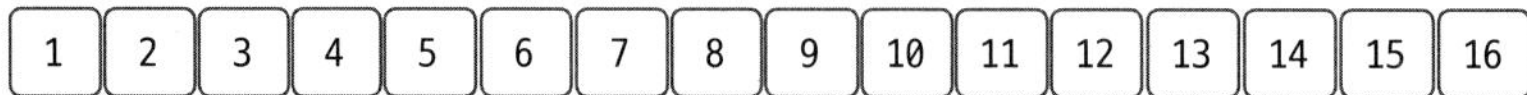

2 1은 소수가 아니므로 삭제합니다.

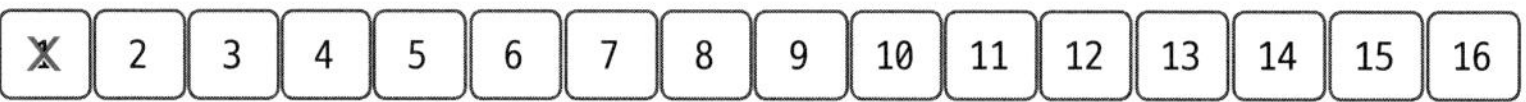

3 2부터 N의 제곱근까지 값을 탐색합니다. 값이 인덱스값이면 그대로 두고, 그 값의 배수를 탐색해 0으로 변경합니다.

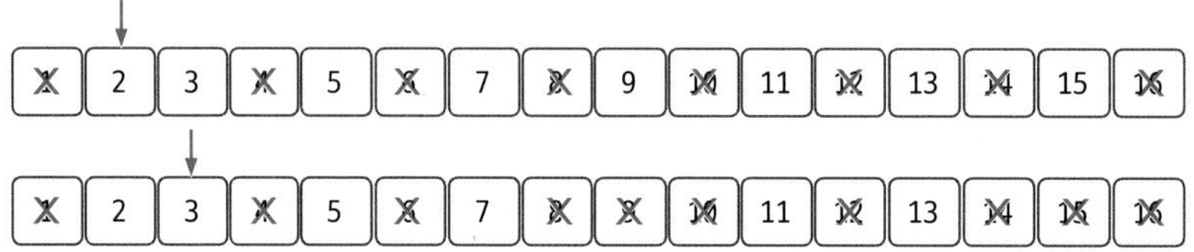

4 배열에 남아 있는 수 중 M 이상 N 이하의 수를 모두 출력합니다.

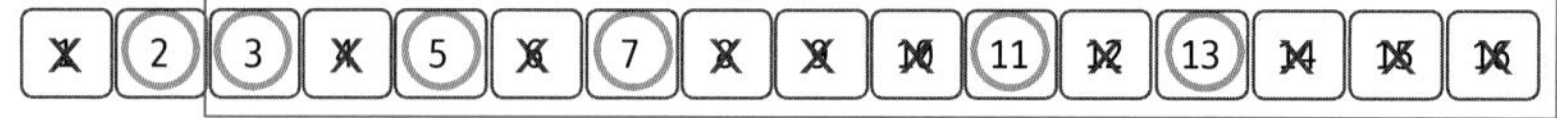

N의 제곱근까지만 탐색하는 이유

N의 제곱근이 n일 때 N = a * b를 만족하는 a와 b가 모두 n보다 클 수는 없습니다. a가 n보다 크다면 b는 n보다 작아야 합니다. 즉, N보다 작은 수 가운데 소수가 아닌 수는 항상 n보다 작은 약수를 가집니다. 따라서 에라토스테네스의 체로 n 이하의 수의 배수를 모두 제거하면 1부터 N 사이의 소수를 구할 수 있습니다.

03단계 슈도코드 작성하기

```
M(시작 수)
N(종료 수)
A(소수 판별 배열)

for(N만큼 반복) {
    배열 A 초기화  // 인덱스를 자기 값으로 초기화
}
for(N제곱근까지 반복) {
    소수가 아니면 Skip
    for(소수의 배수 값을 N까지 반복) {
        해당 수가 소수가 아님을 표시
    }
}
for(M ~ N까지 반복) {
    배열 A에서 소수 값 출력
}
```

04단계 코드 구현하기

정수론/P1929_소수구하기.cpp

```
#include <iostream>
#include <vector>
#include <cmath>
using namespace std;

int main()
{
    ios::sync_with_stdio(false);
    cin.tie(NULL);
    cout.tie(NULL);

    int M, N;
    cin >> M >> N;
    vector<int> A(N + 1);
```

```
    for (int i = 2; i <= N; i++) {
        A[i] = i;
    }
    for (int i = 2; i <= sqrt(N); i++) { // 제곱근까지만 수행
        if (A[i] == 0) {
            continue;
        }
        for (int j = i + i; j <= N; j = j + i) { // 배수 지우기
            A[j] = 0;
        }
    }
    for (int i = M; i <= N; i++) {
        if (A[i] != 0) {
            cout << A[i] << "\n";
        }
    }
}
```

문제 038

거의 소수 구하기

시간 제한 2초 | 난이도 S1 실버 I | 백준 온라인 저지 1456번

어떤 수가 소수의 N 제곱(N ≥ 2)일 때 이 수를 '거의 소수'라고 한다. A와 B가 주어질 때 A보다 크거나 같고, B보다 작거나 같은 거의 소수가 몇 개인지 출력하는 프로그램을 작성하시오.

입력

1번째 줄에 왼쪽 범위 A와 오른쪽 범위 B가 공백 한 칸을 사이에 두고 주어진다. A의 범위는 10^{14}보다 작거나 같은 자연수, B는 A보다 크거나 같고 10^{14}보다 작거나 같은 자연수다.

출력

1번째 줄에 거의 소수가 총 몇 개 있는지 출력한다.

예제 입력 1
1 1000 // A, B

예제 출력 1
25

01단계 문제 분석하기

최대 범위에 해당하는 모든 소수를 구해 놓고, 이 소수들의 N제곱값이 입력된 A와 B 사이에 존재하는지 판단해 문제를 해결할 수 있습니다. 입력에서 주어진 범위의 최댓값 10^{14}의 제곱근인 10^{7}까지 소수를 탐색해야 합니다. 에라토스테네스의 체를 이용해 빠르게 소수를 먼저 구합니다. 그 이후에는 주어진 소수들의 N제곱값이 A ~ B 범위 안에 존재하는지 판별해 유효한 소수의 개수를 세면 이 문제를 해결할 수 있습니다.

02단계 손으로 풀어 보기

1 2 ~ 10,000,000 사이에 존재하는 모든 소수를 구합니다.

31보다 큰 수에서는 거듭제곱한 값이 1,000을 넘어가므로 그림에는 표기하지 않았습니다.

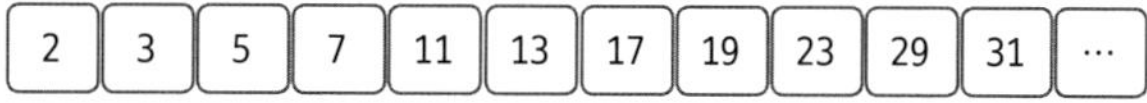

2 각각의 소수에 관해 소수를 N제곱한 값이 B보다 커질 때까지 반복문을 실행합니다. 이때 소수를 N제곱한 값이 A보다 크거나 같으면 거의 소수로 판단해 카운트합니다. 모든 소수에 관해서는 반복문을 실행한 후 카운트한 값을 출력합니다.

N제곱한 값이 변수 표현 범위를 넘을 수 있어 이항 정리로 해결합니다.

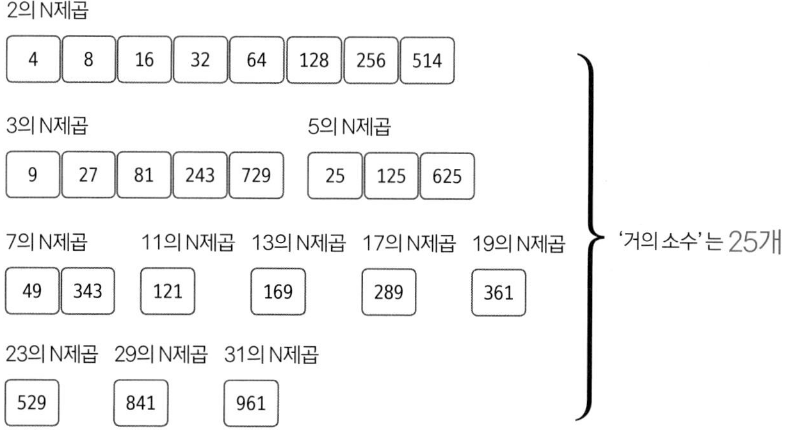

이 부분을 실제 구현하면 N제곱한 값을 구하는 도중 값이 변수 표현 범위를 초과하는 경우가 발생합니다. 따라서 계산 오류를 방지하려면 N^k과 B 값이 아니라 N과 B / N^{k-1}을 비교하는 형식으로 식을 적절하게 정리해야 합니다.

03단계 슈도코드 작성하기

```
Min(시작 수), Max(종료 수)
A(소수 배열)

for(2 ~ 10000001) {  // 제곱이 10^14 범위이기 때문에 10^7까지 반복
    배열 A 초기화  // 인덱스를 값으로 배열 초기화
}
for(10000001의 제곱근까지 반복) {
    소수가 아니면 Skip
    for(소수의 배수 값을 10000000까지 반복) {
        해당 수가 소수가 아님을 표시
    }
}
count(정답 변수)

for(2 ~ 10000000) {
    배열 A에서 소수인 경우
        temp = 현재 소수

        // 현재 소수의 제곱근이 Max보다 작을 때 기준이지만
        // 곱셈이 long의 범위를 넘어갈 수 있어 이항정리로 처리
        while(현재 소수 <= Max / temp) {
            if(현재 소수 >= Min / temp) 정답 변수 증가
            temp = temp * 현재 소수
        }
}
정답 출력
```

04단계 코드 구현하기

정수론/P1456_거의소수.cpp

```
#include <iostream>
#include <cmath>
using namespace std;

int main()
{
    ios::sync_with_stdio(false);
    cin.tie(NULL);
    cout.tie(NULL);

    long Min, Max;
    cin >> Min >> Max;
    long A[10000001];

    for (int i = 2; i < 10000001; i++) {
        A[i] = i;
    }
    for (int i = 2; i <=  sqrt(10000001); i++) {  // 제곱근까지만 수행
        if (A[i] == 0) {
            continue;
        }
        for (int j = i + i; j < 10000001; j = j + i) {  // 배수 지우기
            A[j] = 0;
        }
    }

    int count = 0;

    for (int i = 2; i < 10000001; i++) {
        if (A[i] != 0) {
            long temp = A[i];

            while ((double)A[i] <= (double)Max / (double)temp) {
                if ((double)A[i] >= (double)Min / (double)temp) {
                    count++;
```

```
                }
                temp = temp * A[i];
            }
        }
    }
    cout << count << "\n";
}
```

비주얼 스튜디오에서 정상으로 실행되지 않을 때는 스택 예약 크기를 늘립니다. 메뉴 [프로젝트(P) → '프로젝트 이름' 속성]을 클릭하고 [링커 → 시스템]으로 이동하여 [스택 예약 크기]를 변경합니다(바이트 단위이므로 100MB로 늘리려면 100×1024×1024=104857600 입력).

문제 039 소수 & 팰린드롬 수 중에서 최솟값 찾기

시간 제한 2초 | 난이도 G5 골드 V | 백준 온라인 저지 1747번

어떤 수와 그 수의 숫자 순서를 뒤집은 수가 일치하는 수를 '팰린드롬'이라 부른다. 예를 들어 79197과 324423 등이 팰린드롬 수다. 어떤 수 N(1 ≤ N ≤ 1,000,000)이 주어졌을 때 N보다 크거나 같고 소수이면서 팰린드롬인 수 중 가장 작은 수를 구하는 프로그램을 작성하시오.

입력

1번째 줄에 N이 주어진다.

출력

1번째 줄에 조건을 만족하는 수를 출력한다.

예제 입력 1	예제 출력 1
31 // N	101

01단계 **문제 분석하기**

에라토스테네스의 체를 이용해 최대 범위에 해당하는 모든 소수를 구해 놓은 후 이 소수들의 집합에서 N보다 크거나 같으면서 팰린드롬 수인 것을 찾아내면 되는 문제입니다. 앞에서 배웠던 두 문제와 매우 비슷하므로 답을 쉽게 구할 수 있습니다. 단, 팰린드롬 수를 판별할 때 숫잣값을 배열 형태로 변환할 수 있다는 점을 이용하면 조금 더 쉽게 로직을 구현할 수 있습니다. 이 부분을 염두에 두면서 천천히 살펴보겠습니다.

02단계 **손으로 풀어 보기**

1 2 ~ 10,000,000 사이에 존재하는 모든 소수를 구합니다. 그중 N보다 크거나 같은 소수에서 팰린드롬 수인지를 판별합니다.

2 소수의 값을 char 배열 형태로 변환한 후 양끝의 투 포인터를 비교하면 쉽게 팰린드롬 수인지 판별할 수 있습니다. 소수 1,030,401을 예로 들어 보겠습니다. 다음과 같이 char 배열로 형 변환하고, 배열의 처음과 끝을 가리키는 포인터(S, E)를 부여해 두 값을 비교합니다. 두 값이 같으면 S++, E-- 연산으로 두 포인터를 이동합니다. S 〈 E를 만족할 때까지 반복해 모든 값이 같으면 팰린드롬 수로 판별합니다.

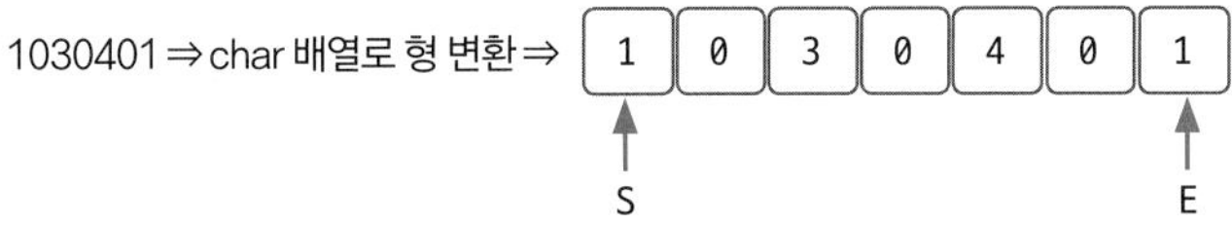

3 오름차순으로 과정 2를 실행하다가 최초로 팰린드롬 수가 나오면 프로그램을 종료합니다.

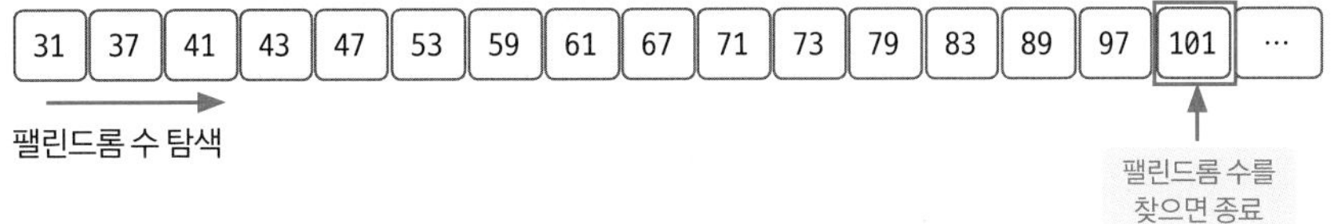

03단계 슈도코드 작성하기

```
N(어떤 수)
A(소수 배열)

for(2 ~ 10000001) {
    배열 A 초기화  // 인덱스를 값으로 배열 초기화
}
for(배열 A 길이의 제곱근까지 반복) {
    소수가 아니면 Skip
    for(소수의 배수 값을 10000001까지 반복) {
        해당 수가 소수가 아님을 표시
    }
}
while(true) {
    N부터 값을 1씩 증가시키면서 해당 값이 소수이면서 팰린드롬 수인지 판별
    맞으면 반복문 종료
}

// 팰린드롬 판별 함수 구현
해당 Integer값을 char 배열로 변환
s(시작 인덱스), e(끝 인덱스)

while(s < e) {
    만약 시작과 끝 인덱스에 해당하는 값이 다르면 false 반환;
    s++; e--;
}
반복문을 다 돌았으면 팰린드롬 수이기 때문에 true 반환;
```

04단계 코드 구현하기

정수론/P1747_소수팰린드롬.cpp

```cpp
#include <iostream>
#include <cmath>
#include <string>
using namespace std;
```

```
bool isPalindrome(int target);

int main()
{
    ios::sync_with_stdio(false);
    cin.tie(NULL);
    cout.tie(NULL);

    long N;
    cin >> N;
    long A[10000001];

    for (int i = 2; i < 10000001; i++) {
        A[i] = i;
    }
    for (int i = 2; i <= sqrt(10000001); i++) {  // 제곱근까지만 수행
        if (A[i] == 0) {
            continue;
        }
        for (int j = i + i; j < 10000001; j = j + i) {  // 배수 지우기
            A[j] = 0;
        }
    }

    int i = N;

    while (true) {  // N부터 1씩 증가하면서 소수와 팰린드롬 수가 맞는지 확인
        if (A[i] != 0) {
            int result = A[i];
            if (isPalindrome(result)) {
                cout << result << "\n";
                break;
            }
        }
        i++;
    }
}
```

```
bool isPalindrome(int target) {  // 팰린드롬 수 판별 함수
    string temp_str = to_string(target);  // 숫자를 문자열로 변환
    char const* temp = temp_str.c_str();  // 문자열을 배열로 변환
    int s = 0;
    int e = temp_str.size() - 1;

    while (s < e) {
        if (temp[s] != temp[e]) {
            return false;
        }
        s++;
        e--;
    }
    return true;
}
```

정상으로 실행되지 않는다면 마찬가지로 비주얼 스튜디오의 스택 예약 크기를 변경하세요.

문제 040

제곱이 아닌 수 찾기

시간 제한 2초 | 난이도 G1 골드 I | 백준 온라인 저지 1016번

어떤 수 X가 1보다 큰 제곱수로 나누어떨어지지 않을 때 이 수를 '제곱이 아닌 수'라고 가정해 보자. 여기서 제곱수는 정수의 제곱이다. min과 max의 값이 주어질 때 min보다 크고, max보다 작은 값 중 '제곱이 아닌 수'가 몇 개 있는지 출력하시오.

입력

1번째 줄에 두 정수 min과 max가 주어진다.

출력

1번째 줄에 [min, max] 구간에 제곱이 아닌 수가 몇 개인지 출력한다.

(1 ≤ min ≤ 1,000,000,000,000, min ≤ max ≤ min + 1,000,000)

예제 입력 1
1 10 // min max

예제 출력 1
7

01단계 문제 분석하기

언뜻 보면 min의 최댓값이 1,000,000,000,000으로 매우 큰 것 같지만 실제로는 min과 max 사이의 수들 안에서 구하는 것이므로 1,000,000의 데이터만 확인하면 됩니다. 제곱수 판별을 일반적인 반복문으로 구하면 시간 초과가 발생하므로 에라토스테네스의 체 알고리즘 방식을 제곱수 판별 로직에 적용해 문제를 해결해 보겠습니다.

02단계 손으로 풀어 보기

1 2의 제곱수인 4부터 max값인 10까지 제곱수를 찾습니다.

제곱수 = 4(2 * 2), j = start_index = 1(최솟값 / 제곱수. 단, 나머지가 0이 아니면 1을 더함)

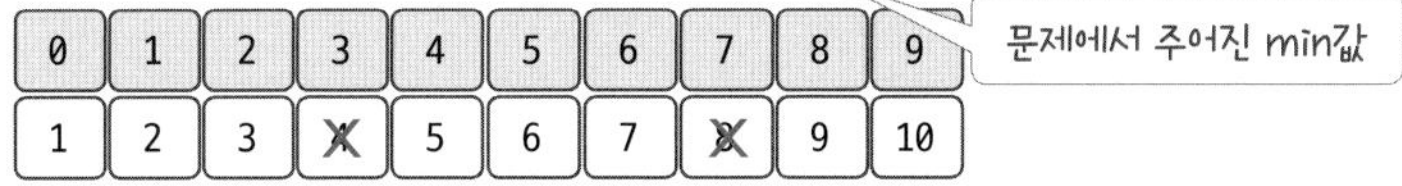

j = 1 ⇒ (1 * 4) - 1 ⇒ 3번 index는 제곱수
j = 2 ⇒ (2 * 4) - 1 ⇒ 7번 index는 제곱수
j = 3 ⇒ j * 제곱수가 max(10)을 넘으므로 반복문 종료

제곱수 = 9(3 * 3), j = start_index = 1(최솟값 / 제곱수. 단, 나머지가 0이 아니면 1을 더함)

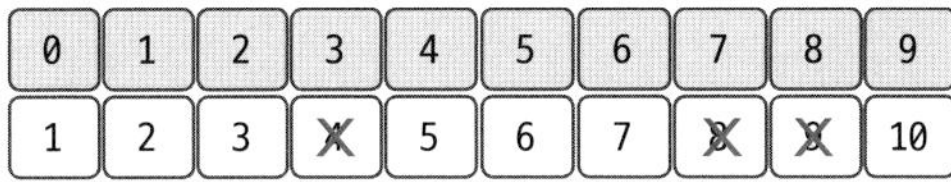

j = 1 ⇒ (1 * 9) - 1 ⇒ 8번 index는 제곱수
j = 2 ⇒ j * 제곱수가 max(10)을 넘으므로 반복문 종료

제곱수 = 16(4 * 4), 제곱수가 max(10)보다 크므로 알고리즘 종료

2 탐색한 배열에서 제곱수로 확인되지 않은 수의 개수를 센 후 출력합니다.

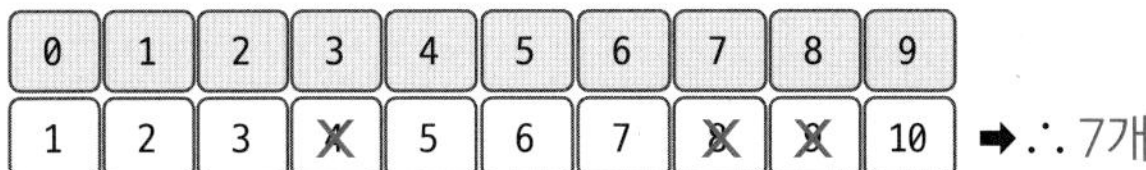

데이터를 순서대로 탐색하는 것이 아니라 에라토스테네스의 체 방식으로 제곱수의 배수 형태로 탐색해 시간 복잡도를 최소화하는 것이 이 문제 풀이의 핵심입니다.

03단계 슈도코드 작성하기

```
Min(최솟값), Max(최댓값)
Check(Min ~ Max 사이에 제곱수 판별 배열)

for(i = 2 ~ Max 사이 반복, i * i 증가) {  // 단순 탐색이 아닌 제곱수 형태로 증가
    pow(제곱수)
    start_index(최솟값 / 제곱수)

    if(최솟값 % 제곱수가 0이 아니면) {  // Min보다 큰 제곱수부터 시작되도록 하는 작업
        start_index값 1 증가
    }
    for(j = start_index ~ Max 사이 반복) {  // 제곱수의 배수 형태로 탐색
        j * pow가 Max보다 작은 경우 최솟값 최댓값 사이의 제곱수이므로
        Check 배열에 저장
    }
}
count(제곱이 아닌 수 카운트 변수)

for(0 ~ Max - Min) {
    Check 배열에서 제곱이 아닌 수이면 count 증가
}
count 출력
```

04단계 코드 구현하기

정수론/P1016_제곱이아닌수.cpp

```
#include <iostream>
#include <vector>
using namespace std;

int main()
```

```
{
    ios::sync_with_stdio(false);
    cin.tie(NULL);
    cout.tie(NULL);

    long Min, Max;
    cin >> Min >> Max;
    // 최댓값과 최솟값의 차이만큼 배열 선언
    vector<bool> Check(Max - Min + 1);

    // 2의 제곱수인 4부터 max보다 작거나 같은 값까지 반복
    for (long i = 2; i * i <= Max; i++) {
        long pow = i * i;  // 제곱수
        long start_index = Min / pow;

        if (Min % pow != 0) {
            // 나머지가 있으면 1을 더해주어야 Min보다 큰 제곱수부터 시작됨
            start_index++;
        }
        for (long j = start_index; pow * j <= Max; j++) {  // 제곱수를 true로 변경
            Check[(int)((j * pow) - Min)] = true;
        }
    }

    int count = 0;

    for (int i = 0; i <= Max - Min; i++) {
        if (!Check[i]) {
            count++;
        }
    }
    cout << count << "\n";
}
```

07-2 오일러 피

오일러 피 함수 P[N]의 정의는 1부터 N까지 범위에서 N과 서로소인 자연수의 개수를 뜻합니다. 오일러 피 함수는 증명 과정을 공부해야 완벽하게 알 수 있지만 이 책에서는 실제 코딩 테스트에 사용하기 위한 구현 부분만 알아봅니다.

오일러 피의 핵심 이론

오일러 피 함수의 원리는 에라토스테네스의 체와 비슷합니다. 한번 알아볼까요?

오일러 피 함수의 원리

① 구하고자 하는 오일러 피의 범위만큼 배열을 자기 자신의 인덱스값으로 초기화한다.

② 2부터 시작해 현재 배열의 값과 인덱스가 같으면(= 소수일 때) 현재 선택된 숫자(K)의 배수에 해당하는 수를 배열에 끝까지 탐색하며 P[i] = P[i] - P[i]/K 연산을 수행한다(i는 K의 배수).

③ 배열의 끝까지 ②를 반복하여 오일러 피 함수를 완성한다.

오일러 피 함수의 원리 이해하기

다음 예를 통해 오일러 피 함수를 좀 더 자세히 알아보겠습니다.

1 구하고자 하는 범위까지 배열을 생성한 후 2를 선택합니다.

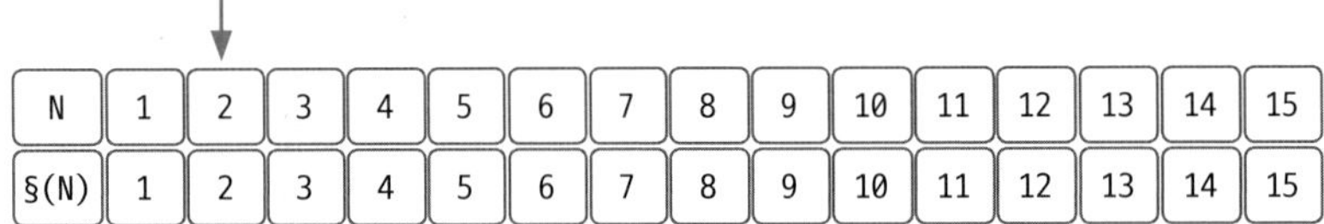

N	1	2	3	4	5	6	7	8	9	10	11	12	13	14	15
§(N)	1	2	3	4	5	6	7	8	9	10	11	12	13	14	15

2 2의 모든 배수마다 P[i] = P[i] - P[i] / 2 연산을 수행해 값을 갱신합니다. 예를 들어 8 = 8 - (8 / 2)를 통해 4를 계산합니다.

N	1	2	3	4	5	6	7	8	9	10	11	12	13	14	15
§(N)	1	1	3	2	5	3	7	4	9	5	11	6	13	7	15

3 소수 구하기에서 배수를 지우는 부분만 P[i] = P[i] - P[i] / K로 변경하면 오일러 피 함수를 간단히 구현할 수 있습니다. 탐색을 계속 진행하면서 N = ϕ(N)인 곳(소수)을 찾아 값을 갱신합니다.

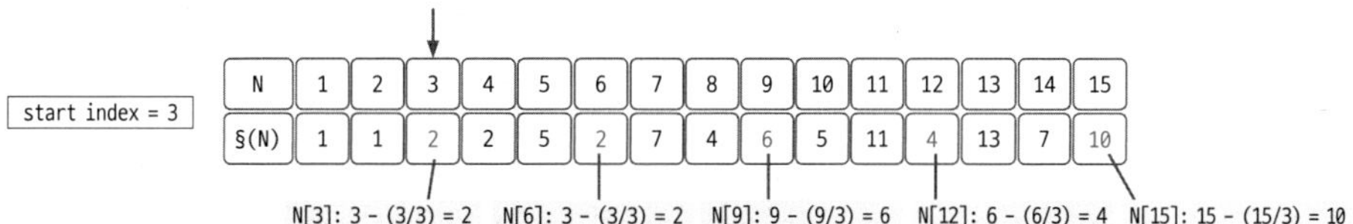

4 배열이 끝날 때까지 반복합니다.

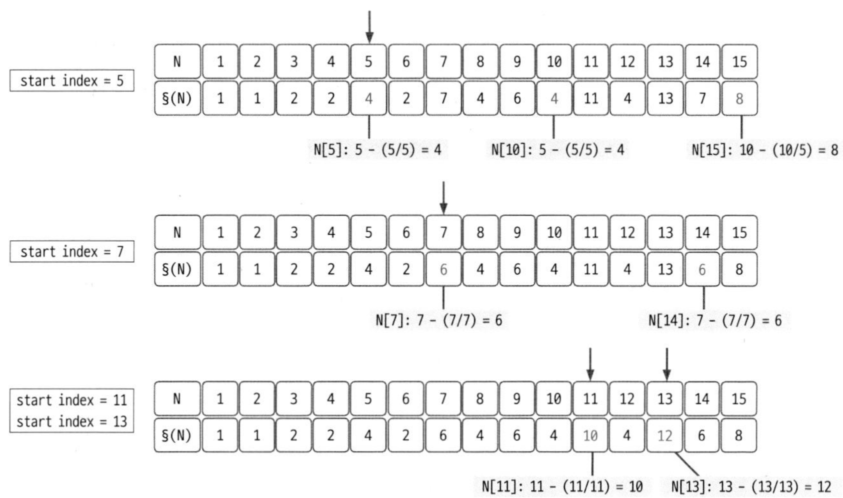

수학적으로 오일러 피 함수 이해하기

이 원리가 정확하게 이해되지 않을 수 있습니다. 수학적인 측면에서 좀 더 알아보겠습니다.

- 초기 상태: ϕ(6) = 6 → 서로소가 될 수 있는 후보의 개수로 초기화(1, 2, 3, 4, 5, 6)
- 2의 배수로 인한 탈락 → ϕ(6) = 6 - (6 / 2) = 3(1, 3, 5)
- 3의 배수로 인한 탈락 → ϕ(6) = 3 - (3 / 3) = 2(1, 5)

이때 후보에서 삭제하는 기준을 6이 아닌 업데이트된 3으로 진행하는 이유는 3의 배수 중 2의 배수인 수, 즉 3과 2의 공배수는 2의 배수에서 이미 삭제됐기 때문에 중복 삭제를 막기 위함입니다. 이 예시에서는 6을 중복 삭제하지 않기 위한 것이겠죠? 최종적으로 ϕ(6) = 2가 됩니다. 이때 2의 의미는 숫자 6과 6 이하의 숫자 중 서로소가 되는 개수가 2개(1, 5)라는 뜻이 됩니다.

오일러 피를 구하는 문제가 출제되는 빈도는 높지 않습니다. 하지만 원리를 알지 못하면 출제됐을 때 문제 자체에 접근하기 어렵습니다.

문제 041

오일러 피 함수 구현하기

시간 제한 1초 | 난이도 G1 골드 I | 백준 온라인 저지 11689번

자연수 n이 주어졌을 때 GCD(n, k) = 1(1 ≤ k ≤ n)을 만족하는 자연수의 개수를 구하는 프로그램을 작성하시오.

입력

1번째 줄에 자연수 n(1 ≤ n ≤ 10^{12})이 주어진다.

출력

GCD(n, k) = 1(1 ≤ k ≤ n)을 만족하는 자연수의 개수를 출력한다.

예제 입력 1	예제 출력 1	예제 입력 2	예제 출력 2	예제 입력 3	예제 출력 3
1 // n	1	5	4	10	4

예제 입력 4	예제 출력 4	예제 입력 5	예제 출력 5
45	24	99	60

01단계 문제 분석하기

문제에서 요구하는 GCD(n, k) = 1을 만족하는 자연수의 개수가 바로 오일러 피 함수의 정의입니다. 즉, 오일러 피 함수를 잘 구현할 수 있는지 묻는 문제입니다.

02단계 손으로 풀어 보기

❶ 서로소의 개수를 표현하는 변수 result와 현재 소인수 구성을 표시하는 변수 n을 선언합니다. 예제 입력 4의 경우 변수 초기화는 n = 45, result = 45로 합니다.

❷ 오일러 피 핵심 이론 부분을 참고해 2 ~ N의 제곱근까지 탐색하면서 소인수일 때 result = result - (result / 소인수) 연산으로 result값을 업데이트합니다. 이때 n에서 이 소인수는 나누기 연산으로 삭제합니다.

- P(현재 수) = 2 ⇒ n(45) % P(2) != 0 ⇒ 소인수가 아님
- P(현재 수) = 3 ⇒ n(45) % P(3) == 0 ⇒ 소인수이므로 값 업데이트
  ⇒ result = 45 - 45 / 3 = 30
  ⇒ n = 45 / 3^2 = 5
- P(현재 수) = 4 ⇒ 현재 n(5)의 제곱근보다 4가 크므로 반복문 종료

❸ 반복문 종료 후 현재 n이 1보다 크면 n이 마지막 소인수라는 뜻입니다. result = result - (result / n) 연산으로 result값을 마지막으로 업데이트한 후 출력합니다.

∴ result(30) = 30 - (30 / 5) = 24

03단계 슈도코드 작성하기

```
n(소인수 표현), result(결괏값)

for(2 ~ n의 제곱근) {
    if(현재 값이 소인수라면) {
        결괏값 = 결괏값 - 결괏값 / 현재값
        n에서 현재 소인수 내역을 제거하기(2^7*11*13 → 현재 소인수가 2일 때 11*13으로 변경)
    }
}
if(n > 1) {  // n이 마지막 소인수일 때
    결괏값 = 결괏값 - 결괏값 / n
}
결괏값 출력
```

04단계 **코드 구현하기**

정수론/P11689_GCDNK1.cpp

```
#include <iostream>
#include <cmath>
using namespace std;

int main()
{
    ios::sync_with_stdio(false);
    cin.tie(NULL);
    cout.tie(NULL);

    long n;
    cin >> n;
    long result = n;

    for (long p = 2; p <= sqrt(n); p++) {  // 제곱근까지만 진행
        if (n % p == 0) {  // p가 소인수인지 확인
            result = result - result / p;  // 결괏값 업데이트
            // 해당 소인수 지우기(2^7*11이라면 2^7을 없애고 11만 남김)
            while (n % p == 0) {
                n /= p;
            }
        }
    }
    if (n > 1) {  // 아직 소인수 구성이 남아있는 경우
        // 반복문에서 제곱근까지만 탐색했기 때문에 1개의 소인수가 누락되는 케이스
        result = result - result / n;
    }
    cout << result << "\n";
}
```

07-3 유클리드 호제법

유클리드 호제법[euclidean-algorithm]은 두 수의 최대 공약수를 구하는 알고리즘입니다. 일반적으로 최대 공약수를 구하는 방법은 소인수 분해를 이용한 공통된 소수의 곱으로 표현할 수 있지만 유클리드 호제법은 좀 더 간단한 방법을 제시합니다.

유클리드 호제법의 핵심 이론

유클리드 호제법을 수행하려면 먼저 MOD 연산을 이해하고 있어야 합니다. MOD 연산이 최대 공약수를 구하는 데 사용하는 핵심 연산이기 때문입니다.

MOD 연산

연산	기능	예제
MOD	두 값을 나눈 나머지를 구하는 연산	10 MOD 4 = 2 // 10 % 4 = 2

MOD 연산을 이해하면 다음과 같은 3단계로 유클리드 호제법을 구현할 수 있습니다.

MOD 연산으로 구현하는 유클리드 호제법

① 큰 수를 작은 수로 나누는 MOD 연산을 수행한다.

② 앞 단계에서의 작은 수와 MOD 연산 결괏값(나머지)으로 MOD 연산을 수행한다.

③ 단계 ②를 반복하다가 나머지가 0이 되는 순간의 작은 수를 최대 공약수로 선택한다.

유클리드 호제법의 원리 이해하기

예시를 보며 다시 한번 이해해 볼까요? 다음은 270과 192의 최대 공약수를 유클리드 호제법으로 찾아보는 그림입니다.

최대 공약수를 구하는 연산은 일반적으로 gcd로 정의합니다.

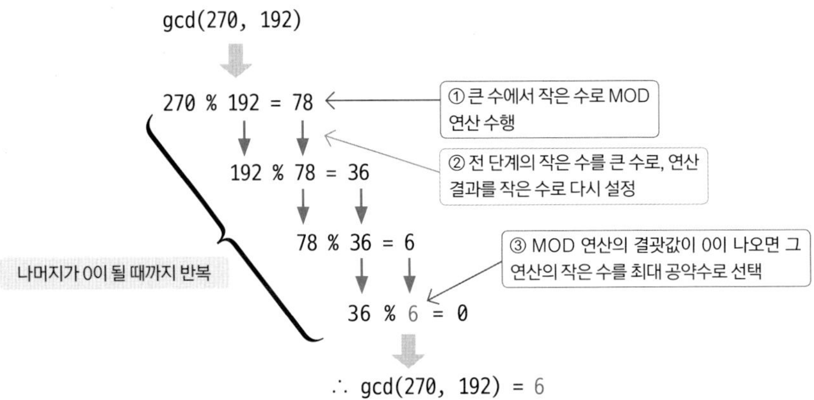
gcd(270, 192)
270 % 192 = 78
① 큰 수에서 작은 수로 MOD 연산 수행
192 % 78 = 36
② 전 단계의 작은 수를 큰 수로, 연산 결과를 작은 수로 다시 설정
78 % 36 = 6
③ MOD 연산의 결괏값이 0이 나오면 그 연산의 작은 수를 최대 공약수로 선택
나머지가 0이 될 때까지 반복
36 % 6 = 0
∴ gcd(270, 192) = 6

문제 042

최소 공배수 구하기

시간 제한 1초 | 난이도 실버 V | 백준 온라인 저지 1934번

두 자연수 A와 B가 있을 때 A의 배수이면서 B의 배수인 자연수를 A와 B의 공배수라고 한다. 이런 공배수 중 가장 작은 수를 최소 공배수라고 한다. 예를 들어 6과 15의 공배수는 30, 60, 90 등이 있으며, 최소 공배수는 30이다. 두 자연수 A와 B가 주어졌을 때 A와 B의 최소 공배수를 구하는 프로그램을 작성하시오.

입력

1번째 줄에 테스트 케이스의 개수 T(1 ≤ T ≤ 1,000), 2번째 줄부터 T개의 줄에 걸쳐 A와 B가 주어진다(1 ≤ A, B ≤ 45,000).

출력

1번째 줄부터 T개의 줄에 A와 B의 최소 공배수를 입력받은 순서대로 1줄에 1개씩 출력한다.

예제 입력 1

```
3 // 테스트 케이스 개수
1 45000 // A, B
6 10
13 17
```

예제 출력 1

```
45000
30
221
```

01단계 문제 분석하기

최소 공배수는 A와 B가 주어졌을 때 'A * B / 최대 공약수'를 계산해 구할 수 있습니다. 결국 이 문제는 유클리드 호제법을 이용해 최대 공약수를 구한 후 두 수의 곱에서 최대 공약수를 나눠 주는 것으로 해결할 수 있습니다.

02단계 손으로 풀어 보기

1 유클리드 호제법을 이용해 A, B의 최대 공약수를 구합니다.

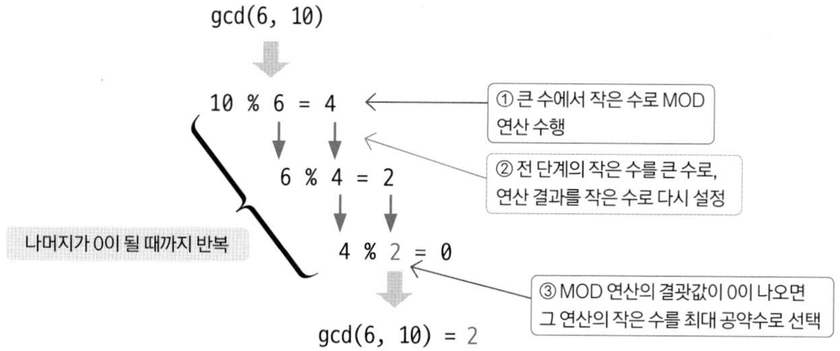
gcd(6, 10)
10 % 6 = 4
6 % 4 = 2
4 % 2 = 0
gcd(6, 10) = 2
① 큰 수에서 작은 수로 MOD 연산 수행
② 전 단계의 작은 수를 큰 수로, 연산 결과를 작은 수로 다시 설정
③ MOD 연산의 결괏값이 0이 나오면 그 연산의 작은 수를 최대 공약수로 선택
나머지가 0이 될 때까지 반복

2 두 수의 곱을 최대 공약수로 나눈 값을 정답으로 출력합니다.

∴ 최대 공약수가 2이므로 최소 공배수는 6 * 10 / 2 = 30

03단계 슈도코드 작성하기

```
t(테스트 케이스)

for(t만큼 반복) {
    a(첫 번째 수)
    b(두 번째 수)
    결괏값 = a * b / gcd(a, b)
    결괏값 출력
}

// 최대 공약수 gcd 함수 구현
if(b가 0이면) {
    a가 최대 공약수
{
else {
    // 재귀 함수 형태로 구현
    gcd(작은 수, 큰 수 % 작은 수)
}
```

04단계 코드 구현하기

정수론/P1934_최소공배수.cpp

```cpp
#include <iostream>
using namespace std;

int gcd(int a, int b);
int main()
{
    ios::sync_with_stdio(false);
    cin.tie(NULL);
    cout.tie(NULL);

    int t;
    cin >> t;
```

```
    for (int i = 0; i < t; i++) {
        int a, b;
        cin >> a >> b;
        int result = a * b / gcd(a, b);
        cout << result << "\n";
    }
}

int gcd(int a, int b) {
    if (b == 0) {
        return a;
    }
    else {
        return gcd(b, a % b);   // 재귀 함수 형태로 구현
    }
}
```

문제 043 최대 공약수 구하기

시간 제한 2초 | 난이도 S2 실버 II | 백준 온라인 저지 1850번

모든 자리가 1로만 이뤄진 두 자연수 A와 B가 주어져 있다. 이때 A와 B의 최대 공약수를 구하는 프로그램을 작성하시오. 예를 들어 A가 111이고, B가 1111일 때 A와 B의 최대 공약수는 1이다. A가 111이고, B가 111111일 경우에는 최대 공약수가 111이다.

입력

1번째 줄에 두 자연수 A와 B를 이루는 1의 개수가 주어진다. 입력되는 수는 2^{63}보다 작은 자연수다.

출력

1번째 줄에 A와 B의 최대 공약수를 출력한다. 정답은 1,000만 자리를 넘지 않는다.

예제 입력 1
3 4 // A와 B의 길이

예제 출력 1
1

예제 입력 2
3 6

예제 출력 2
111

예제 입력 3
500000000000000000 500000000000000002

예제 출력 3
11

01단계 문제 분석하기

예제 입력 3과 같이 입력값이 크면 단순한 방법으로 최대 공약수를 찾을 수 없습니다. 하지만 주어진 예제를 바탕으로 다음 규칙을 찾을 수 있습니다.

예제의 규칙

- 수의 길이를 나타내는 두 수의 최대 공약수는 A와 B의 최대 공약수의 길이를 나타낸다.
- 즉, 3, 6의 최대 공약수 3은 A(111)와 B(111111)의 최대 공약수(111)의 길이로 나타난다.

이 규칙을 바탕으로 문제를 풀어 보겠습니다.

02단계 손으로 풀어 보기

1 유클리드 호제법을 이용해 주어진 A, B의 최대 공약수를 구합니다.

```
500000000000000002 % 500000000000000000 = 2
                     ↓                   ↓
                     500000000000000000 % 2 = 0
```

2 공약수의 길이만큼 1을 반복해 출력합니다.

최대 공약수가 2이므로 2번 반복해 1을 출력 → ∴ 11

03단계 슈도코드 작성하기

```
a(첫 번째 수)
b(두 번째 수)
결괏값 = gcd(a, b)
결괏값만큼 1을 반복하여 출력

// 최대 공약수 gcd 함수 구현
gcd{
    if(b가 0이면) {
        a가 최대 공약수
    }
    else {
        // 재귀 함수 형태로 구현
        gcd(작은 수, 큰 수 % 작은 수)
    }
}
```

04단계 코드 구현하기

정수론/P1850_최대공약수.cpp

```
#include <iostream>
using namespace std;

int gcd(long a, long b);
int main()
{
    ios::sync_with_stdio(false);
    cin.tie(NULL);
    cout.tie(NULL);

    long a, b;
    cin >> a >> b;
    long result = gcd(a, b);
```

```
    while (result > 0) {
        cout << 1;
        result--;
    }
    cout << '\n';
}

int gcd(long a, long b) {
    if (b == 0) {
        return a;
    }
    else {
        return gcd(b, a % b);
    }
}
```

문제 044 칵테일 만들기

시간 제한 2초 | 난이도 G2 골드 II | 백준 온라인 저지 1033번

august14는 세상에서 가장 맛있는 칵테일이다. 이 칵테일을 만드는 정확한 방법은 아직 세상에 공개되지 않았지만, 들어가는 재료 N개는 공개돼 있다. 경근이는 인터넷 검색으로 재료 쌍 N - 1개의 비율을 알아냈고, 이 비율을 이용하면 칵테일에 들어가는 전체 재료의 비율을 알아낼 수 있다. 총 재료 쌍 N - 1개의 비율이 입력으로 주어질 때 다음 조건을 만족하는 칵테일을 만드는 데 필요한 각 재료의 양을 구하는 프로그램을 작성하시오.

- 필요한 재료의 질량을 모두 더한 값이 최소가 되어야 한다.
- 칵테일을 만드는 재료의 양은 정수이고, 총 질량은 0보다 커야 한다.
- 비율은 'a b p q'와 같은 형식으로 주어지는데, a번 재료의 질량을 b번 재료의 질량으로 나눈 값이 p / q라는 뜻이다.

입력

1번째 줄에 august14를 만드는 데 필요한 재료의 개수 N이 주어지고, N은 10보다 작거나 같은 자연수다. 2번째 줄부터 N - 1개의 줄에는 재료 쌍의 비율이 1줄에 1개씩 주어지는데, 문제 설명에 나온 형식인 'a b p q'로 주어진다. 재료는 0번부터 N - 1까지이고, a와 b는 모두 N - 1보다 작거나 같은 자연수 또는 0이다. p와 q는 9보다 작거나 같은 자연수다.

출력

1번째 줄에 칵테일을 만드는 데 필요한 각 재료의 질량을 0번 재료부터 순서대로 공백으로 구분해 출력한다.

예제 입력 1

```
5  // 재료 개수
4 0 1 1
4 1 3 1
4 2 5 1
4 3 7 1
```

예제 출력 1

```
105 35 21 15 105
```

01단계 **문제 분석하기**

문제에서는 N - 1개의 비율로 N개의 재료와 관련된 전체 비율을 알아낼 수 있다고 했습니다. 이것을 그래프 관점으로 생각하면 사이클이 없는 트리 구조로 이해할 수 있습니다. 이 내용을 바탕으로 임의의 노드에서 DFS를 진행하면서 정답을 찾으면 됩니다. DFS 과정에서 유클리드 호제법을 사용해 비율들의 최소 공배수와 최대 공약수를 구하고, 재료의 최소 질량을 구하는 데 사용해 문제를 해결해 보겠습니다.

02단계 손으로 풀어 보기

1 인접 리스트를 이용해 각 재료의 비율 자료를 그래프로 구현합니다.

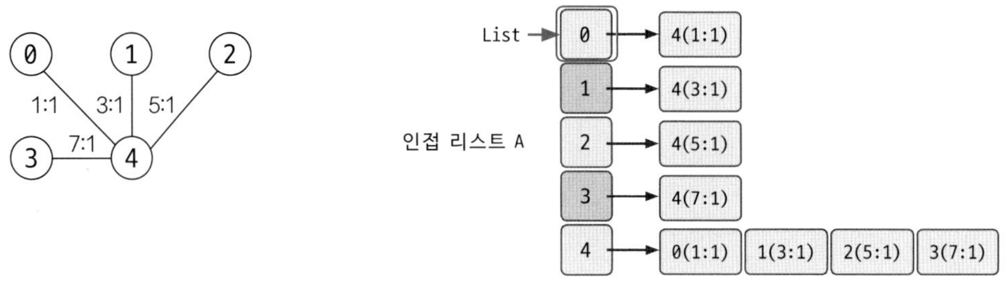

2 데이터를 저장할 때마다 비율과 관련된 수들의 최소 공배수를 업데이트합니다.

A, B의 최소 공배수는 A * B / 최대 공약수
⇒ 1, 3, 5, 7의 최소 공배수는 105

3 임의의 시작점에 최소 공배수 값을 저장합니다.

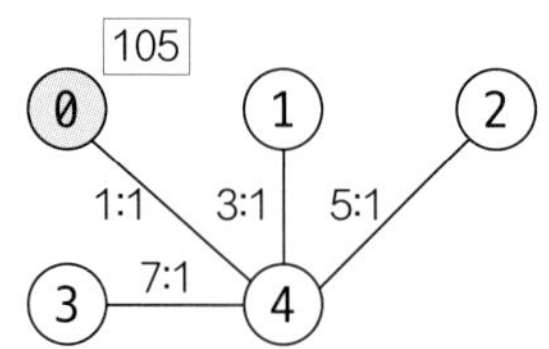

4 임의의 시작점에서 DFS로 탐색을 수행하면서 각 노드의 값을 이전 노드의 값과의 비율 계산을 통해 계산하고 저장합니다.

- 0을 임의의 점으로 선정
  ⇒ 0에서 DFS로 탐색을 수행하면 0 → 4 → 1 → 2 → 3 순으로 탐색
- 4 ⇒ 0번 노드값 * 1/1 = 105
- 1 ⇒ 4번 노드값 * 1/3 = 35
- 2 ⇒ 4번 노드값 * 1/5 = 21
- 3 ⇒ 4번 노드값 * 1/7 = 15

0	1	2	3	4
105	35	21	15	105

5 각 노드의 값을 모든 노드의 최대 공약수로 나눈 뒤 출력합니다.

105, 35, 21, 15, 105의 최대 공약수는 1
⇒ 각 배열의 값을 1로 나눠 출력 ⇒ ∴ 105 35 21 15 105

03단계 슈도코드 작성하기

```
A(인접 리스트) // 3개의 데이터를 넣어야 하므로 tuple 벡터 형태 사용
lcm(최소 공배수)
visited(DFS 탐색 시 탐색 여부 저장 배열)
D(각 노드 값 저장 배열)
N(재료의 개수)

for(N - 1번 반복) {
    인접 리스트 배열에 해당 에지 정보를 저장
    최소 공배수 업데이트
}

0번 노드에 최소 공배수 저장
0번에서 DFS 탐색 수행

DFS를 통하여 업데이트된 배열 D 값의 최대 공약수 계산
배열 D의 각 값을 최대 공약수로 나누어서 정답 출력

// 최대 공약수 gcd 함수 구현
gcd{
    if(b가 0이면) {
        a가 최대 공약수
    }
    else {
        // 재귀 함수 형태로 구현
        gcd(작은 수, 큰 수 % 작은 수)
    }
}
// 탐색 함수 구현
DFS{
    visited 배열에 현재 노드 방문 기록
    현재 노드의 연결 노드 중 방문하지 않은 노드에 대해
    다음 노드값 = 현재 노드값 * 비율로 갱신하기
    DFS 실행(재귀 형태)
}
```

04단계 **코드 구현하기**

정수론/P1033_칵테일.cpp

```
#include <iostream>
#include <vector>
#include <tuple>
using namespace std;

vector<tuple<int, int, int>> A[10];
long lcm;
bool visited[10];
long D[10];
long gcd(long a, long b);
void DFS(int node);

int main()
{
    ios::sync_with_stdio(false);
    cin.tie(NULL);
    cout.tie(NULL);

    int N;
    cin >> N;
    lcm = 1;

    for (int i = 0; i < N - 1; i++) {
        int a, b, p, q;
        cin >> a >> b >> p >> q;
        A[a].push_back(make_tuple(b, p, q));
        A[b].push_back(make_tuple(a, q, p));
        // 두 수의 최소 공배수는 두 수의 곱을 최대 공약수로 나눈 것
        lcm *= (p * q / gcd(p, q));
    }

    D[0] = lcm;
    DFS(0);
    long mgcd = D[0];
```

```
    for (int i = 1; i < N; i++) {
        mgcd = gcd(mgcd, D[i]);
    }
    for (int i = 0; i < N; i++) {
        cout << D[i] / mgcd << ' ';
    }
}

long gcd(long a, long b) {
    if (b == 0) {
        return a;
    }
    else {
        return gcd(b, a % b);
    }
}

void DFS(int node) {  // DFS 구현
    visited[node] = true;

    for (tuple<int, int, int> i : A[node]) {
        int next = get<0>(i);
        if (!visited[next]) {
            // 주어진 비율로 다음 노드값 업데이트
            D[next] = D[node] * get<2>(i) / get<1>(i);
            DFS(next);
        }
    }
}
```

07-4 확장 유클리드 호제법

유클리드 호제법의 목적이 두 수의 최대 공약수를 구하는 것이라면 확장 유클리드 호제법의 목적은 방정식의 해를 구하는 것입니다. 확장 유클리드 호제법을 제대로 이해하려면 수학 증명 과정까지 공부해야 하지만 여기서는 확장 유클리드 호제법 관련 문제를 풀기 위한 알고리즘만 설명합니다.

확장 유클리드 호제법의 핵심 이론

확장 유클리드 호제법에서 해를 구하고자 하는 방정식은 다음과 같습니다.

해를 구하고자 하는 방정식

```
ax + by = c(a, b, c, x, y는 정수)
```

이때 위 방정식은 c % gcd(a, b) = 0인 경우에만 정수해를 가집니다. 다시 말해 c가 a와 b의 최대 공약수의 배수인 경우에만 정수해를 가집니다. 이는 ax + by = c가 정수해를 갖게 하는 c의 최솟값이 gcd(a, b)라는 것을 의미합니다. 이 내용을 숙지한 후 확장 유클리드 호제법을 구현합시다. 구현에는 재귀 함수를 사용합니다.

확장 유클리드 호제법의 원리 이해하기

5x + 9y = 2일 때 이 식을 만족하는 정수 x, y를 구해 보겠습니다.

1. 우선 5x + 9y가 정수해를 갖게 하는 c의 최솟값이 gcd(5, 9)라는 것을 적용하여 식을 다시 놓습니다. gcd(5, 9) = 1이므로 5x + 9y = 1로 식을 다시 놓고 다음 단계를 진행합니다.
2. a, b로 유클리드 호제법을 반복 실행하며 몫, 나머지를 저장합니다. 반복은 나머지가 0이 되면 중단합니다.

유클리드 호제법 실행	나머지	몫
5 % 9 = 5	5	0
9 % 5 = 4	4	1
5 % 4 = 1	1	1
4 % 1 = 0	0	4

3 반복으로 구한 나머지와 몫을 이용하여 거꾸로 올라가며 x = y', y = x' - y' * q를 계산합니다. x'는 이전 x, y'는 이전 y를 의미하고, q는 현재 보고 있는 몫을 의미합니다. 이때 처음 시작하는 x, y는 이전 x와 이전 y가 없으므로 각각 1, 0으로 지정하여 역계산을 진행합니다.

나머지	몫	x = y', y = x' - y' * q 역순 계산
5	0	X = 2, Y = -1 - (2 * 0) = -1
4	1	X = -1, Y = 1 - (-1 * 1) = 2
1	1	X = 1, Y = 0 - (1 * 1) = -1
0	4	X = 0, Y = 1 - (0 * 4) = 1

4 이렇게 재귀 방식으로 알아낸 최종 x, y는 ax + by = gcd(a, b)를 만족합니다. 그리고 c / gcd(a, b) = K를 가정하면 최초 방정식의 해는 Kx, Ky로 간단히 구할 수 있습니다. 과정 3에서 찾은 x는 2, y는 −1이고 K값을 구하면 2(c값) / 1(최대 공약수) = 2가 되므로 2의 값을 기존의 x(2), y(−1) 값에 각각 곱합니다. 이에 따라 최초 방정식의 해는 4, −2가 됩니다.

오른쪽 변의 값이 gcd(a, b)의 배수가 아니라면?

위 예제에서 만약 오른쪽 변의 값이 gcd(a, b)의 배수의 형태가 아니라면 어떻게 X, Y의 값을 도출할 수 있을까요? 결론적으로 이 경우를 만족하는 X, Y 값은 정수 범위에서 존재하지 않습니다. 따라서 확장 유클리드 호제법을 구현할 때 먼저 오른쪽 변의 값이 gcd(a, b)의 배수라는 조건을 만족하는지 먼저 판단해야 합니다. 만약 조건에 만족하지 않는다면 이후 프로그램을 수행하지 않고 불가능을 표현하는 값을 출력하면 됩니다. 또한 이미 눈치챘겠지만, 유클리드 호제법의 구조 자체가 특정한 값을 업데이트시키면서 같은 로직을 반복적으로 수행하므로 재귀 함수의 형태로 구현합니다.

문제 045

Ax + By = C

시간 제한 1초 | 난이도 G1 골드 I | 백준 온라인 저지 21568번

A, B, C가 주어졌을 때 Ax + By = C를 만족하면서 다음 조건을 만족하는 (x, y) 쌍을 찾으시오.

- x, y는 정수
- -1,000,000,000 ≤ x, y ≤ 1,000,000,000

입력

1번째 줄에 정수 A, B, C가 주어진다.

출력

Ax + By = C를 만족하는 x, y를 공백으로 구분해 출력한다. 문제의 조건을 만족하는 (x, y)가 존재하지 않을 때는 -1을 출력한다.

- -1,000,000 ≤ A, B, C ≤ 1,000,000
- A, B ≠ 0

예제 입력 1	예제 출력 1	예제 입력 2	예제 출력 2
1 2 3 // A B C	3 0	3 4 5	-5 5

예제 입력 3	예제 출력 3
6 8 3	-1

01단계 문제 분석하기

앞에서 배운 '확장 유클리드 호제법'을 그대로 구현하면 되는 문제입니다. 핵심 이론을 다시 한번 정확하게 학습하고, 학습 내용을 실전 문제에 적용해 보세요.

02단계 손으로 풀어 보기

1 C의 값이 A와 B의 최대 공약수의 배수 형태인지 확인합니다. 최대 공약수의 배수 형태라면 C의 값을 최대 공약수로 변경합니다. 최대 공약수의 배수 형태가 아니라면 -1을 출력한 후 프로그램을 종료합니다.

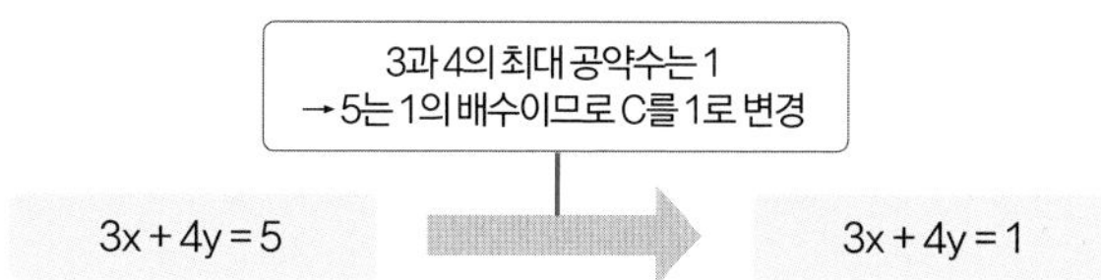
3과 4의 최대 공약수는 1
→ 5는 1의 배수이므로 C를 1로 변경
3x + 4y = 5
3x + 4y = 1

2 A와 B에 관해 나머지가 0이 나올 때까지 확장 유클리드 호제법을 수행합니다.

유클리드 호제법 실행	나머지	몫
3 % 4 = 3	3	0
4 % 3 = 1	1	1
3 % 1 = 0	0	3

3 나머지가 0이 나오면 x = 1, y = 0으로 설정한 후 과정 2에서 구한 몫들을 식(x = y', y = x' - y' * 몫)에 대입하면서 역순으로 계산합니다.

나머지	몫	x = y', y = x' - y' * q 역순 계산
3	0	x = -1, y = 1 - (-1 * 0) = 1
1	1	x = 1, y = 0 - (1 * 1) = -1
0	3	x = 0, y = 1 - (0 * 3) = 1

4 최종으로 계산된 x, y 값에 C를 x와 y의 최대 공약수로 나눈 값을 각각 곱해 방정식의 해를 구합니다.

몫 = 5 / gcd(a, b) = 5 / 1 = 5, x = -1 * 5 = -5, y = 1 * 5 = 5

⇒ 기존 방정식에 대입해 검산하면 3x+ 4y = 5

⇒ 3(-5) + 4(5) = 5 → -15 + 20 = 5이므로 정답은 (-5, 5)

03단계 슈도코드 작성하기

```
a(첫 번째 수), b(두 번째 수), c(세 번째 수)
최대 공약수 = gcd(a, b)

if(c가 최대 공약수의 배수가 아니면) {
    -1 출력
}
else {
    나머지(b)가 0이 될 때까지 재귀 함수 호출하는 유클리드 호제법 함수 호출
    각 결괏값에 (c / 최대 공약수) 값을 곱하여 주고 해당 값을 출력하기
}

// 유클리드 호제법 함수 구현
Execute(a, b) {
    if(b == 0) 재귀 함수를 중단하고 return
    Execute(b, a % b)  // 호제법 함수 호출(재귀 함수 형태)
    // 재귀를 빠져나오는 형태가 자연스럽게 역순이 됨
    X = Y', Y = X'- (Y' * 몫)을 계산하는 역산 로직 구현
}

// 최대 공약수 gcd 함수 구현
gcd{
    if(b가 0이면) {
        a가 최대 공약수
    }
    else {
        // 재귀 함수 형태로 구현
        gcd(작은 수, 큰 수 % 작은 수)
    }
}
```

04단계 코드 구현하기

정수론/P21568_AxByC.cpp

```
#include <iostream>
#include <vector>
using namespace std;

long gcd(long a, long b);
vector<long> Execute(long a, long b);

int main()
{
    ios::sync_with_stdio(false);
    cin.tie(NULL);
    cout.tie(NULL);

    long a,b,c;
    cin >> a >> b >> c;
    long tgcd = gcd(a, b);

    if (c % tgcd != 0) {
        cout << -1 << "\n";
    }
    else {
        int mok = (int)(c / tgcd);
        vector<long> ret = Execute(a, b);
        cout << ret[0] * mok << " " << ret[1] * mok;
    }
}

vector<long> Execute(long a, long b) {
    vector<long> ret(2);

    if (b == 0) {
        ret[0] = 1;
        ret[1] = 0;
        return ret;
    }
```

```
    long q = a / b;
    vector<long> v = Execute(b, a % b);  // 재귀 형태로 호제법 수행
    ret[0] = v[1];  // 역으로 올라오면서 X, Y값을 계산하는 로직
    ret[1] = v[0] - v[1] * q;
    return ret;
}

long gcd(long a, long b) {
    if (b == 0) {
        return a;
    }
    else {
        return gcd(b, a % b);
    }
}
```

Do it! 코딩 테스트 — 실전 편

이제 준비 운동은 끝났습니다. 이번에는 다양한 알고리즘에 관련된 핵심 이론과 이를 바탕으로 실전 문제를 해결하는 방법을 알아보겠습니다. 셋째마당이 끝나면 어느새 코딩 테스트 고수가 돼 있을 것입니다. 그럼 시작하겠습니다!

그래프

그래프는 노드와 에지로 구성된 집합입니다.
노드는 데이터를 표현하는 단위이고 에지는 노드를 연결합니다.
09장에서 공부할 트리도 그래프의 일종입니다. 그래프는 여러 알고리즘에
많이 사용되는 자료구조이므로 코딩 테스트에 자주 등장합니다.
매우 중요한 장이므로 집중해서 공부해 주세요!

08-1 그래프의 표현

여기서는 그래프를 구현하는 3가지 방법을 알아봅니다. 그래프 관련 문제 풀이를 위한 필수 과정이므로 확실히 공부하고 넘어가기 바랍니다.

에지 리스트

에지 리스트edge list는 에지를 중심으로 그래프를 표현합니다. 에지 리스트는 배열에 출발 노드, 도착 노드를 저장하여 에지를 표현합니다. 또는 출발 노드, 도착 노드, 가중치를 저장하여 가중치가 있는 에지를 표현합니다. 다음을 통해 에지 리스트를 자세히 알아보겠습니다.

에지 리스트로 가중치 없는 그래프 표현하기

가중치가 없는 그래프는 출발 노드와 도착 노드만 표현하므로 배열의 열은 2개면 충분합니다.

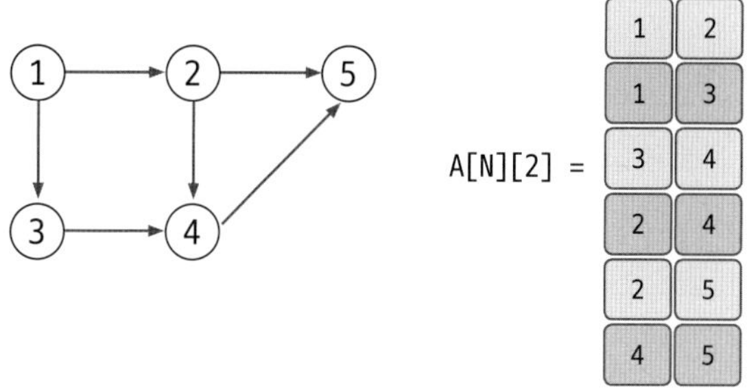

에지 리스트를 이용한 가중치가 없는 그래프 표현

1에서 2로 뻗어나가는 에지는 [1, 2]로 표현합니다. 4에서 5로 뻗어나가는 에지는 [4, 5]로 표현합니다. 이처럼 방향이 있는 그래프는 순서에 맞게 노드를 배열에 저장하는 방식으로 표현합니다. 그리고 노드를 배열에 저장하여 에지를 표현하므로 에지 리스트라 합니다.

여기서는 방향이 있는 그래프를 예로 들었습니다. 만약 방향이 없는 그래프라면 [1, 2], [2, 1]는 같은 표현일 것입니다.

에지 리스트로 가중치 있는 그래프 표현하기

가중치가 있는 그래프는 열을 3개로 늘려 3번째 열에 가중치를 저장하면 됩니다. 다음 그림을 봅시다.

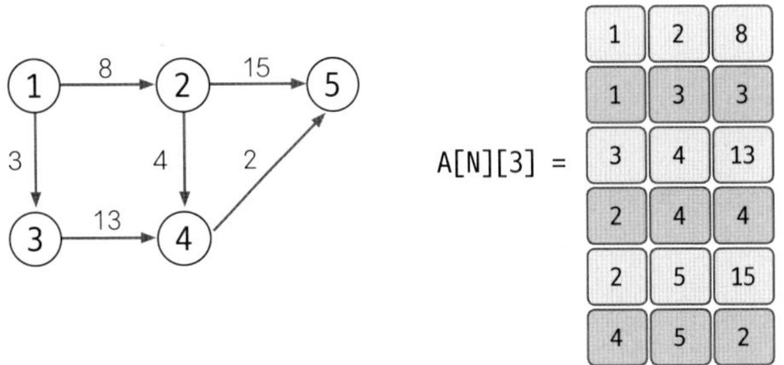

에지 리스트를 이용한 가중치가 있는 그래프 표현

1에서 2로 향하는 가중치가 8인 에지는 이제 [1, 2, 8]로 표현합니다. 이처럼 에지 리스트는 구현하기 쉽습니다. 하지만 특정 노드와 관련된 에지를 탐색하기는 쉽지 않습니다. 에지 리스트는 노드 사이의 최단 거리를 구하는 벨만-포드나 최소 신장 트리를 찾는 크루스칼 알고리즘에 사용하며, 노드 중심 알고리즘에는 잘 사용하지 않습니다.

인접 행렬

인접 행렬adjacency matrix은 2차원 배열을 자료구조로 이용하여 그래프를 표현합니다. 인접 행렬은 에지 리스트와 다르게 노드 중심으로 그래프를 표현합니다. 다음은 노드가 5개인 그래프를 5 x 5 인접 행렬로 표현한 것입니다. 그림으로 인접 행렬을 자세히 이해해 봅시다.

인접 행렬로 가중치 없는 그래프 표현하기

다음 그림을 보면 1에서 2를 향하는 에지를 인접 행렬은 1행 2열에 1을 저장하는 방식으로 표현합니다. 1을 저장하는 이유는 가중치가 없기 때문입니다. 1에서 2로 향하는 에지가 있다는 표시를 노드 중심으로 한다고 이해하면 됩니다.

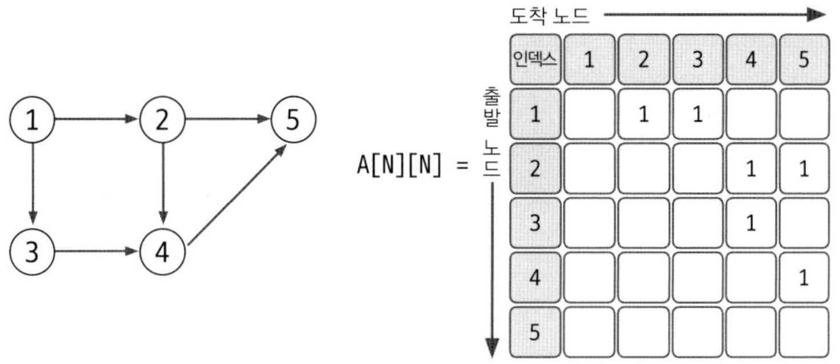

인접 행렬을 이용한 가중치가 없는 그래프 표현

인접 행렬로 가중치 있는 그래프 표현하기

계속해서 가중치가 있는 그래프 표현도 봅니다. 앞의 가중치가 없는 그래프를 이해했다면 가중치가 있는 그래프는 그림만 쓱 봐도 쉽게 이해할 수 있을 것입니다. 2에서 5로 향하는 에지의 가중치를 2행 5열에 기록합니다.

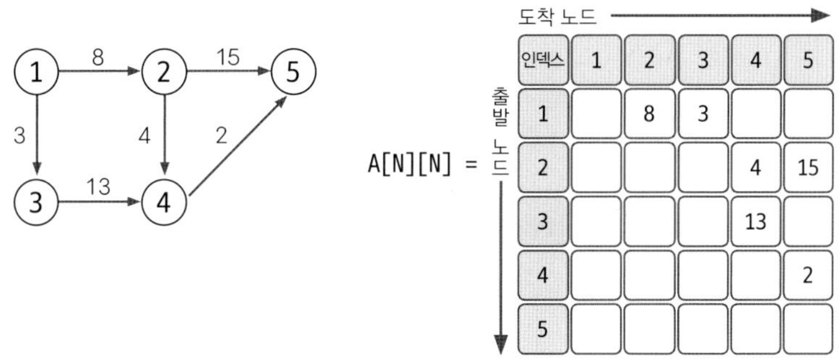

인접 행렬을 이용한 가중치가 있는 그래프 표현

이처럼 인접 행렬을 이용한 그래프 구현은 쉽습니다. 두 노드를 연결하는 에지의 여부와 가중치값은 배열에 직접 접근하면 바로 확인할 수 있는 것도 장점입니다. 하지만 노드와 관련되어 있는 에지를 탐색하려면 N번 접근해야 하므로 시간 복잡도가 인접 리스트에 비해 느리고 노드 개수에 비해 에지가 적을 때는 공간 효율성이 떨어집니다.

인접 리스트

C++의 인접 리스트adjacency list는 이차원 벡터로 그래프를 표현합니다. 자료형은 문제의 조건에 맞게 설정합니다. 다음 그림으로 이해해 볼까요?

인접 리스트로 가중치 없는 그래프 표현하기

다음은 인접 리스트로 가중치 없는 그래프를 표현한 것입니다. 여기서는 int 데이터 하나로 그래프를 표현하기에 충분하므로 vector〈vector〈int〉〉 A로 선언했습니다. 인접 리스트에는 N번 노드와 연결된 노드를 벡터의 위치 N에 연결된 노드 개수만큼 노드의 데이터를 push_back()으로 더하는 방식으로 표현합니다.

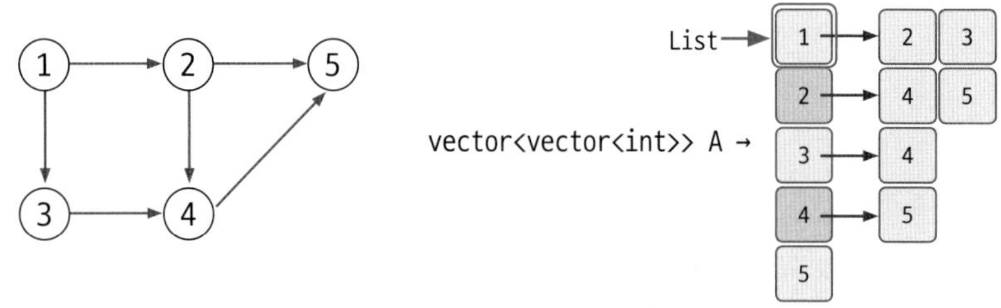

인접 리스트를 이용한 가중치가 없는 그래프 표현

예를 들어 노드 1과 연결된 2, 3 노드는 A[1]에 [2, 3]을 연결하는 방식으로 표현합니다. 계속해서 인접 리스트로 가중치 있는 그래프를 표현하는 방법을 알아봅시다.

여기서도 방향이 있는 그래프를 표현합니다.

인접 리스트로 가중치 있는 그래프 표현하기

가중치가 있는 경우 pair 클래스를 이용하여 표현할 수 있습니다. 다음은 (도착 노드, 가중치)를 갖는 pair 클래스를 이차원 벡터에 사용한 것입니다.

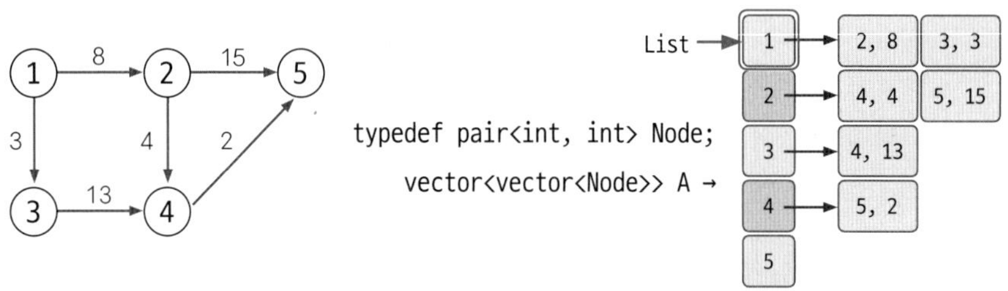

인접 리스트를 이용한 가중치가 있는 그래프 표현

그림을 보면 A[1]에 [(2, 8), (3, 3)]이 연결되어 있습니다. 이는 노드 1과 2가 가중치 8 에지로, 노드 1과 3이 가중치 3 에지로 연결되어 있다는 것을 보여 줍니다. 방향성도 고려했습니다. 그래프를 구현하는 다른 방법에 비해 인접 리스트를 이용한 그래프 구현은 복잡한 편입니다. 하지만 노드와 연결된 에지를 탐색하는 시간은 매우 뛰어나며, 노드 개수가 커도 공간 효율이 좋아 메모리 초과 에러도 발생하지 않습니다. 이런 장점으로 실제 코딩 테스트에서는 인접 리스트를 이용한 그래프 구현을 선호합니다.

이후 등장하는 실전 문제는 그래프 구현과 함께 앞에서 공부한 DFS, BFS를 복습합니다. 문제를 풀면서 그래프 구현에 익숙해지기 바랍니다.

문제 046 특정 거리의 도시 찾기

시간 제한 2초 | 난이도 S2 실버 II | 백준 온라인 저지 18352번

1번부터 N번까지의 도시와 M개의 단방향 도로가 존재하고, 모든 도로의 거리는 1인 도시가 있다. 도시 X로부터 출발해 도달할 수 있는 모든 도시 중 최단 거리가 정확히 K인 모든 도시들의 번호를 출력하시오(출발 도시 X에서 출발 도시 X로 가는 최단 거리는 항상 0이다).

예를 들어 N = 4, K = 1, X = 1일 때 다음과 같이 그래프가 구성돼 있다고 가정해 보자.

1 → 2, 1 → 3, 2 → 3, 2 → 4

이때 1번 도시에서 출발해 도달할 수 있는 도시 중 최단 거리가 1인 도시는 2번과 3번 도시다. 4번 도시는 최단 거리가 2이므로 출력하지 않는다.

ndb796님이 제작한 문제를 일부 수정해 수록했습니다.

입력

1번째 줄에 도시의 개수(N), 도로의 개수(M), 거리 정보(K), 출발 도시의 번호(X)가 입력된다(2 ≤ N ≤ 300,000, 1 ≤ M ≤ 1,000,000, 1 ≤ K ≤ 300,000, 1 ≤ X ≤ N). 이후 M개의 줄에 걸쳐 2개의 자연수 A, B가 공백으로 구분돼 주어진다. A번 도시에서 B번 도시로 이동하는 단방향 도로가 존재한다는 뜻이다(1 ≤ A, B ≤ N). 단, A와 B는 같을 수 없다.

출력

X로부터 출발해 도달 가능한 도시 중 최단 거리가 K인 모든 도시의 번호를 1줄에 1개씩 오름차순으로 출력한다. 해당하는 도시가 1개도 존재하지 않으면 -1을 출력한다.

예제 입력 1
4 4 2 1 // 도시 개수, 도로 개수, 거리 정보, 출발 도시 번호
1 2
1 3
2 3
2 4

예제 출력 1
4

예제 입력 2
4 3 2 1
1 2
1 3
1 4

예제 출력 2
-1

01단계 문제 분석하기

모든 도로의 거리가 1이므로 가중치가 없는 인접 리스트로 이 그래프를 표현할 수 있습니다. 도시의 개수가 300,000, 도로의 최대 크기가 1,000,000이므로 BFS 탐색을 수행하면 이 문제를 시간 복잡도 안에서 해결할 수 있습니다.

02단계 손으로 풀어 보기

1 인접 리스트로 도시와 도로 데이터의 그래프를 구현합니다.

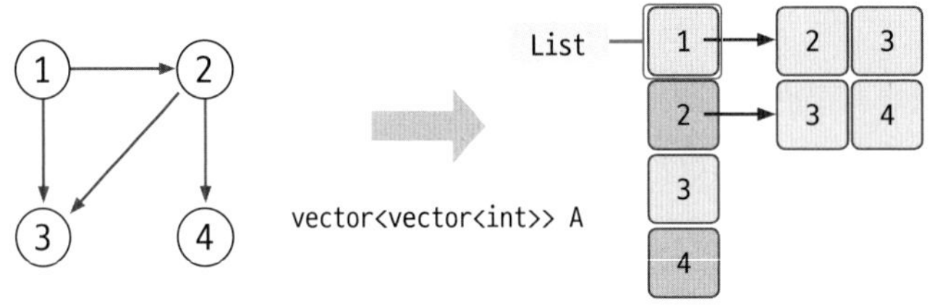

2 BFS 탐색 알고리즘으로 탐색을 수행하면서 각 도시로 가는 최단 거릿값을 방문 배열에 저장합니다.

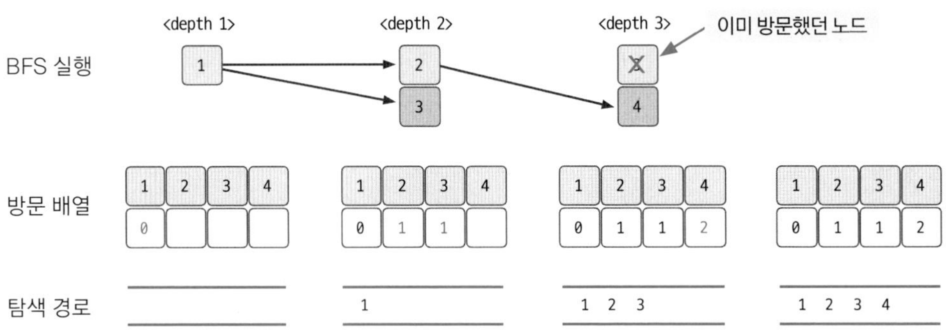

최초에는 방문 도시가 1이고, 이동하지 않았으므로 방문 배열에 0을 저장합니다. 이후 방문하는 도시는 이전 도시의 방문 배열값 + 1을 방문 배열에 저장하는 방식으로 이동 거리를 저장합니다. 예를 들어 방문 배열[2]에는 이전 도시의 방문 배열값이 0이므로 0 + 1을 기록합니다.

3 탐색 종료 후 방문 배열에서 값이 K와 같은 도시의 번호를 출력합니다.

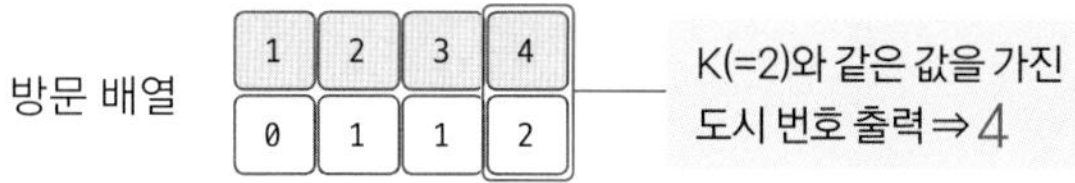

03단계 슈도코드 작성하기

```
N(노드 개수), M(에지 개수), K(목표 거리), X(시작점)
answer(정답 배열)
A(그래프 데이터 저장 인접 리스트) visited(방문 거리 저장 배열)
벡터 A 크기 설정(N + 1)

for(M의 개수만큼 반복하기) {
    인접 리스트 A에 그래프 데이터 저장
}

visited 벡터 크기 설정(N + 1) 및 -1로 초기화

BFS(X) 실행하기

for(N의 개수만큼 반복하기) {
    방문 거리가 K인 노드의 숫자를 정답 배열에 더하기
}

정답 배열 오름차순 정렬 후 출력

BFS {  // BFS 구현
    큐 자료구조에 출발 노드 더하기
    visited 배열에 현재 노드 방문 기록
    while(큐가 빌 때까지) {
        큐에서 노드 데이터를 가져오기
```

```
        현재 노드의 연결 노드 중 방문하지 않은 노드를
        큐에 데이터 삽입하고 visited 배열에 방문 거리 기록
        → 이전 노드의 방문 노드 거리 + 1
    }
}
```

04단계 코드 구현하기

그래프/P18352_특정거리도시찾기.cpp

```cpp
#include <iostream>
#include <vector>
#include <algorithm>
#include <queue>
using namespace std;

void BFS(int node);
static vector<vector<int>> A;
static vector<int> answer;
static vector<int> visited;

int main()
{
    ios::sync_with_stdio(false);
    cin.tie(NULL);
    cout.tie(NULL);

    long N, M, K, X;
    cin >> N >> M >> K >> X;   // 노드 수, 에지 수, 목표 거리, 시작점
    A.resize(N + 1);

    for (int i = 0; i < M; i++) {
        int S, E;
        cin >> S >> E;
        A[S].push_back(E);
    }
```

```
    visited.resize(N + 1);

    for (int i = 0; i <= N; i++) {
        visited[i] = -1;
    }

    BFS(X);

    for (int i = 0; i <= N; i++) {
        if (visited[i] == K) {
            answer.push_back(i);
        }
    }
    if (answer.empty()) {
        cout << -1 << "\n";
    }
    else {
        sort(answer.begin(), answer.end());
        for (int temp : answer) {
            cout << temp << "\n";
        }
    }
}

void BFS(int node) {
    queue<int> queue;
    queue.push(node);
    visited[node]++;

    while (!queue.empty()) {
        int now_node = queue.front();
        queue.pop();
        for (int i : A[now_node]) {
            if (visited[i] == -1) {
                visited[i] = visited[now_node] + 1;
                queue.push(i);
            }
        }
    }
}
```

문제 047

효율적으로 해킹하기

시간 제한 5초 | 난이도 S1 실버 I | 백준 온라인 저지 1325번

해커 김지민은 잘 알려진 어느 회사를 해킹하려고 한다. 이 회사에는 신뢰하는 관계와 신뢰하지 않는 관계로 이루어진 N개의 컴퓨터가 있다. A가 B를 신뢰할 경우 B를 해킹하면 A도 해킹할 수 있다. 이 회사의 컴퓨터의 신뢰하는 관계가 주어졌을 때 한 번에 가장 많은 컴퓨터를 해킹할 수 있는 컴퓨터의 번호를 출력하는 프로그램을 작성하시오.

입력

1번째 줄에 N과 M이 들어온다. N은 10,000보다 작거나 같은 자연수, M은 100,000보다 작거나 같은 자연수다. 2번째 줄부터 M개의 줄에 신뢰하는 관계가 'A B'와 같은 형식으로 들어오며, 'A가 B를 신뢰한다'를 의미한다. 컴퓨터는 1번부터 N번까지 번호가 1개씩 매겨져 있다.

출력

1번째 줄에 김지민이 한 번에 가장 많은 컴퓨터를 해킹할 수 있는 컴퓨터의 번호를 오름차순 출력한다.

예제 입력 1

```
5 4  // 컴퓨터 개수(노드), 신뢰 관계 개수(에지)
3 1
3 2
4 3
5 3
```

예제 출력 1

```
1 2
```

01단계 문제 분석하기

N과 M의 크기가 작은 편이므로 시간 복잡도와 관련된 제약은 크지 않은 편입니다. 이 문제에서 잘 확인해야 할 부분은 신뢰 관계가 A, B라고 했을 때, A가 B를 신뢰한다는 것입니다. 또한 가장 많은 컴퓨터를 해킹할 수 있는 컴퓨터는 신뢰를 가장 많이 받는 컴퓨터입니다. 그래프의 노드와 에지를 기준으로 이해하면 A라는 노드에서 탐색 알고리즘으로 방문하는 노드가 B, C라고 하면 B, C는 A에게 신뢰받는 노드가 됩니다. 이 부분을 고려해 문제에 접근해 보겠습니다.

02단계 손으로 풀어 보기

1 인접 리스트로 컴퓨터와 신뢰 관계 데이터의 그래프를 표현합니다.

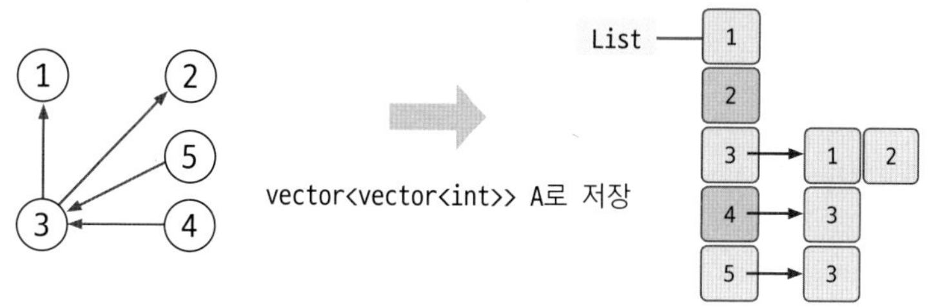

2 모든 노드로 각각 BFS 탐색 알고리즘을 적용해 탐색을 수행합니다. 탐색을 수행하면서 탐색되는 노드들의 신뢰도를 증가시켜 줍니다.

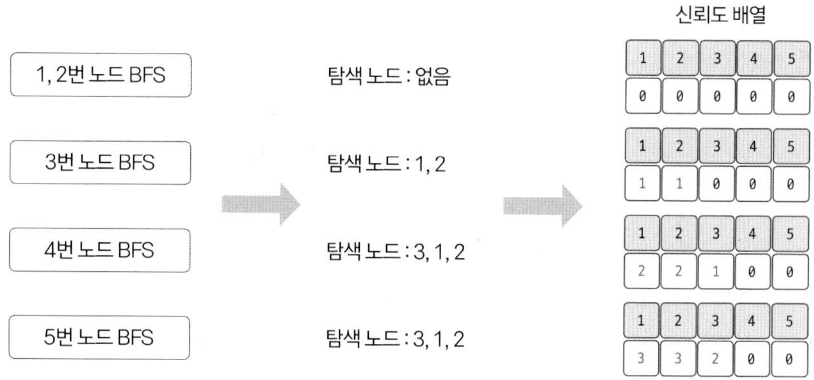

3 탐색 종료 후 신뢰도 배열을 탐색해 신뢰도의 최댓값을 Max값으로 지정하고, 신뢰도 배열을 다시 탐색하면서 Max값을 지닌 노드를 오름차순 출력합니다.

1	2	3	4	5
3	3	2	0	0

신뢰도 배열의 최댓값은 3

⇒ 값 3을 지닌 노드의 인덱스값을 오름차순으로 출력

∴ 1 2

03단계 슈도코드 작성하기

```
N(노드 개수), M(에지 개수)
answer(정답 배열)
A(그래프 데이터 저장 인접 리스트), visited(방문 여부 저장 배열)
배열 A 크기 설정(N + 1)

for(M의 개수만큼 반복하기) {
    인접 리스트 A에 그래프 데이터 저장
}

visited 배열 크기 설정(N + 1)

for(i → N의 개수만큼 반복하기) {
    visited 배열 초기화하기
    BFS(i) 실행  // 모든 노드에서 BFS 실행
}
for(N의 개수만큼 반복하기) {
    answer 배열에서 가장 큰 수 찾기 → maxVal
}
for(N의 개수만큼 반복하기) {
    answer 배열에서 maxVal와 같은 값을 가진 index를 정답으로 출력하기
}
정답 배열 오름차순 정렬해 출력

BFS {  // BFS 구현
    큐 자료구조에 출발 노드 더하기
    visited 배열에 현재 노드 방문 기록
    while(큐가 빌 때까지) {
        큐에서 노드 데이터를 가져오기
        현재 노드의 연결 노드 중 방문하지 않은 노드로
        신규 노드 인덱스의 정답 배열값 증가시키기
        큐에 데이터 삽입하고 visited 배열에 방문 기록
    }
}
```

04단계 **코드 구현하기**

그래프/P1325_효율적인해킹.cpp

```
#include <iostream>
#include <vector>
#include <queue>
using namespace std;

void BFS(int node);
static vector<vector<int>> A;
static vector<int> answer;
static vector<bool> visited;

int main()
{
    ios::sync_with_stdio(false);
    cin.tie(NULL);
    cout.tie(NULL);

    long N, M;
    cin >> N >> M;
    A.resize(N + 1);
    answer.resize(N + 1);

    for (int i = 0; i < M; i++) {
        int S, E;
        cin >> S >> E;
        A[S].push_back(E);
    }

    visited.resize(N + 1);

    for (int i = 0; i <= N; i++) {
        fill(visited.begin(), visited.end(), false);
        BFS(i);
    }

    int maxVal = 0;
```

```
    for (int i = 1; i <= N; i++) {
        maxVal = max(maxVal, answer[i]);
    }
    for (int i = 1; i <= N; i++) {
        // answer 배열에서 maxVal와 같은 값을 가진 index를 정답으로 출력
        if (answer[i] == maxVal) {
            cout << i << " ";
        }
    }
}

void BFS(int index) {
    queue<int> queue;
    queue.push(index);
    visited[index] = true;
    while (!queue.empty()) {
        int now_node = queue.front();
        queue.pop();
        for (int i : A[now_node]) {
            if (visited[i] == false) {
                visited[i] = true;
                answer[i]++;   // 신규 노드 인덱스의 정답 배열값 증가시키기
                queue.push(i);
            }
        }
    }
}
```

문제 048

이분 그래프 판별하기

시간 제한 2초 | 난이도 G4 골드 IV | 백준 온라인 저지 1707번

각 집합에 속한 노드끼리 서로 인접하지 않는 두 집합으로 그래프의 노드를 나눌 수 있을 때 이 그래프를 '이분 그래프bipartite graph'라고 한다. 그래프가 입력으로 주어졌을 때 이 그래프가 이분 그래프인지 아닌지 판별하는 프로그램을 작성하시오.

입력

입력은 여러 개의 사례로 구성돼 있는데, 1번째 줄에 테스트 케이스의 개수 K(2 ≤ K ≤5)가 주어진다. 각 사례의 1번째 줄에 그래프의 노드의 개수 V(1 ≤ V ≤ 20,000)와 에지의 개수 E(1 ≤ E ≤ 200,000)가 빈칸을 사이에 두고 순서대로 주어진다. 각 노드에는 1부터 V까지 차례로 번호가 붙어 있다. 이어서 2번째 줄부터 E개의 줄에 걸쳐 에지와 관련된 정보가 주어지는데, 각 줄에 인접한 두 노드의 번호가 공백 문자를 사이에 두고 주어진다.

출력

K개의 줄에 걸쳐 입력으로 주어진 그래프가 이분 그래프이면 YES, 아니면 NO를 순서대로 출력한다.

예제 입력 1

```
2     // 테스트 케이스 개수
3 2   // 노드 개수, 에지 개수
1 3
2 3
4 4
1 2
2 3
3 4
4 2
```

예제 출력 1

```
YES
NO
```

01단계 문제 분석하기

노드의 집합을 2개로 나누는데, 인접한 노드끼리 같은 집합이 되지 않도록 적절하게 임의로 분할할 수 있다고 합니다. 잘 생각해 보면 트리는 항상 이분 그래프가 된다는 것을 알 수 있습니다. 사이클이 발생하지 않으면 탐색을 하면서 다음 노드를 이번 노드와 다른 집합으로 지정하면 되기 때문입니다. 단, 사이클이 발생했을 때는 이런 이분 그래프가 불가능할 때가 있습니다. 바로 다음과 같을 때입니다.

트리의 개념을 모른다면 09-1에서 트리의 핵심 이론을 먼저 공부하세요.

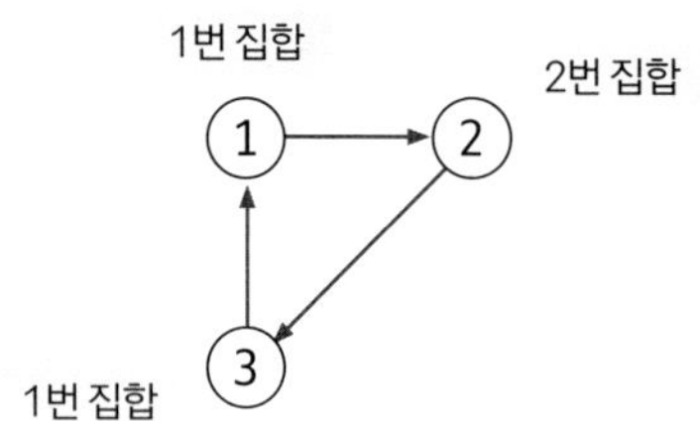

이때는 3번 노드를 1번 집합으로 설정하면 1번 노드와 인접하면서 같은 집합에 속하게 되고, 2번 집합으로 설정하면 2번 노드와 인접하면서 같은 집합에 속하게 돼 이분 그래프가 불가능합니다. 그렇다면 이때를 어떻게 도출할 수 있을까요? 바로 기존의 탐색 메커니즘에서 탐색한 노드에 다시 접근하게 됐을 때 현재 노드의 집합과 같으면 이분 그래프가 불가능하다는 것으로 판별할 수 있습니다.

02단계 손으로 풀어 보기

1 입력된 그래프 데이터를 인접 리스트로 구현합니다.

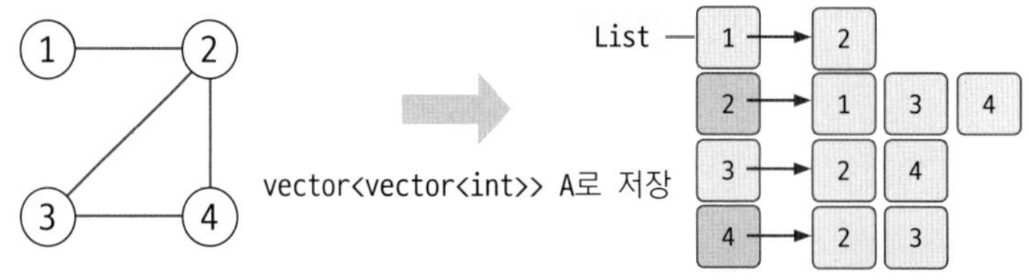

2 모든 노드로 각각 DFS 탐색 알고리즘을 적용해 탐색을 수행합니다. DFS를 실행할 때 현재 노드에서 연결된 노드 중 이미 방문한 노드가 나와 같은 집합이면 이분 그래프가 아닌 것으로 판별합니다. 실행 결과가 이분 그래프가 아니면 이후 노드는 탐색하지 않습니다.

2개 집합을 각각 A, B로 표현했습니다.

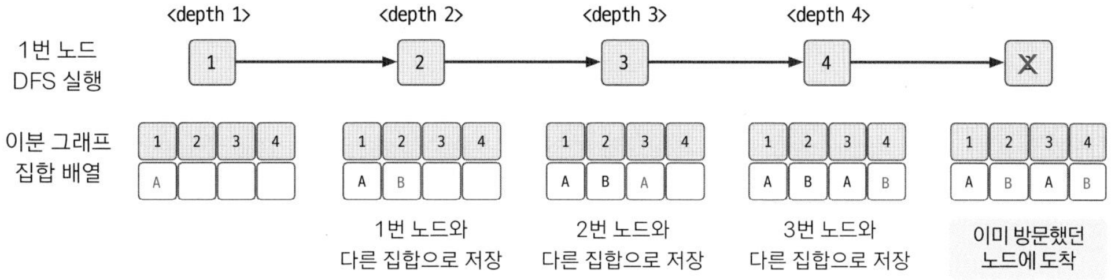

3 이분 그래프 여부를 정답으로 출력합니다.

출발 노드(4)와 도착 노드(2)의 집합이 같으므로 이분 그래프 불가능 ⇒ ∴ NO 출력

4 테스트 케이스의 개수만큼 과정 1~3을 반복합니다.

여기에서 모든 노드로 DFS를 실행하는 이유는 그래프의 모든 노드가 이어져 있지 않고, 여러 개의 부분 그래프로 이뤄진 케이스가 존재할 수 있기 때문입니다.

03단계 슈도코드 작성하기

```
N(노드 개수), M(에지 개수), check(이분 그래프 체크 배열)
A(그래프 데이터 저장 인접 리스트), visited(방문 기록 저장 배열)
N(테스트 케이스)

for(N의 개수만큼 반복하기) {
    V(노드 개수)
    E(에지 개수)
    배열 A 크기 설정(V + 1)
    visited 배열 크기 설정(V + 1)
    check 배열 크기 설정(V + 1)
    IsEven = true 설정

    for(M의 개수만큼 반복하기) {
        A 인접 리스트에 그래프 데이터 저장
    }
    for(V 개수만큼 반복하기) {
        각 노드에서 DFS 실행 → 결과가 이분 그래프가 아니면 반복 종료
    }
```

```
    이분 그래프 여부를 정답으로 출력
    모든 변수를 다음 테스트 케이스를 위해 초기화
}

DFS {  // DFS 구현
    visited 배열에 현재 노드 방문 기록
    if(현재 노드의 연결 노드 중 방문하지 않은 노드로) {
        현재 노드와 다른 집합으로 연결 노드 집합 저장
        DFS 실행(재귀 형태)
    }
    else {  // 이미 방문한 노드인데 현재 나의 노드와 같은 집합이면
        이분 그래프가 아님
    }
}
```

04단계 코드 구현하기

그래프/P1707_이분그래프.cpp

```
#include <iostream>
#include <vector>
using namespace std;

void DFS(int node);
static vector<vector<int>> A;
static vector<int> check;
static vector<bool> visited;
static bool IsEven;

int main()
{
    ios::sync_with_stdio(false);
    cin.tie(NULL);
    cout.tie(NULL);

    int N;
    cin >> N;
```

```
    for (int t = 0; t < N; t++) {
        int V, E;
        cin >> V >> E;
        A.resize(V + 1);
        visited.resize(V + 1);
        check.resize(V + 1);
        IsEven = true;

        for (int i = 0; i < E; i++) {
            int S, E;
            cin >> S >> E;
            A[S].push_back(E);
            A[E].push_back(S);
        }
        // 주어진 그래프가 하나로 연결된다는 보장이 없으므로 모든 노드에서 수행
        for (int i = 1; i <= V; i++) {
            if (IsEven) {
                DFS(i);
            }
            else {
                break;
            }
        }
        if (IsEven) {
            cout << "YES" << "\n";
        }
        else {
            cout << "NO" << "\n";
        }
        for (int i = 0; i <= V; i++) {
            A[i].clear();
            visited[i] = false;
            check[i] = 0;
        }
    }
}

void DFS(int node) {  // DFS 구현
```

```
    visited[node] = true;

    for (int i : A[node]) {
        if (!visited[i]) {
            // 인접한 노드는 같은 집합이 아니므로 이전 노드와 다른 집합으로 처리
            check[i] = (check[node] + 1) % 2;
            DFS(i);
        }
        else if (check[node] == check[i]) {
            // 이미 방문한 노드가 현재 노드와 같은 집합이면 이분 그래프가 아님
            IsEven = false;
        }
    }
}
```

문제 049

물의 양 구하기

시간 제한 1초 | 난이도 G5 골드 V | 백준 온라인 저지 2251번

각각 부피가 A, B, C(1 ≤ A, B, C ≤ 200) 리터L인 3개의 물통이 있다. 처음에는 앞의 두 물통은 비어 있고, 3번째 물통은 가득(C 리터) 차 있다. 이제 어떤 물통에 들어 있는 물을 다른 물통으로 쏟아부을 수 있는데, 이때는 한 물통이 비거나, 다른 한 물통이 가득 찰 때까지 물을 부을 수 있다. 이 과정에서 손실되는 물은 없다고 가정한다. 이와 같은 과정을 거치다 보면 3번째 물통(용량이 C인)에 담겨 있는 물의 양이 변할 수도 있다. 1번째 물통(용량이 A인)이 비어 있을 때 3번째 물통(용량이 C인)에 담겨 있을 수 있는 물의 양을 모두 구하는 프로그램을 작성하시오.

입력

1번째 줄에 세 정수 A, B, C가 주어진다.

출력

1번째 줄에 공백으로 구분해 답을 출력한다. 각 용량은 오름차순 정렬한다.

예제 입력 1

```
8 9 10  // A B C
```

예제 출력 1

```
1 2 8 9 10
```

01단계 문제 분석하기

지금까지 접해 봤던 그래프 데이터를 저장하고 저장한 자료구조를 이용하는 방식과 달리, 그래프 원리를 적용해 그래프를 역으로 그리는 방식으로 접근하는 문제입니다. A, B, C의 특정 용량 상태를 1개의 노드로 가정하고, 조건에 따라 이 상태에서 변경할 수 있는 이후 용량 상태가 에지로 이어진 인접한 노드라고 생각하고, 문제에 접근해 봅시다.

02단계 손으로 풀어 보기

1 처음에 물통 A, B는 비어 있고, C는 꽉 차 있으므로 최초 출발 노드를 (0, 0, 3번째 물통의 용량)으로 초기화합니다.

2 BFS를 수행합니다. 탐색 과정은 다음과 같습니다.

BFS 과정

① 노드에서 갈 수 있는 6개의 경우(A → B, A → C, B → A, B → C, C → A, C → B)에 관해 다음 노드로 정해 큐에 추가한다. A, B, C 용량이 동일한 노드에 방문한 이력이 있을 때는 큐에 추가하지 않는다.

② 보내는 물통의 모든 용량을 받는 물통에 저장하고, 보내는 물통에는 0을 저장한다. 단, 받는 물통이 넘칠 때는 초과하는 값만큼 보내는 물통에 남긴다.

③ 큐에 추가하는 시점에 1번째 물통(A)의 용량이 0일 때가 있으면 3번째 물통(C)의 값을 정답 배열에 추가한다.

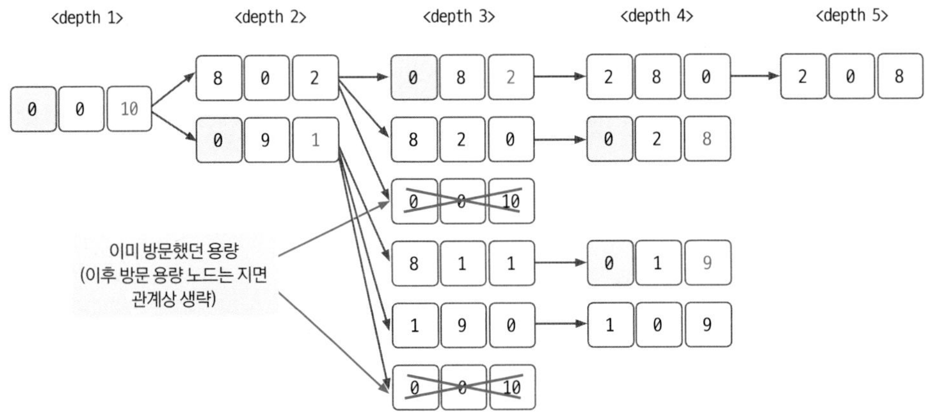

3 정답 배열을 오름차순 출력합니다.

10 1 2 8 9를 오름차순으로 정렬 후 출력 ⇒ ∴ 1 2 8 9 10

03단계 슈도코드 작성하기

```
Sender, Receiver(6가지 경우를 탐색하기 위한 선언 배열)
answer(정답 배열)
now(A, B, C의 값을 저장하는 배열)
now 배열 저장
BFS 수행

for(answer 배열 탐색하기) {
    answer 배열에서 값이 true인 index를 정답으로 출력
}

BFS {  // BFS 구현하기
    큐 자료구조에 출발 노드 더하기 → A와 B가 0인 상태이므로 0, 0 노드에서 시작하기
    visited 배열에 현재 노드 방문 기록
    answer 배열에 현재 C의 값 체크

    while(큐가 빌 때까지) {
        큐에서 노드 데이터를 가져오기
        데이터를 이용해 A, B, C의 값 초기화하기
```

```
        for(6가지 케이스 반복하기) {  // A → B, A → C, B → A, B → C, C → A, C → B
            받는 물통에 보내려는 물통의 값을 더하기
            보내려는 물통 값을 0으로 업데이트하기
            if(받는 물통이 넘칠 때) {
                넘치는 만큼 보내는 물통에 다시 넣어 주고
                받는 물통은 이 물통의 최댓값으로 저장
            }
            현재 노드의 연결 노드 중 방문하지 않은 노드로
            큐에 데이터 삽입하고 visited 배열에 방문 기록
            if(1번째 물통이 비어 있을 때) 3번째 물통의 물의 양을 answer 배열에 기록
        }
    }
}
```

04단계 코드 구현하기

그래프/P2251_물통.cpp

```cpp
#include <iostream>
#include <queue>
using namespace std;

void BFS();
// 6가지 이동 케이스를 표현하기 위한 배열
static int Sender[] = {0, 0, 1, 1, 2, 2};
static int Receiver[] = {1, 2, 0, 2, 0, 1};
// A B의 용량만 있으면 C의 용량이 고정되므로 2개로만 체크 가능
static bool visited[201][201];
static bool answer[201];
static int now[3];  // A B C 물의 양을 저장하는 배열

int main()
{
    ios::sync_with_stdio(false);
    cin.tie(NULL);
    cout.tie(NULL);
```

```
    cin >> now[0] >> now[1] >> now[2];
    BFS();

    for (int i = 0; i < 201; i++) {
        if (answer[i]) {
            cout << i << " ";
        }
    }
}

void BFS() {
    queue<pair<int,int>> queue;
    queue.push(make_pair(0, 0));
    visited[0][0] = true;
    answer[now[2]] = true;

    while (!queue.empty()) {
        pair<int, int> p = queue.front();
        queue.pop();
        int A = p.first;
        int B = p.second;
        int C = now[2] - A - B;  // C는 전체 물의 양에서 A와 B를 뺀 것
        // A → B, A → C, B → A, B → C, C → A, C → B 6개의 케이스로 이동

        for (int k = 0; k < 6; k++) {
            int next[] = { A, B, C };
            next[Receiver[k]] += next[Sender[k]];
            next[Sender[k]] = 0;

            // 대상 물통의 용량보다 물이 많아 넘칠 때
            if (next[Receiver[k]] > now[Receiver[k]]) {
                // 초과하는 만큼 다시 이전 물통에 넣음
                next[Sender[k]] = next[Receiver[k]] - now[Receiver[k]];
                // 대상 물통은 최대로 채움
                next[Receiver[k]] = now[Receiver[k]];
            }
            // A와 B의 물의 양을 통하여 방문 배열 체크
            if (!visited[next[0]][next[1]]) {
                visited[next[0]][next[1]] = true;
```

```
                queue.push(make_pair(next[0], next[1]));
                // A의 물의 양이 0일 때 C의 물의 용량을 정답 변수에 저장
                if (next[0] == 0) {
                    answer[next[2]] = true;
                }
            }
        }
    }
}
```

08-2 유니온 파인드

유니온 파인드union-find는 일반적으로 여러 노드가 있을 때 특정 2개의 노드를 연결해 1개의 집합으로 묶는 union 연산과 두 노드가 같은 집합에 속해 있는지를 확인하는 find 연산으로 구성된 알고리즘입니다.

유니온 파인드의 핵심 이론

유니온 파인드는 union, find 연산을 완벽히 이해하는 것이 핵심입니다. 두 연산은 다음과 같습니다. 이 설명을 염두에 두고 원리를 공부해 봅시다.

union, find 연산

- union 연산: 각 노드가 속한 집합을 1개로 합치는 연산입니다. 노드 a, b가 a ∈ A, b ∈ B일 때 union(a, b)는 A ∪ B를 말합니다.
- find 연산: 특정 노드 a에 관해 a가 속한 집합의 대표 노드를 반환하는 연산입니다. 노드 a가 a ∈ A일 때 find(a)는 A 집합의 대표 노드를 반환합니다.

유니온 파인드의 원리 이해하기

두 연산을 알아봤으므로 이번에는 유니온 파인드 알고리즘 구현 방법을 설명하겠습니다.

1. 유니온 파인드를 표현하는 일반적인 방법은 1차원 배열을 이용하는 것입니다. 처음에는 노드가 연결되어 있지 않으므로 각 노드가 대표 노드가 됩니다. 각 노드가 모두 대표 노드이므로 배열은 자신의 인덱스값으로 초기화합니다.

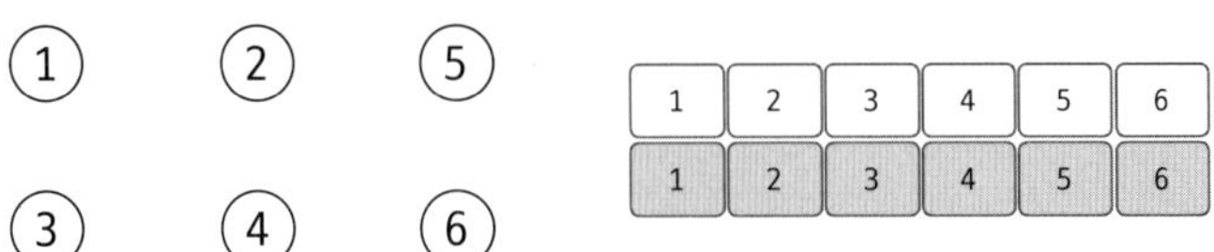

2. 2개의 노드를 선택해 각각의 대표 노드를 찾아 연결하는 union 연산을 수행합니다. 배열을 보면 1, 4와 5, 6을 union 연산으로 연결합니다. 배열[4]는 1로, 배열[6]은 5로 업데이

트합니다. 이렇게 업데이트하는 것의 의미를 이해해야 합니다. 1, 4의 연결을 예로 들어 설명해 보겠습니다. 1은 대표 노드, 4는 자식 노드로 union 연산을 하므로 배열[4]의 대표 노드를 1로 설정한 것입니다. 다시 말해 자식 노드로 들어가는 노드값 4를 대표 노드값 1로 변경한 것입니다. 그 결과 각각의 집합이었던 1, 4는 하나로 합쳐집니다.

union(5, 6)은 6의 대표 노드를 5로 업데이트합니다.

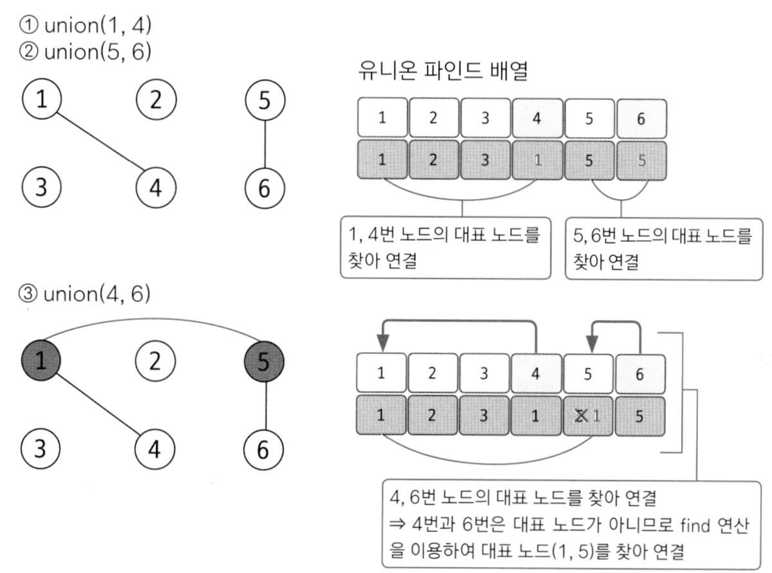

설명을 잘 따라오고 있나요? 이제 union(4, 6)으로 4와 6을 연결해 봅니다. 그런데 4, 6은 대표 노드가 아닙니다. 그래서 각 노드의 대표 노드를 찾아 올라간 다음 그 대표 노드를 연결합니다. 여기서는 4의 대표 노드 1에 6의 대표 노드 5를 연결한 것입니다. 배열은 그림 [1, 2, 3, 1, 1, 5]가 됩니다. 배열 상태로 보면 그래프의 연결이 잘 안 보일 수도 있겠지만 다음 find 연산 설명을 보면 위 배열이 그래프 연결을 잘 나타내고 있다는 것을 쉽게 이해할 수 있을 것입니다.

3 find 연산은 자신이 속한 집합의 대표 노드를 찾는 연산입니다. find 연산은 단순히 대표 노드를 찾는 역할만 하는 것이 아니라 그래프를 정돈하고 시간 복잡도를 줄입니다. 이 특징은 매우 중요하므로 다음 설명을 집중하여 읽기 바랍니다.

find 연산의 작동 원리

① 대상 노드 배열에 index값과 value값이 동일한지 확인합니다.

② 동일하지 않으면 value값이 가리키는 index 위치로 이동합니다.

③ 이동 위치의 index값과 value값이 같을 때까지 ①~②를 반복합니다. 반복이므로 이 부분은 재귀 함수로 구현합니다.

④ 대표 노드에 도달하면 재귀 함수를 빠져나오면서 거치는 모든 노드값을 대표 노드값으로 변경합니다.

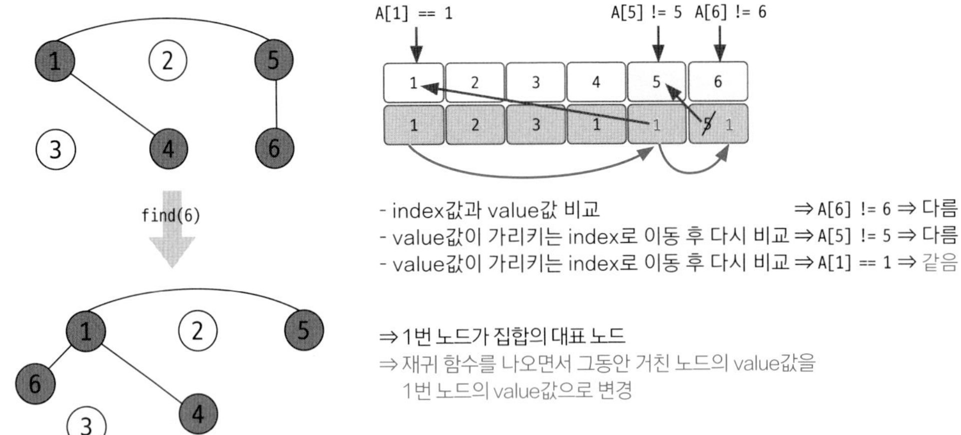

A[1] == 1
A[5] != 5
A[6] != 6
find(6)
- index값과 value값 비교 ⇒ A[6] != 6 ⇒ 다름
- value값이 가리키는 index로 이동 후 다시 비교 ⇒ A[5] != 5 ⇒ 다름
- value값이 가리키는 index로 이동 후 다시 비교 ⇒ A[1] == 1 ⇒ 같음
⇒ 1번 노드가 집합의 대표 노드
⇒ 재귀 함수를 나오면서 그동안 거친 노드의 value값을 1번 노드의 value값으로 변경

find 연산은 잘 생각하면 시간 복잡도가 줄어드는 효과를 얻게 됩니다. 연산을 할 때 거치는 노드들이 대표 노드와 바로 연결되는 형태로 변경되는 것을 알 수 있습니다. 이렇게 되면 추후 노드와 관련된 find 연산 속도가 O(1)로 변경됩니다. 다음 예로 확인해 보겠습니다.

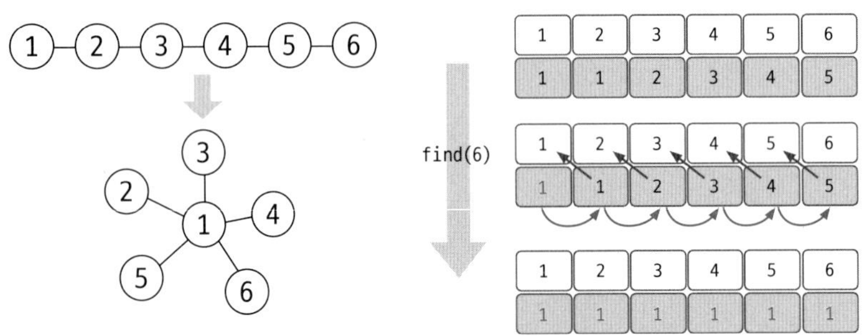

find(6)

한 번의 find 연산을 이용해 모든 노드가 루트 노드에 직접 연결되는 형태로 변경되는 것을 볼 수 있습니다. 이러한 형태로 변경되면 이후 find 연산이 진행될 때 경로 압축의 효과가 나타납니다. 예를 들어 이후 find(4) 연산을 수행하면 한 번의 이동으로 바로 대표 노드를 찾을 수 있게 되겠죠?

경로 압축은 실제 그래프에서 여러 노드를 거쳐야 하는 경로에서 그래프를 변형해 더 짧은 경로로 갈 수 있도록 함으로써 시간 복잡도를 효과적으로 줄이는 방법을 말합니다.

이제 관련 실전 문제를 풀면서 유니온 파인드 알고리즘을 실제로 구현해 보겠습니다.

집합 표현하기

시간 제한 2초 | 난이도 G4 골드 IV | 백준 온라인 저지 1717번

초기에 {0}, {1}, {2}, ... {n} 이 각각 n + 1개의 집합을 이루고 있다. 여기에 합집합 연산과 두 원소가 같은 집합에 포함돼 있는지를 확인하는 연산을 수행하려고 한다. 집합을 표현하는 프로그램을 작성하시오.

입력

1번째 줄에 n(1 ≤ n ≤ 1,000,000), m(1 ≤ m ≤ 100,000)이 주어진다. m은 입력으로 주어지는 연산의 개수다. 다음 m개의 줄에는 각각의 연산이 주어진다. 합집합은 0 a b의 형태로 입력이 주어진다. 이는 a가 포함돼 있는 집합과 b가 포함돼 있는 집합을 합친다는 의미다. 두 원소가 같은 집합에 포함돼 있는지를 확인하는 연산은 1 a b의 형태로 입력이 주어진다. 이는 a와 b가 같은 집합에 포함돼 있는지를 확인하는 연산이다. a와 b는 n 이하의 자연수 또는 0이고, 같을 수도 있다.

출력

1로 시작하는 입력에 1줄에 1개씩 YES 또는 NO로 결과를 출력한다.

예제 입력 1

```
7 8  // 원소 개수, 질의 개수
0 1 3
1 1 7
0 7 6
1 7 1
0 3 7
0 4 2
0 1 1
1 1 1
```

예제 출력 1

```
NO
NO
YES
```

01단계 문제 분석하기

최대 원소의 개수 1,000,000과 질의 개수 100,000이 큰 편이므로 경로 압축이 필요한 전형적인 유니온 파인드 문제입니다. 앞에서 설명했던 핵심 이론을 실제 코드로 구현하면서 유니온 파인드에 원리에 관해 좀 더 정확하게 이해하길 바랍니다.

02단계 손으로 풀어 보기

1 처음에는 노드가 연결돼 있지 않으므로 각 노드의 대표 노드는 자기 자신입니다. 각 노드의 값을 자기 인덱스값으로 초기화합니다.

2 find 연산으로 특정 노드의 대표 노드를 찾고, union 연산으로 2개의 노드를 이용해 각 대표 노드를 찾아 연결합니다. 그리고 질의한 값에 따라 결과를 반환합니다.

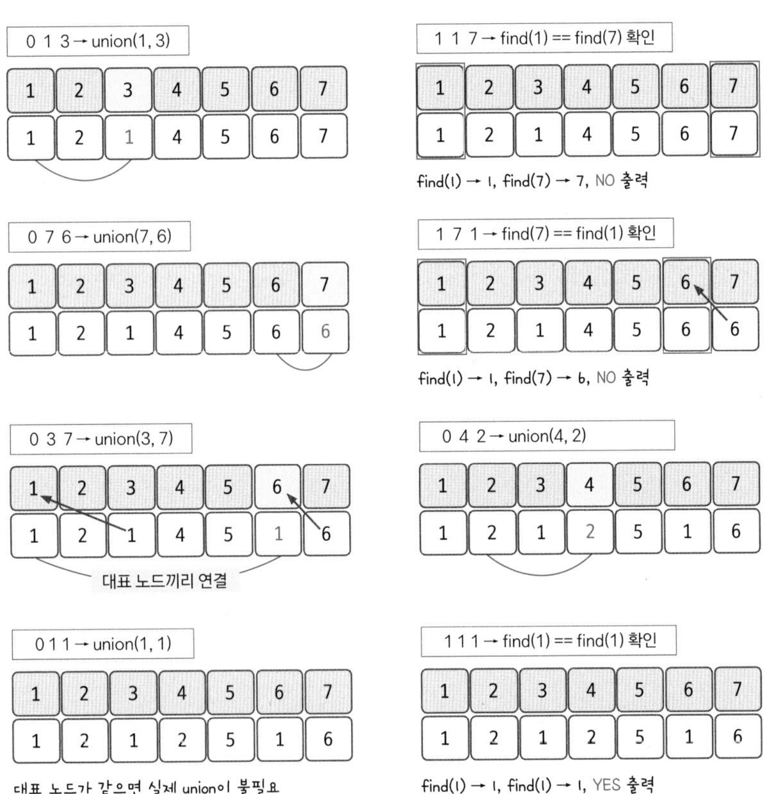

유니온 파인드에서 자주 실수하는 부분

find 연산을 수행할 때 재귀 함수에서 나오면서 탐색한 모든 노드의 대표 노드값을 이번 연산에서 발견한 대표 노드로 변경하는 부분과 union 연산에서 선택된 노드끼리 연결하는 것이 아닌 선택된 노드의 대표 노드끼리 연결하는 부분이 유니온 파인드에서 가장 많이 실수하는 부분입니다.

빈출

03단계 슈도코드 작성하기

```
N(원소 개수), M(질의 개수)
parent(대표 노드 저장 배열)

for(N만큼 반복하기) {
    대표 노드를 자기 자신으로 초기화
}
for(M만큼 반복하기) {
    if(0이면) 집합 합치기 → union 연산
    else 같은 집합 원소인지 확인하고 결괏값 출력
}

// union 연산
unionfunc(a, b) {
    a와 b의 대표 노드 찾기
    두 원소의 대표 노드끼리 연결
}

// find 연산
find(a) {
    a가 대표 노드면 반환
    아니면 a의 대표 노드값을 find(parent[a]) 값으로 저장 → 재귀 함수 형태
}

// checkSame → 두 원소가 같은 집합인지 확인
checkSame(a, b) {
    a와 b의 대표 노드 찾기
```

```
    두 대표 노드가 같으면 true
    아니면 false return
}
```

04단계 코드 구현하기

그래프/P1717_집합표현하기.cpp

```
#include <iostream>
#include <vector>
using namespace std;

static vector<int> parent;
void unionfunc(int a, int b);
int find(int a);
bool checkSame(int a, int b);

int main()
{
    ios::sync_with_stdio(false);
    cin.tie(NULL);
    cout.tie(NULL);

    int N, M;
    cin >> N >> M;
    parent.resize(N + 1);

    for (int i = 0; i <= N; i++) {  // 대표 노드를 자기 자신으로 초기화하기
        parent[i] = i;
    }
    for (int i = 0; i < M; i++) {
        int question, a, b;
        cin >> question >> a >> b;

        if (question == 0) {  // 집합 합치기
            unionfunc(a, b);
        }
```

```
        else {                  // 같은 집합의 원소인지 확인하기
            if (checkSame(a, b)) {
                cout << "YES" << "\n";
            }
            else {
                cout << "NO" << "\n";
            }
        }
    }
}

void unionfunc(int a, int b) {  // union 연산: 바로 연결이 아닌 대표 노드끼리 연결함
    a = find(a);
    b = find(b);

    if (a != b) {
        parent[b] = a;
    }
}

int find(int a) {  // find 연산: 대표 노드를 찾아서 반환
    if (a == parent[a]) {
        return a;
    }
    else {
        return parent[a] = find(parent[a]);  // 재귀 함수 형태로 구현
    }
}

bool checkSame(int a, int b) {  // 두 원소가 같은 집합인지 확인
    a = find(a);
    b = find(b);

    if (a == b) {
        return true;
    }
    return false;
}
```

문제 051

여행 계획 짜기

시간 제한 2초 | 난이도 G4 골드 IV | 백준 온라인 저지 1976번

동혁이는 친구들과 함께 여행을 가려고 한다. 한국에는 도시가 N개 있고 임의의 두 도시 사이에 길이 있을 수도, 없을 수도 있다. 동혁이는 여행 계획이 주어졌을 때 이 계획대로 여행할 수 있는지를 알아보려 한다. 물론 중간에 다른 도시를 경유해 여행할 수도 있다. 예를 들어 도시가 5개 있고, A-B, B-C, A-D, B-D, E-A의 길이 있고, 동혁이의 여행 계획이 E, C, B, C, D라면 E-A-B-C-B-C-B-D라는 여행 경로를 이용해 계획대로 여행할 수 있다. 도시의 개수와 도시 간의 연결 여부가 주어져 있고, 동혁이의 여행 계획에 속한 도시들이 순서대로 주어졌을 때 계획대로 여행이 가능한지를 판별하는 프로그램을 작성하시오.

입력

1번째 줄에 도시의 수 N이 주어진다(N ≤ 200). 2번째 줄에 여행 계획에 속한 도시들의 수 M이 주어진다(M ≤ 1000). 다음 N개의 줄에는 N개의 정수가 주어진다. i번째 줄의 j번째 수는 i번 도시와 j번 도시의 연결 정보를 의미한다. 1이면 연결된 것이고, 0이면 연결되지 않은 것이다. A와 B가 연결됐으면 B와 A도 연결돼 있다. 마지막 줄에는 여행 계획이 주어진다. 도시의 번호는 1에서 N까지 차례대로 매겨져 있다.

출력

1번째 줄에 가능하면 YES, 불가능하면 NO를 출력한다.

예제 입력 1

```
3  // 도시 개수
3  // 여행 경로 데이터
0 1 0
1 0 1
0 1 0
1 2 3
```

예제 출력 1

```
YES
```

01단계 문제 분석하기

도시의 연결 여부를 유니온 파인드 연산을 이용해 해결할 수 있다는 아이디어를 떠올릴 수 있으면 쉽게 해결할 수 있는 문제입니다. 일반적으로 유니온 파인드는 그래프 영역에서 많이 활용되지만, 위 문제와 같이 단독으로도 활용할 수 있다는 점도 참고하세요. 이 문제에서는 도시 간 연결 데이터를 인접 행렬의 형태로 주었기 때문에 인접 행렬을 탐색하면서 연결될 때마다 union 연산을 수행하는 방식으로 문제에 접근하면 됩니다. 이제 본격적으로 문제를 풀어 보겠습니다.

02단계 손으로 풀어 보기

1 도시와 여행 경로 데이터를 저장하고, 각 노드와 관련된 대표 노드 배열의 값을 초기화합니다.

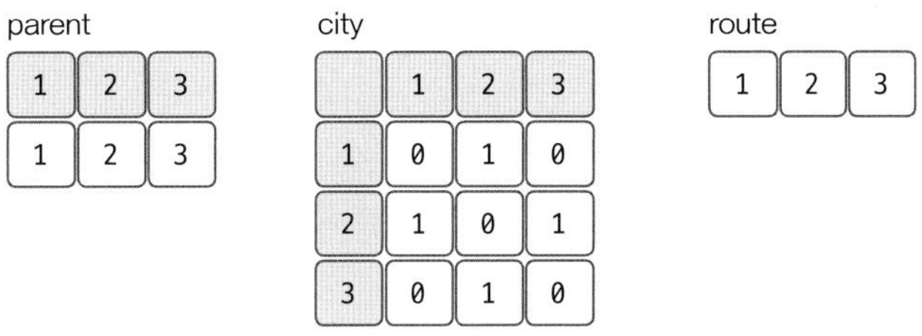

2 도시 연결 정보가 저장된 인접 행렬을 탐색하면서 도시가 연결돼 있을 때 union 연산을 수행합니다.

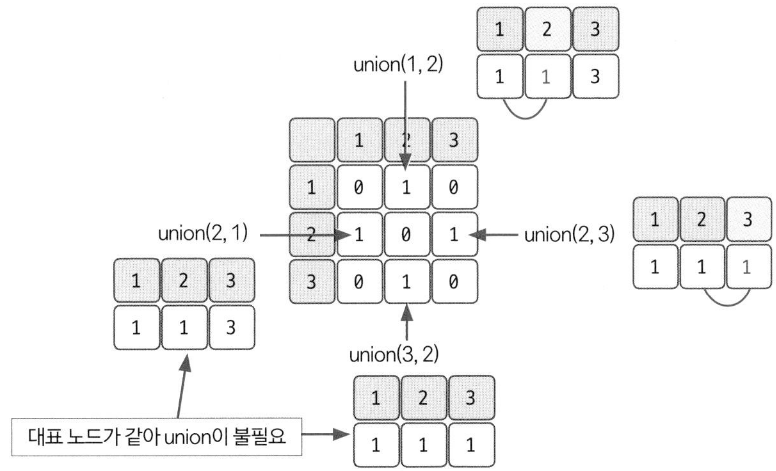

❸ 여행 경로에 포함된 도시의 대표 노드가 모두 같은지 확인한 후 결괏값을 출력합니다.

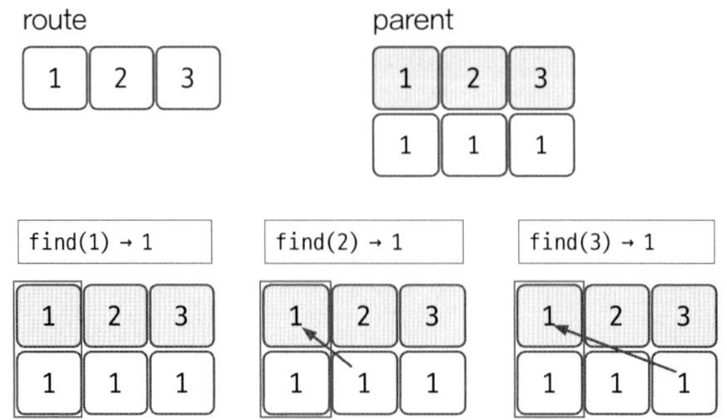

재귀 함수를 빠져나가면서 배열의 값을 대표 노드로 변경
⇒ 경로 압축
⇒ 여행 경로에 있는 모든 도시의 대표 도시가 1로 같으므로 YES 출력

union, find 함수와 관련된 구현은 앞 문제와 동일하므로 여기서는 생략합니다.

03단계 슈도코드 작성하기

```
N(도시의 수), M(여행 계획에 속한 도시의 수)
dosi(도시 연결 데이터 배열), route(여행 계획 도시 저장 배열)

for(N만큼 반복) {
    for(N만큼 반복) {
        dosi 데이터 저장
    }
}
for(M만큼 반복) {
    route 데이터 저장
}
for(N만큼 반복) {
    대표 노드를 자기 자신으로 초기화
}
for(i → N만큼 반복) {  // 인접 행렬 탐색
    for(j → N만큼 반복) {
        dosi[i][j] == 1이면, 즉 도시가 연결돼 있으면 union 연산
    }
```

```
    }
    for(M만큼 반복) {
        route에 포함된 노드의 대표 노드가 모두 같은지 확인한 후 결괏값 출력
    }

    // 별도 함수 구현
    unionfunc(a, b) {  // union 연산
        a와 b의 대표 노드 찾기
        두 원소의 대표 노드끼리 연결
    }

    find(a) {  // find 연산
        a가 대표 노드면 반환
        아니면 a의 대표 노드값을 find(parent[a])값으로 저장 → 재귀 함수 형태
    }
```

04단계 코드 구현하기

그래프/P1976_여행계획짜기.cpp

```
#include <iostream>
#include <vector>
using namespace std;

static vector<int> parent;
void unionfunc(int a, int b);
int find(int a);

int main()
{
    ios::sync_with_stdio(false);
    cin.tie(NULL);
    cout.tie(NULL);

    int N, M;
    cin >> N >> M;
    int dosi[201][201];
```

```
    for (int i = 1; i <= N; i++) {  // 도시 연결 데이터 저장
        for (int j = 1; j <= N; j++) {
            cin >> dosi[i][j];
        }
    }
    int route[1001];

    for (int i = 1; i <= M; i++) {  // 여행 도시 정보 저장
        cin >> route[i];
    }
    parent.resize(N + 1);

    for (int i = 1; i <= N; i++) {  // 대표 노드를 자기 자신으로 초기화
        parent[i] = i;
    }
    // 인접 행렬 탐색에서 도시가 연결되면 유니온 실행
    for (int i = 1; i <= N; i++) {
        for (int j = 1; j <= N; j++) {
            if (dosi[i][j] == 1) {
                unionfunc(i, j);
            }
        }
    }

    // 여행 계획 도시가 하나의 대표 도시로 연결되는지 확인
    int index = find(route[1]);
    bool connect = true;

    for (int i = 2; i <= M; i++) {
        if (index != find(route[i])) {
            cout << "NO" << "\n";
            connect = false;
            break;
        }
    }
    if(connect) {
        cout << "YES" << "\n";
    }
}
```

```
void unionfunc(int a, int b) {  // union 연산: 바로 연결이 아닌 대표 노드끼리 연결해 줌
    a = find(a);
    b = find(b);

    if (a != b) {
        parent[b] = a;
    }
}

int find(int a) {  // find 연산: 대표 노드를 반환
    if (a == parent[a]) {
        return a;
    }
    else {
        return parent[a] = find(parent[a]);  // 재귀 함수의 형태로 구현
    }
}
```

문제 052

거짓말쟁이가 되긴 싫어

시간 제한 2초 | 난이도 골드 IV | 백준 온라인 저지 1043번

지민이는 파티에 갈 때마다 자기가 가장 좋아하는 이야기를 한다. 이야기는 과장할수록 더 재미있어지므로 되도록이면 과장해 이야기하려 한다. 문제는 몇몇 사람들이 그 이야기의 진실을 안다는 것이다. 지민이는 이야기를 과장한 게 들켜서 거짓말쟁이가 되는 건 싫어한다. 그래서 이 사람들이 파티에 왔을 때는 진실을 이야기할 수밖에 없다.

사람의 수 N이 주어지고, 이야기의 진실을 아는 사람이 주어진다. 그리고 각 파티에 오는 사람들의 번호가 주어진다. 지민이는 모든 파티에 참가해야 한다. 이때 지민이가 거짓말쟁이로 알려지지 않으면서 과장된 이야기를 할 수 있는 파티 개수의 최댓값을 구하는 프로그램을 작성하시오.

입력

1번째 줄에 사람의 수 N과 파티의 수 M이 주어진다. 2번째 줄에 이야기의 진실을 아는 사람의 수와 번호가 주어진다. 진실을 아는 사람의 수가 먼저 주어지고, 그 개수만큼 사람들의 번호가 주어진다. 사람들의

번호는 1부터 N까지의 수로 주어진다. 3번째 줄에서 M개의 줄에는 각 파티마다 오는 사람의 수와 번호가 같은 방식으로 주어진다. N, M은 50 이하의 자연수, 진실을 아는 사람의 수와 각 파티마다 오는 사람의 수는 모두 0 이상 50 이하의 정수다.

출력

1번째 줄에 문제의 정답을 출력한다.

예제 입력 1

```
4 3     // 사람 수, 파티 수
0       // 진실을 아는 사람 정보
2 1 2   // 파티 정보
1 3
3 2 3 4
```

예제 출력 1

```
3
```

예제 입력 2

```
4 1
1 1
4 1 2 3 4
```

예제 출력 2

```
0
```

예제 입력 3

```
4 1
0
4 1 2 3 4
```

예제 출력 3

```
1
```

예제 입력 4

```
4 5
1 1
1 1
1 2
1 3
1 4
2 4 1
```

예제 출력 4

```
2
```

예제 입력 5

```
10 9
4 1 2 3 4
2 1 5
2 2 6
1 7
1 8
2 7 8
1 9
1 10
2 3 10
1 4
```

예제 출력 5

```
4
```

예제 입력 6

```
8 5
3 1 2 7
2 3 4
1 5
2 5 6
2 6 8
1 8
```

예제 출력 6

```
5
```

01단계 문제 분석하기

이 문제의 핵심은 파티에 참석한 사람들을 1개의 집합으로 생각하고, 각각의 파티마다 union 연산을 이용해 사람들을 연결하는 것입니다. 이 작업을 하면 1개의 파티에 있는 모든 사람은 같은 대표 노드를 바라보게 됩니다. 이후 각 파티의 대표 노드와 진실을 아는 사람들의 각 대표 노드가 동일한지 find 연산을 이용해 확인함으로써 과장된 이야기를 할 수 있는지 판단할 수 있습니다.

02단계 손으로 풀어 보기

1 예제 입력 6을 이용해 문제를 풀어 보겠습니다. 진실을 아는 사람 데이터, 파티 데이터, 유니온 파인드를 위한 대표 노드 자료구조를 초기화합니다.

2 union 연산을 수행해 각 파티에 참여한 사람들을 1개의 그룹으로 만듭니다.

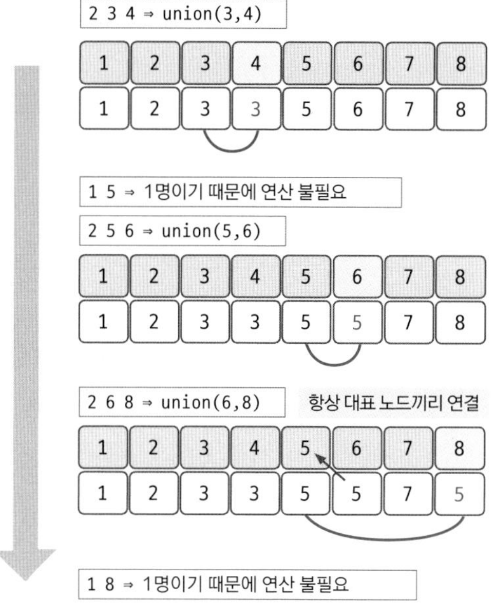

3 find 연산을 수행해 각 파티의 대표 노드와 진실을 아는 사람들이 같은 그룹에 있는지 확인합니다. 파티 사람 노드는 모두 연결돼 있으므로 아무 사람이나 지정해 find 연산을 수행하면 됩니다.

진실을 아는 사람들의 대표 노드 ⇒ find(1), find(2), find(7) → 1, 2, 7

1	2	3	4	5	6	7	8
1	2	3	3	5	5	7	5

4 모든 파티에 관해 과정 3을 반복해 수행하고, 모든 파티의 대표 노드가 진실을 아는 사람들과 다른 그룹에 있다면 결괏값을 증가시킵니다.

1번째 파티(3, 4) ⇒ find(3) → 3: 일치하지 않으므로 과장할 수 있음

2번째 파티(5) ⇒ find(5) → 5: 일치하지 않으므로 과장할 수 있음

3번째 파티(5, 6) ⇒ find(5) → 5: 일치하지 않으므로 과장할 수 있음

4번째 파티(6, 8) ⇒ find(6) → 5: 일치하지 않으므로 과장할 수 있음

5번째 파티(8) ⇒ find(8) → 5: 일치하지 않으므로 과장할 수 있음

(만약 파티에서 임의로 지정한 사람의 find 연산값이 1, 2 또는 7이었다면 과장할 수 없음)

5 과장할 수 있는 파티의 개수를 결괏값으로 출력합니다.

03단계 슈도코드 작성하기

```
N(사람 수), M(파티 개수), T(진실을 아는 사람 수)
trueP(진실을 아는 사람 데이터)
party(파티 데이터)
데이터를 입력받아 각자 자료구조에 저장
parent(대표 노드 저장 배열)

for(N만큼 반복하기) {
    대표 노드를 자기 자신으로 초기화
}
for(i → M만큼 반복하기) {
    firstPeople(i번째 파티의 1번째 사람)
    for(j → i번째 파티의 사람 수만큼 반복하기) {
```

```
        unionfunc(firstPeople, j)  // 각 파티에 참여한 사람을 1개의 그룹으로 만들기
    }
}
for(i → M만큼 반복하기) {
    firstPeople(i번째 파티의 사람)
    for(j → 진실을 아는 사람들의 수만큼 반복하기) {
        // 각 파티의 대표 노드와 진실을 아는 사람의 대표 노드가 같다면 과장할 수 없음
        find(firstPeople), find(trueP[j]) 비교하기
    }
    모두 다른 경우 결괏값 1 증가
}
결괏값 출력

// 별도 함수 구현
unionfunc(a, b) {  // union 연산
    a와 b의 대표 노드 찾기
    두 원소의 대표 노드끼리 연결
}

find(a) {  // find 연산
    a가 대표 노드면 반환
    아니면 a의 대표 노드 값을 find(parent[a]) 값으로 저장 → 재귀 함수 형태
}
```

04단계 코드 구현하기

그래프/P1043_거짓말.cpp

```
#include <iostream>
#include <vector>
using namespace std;

static vector<int> parent;
static vector<int> trueP;
static vector<vector<int>> party;
static int result;
void unionfunc(int a, int b);
```

```
int find(int a);

int main()
{
    ios::sync_with_stdio(false);
    cin.tie(NULL);
    cout.tie(NULL);

    int N, M, T;
    cin >> N >> M >> T;
    trueP.resize(T);

    for (int i = 0; i < T; i++) {    // 진실을 아는 사람 저장
        cin >> trueP[i];
    }
    party.resize(M);

    for (int i = 0; i < M; i++) {    // 파티 데이터 저장
        int party_size;
        cin >> party_size;

        for (int j = 0; j < party_size; j++) {
            int temp;
            cin >> temp;
            party[i].push_back(temp);
        }
    }
    parent.resize(N + 1);

    for (int i = 0; i <= N; i++) {  // 대표 노드를 자기 자신으로 초기화하기
        parent[i] = i;
    }
    // 각 파티에 참여한 사람을 하나의 그룹으로 만들기 → union 연산
    for (int i = 0; i < M; i++) {
        int firstPeople = party[i][0];
        for (int j - 1; j < party[i].size(); j++) {
            unionfunc(firstPeople, party[i][j]);
        }
    }
```

```
    // 각 파티에서 진실을 아는 사람과 같은 그룹에 있다면 과장할 수 없음
    for (int i = 0; i < M; i++) {
        bool isPossible = true;
        int cur = party[i][0];
        for (int j = 0; j < T; j++) {
            if (find(cur) == find(trueP[j])) {
                isPossible = false;
                break;
            }
        }
        if (isPossible) {  // 모두 다르면 결괏값 1 증가
            result++;
        }
    }
    cout << result;
}

void unionfunc(int a, int b) {  // union 연산: 바로 연결이 아닌 대표 노드끼리 연결함
    a = find(a);
    b = find(b);

    if (a != b) {
        parent[b] = a;
    }
}

int find(int a) {  // find 연산: 대표 노드 반환
    if (a == parent[a]) {
        return a;
    }
    else {
        return parent[a] = find(parent[a]);  // 재귀 함수 형태로 구현
    }
}
```

08-3 위상 정렬

위상 정렬topology sort은 사이클이 없는 방향 그래프에서 노드 순서를 찾는 알고리즘입니다.

위상 정렬 알고리즘

기능	특징	시간 복잡도(노드 수: V, 에지 수: E)
노드 간의 순서를 결정	사이클이 없어야 함	O(V + E)

위상 정렬에서는 항상 유일한 값으로 정렬되지 않습니다. 또한 사이클이 존재하면 노드 간의 순서를 명확하게 정의할 수 없으므로 위상 정렬을 적용할 수 없습니다. 이 부분을 염두에 두고 위상 정렬에 관해 본격적으로 알아볼까요?

위상 정렬의 핵심 이론

위상 정렬은 다음과 같은 단계로 설명할 수 있습니다. 다음 예를 봅시다.

위상 정렬의 원리 이해하기

1 진입 차수를 이해해 봅시다. 진입 차수in-degree는 자기 자신을 가리키는 에지의 개수입니다. 다음을 보면 이차원 벡터로 그래프를 표현했습니다. 그래프는 사이클이 없는 상태입니다.

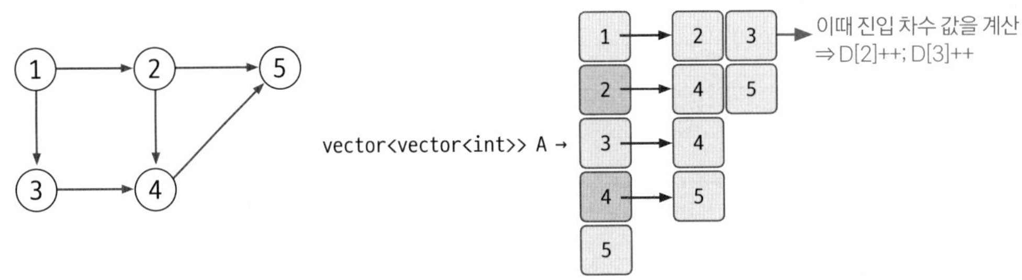

진입 차수 배열 D를 다음과 같이 업데이트합니다. 1에서 2, 3을 가리키고 있으므로 D[2], D[3]을 각각 1만큼 증가시킵니다. 인접 리스트에 기반을 둔 진입 차수 배열은 다음과 같이 만들 수 있습니다.

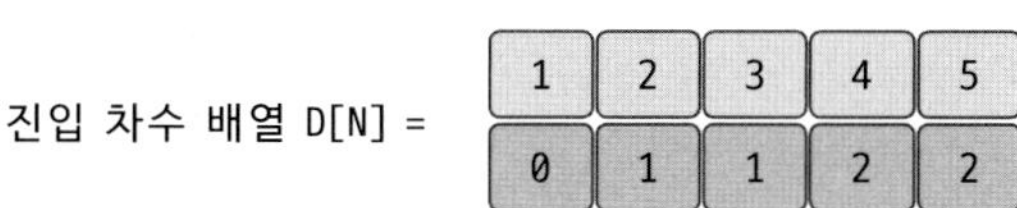

2 진입 차수 배열에서 진입 차수가 0인 노드를 선택하고 선택된 노드를 정렬 배열에 저장합니다. 그 후 인접 리스트에서 선택된 노드가 가리키는 노드들의 진입 차수를 1씩 뺍니다.

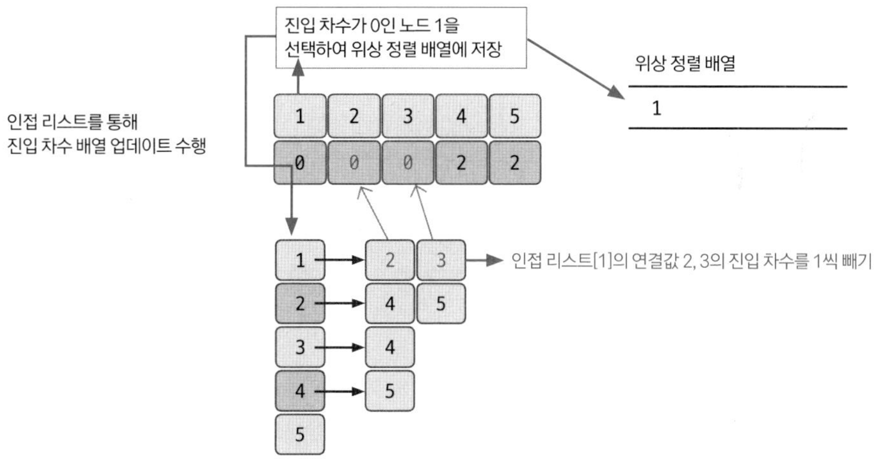

위 그림의 경우 진입 차수가 0인 노드 1을 선택하여 2, 3의 진입 차수를 1씩 빼 D[2], D[3]을 0으로 만든 것입니다. 계속해서 다음 노드 2를 선택하여 반복합니다. 이 과정은 모든 노드가 정렬될 때까지 반복합니다. 여기서 진입 차수가 0인 노드 3을 먼저 선택했다면 3이 우선 위상 정렬 배열에 들어갈 것입니다. 앞서 위상 정렬이 늘 같은 정렬 결과를 보장하지 않는다고 말했던 것이 바로 이런 경우를 말합니다.

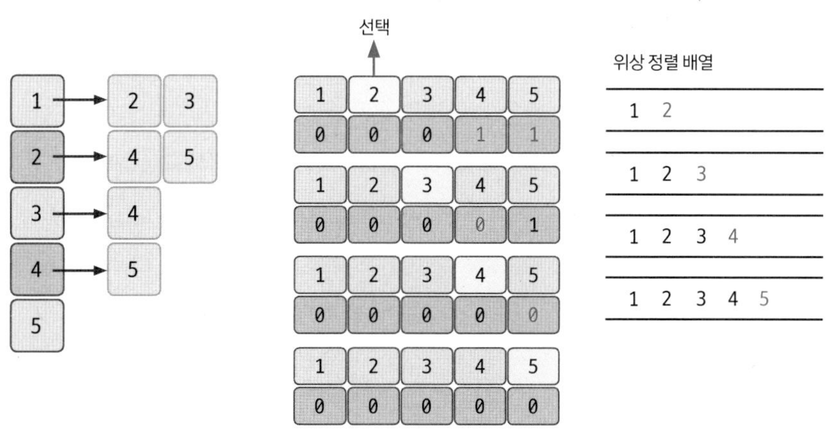

위상 정렬 배열 결과는 다음과 같습니다.

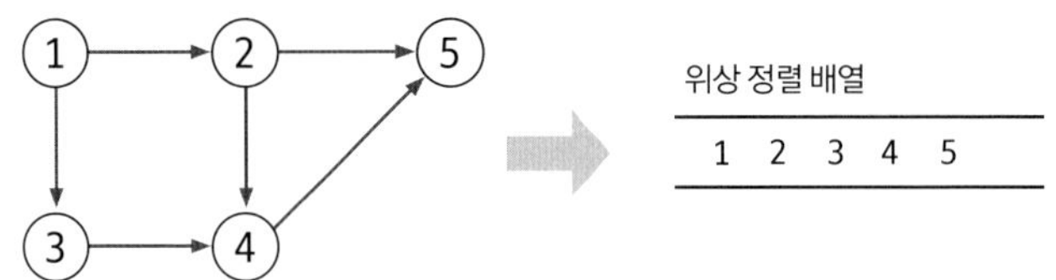

줄 세우기

시간 제한 2초 | 난이도 G3 골드 III | 백준 온라인 저지 2252번

N명의 학생들을 키 순서대로 줄을 세우려고 한다. 각 학생의 키를 직접 재서 정렬하면 간단하겠지만, 마땅한 방법이 없어 두 학생의 키를 비교하는 방법을 사용하기로 했다. 그나마도 모든 학생을 비교해 본 것이 아니라 일부 학생들의 키만을 비교해 봤다. 일부 학생들의 키를 비교한 결과가 주어졌을 때 줄을 세우는 프로그램을 작성하시오.

입력

1번째 줄에 N(1 ≤ N ≤ 32,000), M(1 ≤ M ≤ 100,000)이 주어진다. M은 키를 비교한 횟수다. 그다음 M개의 줄에는 키를 비교한 두 학생의 번호 A, B가 주어진다. 이는 학생 A가 학생 B의 앞에 서야 한다는 의미다. 학생들의 번호는 1번부터 N번이다.

출력

1번째 줄부터 앞에서부터 줄을 세운 결과를 출력한다. 답이 여러 가지일 경우에는 아무거나 출력한다.

예제 입력 1

```
4 2   // 노드 개수, 에지 개수
4 2
3 1
```

예제 출력 1

```
3 4 1 2
```

예제 입력 2

```
3 2
1 3
2 3
```

예제 출력 2

```
1 2 3
```

01단계 문제 분석하기

학생들을 노드로 생각하고, 키 순서 비교 데이터로 에지를 만든다고 생각했을 때 노드의 순서를 도출하는 가장 기본적인 문제입니다. 특히 답이 여러 개일 때 아무것이나 출력해도 된다는 전제는 위상 정렬의 결괏값이 항상 유일하지 않다는 알고리즘의 전제와 동일하다는 것을 알 수 있습니다.

02단계 손으로 풀어 보기

1 인접 리스트에 노드 데이터를 저장하고, 진입 차수 배열값을 업데이트합니다.

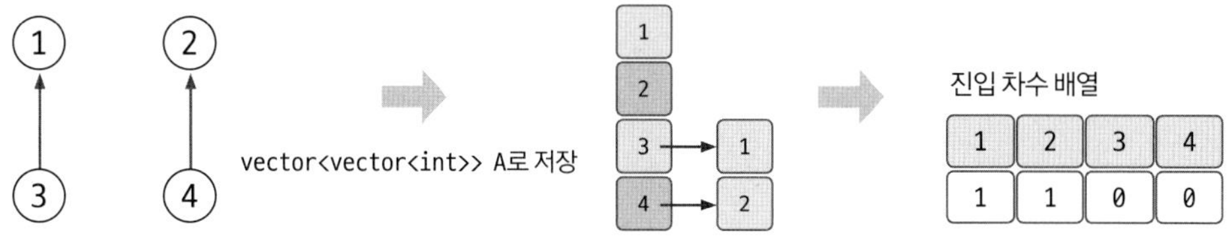

2 다음 순서에 따라 위상 정렬을 수행합니다.

위상 정렬 수행 과정

① 진입 차수가 0인 노드를 큐에 저장한다.

② 큐에서 데이터를 뽑아와서 해당 노드를 탐색 결과에 추가하고, 해당 노드가 가리키는 노드의 진입 차수를 1씩 감소한다.

③ 감소했을 때 진입 차수가 0이 되는 노드를 큐에 삽입한다.

④ 큐가 빌 때까지 ①~③을 반복한다.

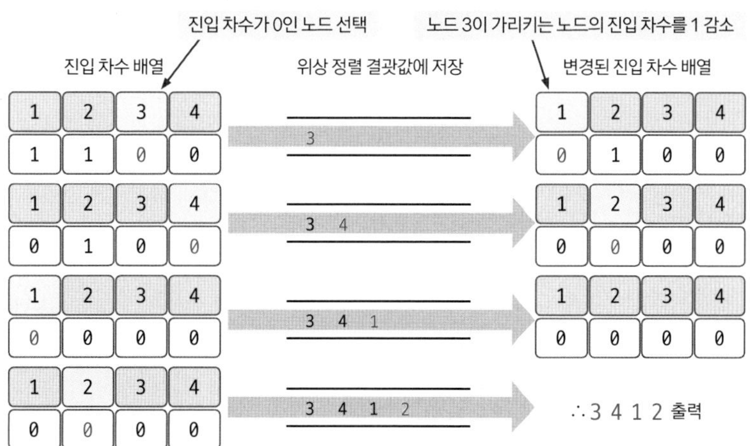

03단계 슈도코드 작성하기

```
N(학생 수), M(비교 횟수)
A(비교 데이터 저장 인접 리스트)
indegree(진입 차수 저장)
학생 수만큼 인접 리스트 크기 설정
진입 차수 배열 크기 설정

for(비교 횟수만큼 반복하기) {
    인접 리스트 데이터 저장
    진입 차수 배열 초기 데이터 저장
}

// 위상 정렬 수행
큐 생성

for(학생 수) {
    진입 차수 배열의 값이 0인 학생(노드)을 큐에 삽입
}
while(큐가 빌 때까지) {
    현재 노드 = 큐에서 데이터 가져오기
    현재 노드 값 출력
    for(현재 노드에서 갈 수 있는 노드의 개수) {
        타깃 노드 진입 차수 배열 --
        if(타깃 노드의 진입 차수가 0이면) {
            큐에 타깃 노드 추가
        }
    }
}
```

04단계 **코드 구현하기**

그래프/P2252_줄세우기.cpp

```
#include <iostream>
#include <vector>
#include <queue>
using namespace std;

int main()
{
    ios::sync_with_stdio(false);
    cin.tie(NULL);
    cout.tie(NULL);

    int N, M;
    cin >> N >> M;
    vector<vector<int>> A;
    vector<int>  indegree;
    A.resize(N + 1);
    indegree.resize(N + 1);

    for (int i = 0; i < M; i++) {
        int S, E;
        cin >> S >> E;
        A[S].push_back(E);
        indegree[E]++;  // 진입 차수 배열 데이터 저장하기
    }
    queue<int> queue;  // 위상 정렬 수행

    for (int i = 1; i <= N; i++) {
        if (indegree[i] == 0) {
            queue.push(i);
        }
    }
    while (!queue.empty()) {
        int now = queue.front();
        queue.pop();
        cout << now << " ";
        for (int next : A[now]) {
```

```
                indegree[next]--;
                if (indegree[next] == 0) {
                    queue.push(next);
                }
            }
        }
    }
```

문제 빈출

054 게임 개발하기

시간 제한 2초 | 난이도 G3 골드 III | 백준 온라인 저지 1516번

숌 회사에서 이번에 새로운 전략 시뮬레이션 게임 세준크래프트를 개발하기로 했다. 핵심적인 부분은 개발이 끝난 상태고, 종족별 균형과 전체 게임 시간 등을 조절하는 부분만 남아 있었다. 게임 플레이에 들어가는 시간은 상황에 따라 다를 수 있기 때문에 모든 건물을 짓는 데 걸리는 최소의 시간을 이용해 근사하기로 했다.

물론, 어떤 건물을 짓기 위해서는 다른 건물을 먼저 지어야 할 수도 있으므로 문제가 단순하지는 않다. 예를 들면 스타크래프트에서 벙커를 짓기 위해서는 배럭을 먼저 지어야 하므로 배럭을 먼저 지은 후 벙커를 지어야 한다. 여러 개의 건물을 동시에 지을 수 있다. 편의상 자원은 무한히 많고, 건물을 짓는 명령을 내리기까지는 시간이 걸리지 않는다고 가정해 보자. N개의 건물을 지을 때 각 건물을 짓기 위해 필요한 최소 시간을 출력하시오.

입력

1번째 줄에 건물의 종류 수 N(1 ≤ N ≤ 500), 그다음 N개의 줄에는 각 건물을 짓는 데 걸리는 시간과 그 건물을 짓기 위해 먼저 지어야 하는 건물들의 번호가 주어진다. 건물의 번호는 1부터 N까지로 하고, 각 줄은 -1로 끝난다고 가정해 보자. 각 건물을 짓는 데 걸리는 시간은 100,000보다 작거나 같은 자연수다.

출력

N개의 각 건물이 완성되기까지 걸리는 최소 시간을 출력한다.

예제 입력 1

```
5  // 건물 종류 수
10 -1
10 1 -1
4 1 -1
4 3 1 -1
3 3 -1
```

예제 출력 1

```
10
20
14
18
17
```

01단계 문제 분석하기

이 문제를 풀기 위해서는 **어떤 건물을 짓기 위해 먼저 지어야 하는 건물이 있을 수 있다**라는 문장에 주목해야 합니다. 각 건물을 노드라고 생각하면 그래프 형태에서 노드 순서를 정렬하는 알고리즘인 위상 정렬을 사용하는 문제라는 것을 눈치챌 수 있습니다. 건물의 수가 최대 500, 시간 복잡도가 2초이므로 시간 제한 부담은 거의 없습니다.

02단계 손으로 풀어 보기

1 입력 데이터를 바탕으로 필요한 자료구조를 초기화합니다. 진입 차수 배열은 [0, 1, 1, 2, 1], 정답 배열은 모두 0으로 초기화합니다.

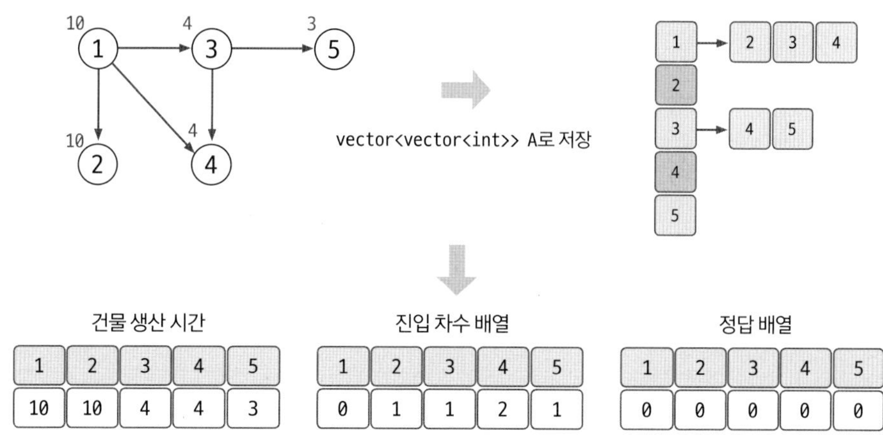

2 위상 정렬을 실행하면서 각 건물을 짓는 데 걸리는 최대 시간을 업데이트합니다. 업데이트는 다음과 같은 방법으로 수행합니다.

진입 차수 배열과 위상 정렬 배열, 정답 배열 업데이트 방법

max(현재 건물(노드)에 저장된 최대 시간, 이전 건물(노드)에 저장된 최대 시간 + 현재 건물(노드)의 생산 시간)

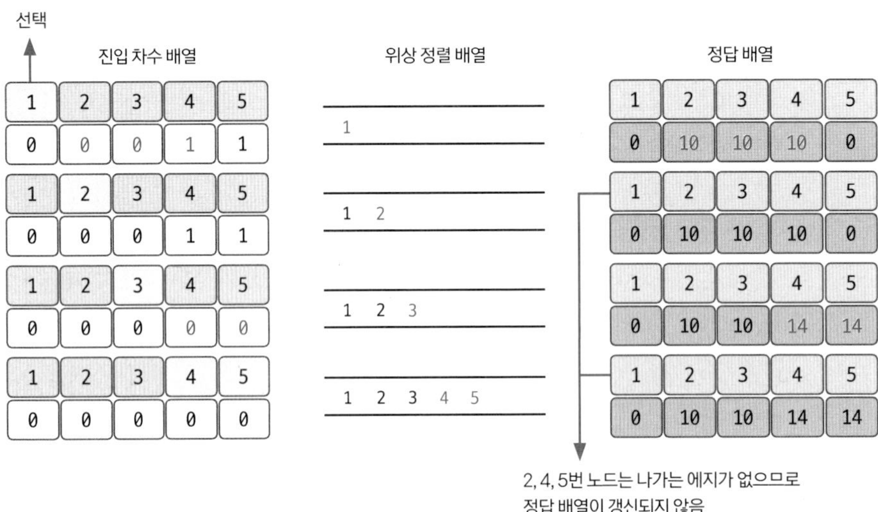

3 정답 배열에 자기 건물을 짓는 데 걸리는 시간을 더한 후 정답 배열을 차례대로 출력합니다.

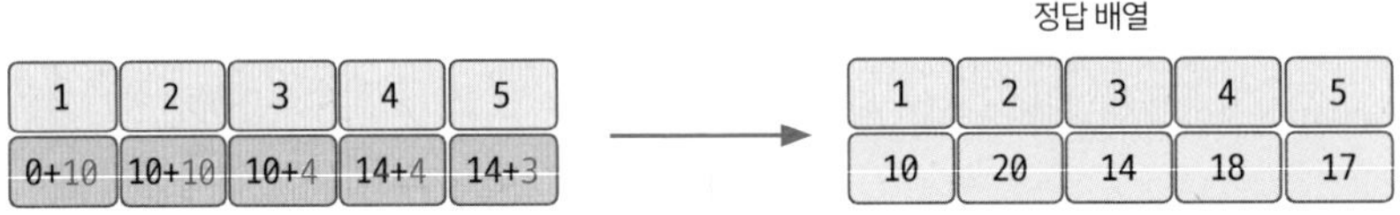

03단계 슈도코드 작성하기

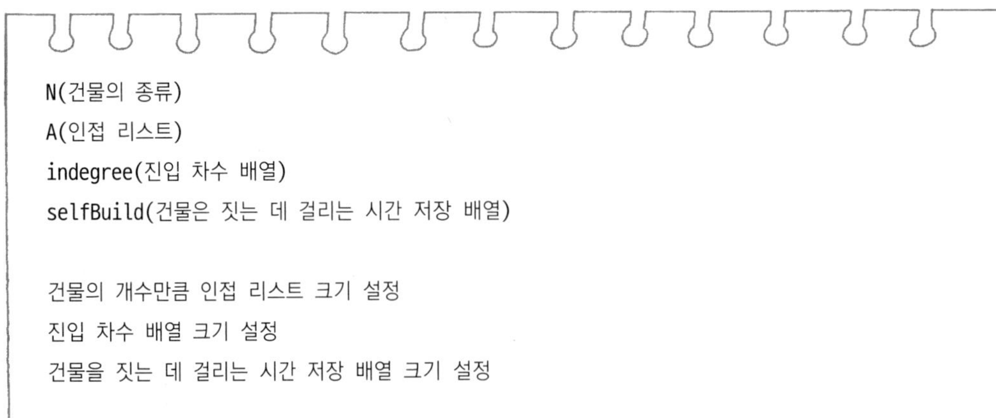

```
N(건물의 종류)
A(인접 리스트)
indegree(진입 차수 배열)
selfBuild(건물은 짓는 데 걸리는 시간 저장 배열)

건물의 개수만큼 인접 리스트 크기 설정
진입 차수 배열 크기 설정
건물을 짓는 데 걸리는 시간 저장 배열 크기 설정
```

```
// 각종 데이터 저장
for(건물의 개수) {
    인접 리스트 데이터 저장
    진입 차수 배열 초기 데이터 저장
    건물을 짓는 데 걸리는 시간 데이터 저장
}

// 위상 정렬 수행
큐 생성
for(건물 개수) {
    진입 차수 배열의 값이 0인 건물(노드)을 큐에 삽입
}

while(큐가 빌 때까지) {
    현재 노드 = 큐에서 데이터 가져오기
    for(현재 노드에서 갈 수 있는 노드의 개수) {
        타깃 노드 진입 차수 배열 --
        결과 노드 업데이트 = max(현재 저장된 값, 현재 출발 노드 + 비용)
        if(타깃 노드의 진입 차수가 0이면) {
            우선순위 큐에 타깃 노드 추가
        }
    }
}
위상 정렬 결과 출력
```

04단계 코드 구현하기

그래프/P1516_게임개발.cpp

```
#include <iostream>
#include <vector>
#include <queue>
using namespace std;

int main()
{
```

```
    ios::sync_with_stdio(false);
    cin.tie(NULL);
    cout.tie(NULL);

    int N;
    cin >> N;
    vector<vector<int>> A;
    vector<int>  indegree;  // 진입 차수 배열
    vector<int>  selfBuild;
    A.resize(N + 1);
    indegree.resize(N + 1);
    selfBuild.resize(N + 1);

    for (int i = 1; i <= N; i++) {
        cin >> selfBuild[i];  // 해당 건물을 짓기 위한 시간
        while (true) {  // 인접 리스트 데이터 저장
            int preTemp;
            cin >> preTemp;

            if(preTemp == -1) {
                break;
            }
            A[preTemp].push_back(i);
            indegree[i]++;  // 진입 차수 데이터 저장
        }
    }
    queue<int> queue;  // 위상 정렬 수행

    for (int i = 1; i <= N; i++) {
        if (indegree[i] == 0) {
            queue.push(i);
        }
    }
    vector<int>  result;
    result.resize(N + 1);

    while (!queue.empty()) {
        int now = queue.front();
        queue.pop();
```

```
        for (int next : A[now]) {
            indegree[next]--;
            result[next] = max(result[next], result[now] + selfBuild[now]);
            if (indegree[next] == 0) {
                queue.push(next);
            }
        }
    }
    for (int i = 1; i <= N; i++) {
        cout << result[i] + selfBuild[i] << "\n";
    }
}
```

문제 055

임계 경로 구하기

시간 제한 2초 | 난이도 P0 플래티넘 | 백준 온라인 저지 1948번

월드 나라는 모든 도로가 일방통행이고, 사이클이 없다. 그런데 어떤 무수히 많은 사람이 월드 나라의 지도를 그리기 위해 어떤 시작 도시에서 도착 도시까지 출발해 갈 수 있는 모든 경로를 탐색한다고 한다. 이 지도를 그리는 사람들은 사이가 너무 좋아서 지도를 그리는 일을 모두 마치고 도착 도시에서 만나기로 했다. 어떤 사람은 도착 시간에 만나기 위해 1분도 쉬지 않고 달려야 한다. 이들이 출발 도시에서 출발한 후 도착 도시에서 만나기까지 걸리는 최소 시간과 1분도 쉬지 않고 달려야 하는 사람들이 지나는 도로의 수를 계산하는 프로그램을 작성하시오(출발 도시는 들어오는 도로가 0개, 도착 도시는 나가는 도로가 0개다).

입력

1번째 줄에 도시의 개수 n(1 ≤ n ≤ 10,000), 2번째 줄에 도로의 개수 m(1 ≤ m ≤ 100,000)이 주어진다. 그리고 3번째 줄에서 m + 2번째 줄까지 다음과 같은 도로의 정보가 주어진다. 처음에는 도로의 출발 도시의 번호가 주어지고, 그다음에는 도착 도시의 번호 그리고 마지막에는 이 도로를 지나는 데 걸리는 시간이 주어진다. 도로를 지나가는 시간은 10,000보다 작거나 같은 자연수다. 그리고 m + 3번째 줄에는 지도를 그리는 사람들이 출발하는 출발 도시와 도착 도시가 주어진다. 모든 도시는 출발 도시에서 도달할 수 있고, 모든 도시에서 도착 도시에 도달할 수 있다.

출력

1번째 줄에 이들이 만나는 시간, 2번째 줄에 1분도 쉬지 않고 달려야 하는 도로의 수가 몇 개인지 출력하라.

예제 입력 1

```
7       // 도시 수
9       // 도로 수
1 2 4
1 3 2
1 4 3
2 6 3
2 7 5
3 5 1
4 6 4
5 6 2
6 7 5
1 7  // 시작 도시, 도착 도시
```

예제 출력 1

```
12
5
```

01단계 **문제 분석하기**

출발 도시와 도착 도시가 주어지기 때문에 일반적인 위상 정렬이 아닌 시작점을 출발 도시로 지정하고 위상 정렬을 수행하면 출발 도시에서 도착 도시까지 거치는 모든 도시와 관련된 임계 경로값을 구할 수 있습니다. 단, 이 문제의 핵심은 1분도 쉬지 않고 달려야 하는 도로의 수를 구하는 것인데, 이를 해결하려면 에지 뒤집기라는 아이디어가 필요합니다. 에지 뒤집기 아이디어는 그래프 문제에서 종종 나오는 개념이므로 이 문제를 이용해 학습해 봅시다.

02단계 **손으로 풀어 보기**

1. 인접 리스트에 노드 데이터를 저장하고, 진입 차수 배열의 값을 업데이트합니다. 이때 에지의 방향이 반대인 역방향 인접 리스트도 함께 생성하고 저장합니다.

<정방향 인접 리스트로 표현된 그래프> <역방향 인접 리스트로 표현된 그래프>

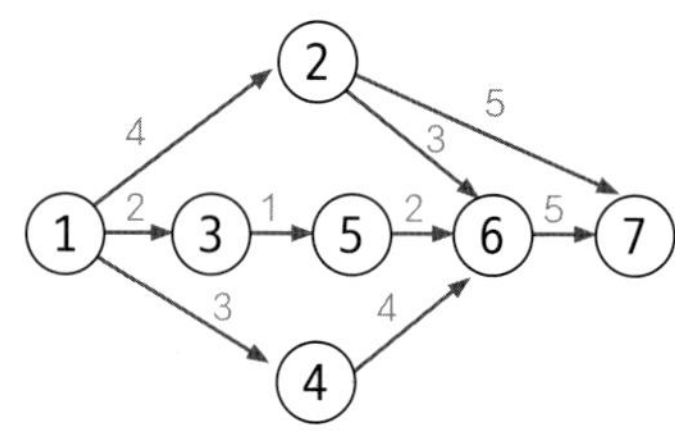

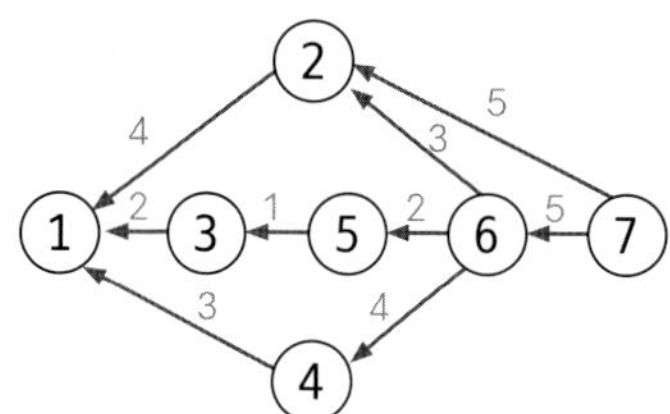

❷ 시작 도시에서 위상 정렬을 수행해 각 도시와 관련된 임계 경로를 저장합니다.

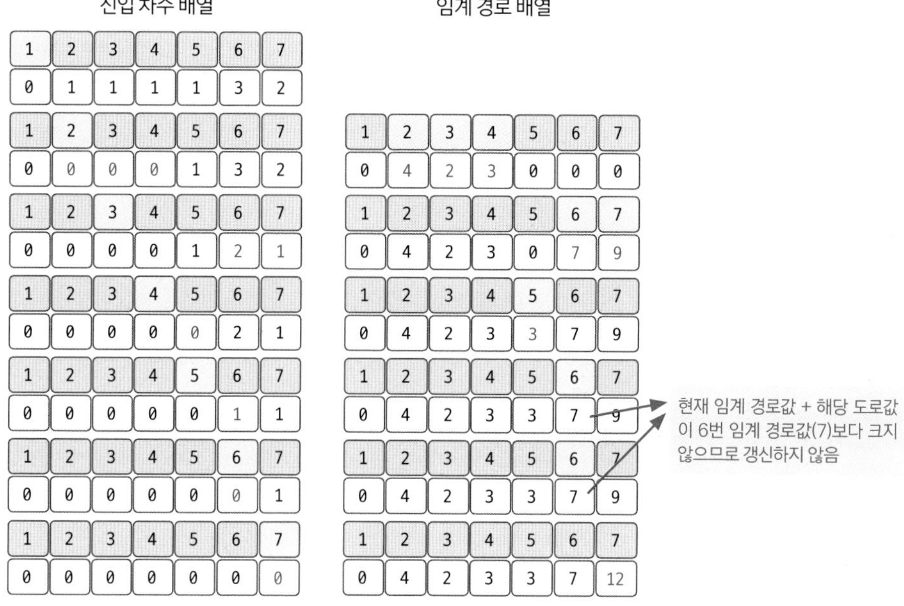

진입 차수 배열

1	2	3	4	5	6	7
0	1	1	1	1	3	2
0	0	0	0	1	3	2
0	0	0	0	1	2	1
0	0	0	0	0	2	1
0	0	0	0	0	1	1
0	0	0	0	0	0	1
0	0	0	0	0	0	0

임계 경로 배열

1	2	3	4	5	6	7
0	4	2	3	0	0	0
0	4	2	3	0	7	9
0	4	2	3	3	7	9
0	4	2	3	3	7	9
0	4	2	3	3	7	9
0	4	2	3	3	7	12

현재 임계 경로값 + 해당 도로값
이 6번 임계 경로값(7)보다 크지
않으므로 갱신하지 않음

❸ 도착 도시에서 역방향으로 위상 정렬을 수행합니다. 이때 '이 도시의 임계 경로값 + 도로 시간(에지) == 이전 도시의 임계 경로값'일 경우에는 이 도로를 1분도 쉬지 않고 달려야 하는 도로로 카운팅하고, 이 도시를 큐에 삽입하는 로직으로 구현해야 합니다.

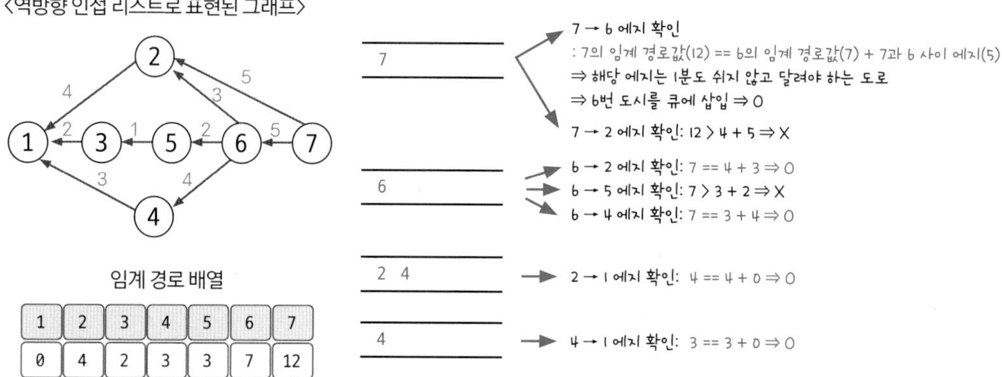

7 → 6 에지 확인

7 → 2 에지 확인: 12 > 4 + 5 ⇒ X
6 → 2 에지 확인: 7 == 4 + 3 ⇒ O
6 → 5 에지 확인: 7 > 3 + 2 ⇒ X
6 → 4 에지 확인: 7 == 3 + 4 ⇒ O
2 → 1 에지 확인: 4 == 4 + 0 ⇒ O
4 → 1 에지 확인: 3 == 3 + 0 ⇒ O

4 도착 도시의 임계 경로값(12)과 1분도 쉬지 않고 달려야 하는 도로의 수(5)를 출력합니다.

위상 정렬 세부 로직은 앞의 이론과 문제에서 설명했으므로 여기서는 생략합니다.

노드를 큐에 삽입할 때 주의할 점

1분도 쉬지 않고 달려야 하는 도로로 이어진 노드와 연결된 다른 도로만이 1분도 쉬지 않고 달려야 하는 도로의 후보가 될 수 있으므로 이 메커니즘을 바탕으로 노드를 큐에 삽입해야 합니다. 또한 중복으로 도로를 카운트하지 않기 위해 이미 방문한 적이 있는 노드는 큐에 넣어 주지 않습니다. 기존의 위상 정렬 방식을 완벽하게 이해하고, 요구 사항에 따라 적절하게 로직을 수정할 수 있어야만 문제를 풀 수 있기 때문에 많이 고민해야 합니다.

03단계 슈도코드 작성하기

```
N(도시 수), M(도로 수)
A(도시 인접 리스트)
reverseA(역방향 도시 인접 리스트)
indegree(진입 차수 배열)
도시 수만큼 도시 인접 리스트, 역방향 도시 인접 리스트, 진입 차수 배열 크기 설정

for(도시 수만큼 반복) {
    인접 리스트 데이터 저장
    역방향 인접 리스트 데이터 저장
    진입 차수 배열 초기 데이터 저장
}

startDosi(시작 도시 저장)
endDosi(도착 도시 저장)

// 위상 정렬 수행
큐 생성하기
출발 도시를 큐에 삽입
result(각 도시의 최대 걸리는 시간 저장 - 임계 경로값)

while(큐가 빌 때까지) {
    현재 노드 = 큐에서 데이터 가져오기
```

```
    for(현재 노드에서 갈 수 있는 노드의 개수) {
        타깃 노드 진입 차수 배열 --
        result = 타깃 노드의 현재 경로값과 현재 노드의 경로값 + 도로 시간값 중 큰 값으로 저장
        if(타깃 노드의 진입 차수가 0이면) 큐에 타깃 노드 추가
    }
}

// 위상 정렬 역방향 수행
resultCount(1분도 쉬지 않고 달려야 하는 도로의 수)
visited(각 도시의 방문 여부 저장)
도착 도시를 큐에 삽입
visited 배열에 도착 도시를 방문 도시로 표시
while(큐가 빌 때까지) {
    현재 노드 = 큐에서 데이터 가져오기
    for(현재 노드에서 갈 수 있는 노드의 개수 → 역방향 인접 리스트 기준) {
        if(타깃 노드의 result값 + 도로를 걸리는 데 지나는 시간(에지)
                == 현재 노드의 result값) {
            1분도 쉬지 않고 달려야 하는 도로값 1 증가
            if(아직 방문하지 않은 도시이면) {
                visited 배열에 방문 도시 표시
                큐에 타깃 노드 추가
            }
        }
    }
}

만나는 시간(result[endDosi]) 출력
1분도 쉬지 않고 달려야 하는 도로의 수(resultCount) 출력
```

04단계 코드 구현하기

그래프/P1948_임계경로.cpp

```
#include <iostream>
#include <vector>
#include <queue>
using namespace std;
```

```
int main()
{
    ios::sync_with_stdio(false);
    cin.tie(NULL);
    cout.tie(NULL);

    int N, M;
    cin >> N >> M;

    vector<vector<pair<int, int>>> A;
    vector<vector<pair<int, int>>> reverseA;
    vector<int> indegree;  // 진입 차수 배열
    A.resize(N + 1);
    reverseA.resize(N + 1);
    indegree.resize(N + 1);

    for (int i = 0; i < M; i++) {
        int S, E, V;
        cin >> S >> E >> V;
        A[S].push_back(make_pair(E, V));
        reverseA[E].push_back(make_pair(S, V));  // 역방향 에지 정보 저장
        indegree[E]++;  // 진입 차수 배열 초기화
    }

    int startDosi, endDosi;
    cin >> startDosi >> endDosi;
    queue<int> mqueue;  // 위상 정렬 수행
    mqueue.push(startDosi);
    vector<int> result;
    result.resize(N + 1);

    while (!mqueue.empty()) {
        int now = mqueue.front();
        mqueue.pop();

        for (pair<int, int> next : A[now]) {
            indegree[next.first]--;
            result[next.first] = max(result[next.first], result[now] + next.second);
```

```
            if (indegree[next.first] == 0) {
                mqueue.push(next.first);
            }
        }
    }
    // 위상 정렬 reverse
    int resultCount = 0;
    vector<bool> visited;
    visited.resize(N + 1);
    queue<int> rqueue;
    rqueue.push(endDosi);
    visited[endDosi] = true;

    while (!rqueue.empty()) {
        int now = rqueue.front();
        rqueue.pop();

        for (pair<int, int> next : reverseA[now]) {
            // 1분도 쉬지 않는 도로 체크
            if (result[next.first] + next.second == result[now]) {
                resultCount++;
                // 중복 카운트 방지를 위해 이미 방문한 노드 제외
                if (visited[next.first] == false) {
                    visited[next.first] = true;
                    rqueue.push(next.first);
                }
            }
        }
    }
    cout << result[endDosi] << "\n";
    cout << resultCount << "\n";
}
```

08-4 다익스트라

다익스트라dijkstra 알고리즘은 그래프에서 최단 거리를 구하는 알고리즘으로, 주요 특징은 다음과 같습니다.

다익스트라 알고리즘

기능	특징	시간 복잡도(노드 수: V, 에지 수: E)
출발 노드와 모든 노드 간의 최단 거리 탐색	에지는 모두 양수	O(ElogV)

특정 노드에서 다른 노드들의 최단 거리를 구하는 문제가 주어졌을 때 다익스트라 알고리즘을 사용하면 문제를 해결할 수 있습니다. 이제 본격적으로 다익스트라 알고리즘을 공부해 볼까요?

다익스트라 알고리즘의 핵심 이론

다익스트라 알고리즘을 다음 5개 단계로 설명하겠습니다.

1. 인접 리스트로 그래프 구현하기

먼저 다음과 같이 주어진 그래프를 인접 리스트로 구현합니다.

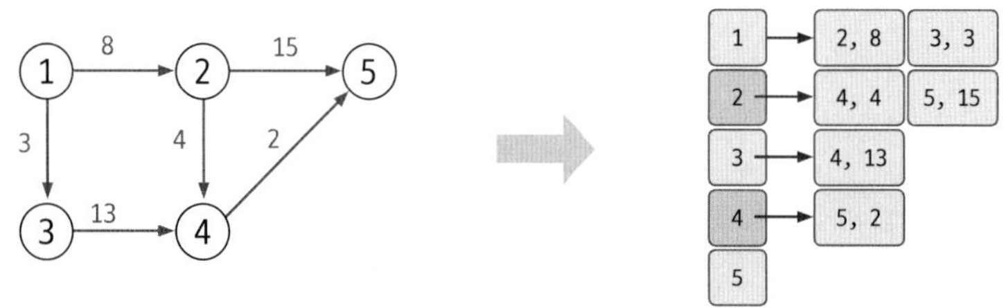

다익스트라 알고리즘은 인접 행렬로 구현해도 좋지만 시간 복잡도 측면, N의 크기가 클 것을 대비해 인접 리스트를 선택하여 구현하는 것이 좋습니다. 그래프의 연결을 표현하기 위해 인접 리스트에 연결한 배열의 자료형은 (노드, 가중치)와 같은 형태로 선언하여 연결한 점도 눈여겨보기 바랍니다.

2. 최단 거리 배열 초기화하기

최단 거리 배열을 만들고, 출발 노드는 0, 이외의 노드는 무한∞으로 초기화합니다. 이때 무한은 적당히 큰 값을 사용하면 됩니다. 우선 표기는 ∞으로 하겠습니다.

∞은 실제 구현 시 아주 큰 값, 예를 들어 문제에서 주어진 모든 에지의 합보다 충분히 더 큰 수로 정하면 됩니다.

3. 값이 가장 작은 노드 고르기

최단 거리 배열에서 현재 값이 가장 작은 노드를 고릅니다. 여기서는 값이 0인 출발 노드에서 시작하면 됩니다.

4. 최단 거리 배열 업데이트하기

선택된 노드에 연결된 에지의 값을 바탕으로 다른 노드의 값을 업데이트합니다. 1단계에서 저장한 인접 리스트를 이용해 현재 선택한 노드의 에지를 탐색하고 업데이트하면 됩니다. 연결 노드의 최단 거리는 다음과 같이 두 값 중 더 작은 값으로 업데이트합니다.

최단 거리 업데이트 방법

Min(선택 노드의 최단 거리 배열의 값 + 에지 가중치, 연결 노드의 최단 거리 배열의 값)

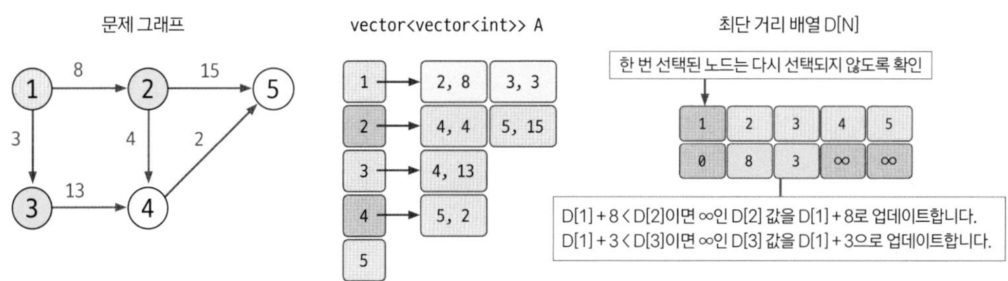

5. 과정 3~4를 반복해 최단 거리 배열 완성하기

모든 노드가 처리될 때까지 과정 3~4를 반복합니다. 과정 4에서 선택 노드가 될 때마다 다시 선택되지 않도록 방문 배열을 만들어 처리하고, 모든 노드가 선택될 때까지 반복하면 최단 거리 배열이 완성됩니다.

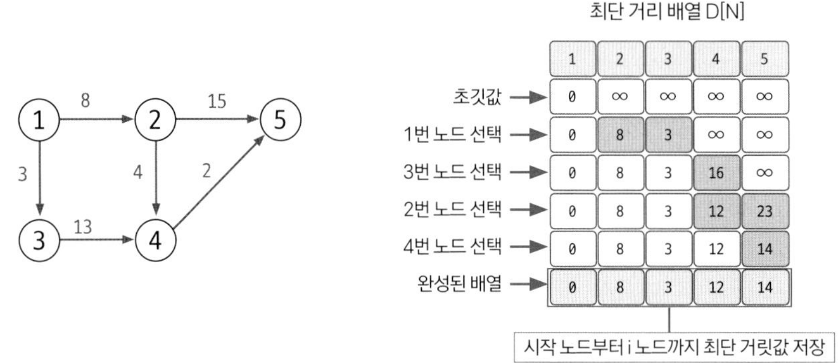

	1	2	3	4	5
초깃값	0	∞	∞	∞	∞
1번 노드 선택	0	8	3	∞	∞
3번 노드 선택	0	8	3	16	∞
2번 노드 선택	0	8	3	12	23
4번 노드 선택	0	8	3	12	14
완성된 배열	0	8	3	12	14

이렇게 다익스트라 알고리즘의 핵심 이론을 알아봤습니다. 다시 한번 정리하면 다익스트라 알고리즘은 출발 노드와 그 외 노드 간의 최단 거리를 구하는 알고리즘이고, 에지는 항상 양수여야 한다는 제약 조건이 있었습니다. 많은 사람이 다익스트라 알고리즘이 출발 노드와 도착 노드 간의 최단 거리를 구하는 알고리즘이라고 생각하는 경향이 있는데, 실제로 완성된 배열은 출발 노드와 이외의 모든 노드 간의 최단 거리를 표현합니다. 가끔 이 부분이 코딩 테스트의 문제로 나올 때가 있으므로 꼭 숙지하기 바랍니다.

최단 경로 구하기

시간 제한 1초 | 난이도 G5 골드 V | 백준 온라인 저지 1753번

에지의 가중치가 10 이하의 자연수인 방향 그래프가 있다. 이 그래프의 시작점에서 다른 모든 노드로의 최단 경로를 구하시오.

author5님이 제작한 문제를 일부 수정해 수록했습니다.

입력

1번째 줄에 노드의 개수 V와 에지의 개수 E가 주어진다(1 ≤ V ≤ 20,000, 1 ≤ E ≤ 300,000). 모든 노드에는 1부터 V까지 번호가 매겨져 있다. 2번째 줄에 출발 노드의 번호 K가 주어진다(1 ≤ K ≤ V). 3번째 줄에서 E개의 줄에 걸쳐 각 에지의 정보(u, v, w)가 순서대로 주어진다. 이는 u에서 v로 가는 가중치 w인 에지가 존재한다는 뜻으로, u와 v는 서로 다르다. 두 노드 사이에 에지가 2개 이상 존재할 수 있다는 것에 유의하자.

출력

1번째 줄부터 V개의 줄에 걸쳐, i번째 줄에 i번 노드까지 최단 경로값을 출력한다. 시작점은 0, 경로가 없을 때는 INF를 출력한다.

예제 입력 1

```
5 6   // 노드 개수, 에지 개수
1
5 1 1
1 2 2
1 3 3
2 3 4
2 4 5
3 4 6
```

예제 출력 1

```
0
2
3
7
INF
```

01단계 문제 분석하기

시작점과 다른 노드와 관련된 최단 거리를 구하는 문제로, 다익스트라 알고리즘의 가장 기본적인 형태를 구현할 수 있는지를 묻고 있습니다. 앞에서 배운 핵심 이론을 이용해 다익스트라 알고리즘을 코드로 구현해 보겠습니다.

02단계 손으로 풀어 보기

1 인접 리스트에 노드를 저장하고 거리 배열을 초기화합니다. 거리 배열은 앞에서 설명했듯이 출발 노드는 0, 나머지는 무한으로 초기화합니다.

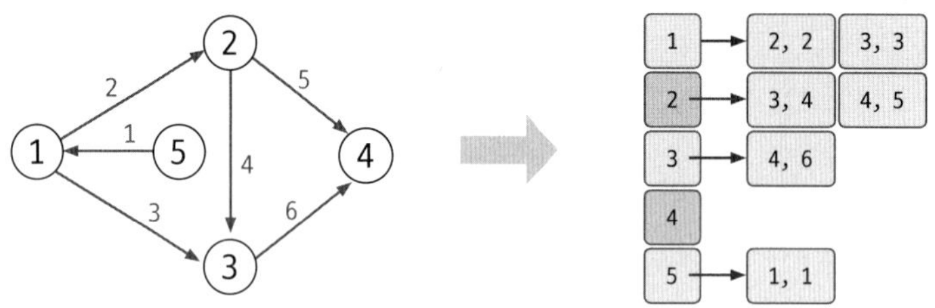

2 최초 시작점을 큐에 삽입하고, 다음 과정에 따라 다익스트라 알고리즘을 수행합니다.

다익스트라 알고리즘 수행 과정

① 거리 배열에서 아직 방문하지 않은 노드 중 현재 값이 가장 작은 노드를 선택한다.

② 해당 노드와 연결된 노드들의 최단 거릿값을 다음 공식을 이용해 업데이트한다.

- [연결 노드 거리 배열값]보다 [선택 노드의 거리 배열값 + 에지 가중치]가 더 작은 경우 업데이트 수행
- 업데이트가 수행되는 경우 연결 노드를 우선순위 큐에 삽입

③ 큐가 빌 때까지 ①~②를 반복한다.

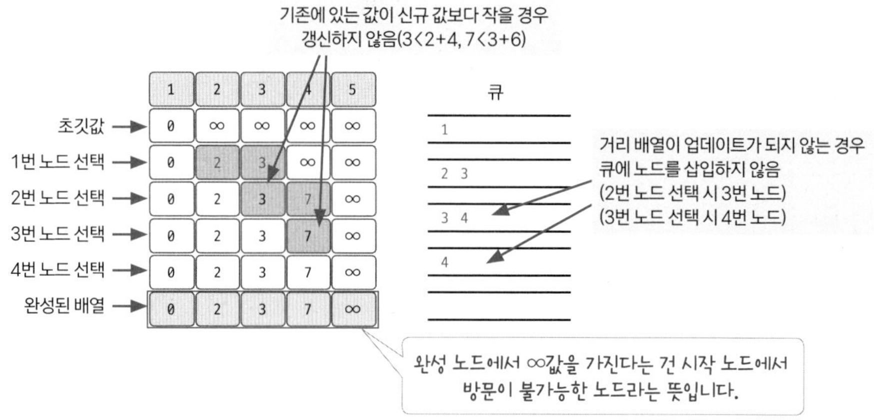

❸ 완성된 거리 배열의 값을 출력합니다.

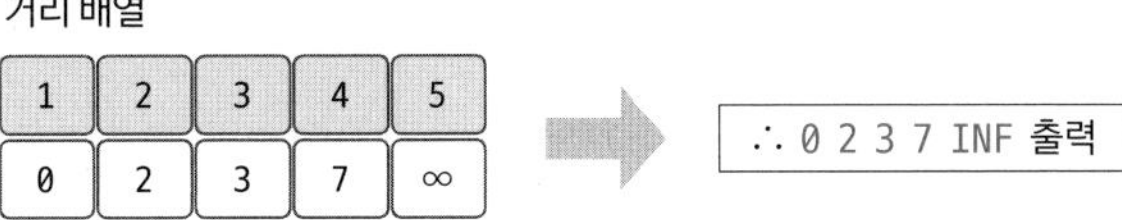

03단계 슈도코드 작성하기

```
mlist(그래프 정보 저장 인접 리스트)
mdistance(최단 거리 저장 배열)
visited(노드 사용 여부 저장)
q(다익스트라 알고리즘 수행을 위한 우선순위 큐)  // 오름 차순 정렬로 선언

V(노드 개수)
E(에지 개수)
K(출발 노드)
거리 배열은 충분히 큰 수로 초기화

for(에지 개수) {
    인접 리스트 배열에 에지 정보를 저장
}

다익스트라 알고리즘 수행
출발 노드를 우선순위 큐에 넣고 시작  // 자동으로 거리가 최소인 노드를 선택하게 함

while(큐가 빌 때까지) {
현재 선택한 노드를 방문한 적이 있는지 확인
    현재 노드를 방문 노드로 업데이트
    for(현재 선택 노드의 에지 개수) {
        if(타깃 노드 방문 전 && 현재 선택 노드 최단 거리 + 비용 < 타깃 노드의 최단 거리) {
            타깃 노드 최단 거리 업데이트
            우선순위 큐에 타깃 노드 추가
        }
    }
}
완성된 거리 배열을 탐색해 출력
```

04단계 코드 구현하기

그래프/P1753_최단경로.cpp

```cpp
#include <iostream>
#include <vector>
#include <queue>
#include <limits.h>
using namespace std;

typedef pair<int, int> edge;
static int V, E, K;
static vector<int> mdistance;
static vector<bool> visited;
static vector<vector<edge>> mlist;
static priority_queue<edge, vector<edge>, greater<edge>> q;

int main()
{
    ios::sync_with_stdio(false);
    cin.tie(NULL);
    cout.tie(NULL);

    cin >> V >> E >> K;
    mdistance.resize(V + 1);
    std::fill(mdistance.begin(), mdistance.end(), INT_MAX);
    visited.resize(V + 1);
    std::fill(visited.begin(), visited.end(), false);
    mlist.resize(V + 1);

    for (int i = 0; i < E; i++) {  // 가중치가 있는 인접 리스트 초기화
        int u, v, w;
        cin >> u >> v >> w;
        mlist[u].push_back(make_pair(v, w));
    }

    q.push(make_pair(0, K));
    mdistance[K] = 0;
```

```
    while (!q.empty()) {
        edge current = q.top();
        q.pop();
        int c_v = current.second;
        if (visited[c_v]) {  // 이미 방문한 노드는 다시 큐에 넣지 않음
            continue;
        }
        visited[c_v] = true;

        for (int i = 0; i < mlist[c_v].size(); i++) {
            edge tmp = mlist[c_v][i];
            int next = tmp.first;
            int value = tmp.second;

            if (mdistance[next] > mdistance[c_v] + value) {  // 최소 거리로 업데이트
                mdistance[next] = value + mdistance[c_v];
                q.push(make_pair(mdistance[next], next));
            }
        }
    }
    for (int i = 1; i <= V; i++) {  // 거리 배열 출력
        if (visited[i]) {
            cout << mdistance[i] << "\n";
        }
        else {
            cout << "INF" << "\n";
        }
    }
}
```

빈출

문제 057

최소 비용 구하기

시간 제한 0.5초 | 난이도 G5 골드 V | 백준 온라인 저지 1916번

N개의 도시가 있다. 그리고 한 도시에서 출발해 다른 도시에 도착하는 M개의 버스가 있다. A번째 도시에서 B번째 도시까지 가는 데 드는 버스 비용을 최소화하려고 한다. A번째 도시에서 B번째 도시까지 가는 데 드는 최소 비용을 출력하라. 도시의 번호는 1부터 N까지다.

입력

1번째 줄에 도시의 개수 N(1 ≤ N ≤ 1,000), 2번째 줄에 버스의 개수 M(1 ≤ M ≤ 100,000)이 주어진다. 그리고 3번째 줄에서 M + 2번째 줄까지 다음과 같은 버스의 정보가 주어진다. 가장 처음에는 그 버스의 출발 도시의 번호가 주어진다. 그다음에는 도착지의 도시 번호가 주어지고, 그 버스 비용이 주어진다. 버스 비용은 0보다 크거나 같고, 100,000보다 작은 정수다. 그리고 M + 3번째 줄에는 우리가 구하고자 하는 구간 출발점의 도시 번호와 도착점의 도시 번호가 주어진다. 출발점에서 도착점을 갈 수 있을 때만 입력으로 주어진다.

출력

1번째 줄의 출발 도시에서 도착 도시까지 가는 데 드는 최소 비용을 출력한다.

예제 입력 1

```
5  // 도시 개수
8  // 버스 개수
1 2 2
1 3 3
1 4 1
1 5 10
2 4 2
3 4 1
3 5 1
4 5 3
1 5
```

예제 출력 1

```
4
```

01단계 문제 분석하기

시작점과 도착점이 주어지고, 이 목적지까지 가는 최소 비용(최단 거리)을 구하는 문제입니다. 또한 버스 비용의 범위가 음수가 아니기 때문에 이 문제는 다익스트라 알고리즘을 이용해 해결할 수 있습니다. 도시의 개수가 최대 1,000개이므로 인접 행렬 방식으로도 그래프를 표현할 수 있지만, 시간 복잡도나 공간 효율성 측면을 고려해 인접 리스트의 자료구조를 선택했습니다.

02단계 손으로 풀어 보기

1 주어진 예제 데이터를 기반으로 그래프를 그립니다. 도시는 노드로, 도시 간 버스 비용은 에지로 나타냅니다.

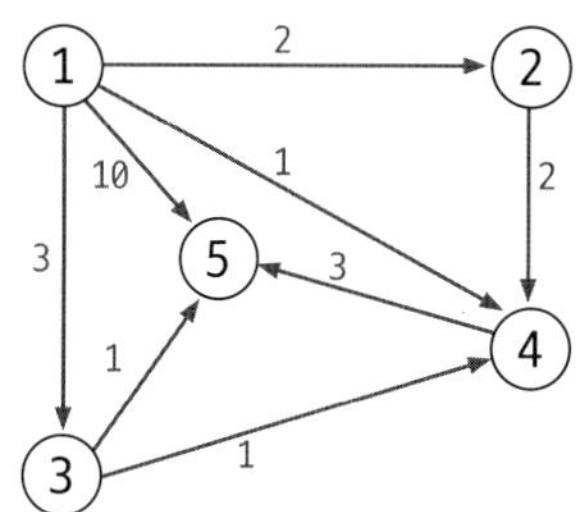

2 첫째 숫자(도시 개수)의 크기만큼 인접 리스트의 크기를 설정합니다. 이때 버스의 비용(가중치)이 존재하므로 인접 리스트 배열에 pair 클래스를 이용합니다. 그리고 둘째 숫자(버스 개수)의 크기만큼 반복문을 돌면서 그래프를 인접 리스트에 저장합니다.

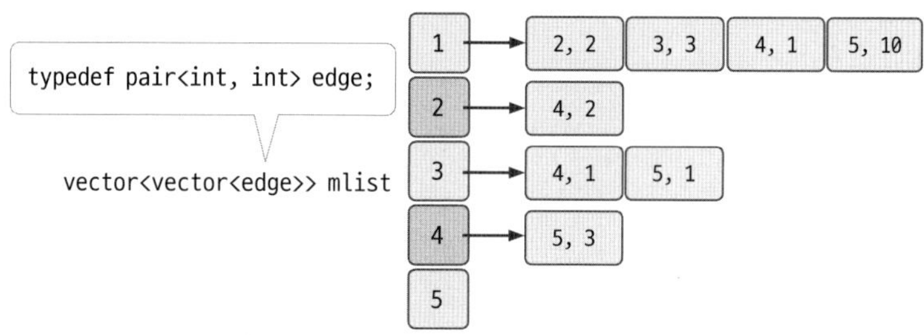

3 다익스트라 알고리즘을 수행합니다. 최단 거리 배열이 완성되면 정답을 출력합니다.

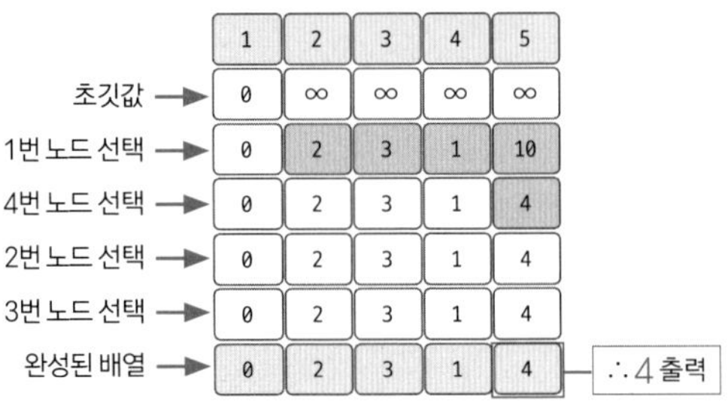

03단계 슈도코드 작성하기

```
mlist(그래프 정보 저장)
dist(최단 거리 저장)
visited(노드 사용 여부 저장)
N(노드 수) M(에지 수)
거리 배열은 충분히 큰 수로 초기화

for(에지 개수) {
    인접 리스트 배열에 이 에지 정보를 저장
}
startIndex(시작점)
endIndex(도착점)

시작점을 기준으로 다익스트라 수행
최단 거리 배열에서 목적지 길이를 찾아 출력하기

// 다익스트라 함수 별도 구현
다익스트라(시작점, 종료점) {
    // 자동으로 거리가 최소인 노드를 선택할 수 있게 해 주는 자료구조
    시작점을 오름차순 우선순위 큐에 넣고 시작
    while(큐가 빌 때까지) {
        현재 선택된 노드가 방문한 적이 있는지 확인하기
        현재 노드를 방문 노드로 업데이트하기
        for(현재 선택 노드의 에지 개수) {
            if(타깃 노드 방문 전 && 현재 선택 노드 최단 거리 + 비용 < 타깃 노드의 최단 거리) {
                타깃 노드 최단 거리 업데이트
```

```
                우선순위 큐에 타깃 노드 추가
            }
        }
    }
}
```

04단계 **코드 구현하기**

그래프/P1916_최소비용구하기.cpp

```
#include <iostream>
#include <vector>
#include <queue>
#include <limits.h>
using namespace std;

typedef pair<int, int> edge;
static int N, M;
static vector<int> dist;
static vector<bool> visited;
static vector<vector<edge>> mlist;
int dijkstra(int start, int end);

int main()
{
    ios::sync_with_stdio(false);
    cin.tie(NULL);
    cout.tie(NULL);

    cin >> N >> M;
    dist.resize(N + 1);
    std::fill(dist.begin(), dist.end(), INT_MAX);
    visited.resize(N + 1);
    std::fill(visited.begin(), visited.end(), false);
    mlist.resize(N + 1);

    for (int i = 0; i < M; i++) {  // 가중치가 있는 인접 리스트 초기화
```

```
        int start, end, weight;
        cin >> start >> end >> weight;
        mlist[start].push_back(make_pair(end, weight));
    }
    int startIndex, endIndex;
    cin >> startIndex >> endIndex;
    int result = dijkstra(startIndex, endIndex);
    cout << result << "\n";
}

int dijkstra(int start, int end) {  // 다익스트라 알고리즘
    priority_queue<edge, vector<edge>, greater<edge>> pq;
    // 비용 기준 정렬을 위해 데이터 순서를 비용, 노드로 설정
    pq.push(make_pair(0, start));
    dist[start] = 0;

    while (!pq.empty()) {
        edge nowNode = pq.top();
        pq.pop();
        int now = nowNode.second;

        if (!visited[now]) {
            visited[now] = true;
            // 선택 노드 + 비용 < 타깃 노드일 때 값을 갱신하는 부분
            for (edge n : mlist[now]) {
                if (dist[n.first] > dist[now] + n.second) {
                    dist[n.first] = dist[now] + n.second;
                    pq.push(make_pair(dist[n.first], n.first));
                }
            }
        }
    }
    return dist[end];
}
```

현재 사용할 수 있는 노드를 우선순위 큐 자료구조에 넣은 이유

이 문제에서 현재 사용할 수 있는 노드들을 우선순위 큐 자료구조에 넣은 이유는 현재 연결된 노드 중 가장 적은 비용을 지닌 노드를 빠르고 간편하게 찾을 수 있기 때문입니다. 우선순위 큐는 데이터가 새롭게 들어올 때마다 자동으로 정렬합니다. 정렬 기준은 위 구현 코드에서 알 수 있듯이 데이터 저장 순서와 선언 방식을 통하여 설정할 수 있습니다. 코드를 참고하여 꼭 숙지해 주세요.

문제 핵심 058

K번째 최단 경로 찾기

시간 제한 2초 | 난이도 P0 플래티넘 | 백준 온라인 저지 1854번

봄 캠프를 마친 김 조교는 여러 도시를 돌며 여행을 다닐 계획이다. 그런데 김 조교는 '느림의 미학'을 중요시하는 사람이라 항상 최단 경로로만 이동하는 것은 별로 좋아하지 않는다. 하지만 너무 시간이 오래 걸리는 경로도 그리 매력적인 것만은 아니어서 적당한 타협안인 'K번째 최단 경로'를 구하길 원한다. 그를 돕기 위한 프로그램을 작성해 보자.

입력

1번째 줄에 n, m, k가 주어진다. (1 ≤ n ≤ 1000, 0 ≤ m ≤ 2000000, 1 ≤ k ≤ 100) n과 m은 각각 김 조교가 여행을 고려하고 있는 도시들의 개수와 도시 간에 존재하는 도로의 수다. 이어지는 m개의 줄에는 각각 도로의 정보를 제공하는 3개의 정수 a, b, c가 포함돼 있다. 이것은 a번 도시에서 b번 도시로 갈 때는 c의 시간이 걸린다는 의미다(1 ≤ a, b ≤ n. 1 ≤ c ≤ 1000). 도시의 번호는 1번부터 n번까지 연속해 있고, 1번은 시작 도시다.

출력

n개의 줄을 출력한다. i번째 줄에 1번 도시에서 i번 도시로 가는 K번째 최단 경로의 소요 시간을 출력한다. 경로의 소요 시간은 경로 위에 있는 도로들을 따라 이동하는 데 필요한 시간의 합이다. i번 도시에서 i번 도시로 가는 최단 경로는 0이지만, 일반적인 K번째 최단 경로는 0이 아닐 수 있다는 것에 유의한다. 또 K번째 최단 경로가 존재하지 않으면 -1을 출력한다. 최단 경로에 같은 노드가 여러 번 포함될 수 있다.

예제 입력 1

```
5 10 2  // 도시 수, 도로 수, K
1 2 2
1 3 7
1 4 5
1 5 6
2 4 2
2 3 4
3 4 6
3 5 8
5 2 4
5 4 1
```

예제 출력 1

```
-1
10
7
5
14
```

01단계 문제 분석하기

시작점과 도착점이 주어지고 이 목적지까지 가는 K번째 최단 경로를 구하는 문제입니다. 도시(노드)의 개수는 1,000개, 도로(에지)의 수는 2,000,000이면서 시간 제약이 2초이므로 다익스트라 알고리즘으로 접근해 보겠습니다. 이 문제에서 가장 고민되는 부분은 최단 경로가 아니라 K번째 최단 경로라는 것입니다. 이 부분을 어떻게 해결할 수 있을까요? 다음과 같이 변경해 보려고 합니다.

K번째 최단 경로 해결 방법

- 최단 경로를 표현하는 배열을 우선순위 큐 배열(크기는 K)로 변경하고자 한다. 이렇게 하면 최단 경로뿐 아니라 최단 경로 ~ K번째 최단 경로까지 표현할 수 있지 않을까?
- 기존 다익스트라 로직에서 사용한 노드를 방문 배열에 체크해 두고 다음 도착 시 해당 노드를 다시 사용하지 않도록 설정하는 부분은 삭제가 필요해 보인다. K번째 경로를 찾기 위해서는 노드를 여러 번 쓰는 경우가 생기기 때문이다.

이 2가지 내용을 바탕으로 손으로 풀어 보겠습니다.

02단계 손으로 풀어 보기

1. 주어진 예제 데이터를 기반으로 그래프를 그립니다. 도시는 노드로, 도로는 에지로 나타냅니다.

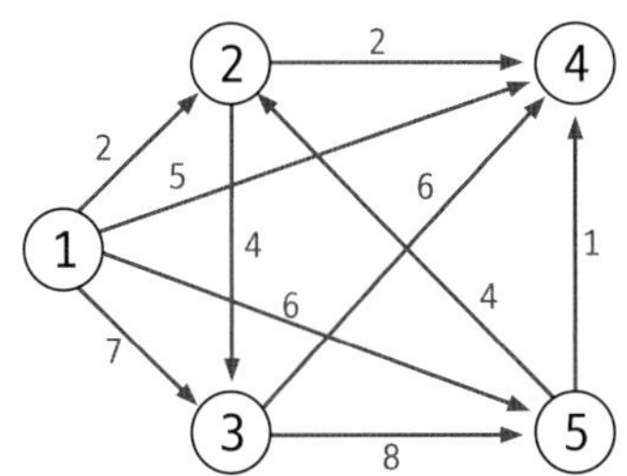

2. 변수를 선언하고, 그래프 데이터를 받는 부분은 모두 다익스트라 알고리즘 준비 과정과 동일합니다.

[문제 057]을 참고하세요.

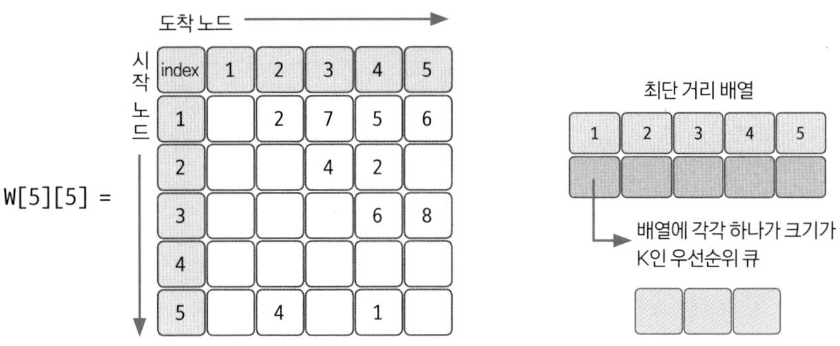

3. 최단 거리 배열을 우선순위 큐 배열로 선언하고, 다음과 같은 기준을 세워 채워야 합니다. 예제에서 주어진 입력에서는 K = 2이지만, 여기서는 이해를 돕고자 K = 3일 때를 계산해 보겠습니다.

최단 거리 배열 채우기 규칙

① 현재 노드에 저장된 경로가 K개 미만일 때 신규 경로를 추가한다.

② 경로가 K개일 때 현재 경로 중 최대 경로와 신규 경로를 비교해 신규 경로가 더 작을 때 업데이트한다. 우선순위 큐를 사용하면 이 로직을 쉽게 구현할 수 있다.

③ K번째 경로를 찾으려면 노드를 여러 번 쓰는 경우가 생기므로 사용한 노드를 방문 배열에 기록하는 부분은 삭제한다.

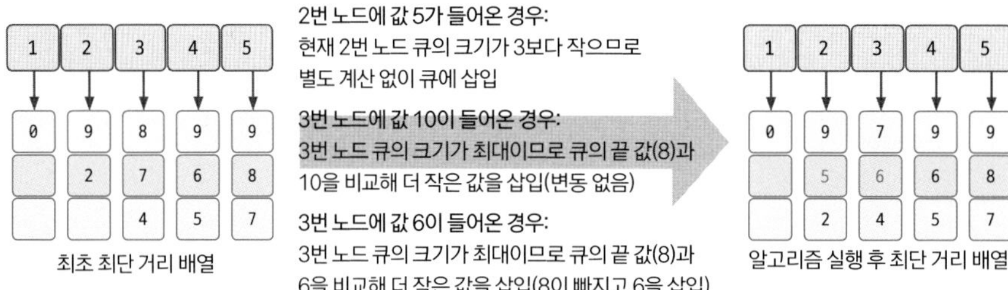

4 최단 거리 배열을 탐색하면서 K번째 경로가 존재하면 출력하고, 존재하지 않으면 -1을 출력한다.

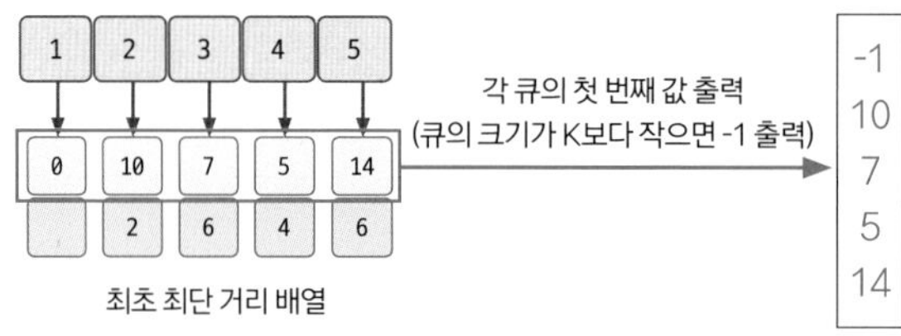

우선순위 큐로 선언하면 편리한 점

이 부분에서 다익스트라 알고리즘 수행을 위한 노드 데이터를 저장하는 객체 형식을 우선순위 큐로 선언했기 때문에 새로운 노드가 삽입됐을 때 별도의 정렬을 해주지 않아도 자동으로 정렬돼 편리하게 구현할 수 있다는 장점이 있습니다.

03단계 **슈도코드 작성하기**


```
N(노드 개수), M(에지 개수)
K(몇 번째 최단 경로를 구해야 하는지 나타내는 변수)
W(그래프 정보 저장 인접 행렬)
distQueue(거리를 나타내는 우선순위 큐 배열)

for(에지 개수) {
    인접 행렬에 에지 정보를 저장
}
다익스트라 알고리즘 수행

출발 노드는 우선순위 큐에 넣고 시작  // 자동으로 거리가 최소인 노드를 선택할 수 있음
while(큐가 빌 때까지) {
    for(노드 개수만큼 반복하기) {
        if(해당 노드와 현재 노드가 연결되었다면) {
            if(최단 거리 배열 큐에 해당 노드에 관해 저장된 경로가 K개보다 작으면) {
                최단 거리 큐 배열에 거리 정보 삽입하고 큐에 선택 노드를 추가
            }
            else if(최단 거리 큐의 마지막 값
                        > 이전 노드의 값 + 두 노드 사이의 에지 가중치) {
                해당 노드에 최단 거리 큐에 마지막 값 삭제하고 새로운 값으로 업데이트
                큐에 선택 노드를 추가
            }
        }
    }
}
for(노드 개수) {  // 최단 거리 배열 큐를 이용해 각 노드의 K번째 경로를 출력함
    우선순위 큐 크기가 K이면 큐의 값 출력, 아니면 -1 출력
}
```

04단계 코드 구현하기

그래프/P1854_K번째최단경로찾기.cpp

```
#include <iostream>
#include <vector>
#include <queue>
using namespace std;

typedef pair<int, int> Node;
static int N, M, K;
static int W[1001][1001];
static priority_queue<int> distQueue[1001];

int main()
{
    ios::sync_with_stdio(false);
    cin.tie(NULL);
    cout.tie(NULL);

    cin >> N >> M >> K;

    for (int i = 0; i < M; i++) {  // 가중치가 있는 인접 배열 초기화
        int a, b, c;
        cin >> a >> b >> c;
        W[a][b] = c;
    }
    priority_queue<Node, vector<Node>, greater<Node>> pq;
    pq.push(make_pair(0, 1));
    distQueue[1].push(0);

    while (!pq.empty()) {
        Node u = pq.top();
        pq.pop();

        for (int adjNode = 1; adjNode <= N; adjNode++) {
            // 연결된 모든 노드에 대하여 검색하기
            if (W[u.second][adjNode] != 0) {
                // 저장된 경로가 K개가 안 될 경우 그냥 추가하기
```

```
            if (distQueue[adjNode].size() < K) {
                distQueue[adjNode].push(u.first + W[u.second][adjNode]);
                pq.push(make_pair(u.first + W[u.second][adjNode], adjNode));
            }
            // 저장된 경로가 K개이고 현재 가장 큰 값보다 작을 때만 추가하기
            else if (distQueue[adjNode].top() > u.first + W[u.second][adjNode]) {
                distQueue[adjNode].pop();   // 기존 큐에서 Max값 먼저 삭제해야 함
                distQueue[adjNode].push(u.first + W[u.second][adjNode]);
                pq.push(make_pair(u.first + W[u.second][adjNode], adjNode));
            }
        }
    }
  }
  for (int i = 1; i <= N; i++) {  // K번째 경로 출력
      if (distQueue[i].size() == K) {
         cout << distQueue[i].top() << "\n";
      }
      else {
          cout << -1 << "\n";
      }
  }
}
```

08-5 벨만-포드

벨만-포드bellman-ford-moore 알고리즘은 그래프에서 최단 거리를 구하는 알고리즘으로, 주요 특징은 다음과 같습니다.

벨만-포드 알고리즘

기능	특징	시간 복잡도(노드 수: V, 에지 수: E)
특정 출발 노드에서 다른 모든 노드까지의 최단 경로 탐색	• 음수 가중치 에지가 있어도 수행할 수 있음 • 전체 그래프에서 음수 사이클의 존재 여부를 판단할 수 있음	O(VE)

벨만-포드의 핵심 이론

벨만-포드 알고리즘은 다음 3가지 단계의 원리로 동작합니다.

1. 에지 리스트로 그래프를 구현하고 최단 경로 배열 초기화하기

벨만-포드 알고리즘은 에지를 중심으로 동작하므로 그래프를 에지 리스트로 구현합니다. 또한 최단 경로 배열을 출발 노드는 0, 나머지 노드는 무한대로 초기화합니다. 다음 예에서 출발 노드를 1로 선택해 벨만-포드 알고리즘을 진행하며 알아보겠습니다.

edge는 일반적으로 노드 변수 2개와 가중치 변수로 구성돼 있습니다.

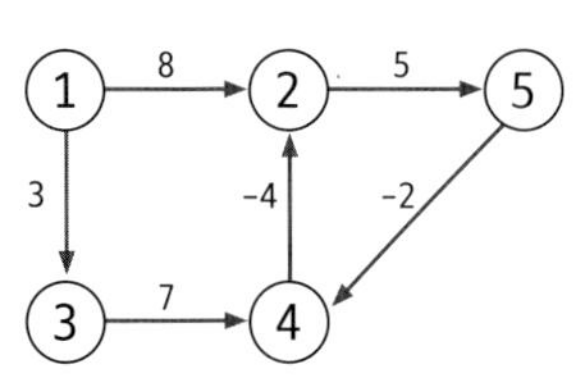

그래프 에지 리스트

```
typedef tuple<int, int, int> edge;
vector<edge> edges;
```

edge	1	2	3	4	5	6
출발 노드	1	2	1	3	4	5
종료 노드	2	5	3	4	2	4
가중치	8	5	3	7	-4	-2

정답 배열(D[Index])

1	2	3	4	5
0	∞	∞	∞	∞

2. 모든 에지를 확인해 정답 배열 업데이트하기

최단 거리 배열에서 업데이트 반복 횟수는 노드 개수 - 1입니다. 노드 개수가 N이고, 음수 사이클이 없을 때 특정 두 노드의 최단 거리를 구성할 수 있는 에지의 최대 개수는 N - 1이기 때문입니다. 모든 에지 E = (s, e, w)에서 다음 조건을 만족하면 업데이트를 실행합니다. 업데이트 반복 횟수가 K번이라면 해당 시점에 정답 배열의 값은 시작점에서 K개의 에지를 사용했을 때 각 노드에 대한 최단 거리입니다.

업데이트 조건과 방법

D[s] != ∞이며 D[e] > D[s] + w일 때 D[e] = D[s] + w로 배열의 값을 업데이트한다.

음수 사이클이 없을 때 최대 에지 개수가 나오려면 사향 트리 형태에서 양 도착 노드를 선택해야 합니다.

에지의 출발 노드를 s, 종료 노드를 e, 에지의 가중치를 w로 가정했습니다.

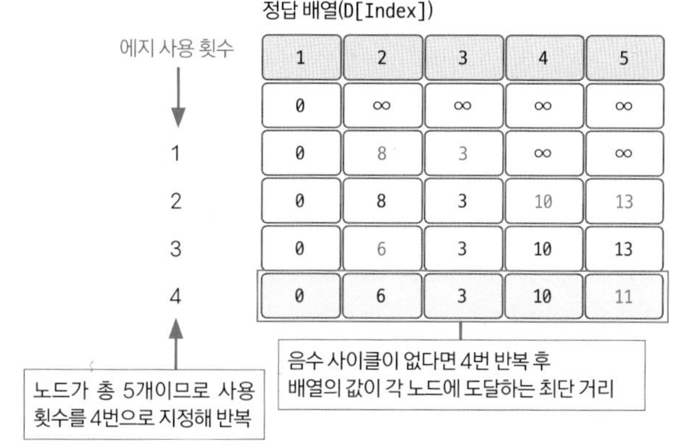

음수 사이클이 없을 때 N - 1번 에지 사용 횟수를 반복하면 출발 노드와 모든 노드 간의 최단 거리를 알려 주는 정답 배열이 완성됩니다. 이렇게 완성 후 마지막으로 이 그래프에 음수 사이클이 존재하는지 확인해야 합니다.

3. 음수 사이클 유무 확인하기

음수 사이클 유무를 확인하기 위해 모든 에지를 한 번씩 다시 사용해 업데이트되는 노드가 발생하는지 확인합니다. 만약 업데이트되는 노드가 있다면 음수 사이클이 있다는 뜻이 되고, 2단계에서 도출한 정답 배열이 무의미하고 최단 거리를 찾을 수 없는 그래프라는 뜻이 됩니다. 음수 사이클이 존재하면 이 사이클을 무한하게 돌수록 가중치가 계속 감소하므로 최단 거리를 구할 수 없습니다.

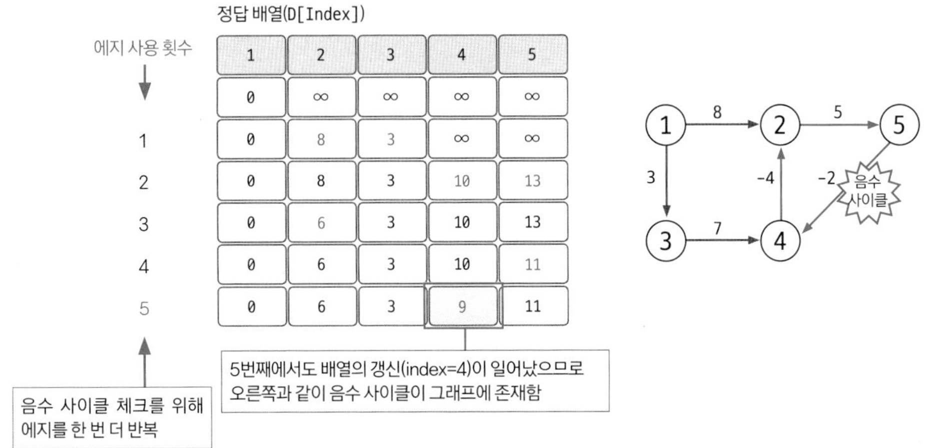

실제 알고리즘 코딩 테스트에서는 벨만-포드 알고리즘을 사용해 최단 거리를 구하는 문제보다 음수 사이클을 판별하는 문제가 더 빈번하게 출제됩니다. 따라서 마지막에 한 번 더 모든 에지를 사용해 업데이트되는 노드가 존재하는지 확인해야 합니다. 이제 벨만-포드 알고리즘을 이용한 실전 문제를 풀어 볼까요?

타임머신으로 빨리 가기

시간 제한 1초 | 난이도 G4 골드 IV | 백준 온라인 저지 11657번

N개의 도시와 한 도시에서 출발해 다른 도시에 도착하는 버스가 M개 있다. 각 버스는 A, B, C로 나타낼 수 있는데, A는 시작 도시, B는 도착 도시, C는 버스를 타고 이동하는 데 걸리는 시간이다. 시간 C가 양수가 아닐 때가 있다. C = 0일 경우에는 순간 이동을 할 때, C < 0일 경우에는 타임머신으로 시간을 되돌아갈 때다. 1번 도시에서 출발해 나머지 도시로 가는 가장 빠른 시간을 구하는 프로그램을 작성하시오.

입력

1번째 줄에 도시의 개수 N(1 ≤ N ≤ 500), 버스 노선의 개수 M(1 ≤ M ≤ 6,000)이 주어진다. 2번째 줄부터 M개의 줄에는 버스 노선의 정보 A, B, C(1 ≤ A, B ≤ N, -10,000 ≤ C ≤ 10,000)가 주어진다.

출력

만약 1번 도시에서 출발해 어떤 도시로 가는 과정에서 시간을 무한히 오래전으로 되돌릴 수 있다면 1번째 줄에 -1을 출력한다. 그렇지 않다면 N - 1개 줄에 걸쳐 각 줄의 1번 도시에서 출발해 2번 도시, 3번 도시, ..., N번 도시로 가는 가장 빠른 시간을 순서대로 출력한다. 만약 이 도시로 가는 경로가 없다면 -1을 출력한다.

예제 입력 1

```
3 4  // 노드, 에지
1 2 4
1 3 3
2 3 -4
3 1 -2
```

예제 출력 1

```
-1
```

예제 입력 2

```
3 2
1 2 4
1 2 3
```

예제 출력 2

```
3
-1
```

01단계 문제 분석하기

시작점 및 다른 노드와 관련된 최단 거리를 구하는 문제지만, 특이한 점은 에지에 해당하는 이동하는 시간이 양수가 아닌 0 또는 음수가 가능하다는 것입니다. 이렇게 시작점에서 다른 노드와 관련된 최단 거리를 구하는데, 에지가 음수가 가능할 때는 벨만-포드 알고리즘을 사용하면 됩니다. 앞에서 공부한 벨만-포드 알고리즘을 이용해 문제를 해결해 보겠습니다.

02단계 손으로 풀어 보기

1 에지 리스트에 에지 데이터를 저장한 후 거리 배열을 다음과 같이 초기화합니다. 최초 시작점에 해당하는 거리 배열값은 0으로 초기화합니다.

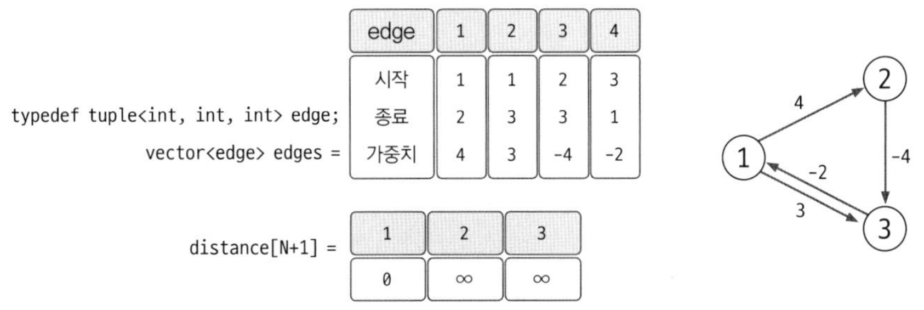

2 다음 순서에 따라 벨만-포드 알고리즘을 수행합니다.

벨만-포드 알고리즘 수행 과정

① 모든 에지와 관련된 정보를 가져온 후 다음 조건에 따라 거리 배열의 값을 업데이트한다.

- 출발 노드가 방문한 적이 없는 노드(출발 노드 거리 == INF)일 때 값을 업데이트하지 않는다.
- 출발 노드의 거리 배열값 + 에지 가중치 < 종료 노드의 거리 배열값일 때 종료 노드의 거리 배열값을 업데이트한다.

② '노드 개수 - 1' 번만큼 ①을 반복한다.

③ 음수 사이클 유무를 알기 위해 모든 에지에 관해 다시 한번 ①을 수행한다. 이때 한 번이라도 값이 업데이트되면 음수 사이클이 존재한다고 판단한다.

실제로 수행할 때는 에지가 저장된 순서에 따라 동작하므로 거리 배열의 값이 다음과 같이 업데이트됩니다. 이론의 업데이트와는 약간 다르지만, 알고리즘에 영향을 미치진 않습니다. 실제 코드 디버그값과 이론에서의 값이 달라 혼동될 수 있으므로 이번에는 배열을 실제 코드 기준으로 업데이트해 보겠습니다.

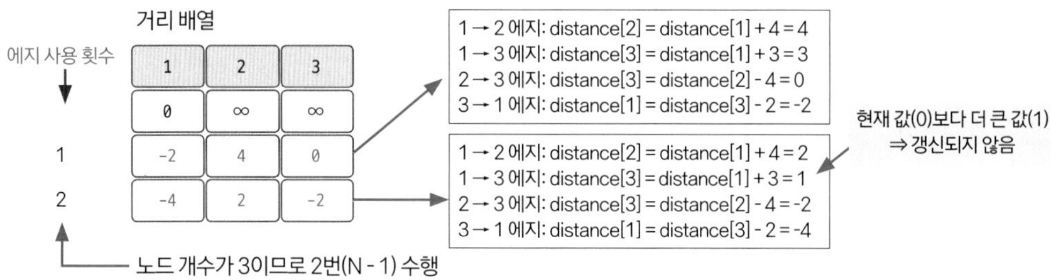

3 음수 사이클이 존재하면 -1, 존재하지 않으면 거리 배열의 값을 출력합니다. 단, 거리 배열의 값이 INF일 경우에는 -1을 출력합니다.

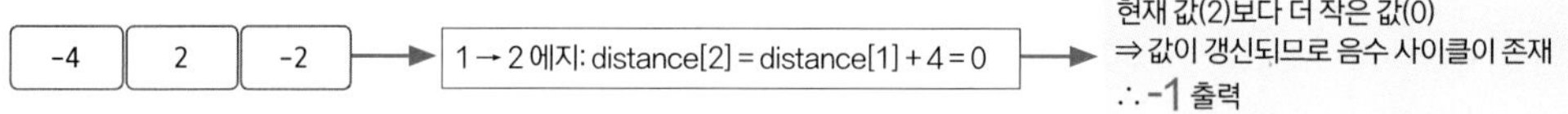

03단계 슈도코드 작성하기

```
edge(에지 정보 표현을 위한 tuple 변수)
edges(에지 정보 저장을 위한 에지 리스트)
mdistance(최단 거리 저장)
V(노드 개수)
E(에지 개수)
최단 거리 배열은 충분히 큰 수로 초기화

for(에지 개수) {
    에지 리스트 배열에 에지 정보를 저장
}

// 벨만-포드 알고리즘 수행하기
거리 배열에 출발 노드 0으로 초기화

for(노드 개수 - 1만큼 반복) {
    for(에지 개수만큼 반복) {
        현재 에지 데이터 가져오기
        if(출발 노드가 무한대가 아니라 종료 노드값 < 출발 노드값 + 에지 가중치)
            업데이트 수행 → 종료 노드값 = 출발 노드값 + 에지 가중치
    }
    for(에지 개수만큼 반복) {  // 음수 사이클 존재 여부 확인하기
        현재 에지 데이터 가져오기
        if(출발 노드가 무한대가 아니고 종료 노드값 < 출발 노드값 + 에지 가중치)
            업데이트 가능 → 음수 사이클 존재
    }
}
음수 사이클 미존재 → 거리 배열 출력(단, 거리 배열의 값이 무한대일 때 -1 출력)
음수 사이클 존재 → -1 출력
```

04단계 코드 구현하기

그래프/P11657_타임머신.cpp

```
#include <iostream>
#include <vector>
#include <limits.h>
#include <tuple>
using namespace std;

typedef tuple<int, int, int> edge;
static int N, M;
static vector<long> mdistance;
static vector<edge> edges;

int main()
{
    ios::sync_with_stdio(false);
    cin.tie(NULL);
    cout.tie(NULL);

    cin >> N >> M;
    mdistance.resize(N + 1);
    std::fill(mdistance.begin(), mdistance.end(), LONG_MAX);  // 최단 거리 배열 초기화

    for (int i = 0; i < M; i++) {  // 에지 리스트에 데이터 저장하기
        int start, end, time;
        cin >> start >> end >> time;
        edges.push_back(make_tuple(start, end, time));
    }

    // 벨만-포드 알고리즘 수행
    mdistance[1] = 0;

    for (int i = 1; i < N; i++) {  // N보다 하나 적은 수만큼 반복
        for (int j = 0; j < M; j++) {
            edge medge = edges[j];
            int start = get<0>(medge);
            int end = get<1>(medge);
            int time = get<2>(medge);
```

```
            // 더 가까운 최단 거리가 있다면 갱신
            if (mdistance[start] != LONG_MAX && mdistance[end]
                        > mdistance[start] + time) {
                mdistance[end] = mdistance[start] + time;
            }
        }
    }
    bool mCycle = false;

    for (int i = 0; i < M; i++) {  // 음수 사이클 확인
        edge medge = edges[i];
        int start = get<0>(medge);
        int end = get<1>(medge);
        int time = get<2>(medge);

        if (mdistance[start] != LONG_MAX && mdistance[end] > mdistance[start] + time) {
            mCycle = true;
        }
    }
    if (!mCycle) {  // 음수 사이클이 없는 경우
        for (int i = 2; i <= N; i++) {
            if (mdistance[i] == LONG_MAX) {
                cout << -1 << "\n";
            }
            else {
                cout << mdistance[i] << "\n";
            }
        }
    }
    else {  // 음수 사이클이 있는 경우
        cout << -1 << "\n";
    }
}
```

문제
060 세일즈맨의 고민

시간 제한 2초 | 난이도 G2 골드 II | 백준 온라인 저지 1219번

오민식은 세일즈맨이다. 오민식의 나라에는 N개의 도시가 있다. 도시는 0번부터 N - 1번까지 번호가 매겨져 있다. 오민식은 A 도시에서 시작해 B 도시에서 끝나는 출장으로 최대한 많은 돈을 벌고 싶다.

오민식이 이용할 수 있는 교통수단에는 여러 가지가 있다. 오민식은 모든 교통수단의 출발 도시와 도착 도시를 알고 있고, 비용도 알고 있다. 더욱이 오민식은 각각의 도시를 방문할 때마다 벌 수 있는 돈을 알고 있다. 해당 값은 도시마다 다르고, 액수는 고정돼 있다. 같은 도시를 여러 번 방문할 수 있고, 도시를 방문할 때마다 그 돈을 벌게 된다. 오민식이 버는 돈보다 쓰는 돈이 많다면 도착 도시에 도착할 때 지니고 있는 돈의 액수가 음수가 될 수도 있다. 모든 교통수단은 입력으로 주어진 방향으로만 이용할 수 있고, 여러 번 이용할 수도 있다.

오민식은 도착 도시에 도착할 때 지니고 있는 돈의 액수를 최대로 하려고 한다. 이 최댓값을 구하는 프로그램을 작성하시오.

입력

1번째 줄에 도시의 수 N과 시작 도시, 도착 도시 그리고 교통수단의 개수 M이 주어진다. 2번째 줄부터 M개의 줄에는 교통수단의 정보가 주어진다. 교통수단의 정보는 '시작 끝 가격'과 같은 형식이다. 마지막 줄에는 오민식이 각 도시에서 벌 수 있는 돈의 최댓값이 0번 도시부터 차례대로 주어진다. N과 M은 50보다 작거나 같고, 돈의 최댓값과 교통수단의 가격은 1,000,000보다 작거나 같은 음이 아닌 정수다.

출력

1번째 줄에 도착 도시에 도착할 때 지니고 있는 돈의 액수의 최댓값을 출력한다. 만약 오민식이 도착 도시에 도착할 수 없을 때는 'gg'를 출력한다. 그리고 오민식이 도착 도시에 도착했을 때 돈을 무한히 많이 지니고 있을 수 있다면 'Gee'를 출력한다.

예제 입력 1

```
5 0 4 5    // 노드 수, 시작, 종료, 에지 수
0 1 10
1 2 10
2 3 10
3 1 10
2 4 10
0 10 10 110 10
```

예제 출력 1

```
Gee
```

예제 입력 2

```
5 0 4 7
0 1 13
1 2 17
2 4 20
0 3 22
1 3 4747
2 0 10
3 4 10
0 0 0 0 0
```

예제 출력 2

```
-32
```

예제 입력 3

```
3 0 2 3
0 1 10
1 0 10
2 1 10
1000 1000 47000
```

예제 출력 3

```
gg
```

예제 입력 4

```
2 0 1 2
0 1 1000
1 1 10
11 11
```

예제 출력 4

```
Gee
```

예제 입력 5

```
1 0 0 1
0 0 10
7
```

예제 출력 5

```
7
```

예제 입력 6

```
5 0 4 7
0 1 13
1 2 17
2 4 20
0 3 22
1 3 4747
2 0 10
3 4 10
8 10 20 1 100000
```

예제 출력 6

```
99988
```

01단계 문제 분석하기

벨만-포드 알고리즘의 원리를 바탕으로 요구 사항에 따라 내부 로직을 바꿔야 하는 문제입니다. 기존 벨만-포드는 최단 거리를 구하는 알고리즘이지만, 이 문제에서는 도착 도시에 도착할 때 돈의 액수를 최대로 하고 싶기 때문에 업데이트 방식을 반대로 변경해야 합니다. 또한 돈을 무한히 많이 버는 케이스가 있다고 하는 것을 바탕으로 음수 사이클이 아닌 양수 사이클을 찾도록 변경해야 합니다. 그리고 마지막 예외 처리가 1개 필요합니다. 바로 다음 그래프와 같이 양수 사이클이 있어도 출발 노드에서 이 양수 사이클을 이용해 도착 도시에 가지 못할 때입니다.

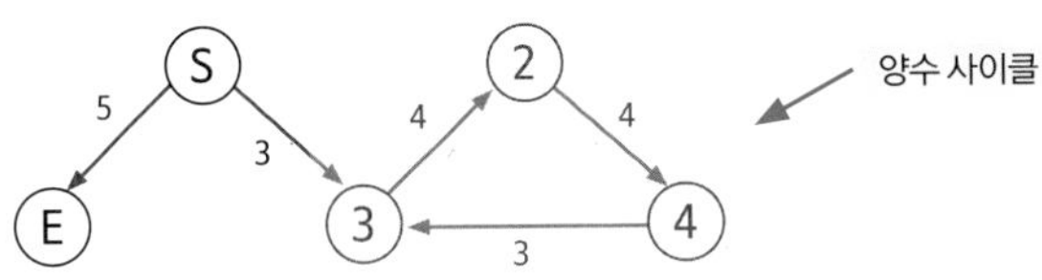

이 부분을 해결하는 방법에는 여러 가지가 있는데, 여기서는 에지의 업데이트를 N - 1번이 아닌 충분히 큰 수(도시 개수 N의 최대치 = 50)만큼 추가로 돌리면서 업데이트를 수행하도록 로직을 변경하여 해결하겠습니다. 이렇게 변경하는 이유는 에지를 충분히 탐색하면서 양수 사이클에서 도달할 수 있는 모든 노드를 양수 사이클에 연결된 노드로 업데이트하기 위해서입니다. 직접 손으로 풀어 보겠습니다.

02단계 손으로 풀어 보기

1 에지 리스트에 에지 데이터를 저장하고, 거리 배열값을 초기화합니다. 추가로 각 도시에서 벌 수 있는 돈의 최댓값을 배열 cityMoney에 저장합니다. 최초 시작점에 해당하는 거리 배열값은 cityMoney[시작점]값으로 초기화합니다.

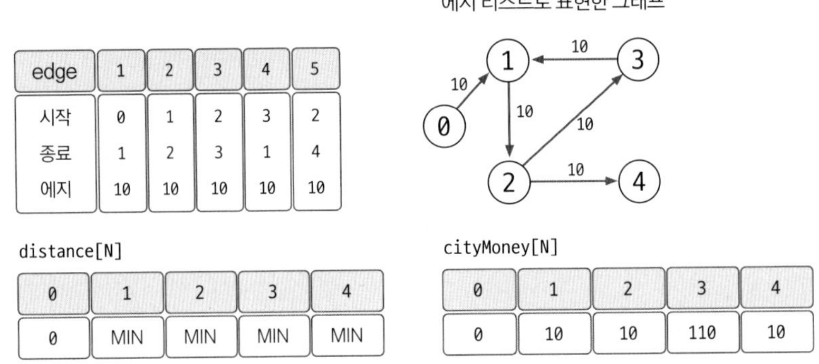

edge	1	2	3	4	5
시작	0	1	2	3	2
종료	1	2	3	1	4
에지	10	10	10	10	10

distance[N]

0	1	2	3	4
0	MIN	MIN	MIN	MIN

cityMoney[N]

0	1	2	3	4
0	10	10	110	10

2 다음 순서에 따라 변형된 벨만-포드 알고리즘을 수행합니다.

변형된 벨만-포드 알고리즘

① 모든 에지와 관련된 정보를 가져와 다음 조건에 따라 거리 배열의 값을 업데이트한다.

①-a 시작 도시가 방문한 적이 없는 도시일 때(시작 도시 == MIN) 업데이트하지 않는다.

①-b 시작 도시가 양수 사이클과 연결된 도시일 때(도착 도시 == MAX) 도착 도시도 양수 사이클과 연결된 도시로 업데이트한다.

①-c '도착 도시값 < 시작 도시값 + 도착 도시 수입 - 에지 가중치'일 때 더 많이 벌 수 있는 새로운 경로로 도착한 것이므로 값을 업데이트한다.

② 노드보다 충분히 큰 값(N + 50)으로 ①을 반복한다.

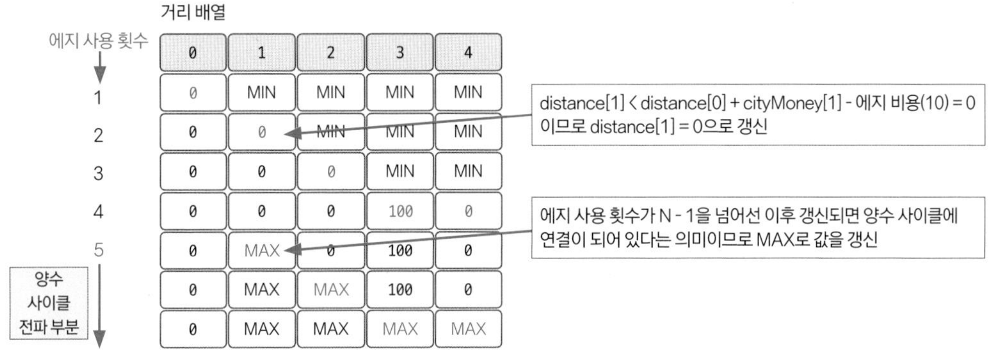

에지 사용 횟수	0	1	2	3	4
1	0	MIN	MIN	MIN	MIN
2	0	0	MIN	MIN	MIN
3	0	0	0	MIN	MIN
4	0	0	0	100	0
5	0	MAX	0	100	0
	0	MAX	MAX	100	0
	0	MAX	MAX	MAX	MAX

3 도착 도시의 값에 따라 결과를 출력합니다.

결과 출력 경우의 수

① 도착 도시의 값이 MIN이고, 도착하지 못할 때 'gg'를 출력한다.

② 도착 도시의 값이 MAX이고, 무한히 많이 벌 수 있을 때 'Gee'를 출력한다.

③ 이외에는 도착 도시의 값을 출력한다.

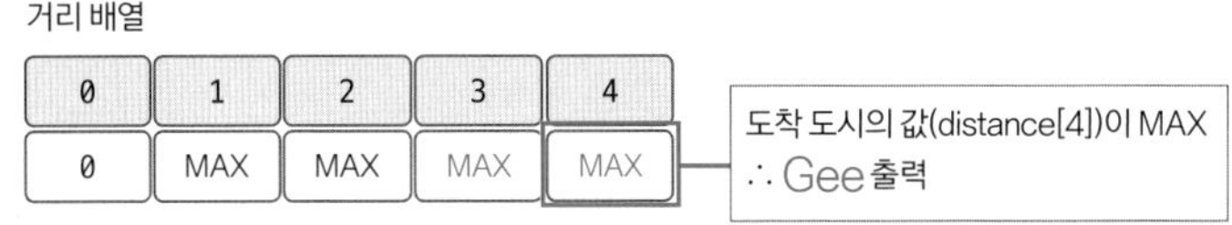

0	1	2	3	4
0	MAX	MAX	MAX	MAX

03단계 **슈도코드 작성하기**

```
V(노드 개수), E(에지 개수)
sCity(시작 도시), eCity(종료 도시)
Edges(에지 리스트)
cityMoney(각 도시에서 버는 수입 배열)
mdistance(거리 배열)

거리 배열은 충분히 큰 작은 수로 초기화

for(에지 개수) {
    에지 리스트에 에지 정보를 저장
}

// 변형된 벨만-포드 알고리즘 수행하기
mdistance[sCity] = cityMoney[sCity]로 초깃값 설정

for(노드 개수 + 50) {  // 양수 사이클이 전파되도록 충분히 큰 수로 반복하기
    for(에지 개수) {
        현재 에지 데이터 가져오기
        if(출발 노드가 방문하지 않은 노드 → 값이 LONG_MIN) continue;
        else if(출발 노드가 양수 사이클에 연결된 노드 → 값이 LONG_MAX)
            종료 노드를 양수 사이클에 연결된 노드로 업데이트 → 값 = LONG_MAX
        else if(종료 노드값 < 출발 노드값 + 도착 도시에서의 수입 - 에지의 가중치)
            // 더 많은 수입을 얻는 경로가 새로 발견될 때
            종료 노드값 = 출발 노드값 + 도착 도시에서의 수입 - 에지의 가중치로 업데이트
            if(N - 1 반복 이후 업데이트)
                이 종료 노드를 양수 사이클 연결 노드로 업데이트
    }
}

// 도착 도시의 값에 따른 결과 출력
도착 도시가 LONG_MIN → 도착 불가 → "gg" 출력
도착 도시가 LONG_MAX → 돈을 무한대로 벌 수 있음 → "gee" 출력
이외의 경우 → 도착 도시의 값 출력
```

04단계 코드 구현하기

그래프/P1219_세일즈맨의고민.cpp

```
#include <iostream>
#include <vector>
#include <limits.h>
#include <tuple>
using namespace std;

typedef tuple<int, int, int> edge;
static int N, M, sCity, eCity;
static vector<long> mdistance, cityMoney;
static vector<edge> edges;

int main()
{
    ios::sync_with_stdio(false);
    cin.tie(NULL);
    cout.tie(NULL);

    cin >> N >> sCity >> eCity >> M;
    mdistance.resize(N);
    cityMoney.resize(N);
    fill(mdistance.begin(), mdistance.end(), LONG_MIN);  // 최단 거리 배열 초기화

    for (int i = 0; i < M; i++) {  // 에지 리스트에 데이터 저장하기
        int start, end, price;
        cin >> start >> end >> price;
        edges.push_back(make_tuple(start, end, price));
    }
    for (int i = 0; i < N; i++) {
        cin >> cityMoney[i];
    }
    mdistance[sCity] = cityMoney[sCity];  // 변형한 벨만-포드 알고리즘 수행

    // 양수 사이클이 전파되도록 충분히 큰 수로 반복하기
    for (int i = 0; i <= N + 50; i++) {
        for (int j = 0; j < M; j++) {
            int start = get<0>(edges[j]);
```

```
            int end = get<1>(edges[j]);
            int price = get<2>(edges[j]);
            // 시작 노드가 미방문 노드이면 continue
            if (mdistance[start] == LONG_MIN) {
                continue;
            }
            // 시작 노드가 양수 사이클에 연결된 노드라면 종료 노드도 연결 노드로 갱신
            else if (mdistance[start] == LONG_MAX) {
                mdistance[end] = LONG_MAX;
            }
            // 더 많은 돈을 벌 수 있는 새로운 경로를 발견하면 새로운 경로값으로 갱신
            else if (mdistance[end] < mdistance[start] + cityMoney[end] - price) {
                mdistance[end] = mdistance[start] + cityMoney[end] - price;
                // N - 1 반복 이후 갱신되는 종료 노드는 양수 사이클 연결 노드로 변경
                if (i >= N - 1) {
                    mdistance[end] = LONG_MAX;
                }
            }
        }
    }
    if (mdistance[eCity] == LONG_MIN) {
        cout << "gg"<< "\n";                // 도착 불가능
    }
    else if (mdistance[eCity] == LONG_MAX) {
        cout << "Gee" << "\n";              // 양수 사이클 연결
    }
    else {
        cout << mdistance[eCity] << "\n";  // 그 이외의 경우
    }
}
```

08-6 플로이드-워셜

플로이드-워셜floyd-warshall 알고리즘은 그래프에서 최단 거리를 구하는 알고리즘으로, 주요 특징은 다음과 같습니다.

플로이드-워셜 알고리즘(노드 개수: V)

기능	특징	시간 복잡도(노드 수: V)
모든 노드 간에 최단 경로 탐색	• 음수 가중치 에지가 있어도 수행할 수 있음 • 동적 계획법의 원리를 이용해 알고리즘에 접근	$O(V^3)$

플로이드-워셜의 핵심 이론

플로이드-워셜 알고리즘을 도출하는 가장 핵심적인 원리는 A 노드에서 B 노드까지 최단 경로를 구했다고 가정했을 때 최단 경로 위에 K 노드가 존재한다면 그것을 이루는 부분 경로 역시 최단 경로라는 것입니다. 다음 그림으로 이해해 볼까요?

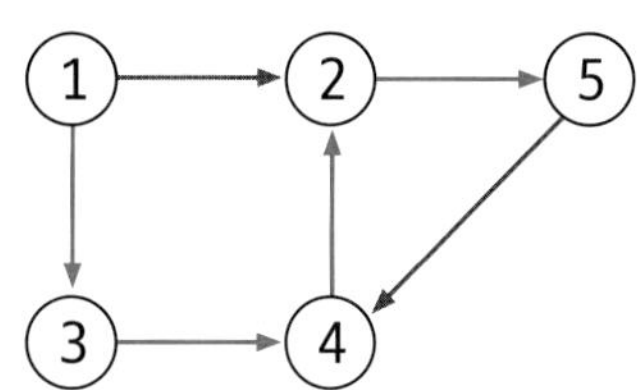

색칠된 에지 경로가 1→5 최단 경로라면 1→4 최단 경로와 4→5 최단 경로 역시 색칠된 에지로 이뤄질 수밖에 없습니다. 즉, 전체 경로의 최단 경로는 부분 경로의 최단 경로의 조합으로 이뤄진다는 의미가 됩니다. 이 원리로 다음과 같은 점화식을 도출할 수 있습니다.

도출한 플로이드-워셜 점화식

D[S][E] = min(D[S][E], D[S][K] + D[K][E])

이 내용을 익힌 후 이제 플로이드-워셜 알고리즘 구현 방법을 자세히 설명하겠습니다.

1. 배열을 선언하고 초기화하기

D[S][E]는 노드 S에서 노드 E까지의 최단 거리를 저장하는 배열이 정의합니다. S와 E의 값이 같은 칸은 0, 다른 칸은 ∞로 초기화합니다. 여기에서 S == E는 자기 자신에게 가는 데 걸리는 최단 경로값을 의미하기 때문입니다.

S \ E	1	2	3	4	5
1	0	∞	∞	∞	∞
2	∞	0	∞	∞	∞
3	∞	∞	0	∞	∞
4	∞	∞	∞	0	∞
5	∞	∞	∞	∞	0

2. 최단 거리 배열에 그래프 데이터 저장하기

출발 노드는 S, 도착 노드는 E, 이 에지의 가중치는 W라고 했을 때 D[S][E] = W로 에지의 정보를 배열에 입력합니다. 이로써 플로이드-워셜 알고리즘은 그래프를 인접 행렬로 표현한다는 것을 알 수 있습니다.

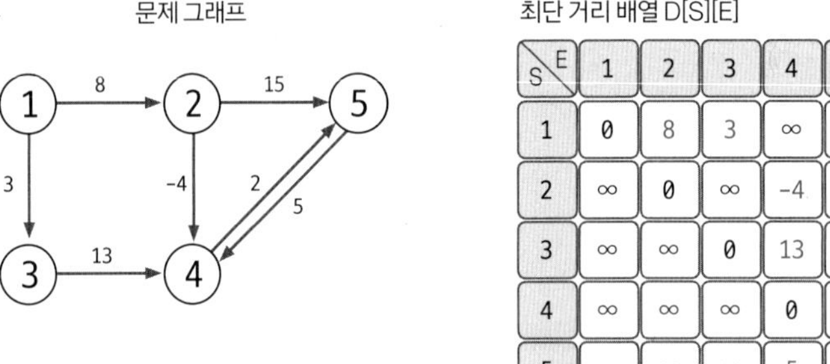

S \ E	1	2	3	4	5
1	0	8	3	∞	∞
2	∞	0	∞	-4	15
3	∞	∞	0	13	∞
4	∞	∞	∞	0	2
5	∞	∞	∞	5	0

3. 점화식으로 배열 업데이트하기

기존에 구했던 점화식을 3중 for문의 형태로 반복하면서 배열의 값을 업데이트합니다.

플로이드-워셜 알고리즘 로직

```
for 경유지 K에 관해 (1 ~ N)  // N: 노드 개수
  for 출발 노드 S에 관해 (1 ~ N)
    for 도착 노드 E에 관해 (1 ~ N)
        D[S][E] = min(D[S][E], D[S][K] + D[K][E])
```

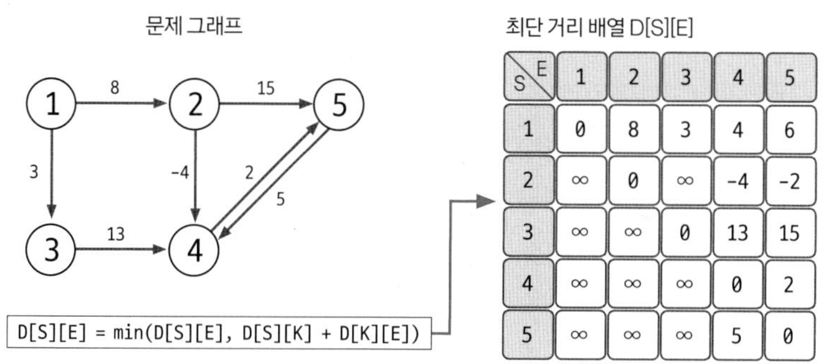

S \ E	1	2	3	4	5
1	0	8	3	4	6
2	∞	0	∞	-4	-2
3	∞	∞	0	13	15
4	∞	∞	∞	0	2
5	∞	∞	∞	5	0

완성된 배열은 모든 노드 간의 최단 거리를 알려 줍니다. 예를 들어 1번 노드에서 5번 노드까지 가는 최단 거리는 D[1][5] = 6으로 나타난다는 것을 알 수 있습니다.

플로이드-워셜 알고리즘은 모든 노드 간의 최단 거리를 확인해 주기 때문에 시간 복잡도가 $O(V^3)$으로 빠르지 않은 편입니다. 이에 따라 플로이드-워셜 알고리즘을 사용해야 하는 문제가 나오면 일반적으로 노드 개수의 범위가 다른 그래프에 비해 적게 나타나는 것을 알 수 있습니다. 이제 플로이드-워셜 알고리즘과 관련된 실전 문제를 풀어 볼까요?

문제 핵심

061 가장 빠른 버스 노선 구하기

시간 제한 1초 | 난이도 G4 골드 IV | 백준 온라인 저지 11404번

n(2 ≤ n ≤ 100)개의 도시가 있다. 그리고 한 도시에서 출발해 다른 도시에 도착하는 m(1 ≤ m ≤ 100,000)개의 버스가 있다. 각 버스는 한 번 사용할 때 필요한 비용이 있다. 모든 도시의 쌍 (A, B)에 관해 도시 A에서 B로 가는 데 필요한 비용의 최솟값을 구하는 프로그램을 작성하시오.

입력

1번째 줄에 도시의 개수 n, 2번째 줄에 버스의 개수 m이 주어진다. 그리고 3번째 줄에서 m + 2줄까지 다음과 같은 버스의 정보가 주어진다. 먼저 처음에는 그 버스의 출발 도시의 번호가 주어진다. 버스의 정보는 버스의 시작 도시 a, 도착 도시 b, 한 번 타는 데 필요한 비용 c로 이뤄져 있다. 시작 도시와 도착 도시가 같은 경우에는 없다. 비용은 100,000보다 작거나 같은 자연수다. 시작 도시와 도착 도시를 연결하는 노선은 1개가 아닐 수 있다.

출력

n개의 줄을 출력해야 한다. i번째 줄에 출력하는 j번째 숫자는 도시 i에서 j로 가는 데 필요한 최소 비용이다. 만약, i에서 j로 갈 수 없을 때는 그 자리에 0을 출력한다.

예제 입력 1

```
5       // 도시 개수
14      // 노선 개수
1 2 2
1 3 3
1 4 1
1 5 10
2 4 2
3 4 1
3 5 1
4 5 3
3 5 10
3 1 8
1 4 2
5 1 7
3 4 2
5 2 4
```

예제 출력 1

```
0 2 3 1 4
12 0 15 2 5
8 5 0 1 1
10 7 13 0 3
7 4 10 6 0
```

01단계 문제 분석하기

모든 도시에 쌍과 관련된 최솟값을 찾아야 하는 문제입니다. 그래프에서 시작점을 지정하지 않고, 모든 노드와 관련된 최소 경로를 구하는 알고리즘이 바로 플로이드-워셜 알고리즘입니다. 도시의 최대 개수가 100개로 매우 작은 편이므로 $O(N^3)$ 시간 복잡도의 플로이드-워셜 알고리즘으로 해결할 수 있습니다. 앞에서 배운 이론을 실제 코드로 구현해 보세요.

02단계 손으로 풀어 보기

1 버스 비용 정보를 인접 행렬에 저장하겠습니다. 먼저 인접 행렬을 초기화합니다. 연결 도시가 같으면(i == j) 0, 아니면 충분히 큰 수로 값을 초기화하면 됩니다. 그리고 주어진 버스 비용 데이터를 인접 행렬에 저장합니다.

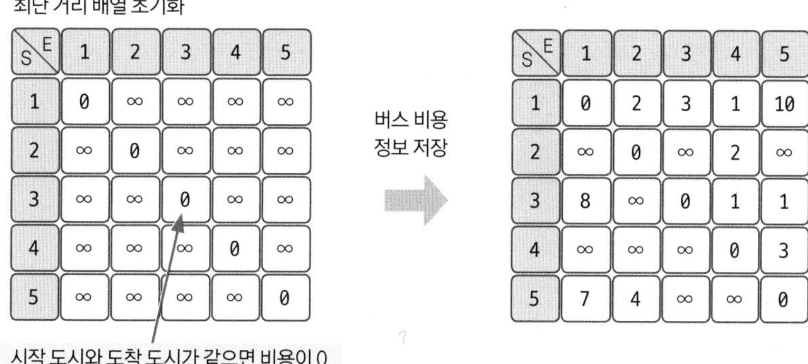

S\E	1	2	3	4	5
1	0	∞	∞	∞	∞
2	∞	0	∞	∞	∞
3	∞	∞	0	∞	∞
4	∞	∞	∞	0	∞
5	∞	∞	∞	∞	0

S\E	1	2	3	4	5
1	0	2	3	1	10
2	∞	0	∞	2	∞
3	8	∞	0	1	1
4	∞	∞	∞	0	3
5	7	4	∞	∞	0

2 플로이드-워셜 알고리즘을 수행합니다. 다음 점화식을 활용한 3중 for문으로 모든 중간 경로를 탐색합니다.

플로이드-워셜 점화식

```
// 두 도시의 연결 비용 중 최솟값

min(distance[S][E], distance[S][K] + distance[K][E])
```

알고리즘 수행 후 최단 거리 배열

S\E	1	2	3	4	5
1	0	2	3	1	4
2	12	0	15	2	5
3	8	5	0	1	1
4	10	7	13	0	3
5	7	4	10	6	0

3 알고리즘으로 변경된 인접 행렬을 출력합니다. 인접 행렬 자체가 모든 쌍의 최단 경로를 나타내는 정답 배열입니다. 정답 배열을 그대로 출력하되, 문제의 요구 사항에 따라 두 도시가 도달하지 못할 때(∞)는 0, 아닐 때는 배열의 값을 출력합니다.

03단계 슈도코드 작성하기

```
N(도시 개수), M(노선 개수)
mdistance(노선 데이터를 저장하는 인접 행렬)

for(i → N만큼 반복) {
    for(j → N만큼 반복) {
        시작 도시와 종료 도시가 같으면 0, 아니면 충분히 큰 수로 저장하기
    }
}
for(M만큼 반복) {
    노선 데이터를 distance 행렬에 저장하기
}
for(k → N만큼 반복) {  // 3중 for문 순서가 중요. k가 가장 바깥쪽이 되어야 함
    for(i → N만큼 반복) {
        for(j → N만큼 반복) {  // i ~ j 사이에 가능한 모든 경로를 탐색함
            distance[i][j]에 distance[i][k] + distance[k][j]값 중 최솟값 넣기
        }
    }
}
정답 배열 출력하기 → 만약 정답 배열의 값이 최초 초기화한 충분한 큰 수일 때는
도착할 수 없는 경로이기 때문에 0을 출력, 아니면 배열의 값을 출력
```

04단계 코드 구현하기

그래프/P11404_플로이드.cpp

```
#include <iostream>
using namespace std;

static int N, M;
```

```
static long mdistance[101][101];

int main()
{
    ios::sync_with_stdio(false);
    cin.tie(NULL);
    cout.tie(NULL);

    cin >> N >> M;

    for (int i = 1; i <= N; i++) {  // 인접 행렬 초기화
        for (int j = 1; j <= N; j++) {
            if (i == j) {
                mdistance[i][j] = 0;
            }
            else {
                mdistance[i][j] = 10000001;  // 충분히 큰 수로 저장
            }
        }
    }
    for (int i = 0; i < M; i++) {
        int s, e, v;
        cin >> s >> e >> v;
        if (mdistance[s][e] > v) {
            mdistance[s][e] = v;
        }
    }
    for (int k = 1; k <= N; k++) {  // 플로이드 워셜 알고리즘 수행
        for (int i = 1; i <= N; i++) {
            for (int j = 1; j <= N; j++) {
                if (mdistance[i][j] > mdistance[i][k] + mdistance[k][j]) {
                    mdistance[i][j] = mdistance[i][k] + mdistance[k][j];
                }
            }
        }
    }
    for (int i = 1; i <= N; i++) {
        for (int j = 1; j <= N; j++) {
            if (mdistance[i][j] == 10000001) {
```

```
                cout << "0 ";
            }
            else {
                cout << mdistance[i][j] << " ";
            }
        }
        cout << "\n";
    }
}
```

문제 062

경로 찾기

시간 제한 1초 | 난이도 S1 실버 I | 백준 온라인 저지 11403번

가중치 없는 방향 그래프 G가 주어졌을 때 모든 노드 (i, j)에 관해 i에서 j로 가는 경로가 있는지 여부를 구하는 프로그램을 작성하시오.

입력

1번째 줄에 노드의 개수 N (1 ≤ N ≤ 100), 2번째 줄부터 N개 줄에 그래프의 인접 행렬이 주어진다. i번째 줄의 j번째 숫자가 1일 경우에는 i에서 j로 가는 에지가 존재한다는 뜻이고, 0일 경우에는 없다는 뜻이다. i번째 줄의 i번째 숫자는 항상 0이다.

출력

총 N개의 줄에 걸쳐 문제의 정답을 인접 행렬 형식으로 출력한다. 노드 i에서 j로 가는 경로가 있으면 i번째 줄의 j번째 숫자를 1, 없으면 0을 출력해야 한다.

예제 입력 1
3 // 인접 행렬의 크기
0 1 0
0 0 1
1 0 0

예제 출력 1
1 1 1
1 1 1
1 1 1

예제 입력 2
7
0 0 0 1 0 0 0
0 0 0 0 0 0 1
0 0 0 0 0 0 0
0 0 0 0 1 1 0
1 0 0 0 0 0 0
0 0 0 0 0 0 1
0 0 1 0 0 0 0

예제 출력 2
1 0 1 1 1 1 1
0 0 1 0 0 0 1
0 0 0 0 0 0 0
1 0 1 1 1 1 1
1 0 1 1 1 1 1
0 0 1 0 0 0 1
0 0 1 0 0 0 0

01단계 문제 분석하기

플로이드-워셜 알고리즘을 이해하고 있고, 문제의 요구 사항에 따라 적절하게 수정할 수 있는지를 묻는 문제입니다. 모든 노드 쌍에 관해 경로가 있는지를 확인하는 방법은 플로이드-워셜 알고리즘을 수행해 결과 배열을 그대로 출력하면 됩니다. 단, 최단 거리를 구한 문제가 아니기 때문에 기존 플로이드-워셜 알고리즘에서 최단 거리를 업데이트하는 부분만 조금 수정해 줄 필요가 있습니다.

02단계 손으로 풀어 보기

❶ 입력 데이터를 인접 행렬에 저장합니다.

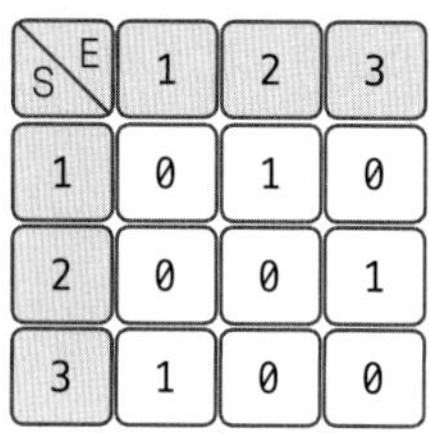

S\E	1	2	3
1	0	1	0
2	0	0	1
3	1	0	0

❷ 변경된 플로이드-워셜 알고리즘을 수행합니다. S와 E가 모든 중간 경로(K) 중 1개라도 연결돼 있다면 S와 E는 연결 노드로 저장합니다.

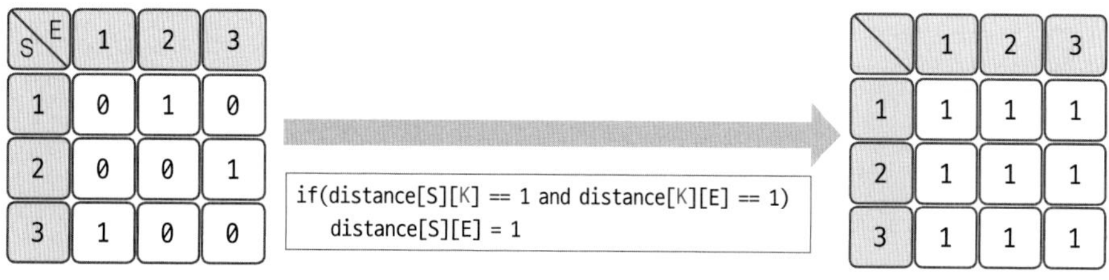

S\E	1	2	3
1	0	1	0
2	0	0	1
3	1	0	0

```
if(distance[S][K] == 1 and distance[K][E] == 1)
    distance[S][E] = 1
```

	1	2	3
1	1	1	1
2	1	1	1
3	1	1	1

3 알고리즘으로 변경된 인접 행렬을 출력합니다.

03단계 슈도코드 작성하기

```
N(인접 행렬의 크기)
mdistance(노선 데이터를 저장하는 인접 행렬)

for(i → N만큼 반복) {
    for(j → N만큼 반복) {
        인접 행렬 데이터를 distance 행렬에 그대로 저장하기
    }
}
for(k → N만큼 반복) {  // 3중 for문 순서가 중요. k가 가장 바깥쪽이 되어야 함
    for(i → N만큼 반복) {
        for(j → N만큼 반복) {  // i ~ j 사이에 가능한 모든 경로를 탐색함
            distance[i][k] == 1이고 distance[k][j] == 1이면 distance[i][j] = 1로 저장
            // k를 거치는 모든 경로 중 하나라도 연결된 경로가 있다면
            // i와 j는 연결 노드로 취급
        }
    }
}
distance 배열 출력
```

04단계 코드 구현하기

그래프/P11403_경로찾기.cpp

```
#include <iostream>
using namespace std;

static int N;
static long mdistance[101][101];

int main()
{
    ios::sync_with_stdio(false);
```

```
    cin.tie(NULL);
    cout.tie(NULL);

    cin >> N;

    for (int i = 0; i < N; i++) {  // 인접 행렬 초기화
        for (int j = 0; j < N; j++) {
            cin >> mdistance[i][j];
        }
    }
    for (int k = 0; k < N; k++) {  // 플로이드 워셜 알고리즘 수행
        for (int i = 0; i < N; i++) {
            for (int j = 0; j < N; j++) {
                if (mdistance[i][k] == 1 && mdistance[k][j] == 1) {
                    mdistance[i][j] = 1;
                }
            }
        }
    }
    for (int i = 0; i < N; i++) {
        for (int j = 0; j < N; j++) {
            cout << mdistance[i][j] << " ";
        }
        cout << "\n";
    }
}
```

문제 063

케빈 베이컨의 6단계 법칙

시간 제한 2초 | 난이도 S1 실버 I | 백준 온라인 저지 1389번

케빈 베이컨의 6단계 법칙에 따르면 지구에 있는 모든 사람은 최대 6단계 이내에서 서로 아는 사람으로 연결될 수 있다. 케빈 베이컨 게임은 임의의 두 사람이 최소 몇 단계 만에 이어질 수 있는지 계산하는 게임이다. 케빈 베이컨 수는 모든 사람과 케빈 베이컨 게임을 했을 때 나오는 단계의 합이다. 예를 들어 백준 온라인 저지의 유저가 5명, 1과 3, 1과 4, 2와 3, 3과 4, 4와 5가 친구일 때를 생각해 보자.

- 1은 2까지 3을 이용해 2단계, 3까지 1단계, 4까지 1단계, 5까지 4를 이용해 2단계 만에 알 수 있다. 따라서 케빈 베이컨의 수는 2 + 1 + 1 + 2 = 6이다.
- 2는 1까지 3을 이용해 2단계, 3까지 1단계, 4까지 3을 이용해 2단계, 5까지 3과 4를 이용해 3단계 만에 알 수 있다. 따라서 케빈 베이컨의 수는 2 + 1 + 2 + 3 = 8이다.
- 3은 1까지 1단계, 2까지 1단계, 4까지 1단계, 5까지 4를 이용해 2단계 만에 알 수 있다. 따라서 케빈 베이컨의 수는 1 + 1 + 1 + 2 = 5이다.
- 4는 1까지 1단계, 2까지 3을 이용해 2단계, 3까지 1단계, 5까지 1단계 만에 알 수 있다. 4의 케빈 베이컨 수는 1 + 2 + 1 + 1 = 5가 된다.
- 5는 1까지 4를 이용해 2단계, 2까지 4와 3을 이용해 3단계, 3까지 4를 이용해 2단계, 4까지 1단계 만에 알 수 있다. 5의 케빈 베이컨의 수는 2 + 3 + 2 + 1 = 8이다.

즉, 5명의 유저 중 케빈 베이컨의 수가 가장 작은 사람은 3과 4다. 위와 같이 백준 온라인 저지의 유저 수와 친구 관계가 입력으로 주어졌을 때 케빈 베이컨의 수가 가장 작은 사람을 구하는 프로그램을 작성하시오.

입력

1번째 줄에 유저의 수 N(2 ≤ N ≤ 100)과 친구 관계의 수 M(1 ≤ M ≤ 5,000)이 주어진다. 2번째 줄부터 M개의 줄에는 친구 관계가 주어진다. 친구 관계는 A와 B로 이뤄져 있으며, A와 B가 친구라는 뜻이다. A와 B가 친구이면 B와 A도 친구이며, A와 B가 같은 경우에는 없다. 친구 관계는 중복돼 들어올 수도 있으며, 친구가 1명도 없는 사람은 없다. 또한 모든 사람은 친구 관계로 연결돼 있다. 사람의 번호는 1부터 N까지이고, 두 사람이 같은 번호일 경우에는 없다.

출력

1번째 줄에 백준 온라인 저지의 유저 중 케빈 베이컨의 수가 가장 작은 사람을 출력한다. 그런 사람이 여러 명일 때는 번호가 가장 작은 사람을 출력한다.

예제 입력 1

```
5 5  // 유저의 수, 친구 관계의 수
1 3
1 4
4 5
4 3
3 2
```

예제 출력 1

```
3
```

01단계 문제 분석하기

BFS 탐색 알고리즘을 이용해도 해결할 수 있는 문제입니다. 하지만 유저의 최대 수가 100 정도로 작기 때문에 플로이드-워셜 알고리즘으로도 해결할 수 있습니다. 이를 위해서는 몇 가지 아이디어가 필요합니다. 1번째로 사람들이 직접적인 친구 관계를 맺은 상태를 비용 1로 계산하는 것입니다. 즉, 가중치를 1로 정한 후 인접 행렬에 저장한다는 의미입니다. 또한 플로이드-워셜은 모든 쌍과 관련된 최단 경로이므로 한 row값은 이 row의 index값에서 다른 모든 노드와 관련된 최단 경로를 나타낸다고 볼 수 있습니다. 즉, i번째 row의 합이 i번째 사람의 케빈 베이컨의 수가 된다는 뜻이 됩니다.

02단계 손으로 풀어 보기

1 먼저 인접 행렬을 생성한 후, 자기 자신이면(i == j) 0, 아니면 충분히 큰 수로 인접 행렬의 값을 초기화합니다. 그리고 주어진 친구 관계 정보를 인접 행렬에 저장합니다. i와 j가 친구라면 distance[i][j] = 1, distance[j][i] = 1로 값을 업데이트하면 됩니다.

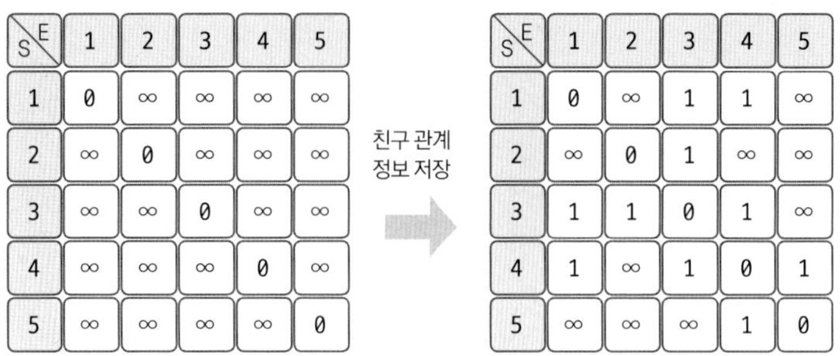

S\E	1	2	3	4	5
1	0	∞	∞	∞	∞
2	∞	0	∞	∞	∞
3	∞	∞	0	∞	∞
4	∞	∞	∞	0	∞
5	∞	∞	∞	∞	0

S\E	1	2	3	4	5
1	0	∞	1	1	∞
2	∞	0	1	∞	∞
3	1	1	0	1	∞
4	1	∞	1	0	1
5	∞	∞	∞	1	0

친구 관계
정보 저장
단계를 나타내므로 가중치는 1,
친구는 서로 맺는 관계이니
양방향에 모두 값을 저장

❷ 다음 점화식을 이용해 플로이드-워셜 알고리즘을 수행하여 3중 for 문으로 모든 중간 경로를 탐색합니다.

플로이드-워셜 점화식

```
// 두 사람을 잇는 최솟값
min(D[S][E], D[S][K] + D[K][E])
```

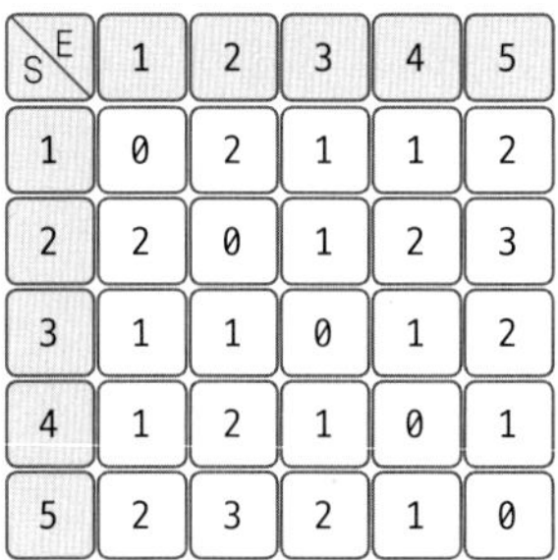

알고리즘 수행 후 최단 거리 배열

S\E	1	2	3	4	5
1	0	2	1	1	2
2	2	0	1	2	3
3	1	1	0	1	2
4	1	2	1	0	1
5	2	3	2	1	0

❸ 케빈 베이컨의 수(각 행의 합)를 비교해 가장 작은 수가 나온 행 번호를 정답으로 출력합니다. 같은 수가 있을 때는 더 작은 행 번호를 출력합니다.

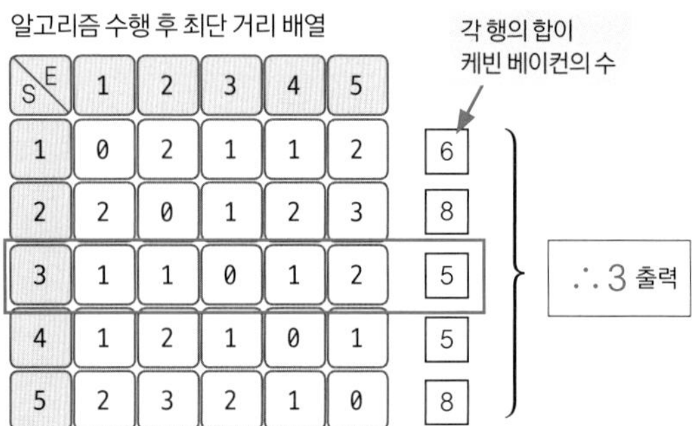

알고리즘 수행 후 최단 거리 배열

S\E	1	2	3	4	5	각 행의 합
1	0	2	1	1	2	6
2	2	0	1	2	3	8
3	1	1	0	1	2	5
4	1	2	1	0	1	5
5	2	3	2	1	0	8

03단계 **슈도코드 작성하기**

```
N(유저 수), M(친구 관계 개수)
mdistance(친구 관계 데이터를 저장하는 인접 행렬)

for(i → N만큼 반복) {
    for(j → N만큼 반복) {
        시작 도시와 종료 도시가 같으면 0 아니면 충분히 큰 수로 저장하기
    }
}
for(M만큼 반복) {
    친구 관계 데이터를 mdistance 행렬에 저장하기
    친구 관계를 서로 관계를 맺는 것이기 때문에 양방향 에지로 저장하고 가중치를 1로 함
}
for(k → N만큼 반복) {  // 3중 for문 순서가 중요. k가 가장 바깥쪽이 되어야 함
    for(i → N만큼 반복) {
        for(j → N만큼 반복) {  // i ~ j 사이에 가능한 모든 경로를 탐색함
            mdistance[i][j]에 mdistance[i][k] + mdistance[k][j]값 중 최솟값 넣기
        }
    }
}

MIN(충분히 큰 수로 초기화)
Answer(정답 변수)

for(i → N만큼 반복) {
    for(j → N만큼 반복) {
        mdistance[i][j] 배열의 값을 합치기 → i의 케빈 베이컨의 수
    }
    if(MIN > i의 케빈 베이컨의 수) {
        MIN값을 i의 케빈 베이컨의 수로 저장
        Answer값을 i로 업데이트
    }
}
Answer 출력하기
```

04단계 **코드 구현하기**

그래프/P1389_케빈베이컨의6단계법칙.cpp

```
#include <iostream>
#include <limits.h>
using namespace std;

static int N, M;
static long mdistance[101][101];

int main()
{
    ios::sync_with_stdio(false);
    cin.tie(NULL);
    cout.tie(NULL);

    cin >> N >> M;

    for (int i = 1; i <= N; i++) {  // 인접 행렬 초기화
        for (int j = 1; j <= N; j++) {
            if (i == j) {
                mdistance[i][j] = 0;
            }
            else {
                mdistance[i][j] = 10000001;  // 충분히 큰 수로 저장
            }
        }
    }
    for (int i = 0; i < M; i++) {
        int s, e;
        cin >> s >> e;
        mdistance[s][e] = 1;
        mdistance[e][s] = 1;
    }
    for (int k = 1; k <= N; k++) {  // 플로이드 워셜 알고리즘 수행
        for (int i = 1; i <= N; i++) {
            for (int j = 1; j <= N; j++) {
                if (mdistance[i][j] > mdistance[i][k] + mdistance[k][j]) {
```

```
                mdistance[i][j] = mdistance[i][k] + mdistance[k][j];
            }
        }
    }
}

int Min = INT_MAX;
int Answer = -1;

for (int i = 1; i <= N; i++) {
    int temp = 0;
    for (int j = 1; j <= N; j++) {
        temp = temp + mdistance[i][j];
    }
    if (Min > temp) {  // 가장 작은 케빈 베이컨의 수를 지닌 i 찾기
        Min = temp;
        Answer = i;
    }
}
cout << Answer;
}
```

08-7 최소 신장 트리

최소 신장 트리minimum spanning tree란 그래프에서 모든 노드를 연결할 때 사용된 에지들의 가중치의 합을 최소로 하는 트리입니다. 주요 특징은 다음과 같습니다.

최소 신장 트리의 특징

- 사이클이 포함되면 가중치의 합이 최소가 될 수 없으므로 사이클을 포함하지 않는다.
- N개의 노드가 있으면 최소 신장 트리를 구성하는 에지의 개수는 항상 N - 1개다.

이러한 특징을 생각하면서 본격적으로 핵심 이론을 학습해 보겠습니다.

최소 신장 트리의 핵심 이론

1. 에지 리스트로 그래프를 구현하고 유니온 파인드 배열 초기화하기

최소 신장 트리는 데이터를 노드가 아닌 에지 중심으로 저장하므로 인접 리스트가 아닌 에지 리스트의 형태로 저장합니다. 이 리스트는 일반적으로 노드 변수 2개와 가중치 변수로 구성됩니다. 사이클 처리를 위한 유니온 파인드 배열도 함께 초기화합니다. 배열의 인덱스를 해당 자리의 값으로 초기화하면 됩니다.

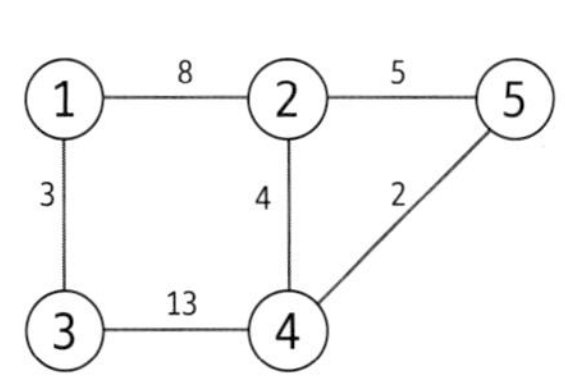

그래프 에지 리스트

에지	1	2	3	4	5	6
노드 1	1	2	1	3	2	4
노드 2	2	5	3	4	4	5
가중치	8	5	3	13	4	2

유니온 파인드 배열

1	2	3	4	5
1	2	3	4	5

2. 그래프 데이터를 가중치 기준으로 정렬하기

에지 리스트에 담긴 그래프 데이터를 가중치 기준으로 오름차순 정렬합니다.

그래프 에지 리스트

에지	1	2	3	4	5	6
노드 1	1	2	1	3	2	4
노드 2	2	5	3	4	4	5
가중치	8	5	3	13	4	2

가중치 기준 오름차순 정렬 →

에지	1	2	3	4	5	6
노드 1	4	1	2	2	1	3
노드 2	5	3	4	5	2	4
가중치	2	3	4	5	8	13

에지 리스트의 1개의 객체를 구조체(struct)로 표현하면 operator() 함수를 사용해 높은 자유도로 정렬을 수행할 수 있습니다. 해당 함수 내용은 실전 문제 풀이에서 자세하게 다루겠습니다.

3. 가중치가 낮은 에지부터 연결 시도하기

가중치가 낮은 에지부터 순서대로 선택해 연결을 시도합니다. 이때 바로 연결하지 않고 이 에지를 연결했을 때 그래프에 사이클 형성 여부를 find 연산을 이용해 확인한 후 사이클이 형성되지 않을 때만 union 연산을 이용해 두 노드를 연결합니다.

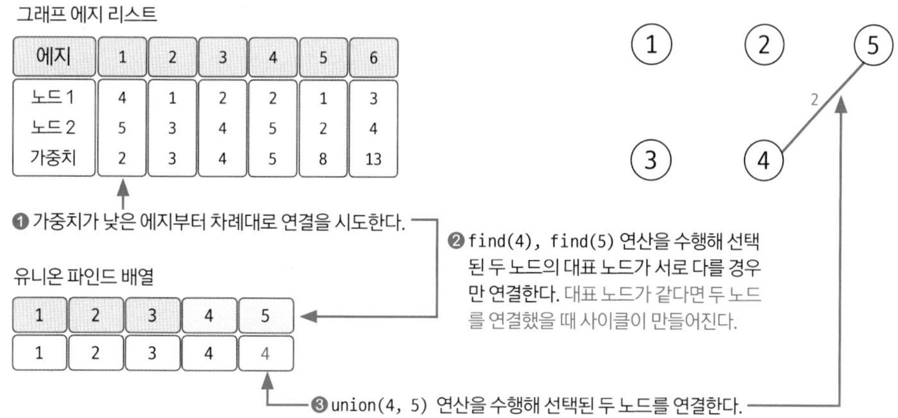

그래프 에지 리스트
에지 1 2 3 4 5 6
노드 1 4 1 2 2 1 3
노드 2 5 3 4 5 2 4
가중치 2 3 4 5 8 13
❶ 가중치가 낮은 에지부터 차례대로 연결을 시도한다.
유니온 파인드 배열
1 2 3 4 5
1 2 3 4 4
❷ find(4), find(5) 연산을 수행해 선택된 두 노드의 대표 노드가 서로 다를 경우만 연결한다. 대표 노드가 같다면 두 노드를 연결했을 때 사이클이 만들어진다.
❸ union(4, 5) 연산을 수행해 선택된 두 노드를 연결한다.
1
2
5
2
3
4

4. 과정 3 반복하기

전체 노드의 개수가 N개이면 연결한 에지의 개수가 N - 1이 될 때까지 과정 3을 반복합니다.

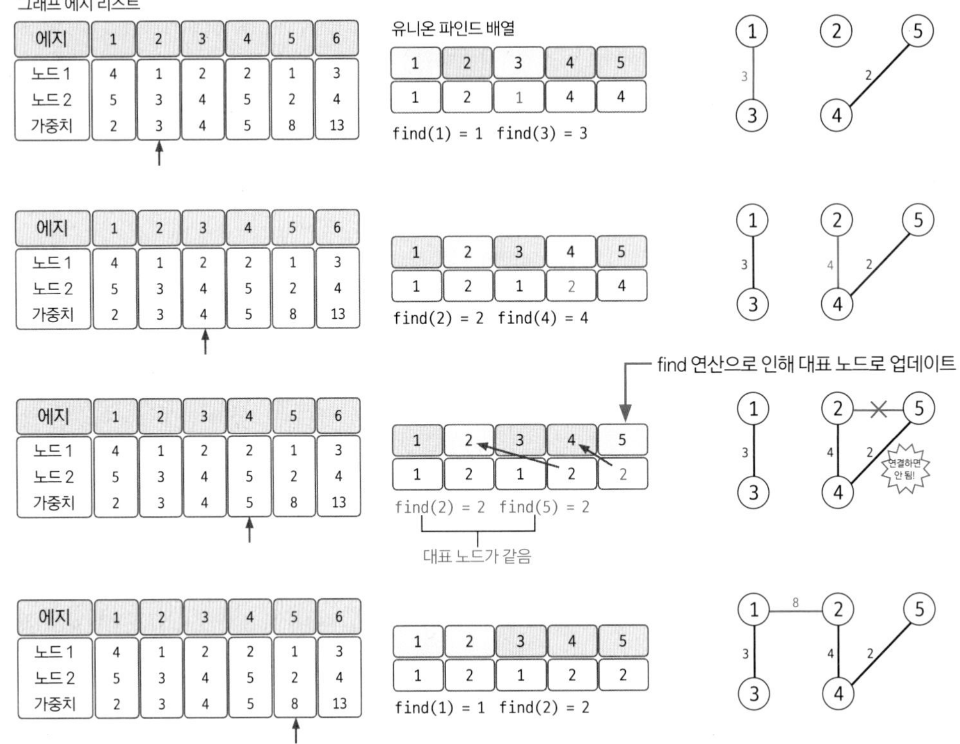

5. 총 에지 비용 출력하기

에지의 개수가 N - 1이 되면 알고리즘을 종료하고, 완성된 최소 신장 트리의 총 에지 비용을 출력합니다.

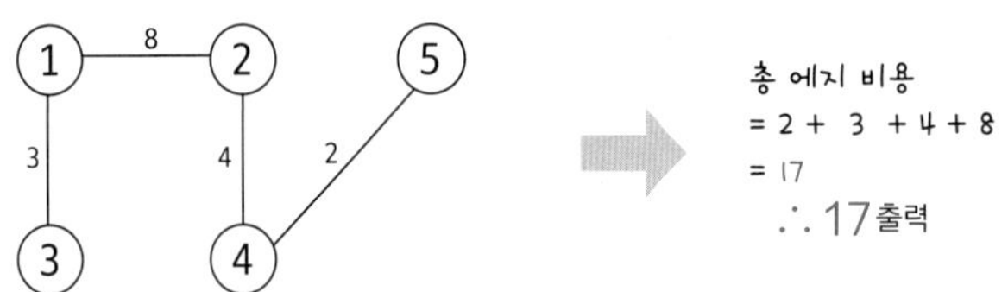

최소 신장 트리는 다른 그래프 알고리즘과는 달리, 에지 리스트의 형태를 이용해 데이터를 담는다는 특징이 있습니다. 그 이유는 에지를 기준으로 하는 알고리즘이기 때문입니다. 또한 사이클이 존재하면 안 되는 특징을 지니고 있기 때문에 사이클 판별 알고리즘인 유니온 파인드 알고리즘을 내부에 구현해야 합니다. 이 부분을 고려해 실전 문제에 도전해 보세요.

최소 신장 트리 구하기

시간 제한 2초 | 난이도 G4 골드 IV | 백준 온라인 저지 1197번

최소 신장 트리(최소 스패닝 트리)는 주어진 그래프의 모든 노드들을 연결하는 부분 그래프 중 그 가중치의 합이 최소인 트리를 말한다. 그래프가 주어졌을 때 그 그래프의 최소 신장 트리를 구하는 프로그램을 작성하시오.

입력

1번째 줄에 노드의 개수 V(1 ≤ V ≤ 10,000)와 에지의 개수 E(1 ≤ E ≤ 100,000)가 주어진다. 다음 E개의 줄에는 각 에지와 관련된 정보를 나타내는 세 정수 A, B, C가 주어진다. 이는 A번 노드와 B번 노드가 가중치 C인 에지로 연결돼 있다는 의미다. C는 음수일 수도 있으며, 절댓값이 1,000,000을 넘지 않는다.

그래프의 노드는 1번부터 V번까지 번호가 매겨져 있고, 임의의 두 노드 사이에 경로가 있다. 최소 신장 트리의 가중치가 -2,147,483,648보다 크거나 같고, 2,147,483,647보다 작거나 같은 데이터만 입력으로 주어진다.

출력

1번째 줄에 최소 신장 트리의 가중치를 출력한다.

예제 입력 1

```
3 3  // 노드 개수, 에지 개수
1 2 1
2 3 2
1 3 3
```

예제 출력 1

```
3
```

01단계 문제 분석하기

최소 신장 트리를 구하는 가장 기본적인 문제입니다. 문제의 내용 자체가 최소 신장 트리에 관해 설명하고 있기 때문에 앞에서 배운 핵심 이론을 이용하면 이 문제를 해결할 수 있습니다.

02단계 손으로 풀어 보기

❶ 에지 리스트에 에지 정보를 저장한 후 부모 노드 데이터를 초기화합니다. 최소 신장 트리는 에지 중심의 알고리즘이므로 데이터를 에지 리스트를 활용해 저장해야 합니다. 사이클 생성 여부를 판단하기 위한 유니온 파인드용 부모 노드도 초기화합니다.

❷ 크루스칼 알고리즘을 수행합니다. 현재 미사용 에지 중 가중치가 가장 작은 에지를 선택하고, 이 에지를 연결했을 때 사이클의 발생 여부를 판단합니다. 사이클이 발생하면 생략하고, 발생하지 않으면 에지값을 더합니다.

프림 알고리즘으로도 가능합니다.

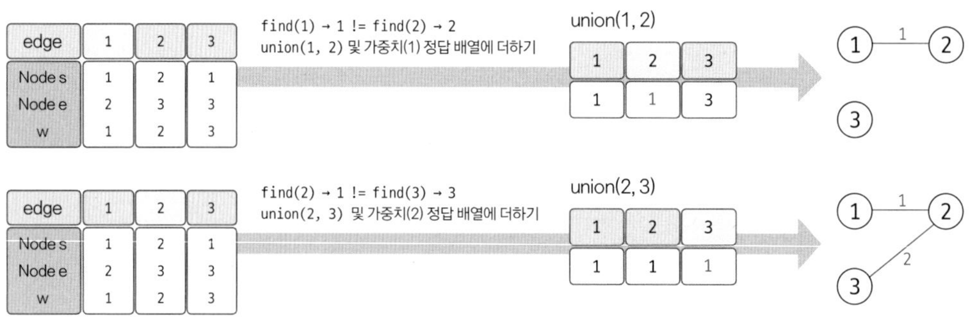

❸ 과정 2에서 에지를 더한 횟수가 'V(노드 개수) - 1'이 될 때까지 반복하고, 반복이 끝나면 에지의 가중치를 모두 더한 값을 출력합니다.

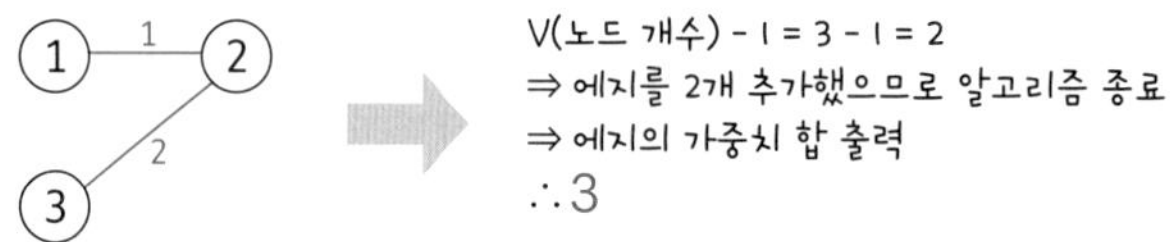

03단계 슈도코드 작성하기

```
N(노드 수), M(에지 수)
parent(대표 노드 저장 배열)
Edge(에지 정보 저장 struct)  // 가중치 기준 오름차순 정렬로 설정 → 연산자 오버로딩
pq(에지 정보를 저장할 우선순위 큐)  // 저장 데이터 type을 Edge struct로 설정

for(N만큼 반복) {
    parent 배열 초기화하기  // 자기 자신의 index값으로 초기화
}
for(M만큼 반복) {
    queue에 에지 정보 저장하기
}
while(사용한 에지 수가 노드 -1이 될 때까지) {
    queue에서 에지 정보 가져오기
    if(에지 시작점과 끝점의 부모 노드가 다르면) {  // 연결해도 사이클이 생기지 않으면
        union 연산 수행
        에지의 가중치를 정답 변수에 더하기
        사용 에지 수 1 증가
    }
}
정답 변수 출력

union(a, b) {  // union 연산
    a와 b의 대표 노드 찾기
    두 원소의 대표 노드끼리 연결하기
}

find(a) {  // find 연산
    a가 대표 노드면 반환
    아니면 a의 대표 노드 값을 find(parent[a])값으로 저장 → 재귀 함수 형태
}
```

04단계 **코드 구현하기**

그래프/P1197_최소신장트리.cpp

```
#include <iostream>
#include <queue>
using namespace std;

void munion(int a, int b);
int find(int a);
static vector<int> parent;

typedef struct Edge {  // 에지 정보 구조체 생성, 가중치 값 기준 오름차순 정렬로 설정
    int s, e, v;
    bool operator > (const Edge& temp) const {
        return v > temp.v;
    }
} Edge;

int main()
{
    ios::sync_with_stdio(false);
    cin.tie(NULL);
    cout.tie(NULL);

    int N, M;
    cin >> N >> M;
    priority_queue<Edge, vector<Edge>, greater<Edge>> pq;  // 오름차순 정렬
    parent.resize(N + 1);

    for (int i = 0; i <= N; i++) {
        parent[i] = i;
    }
    for (int i = 0; i < M; i++) {
        int s, e, v;
        cin >> s >> e >> v;
        pq.push(Edge{ s, e, v });
    }

    int useEdge = 0;
```

```
    int result = 0;

    while (useEdge < N - 1) {
        Edge now = pq.top();
        pq.pop();
        // 같은 부모가 아니라면 → 연결해도 사이클이 생기지 않는다면
        if (find(now.s) != find(now.e)) {
            munion(now.s, now.e);
            result = result + now.v;
            useEdge++;
        }
    }
    cout << result;
}

void munion(int a, int b) {  // union 연산: 대표 노드끼리 연결
    a = find(a);
    b = find(b);

    if (a != b) {
        parent[b] = a;
    }
}

int find(int a) {  // find 연산
    if (a == parent[a]) {
        return a;
    }
    else {
        // 재귀 함수 형태로 구현 → 경로 압축 부분
        return parent[a] = find(parent[a]);
    }
}
```

문제 065

다리 만들기

시간 제한 1초 | 난이도 G1 골드 I | 백준 온라인 저지 17472번

섬으로 이뤄진 나라가 있고, 모든 섬을 다리로 연결하려고 한다. 이 나라의 지도는 N × M 크기의 2차원 격자로 나타낼 수 있고, 격자의 각 칸은 땅이거나 바다다. 섬은 연결된 땅이 상하좌우로 붙어 있는 덩어리를 말한다. 다음은 4개의 섬으로 이뤄진 나라다. 여기서 색칠돼 있는 칸은 땅이다.

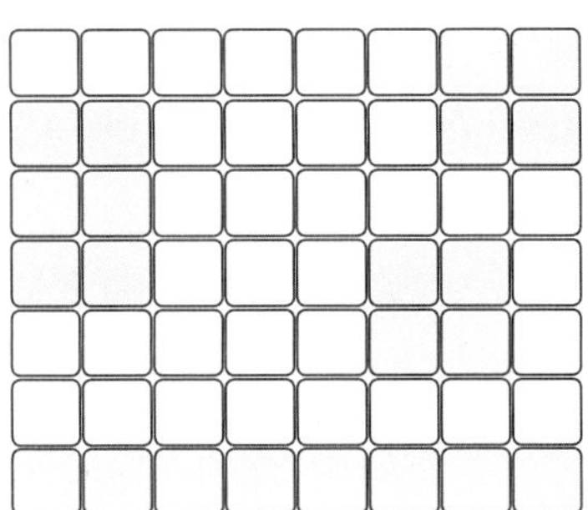

다리는 바다에만 건설할 수 있고, 다리의 길이는 다리가 격자에서 차지하는 칸의 수다. 다리를 연결해 모든 섬을 연결하려고 한다. 섬 A에서 다리를 이용해 섬 B로 갈 수 있을 때 섬 A와 B를 연결됐다고 한다. 다리의 양끝은 섬과 인접한 바다 위에 있어야 하고, 한 다리의 방향이 중간에 바뀌면 안 된다. 또한 다리의 길이는 2 이상이어야 한다. 다리의 방향이 중간에 바뀌면 안 되기 때문에 다리의 방향은 가로 또는 세로가 될 수밖에 없다. 방향이 가로인 다리는 다리의 양끝이 가로 방향으로 섬과 인접해야 하고, 방향이 세로인 다리는 다리의 양끝이 세로 방향으로 섬과 인접해야 한다. 섬 A와 B를 연결하는 다리가 중간에 섬 C와 인접한 바다를 지나갈 때 섬 C는 A, B와 연결돼 있는 것이 아니다.

다음 그림은 섬을 모두 연결하는 올바른 2가지 방법이고, 다리는 회색으로 색칠돼 있다. 섬은 정수, 다리는 알파벳 대문자로 구분했다. D는 섬 2와 4를 연결하는 다리이고, 섬 3과는 연결돼 있지 않다.

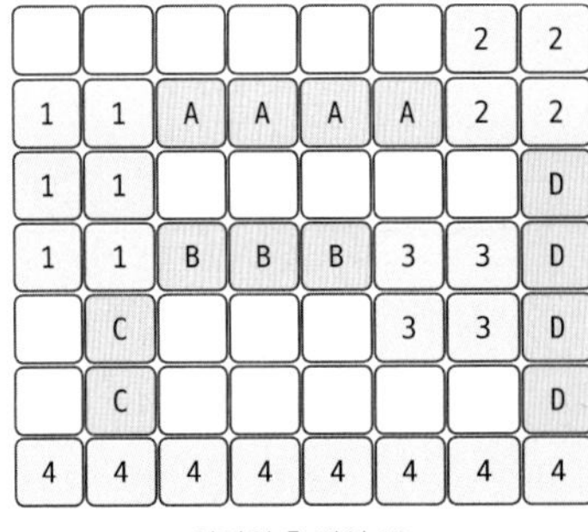

						2	2
1	1	A	A	A	A	2	2
1	1						D
1	1	B	B	B	3	3	D
	C				3	3	D
	C						D
4	4	4	4	4	4	4	4

다리의 총 길이 13

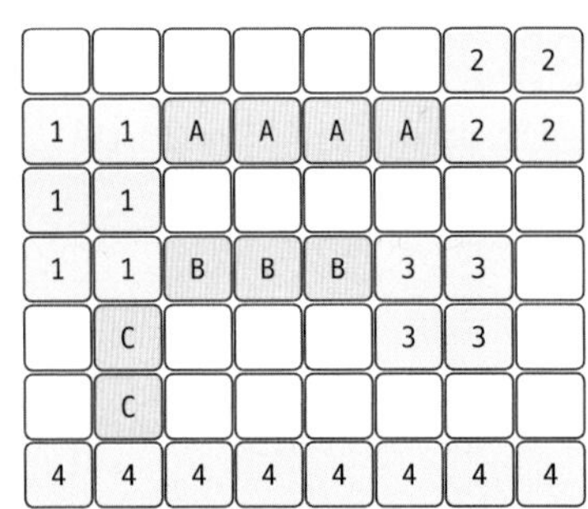

						2	2
1	1	A	A	A	A	2	2
1	1						
1	1	B	B	B	3	3	
	C				3	3	
	C						
4	4	4	4	4	4	4	4

다리의 총 길이 9(최솟값)

다음은 올바르지 않은 3가지 방법이다.

						2	2
1	1	A	A	A	A	2	2
1	1						
1	1				3	3	
	B		C	C	3	3	
	B		C				
4	4	4	4	4	4	4	4

C의 방향이 중간에 바뀜

						2	2
1	1	A	A	A	A	2	2
1	1						
1	1	B	B	B	3	3	
	C				3	3	
	C				D		
4	4	4	4	4	4	4	4

D의 길이가 1

	A	A	A	A	A	2	2
1	1					2	2
1	1						
1	1	B	B	B	3	3	
	C				3	3	
	C						
4	4	4	4	4	4	4	4

가로 다리인 A가 섬 1과
가로로 연결돼 있지 않음

다리가 교차할 때가 있을 수도 있다. 교차하는 다리의 길이를 계산할 때는 각 칸이 각 다리의 길이에 모두 포함돼야 한다. 다음은 다리가 교차하는 2가지 예시다. 왼쪽 그림에서 다리 A의 길이는 4, 다리 B의 길이도 4이므로 모든 다리의 길이를 합하면 4 + 4 + 2 = 10이다. 오른쪽 그림에서 다리 A는 섬 2와 3을 연결하고 길이는 2다. 다리 B는 섬 3과 4를 연결하고 길이는 3이다. 다리 C는 섬 2와 5를 연결하고 길이는 5다. 마지막으로 다리 D는 섬 1과 2를 연결하고 길이는 2다. 모든 다리의 길이를 합하면 12다.

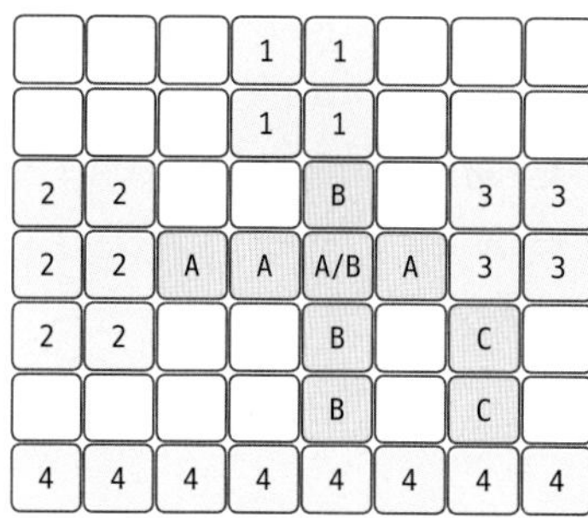

다리 A와 B가 교차

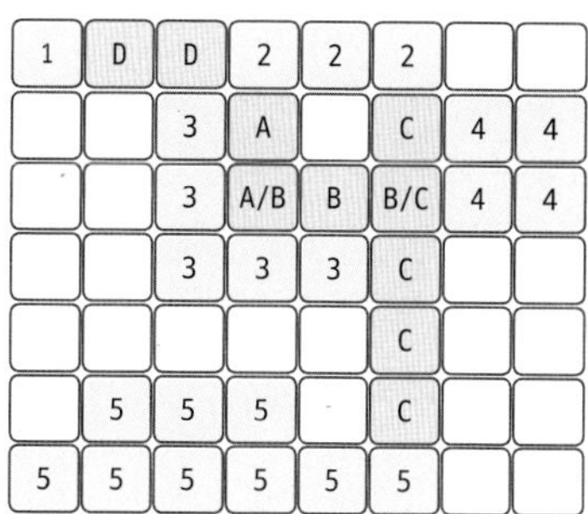

다리 A와 B, 다리 B와 C가 교차

나라의 정보가 주어졌을 때 모든 섬을 연결하는 다리 길이의 최솟값을 구해 보자.

입력

1번째 줄에 지도의 세로 크기 N과 가로 크기 M이 주어진다($1 \leq N, M \leq 10$, $3 \leq N \times M \leq 100$). 2번째 줄부터 N개의 줄에 지도의 정보가 주어진다. 각 줄은 M개의 수로 이뤄져 있고, 수는 0 또는 1이다. 0은 바다, 1은 땅을 의미한다. 섬의 개수는 2 이상 6 이하이다.

출력

모든 섬을 연결하는 다리 길이의 최솟값을 출력한다. 모든 섬을 연결할 수 없다면 -1을 출력한다.

예제 입력 1

```
7 8  // 행렬 크기
0 0 0 0 0 0 1 1
1 1 0 0 0 0 1 1
1 1 0 0 0 0 0 0
1 1 0 0 0 1 1 0
0 0 0 0 0 1 1 0
0 0 0 0 0 0 0 0
1 1 1 1 1 1 1 1
```

예제 출력 1

```
9
```

예제 입력 2

```
7 8
0 0 0 1 1 0 0 0
0 0 0 1 1 0 0 0
1 1 0 0 0 0 1 1
1 1 0 0 0 0 1 1
1 1 0 0 0 0 0 0
0 0 0 0 0 0 0 0
1 1 1 1 1 1 1 1
```

예제 출력 2

```
10
```

예제 입력 3

```
7 8
1 0 0 1 1 1 0 0
0 0 1 0 0 0 1 1
0 0 1 0 0 0 1 1
0 0 1 1 1 0 0 0
0 0 0 0 0 0 0 0
0 1 1 1 0 0 0 0
1 1 1 1 1 1 0 0
```

예제 출력 3

```
9
```

예제 입력 4

```
7 7
1 1 1 0 1 1 1
1 1 1 0 1 1 1
1 1 1 0 1 1 1
0 0 0 0 0 0 0
1 1 1 0 1 1 1
1 1 1 0 1 1 1
1 1 1 0 1 1 1
```

예제 출력 4

```
-1
```

01단계 문제 분석하기

문제 조건에서 데이터의 크기는 매우 작은 편이라 시간 복잡도에 제약은 크지 않습니다. 단 몇 개의 단계로 나눠 생각해야 할 문제입니다. 먼저 주어진 지도에서 섬으로 표현된 값을 각각의 섬마다 다르게 표현해야 합니다. 그 이후 각 섬의 모든 위치에서 다른 섬으로 연결할 수 있는 에지가 있는지 확인해 에지 리스트를 만듭니다. 이후에는 최소 신장 트리를 적용하면 문제를 해결할 수 있습니다. 아이디어와 구현 능력이 골고루 필요한 문제입니다. 차근차근 풀어보겠습니다.

02단계 **손으로 풀어 보기**

1. 지도의 정보를 2차원 배열에 저장하고 섬으로 표시된 모든 점에서 BFS를 실행해 섬을 구분합니다(상하좌우 네 방향으로 탐색). 방문한 적이 없고 바다가 아닐 때 같은 섬으로 인식합니다.

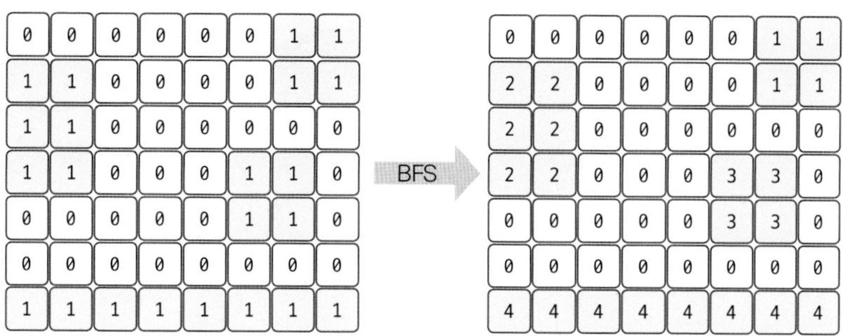

2. 모든 섬에서 상하좌우로 다리를 지어 다른 섬으로 연결할 수 있는지 확인합니다. 연결할 곳이 현재 섬이면 탐색 중단, 바다라면 탐색을 계속 수행합니다. 다른 섬을 만났을 때 다리의 길이가 2 이상이면 이 다리를 에지 리스트에 추가합니다.

1번 섬 다리 찾기

2번 섬으로 다리 길이 4 → 1 2 4
4번 섬으로 다리 길이 4 → 1 4 4

2번 섬 다리 찾기

1번 섬으로 다리 길이 4 → 2 1 4
3번 섬으로 다리 길이 3 → 2 3 3
4번 섬으로 다리 길이 2 → 2 4 2
4번 섬으로 다리 길이 2 → 2 4 2

3번 섬 다리 찾기

2번 섬으로 다리 길이 3 → 3 2 3

4번 섬 다리 찾기

1번 섬으로 다리 길이 4 → 4 1 4
2번 섬으로 다리 길이 2 → 4 2 2
2번 섬으로 다리 길이 2 → 4 2 2

3. 전 단계에서 수집한 모든 에지를 오름차순 정렬해 최소 신장 트리 알고리즘을 수행합니다. 알고리즘이 끝나면 사용한 에지의 합을 출력합니다.

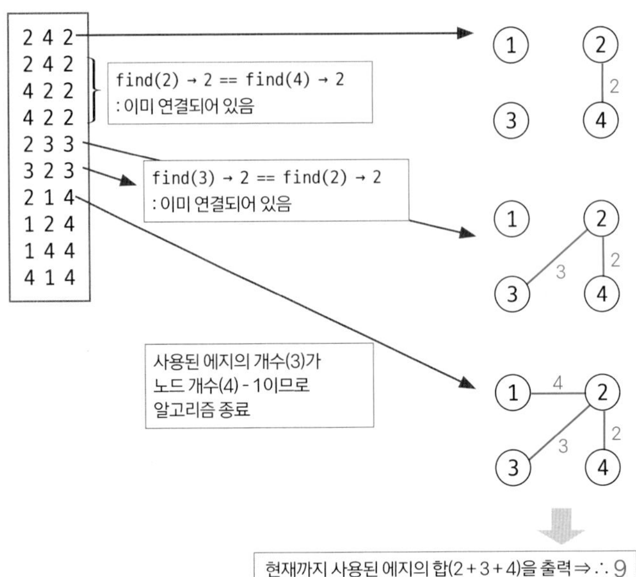

03단계 슈도코드 작성하기

```
dr, dc(4방향 탐색을 위한 상수)
N, M(행렬의 크기)
map(맵 정보 저장 배열)
parent(대표 노드 저장 배열)
visited(BFS 시 방문 여부 저장 배열)

sumlist(모든 섬 정보 저장)
mlist(하나의 섬 정보 저장)
Edge(에지 정보 저장 구조체)          // 가중치 값 기준 오름차순 정렬로 설정
pq(다리 정보를 저장할 우선순위 큐)  // 저장 데이터 유형을 구조체 Edge로 설정

for(N만큼 반복) {
    for(M만큼 반복) {
        입력 데이터를 map 변수에 저장하기
    }
}
for(i → N만큼 반복) {  // 섬 분리 작업 수행
    for(j → M만큼 반복) {
        BFS(i, j) 모든 위치에서 BFS를 실행하여 섬을 분리
```

```
        결과를 sumlist 변수에 넣기
    }
}
for(i → sumlist 크기 만큼 반복) {  // 모든 섬에서 지을 수 있는 다리를 찾고 저장하기
    now ← sumlist에서 추출  // 하나의 섬 정보
    for(j → now 크기만큼 반복) {
        하나의 섬의 모든 위치에서 만들 수 있는 다리 정보 저장하기  // 4방향 탐색
        → 큐에 에지 정보 저장
    }
}
for(섬의 수만큼 반복) {
    parent 배열 초기화하기  // 자기 자신의 index값으로 초기화
}
// 최소 신장 트리 알고리즘 수행
while(큐가 비워질 때까지) {
    queue에서 에지 정보 가져오기
    if(에지 시작점과 끝점의 부모 노드가 다르면) {  // 연결해도 사이클이 생기지 않으면
        union 연산 수행
        에지의 가중치를 정답 변수에 더하기
        사용 에지 수 증가시키기
}

사용한 에지가 섬의 수 - 1만큼이면 가중치의 합을 결과로 출력
아니면 -1 출력

union (a, b) {  // union 연산
    a와 b의 대표 노드 찾기
    두 원소의 대표 노드끼리 연결하여 주기
}

find(a) {  // find 연산
    a가 대표 노드면 반환
    아니면 a의 대표 노드 값을 find(parent[a])값으로 저장 → 재귀 함수 형태
}

BFS(i, j) {  // 탐색 알고리즘
    i, j 위치에서 4방향을 탐색하여 하나의 섬의 영역 저장하기
}
```

04단계 **코드 구현하기**

그래프/P17472_다리만들기.cpp

```
#include <iostream>
#include <queue>
using namespace std;

void munion(int a, int b);
int find(int a);
void BFS(int i, int j);

static int dr[] = { -1, 0, 1, 0 };
static int dc[] = { 0, 1, 0, -1 };
static int map[101][101];
static bool visited[101][101] = { false, };
static vector<int> parent;
static int N, M, sNum;
static vector<vector<pair<int, int>>> sumlist;
static vector<pair<int, int>>  mlist;

typedef struct Edge {  // 에지 정보 구조체 생성, 가중치 값 기준 오름차순 정렬로 설정
    int s, e, v;
    bool operator > (const Edge& temp) const {
        return v > temp.v;
    }
} Edge;

static priority_queue<Edge, vector<Edge>, greater<Edge>> pq;  // 오름차순 정렬

int main()
{
    ios::sync_with_stdio(false);
    cin.tie(NULL);
    cout.tie(NULL);
    cin >> N >> M;

    for (int i = 0; i < N; i++) {
        for (int j = 0; j < M; j++) {
```

```
            cin >> map[i][j];  // 맵 정보 저장
        }
    }

    sNum = 1;

    // 각 자리에서 BFS 탐색을 이용하여 섬을 분리
    for (int i = 0; i < N; i++) {
        for (int j = 0; j < M; j++) {
            if (map[i][j] != 0 && visited[i][j] != true) {
                BFS(i, j);
                sNum++;
                sumlist.push_back(mlist);
            }
        }
    }

    // 섬의 각 지점에서 만들 수 있는 모든 에지를 저장
    for (int i = 0; i < sumlist.size(); i++) {
        vector<pair<int, int>> now = sumlist[i];

        for (int j = 0; j < now.size(); j++) {
            int r = now[j].first;
            int c = now[j].second;
            int now_S = map[r][c];

            for (int d = 0; d < 4; d++) {  // 4방향 검색
                int tempR = dr[d];
                int tempC = dc[d];
                int blenght = 0;

                while (r + tempR >= 0 && r + tempR < N && c + tempC >= 0 && c + tempC < M) {
                    // 같은 섬이면 에지를 만들 수 없음
                    if (map[r + tempR][c + tempC] == now_S) {
                        break;
                    }
                    // 같은 섬이 아니고 바다가 아니면
                    else if (map[r + tempR][c + tempC] != 0) {
                        // 다른 섬 → 길이가 1 이상일 때 에지로 더하기
```

```
                    if (blenght > 1) {
                        pq.push(Edge{ now_S, map[r + tempR][c + tempC], blenght });
                    }
                    break;
                }
                // 바다이면 다리 길이 연장하기
                else {
                    blenght++;
                }

                if (tempR < 0) {
                    tempR--;
                }
                else if (tempR > 0) {
                    tempR++;
                }
                else if (tempC < 0) {
                    tempC--;
                }
                else if (tempC > 0) {
                    tempC++;
                }
            }
        }
    }
}

parent.resize(sNum);

for (int i = 0; i < parent.size(); i++) {
    parent[i] = i;
}

int useEdge = 0;
int result = 0;

while (!pq.empty()) {  // 최소 신장 트리 알고리즘 수행하기
    Edge now = pq.top();
    pq.pop();
```

```
        if (find(now.s) != find(now.e)) {  // 같은 부모가 아니라면 → 연결 가능
            munion(now.s, now.e);
            result = result + now.v;
            useEdge++;
        }
    }
    // 배열에서 쉽게 index를 처리하고자 sNum을 1부터 시작하였으므로
    // 현재 sNum의 값이 섬의 개수보다 1 많은 상태임
    // 그러므로 1 작은 수가 아닌 2 작은 수와 사용 에지를 비교함
    if (useEdge == sNum - 2) {
        cout << result << "\n";
    }
    else {
        cout << -1 << "\n";
    }

}

void munion(int a, int b) {  // union 연산: 대표 노드끼리 연결함
    a = find(a);
    b = find(b);

    if (a != b) {
        parent[b] = a;
    }
}

int find(int a) {  // find 연산
    if (a == parent[a]) {
        return a;
    }
    else {
        return parent[a] = find(parent[a]);  // 재귀 함수 형태로 구현 → 경로 압축 부분
    }
}

void BFS(int i, int j) {  // BFS를 통하여 연결된 섬 찾기
    queue<pair<int, int>> myqueue;
    mlist.clear();
```

```
myqueue.push(make_pair(i, j));
mlist.push_back(make_pair(i, j));
visited[i][j] = true;
map[i][j] = sNum;

while (!myqueue.empty()) {
    int r = myqueue.front().first;
    int c = myqueue.front().second;
    myqueue.pop();

    for (int d = 0; d < 4; d++) {  // 4방향 검색
        int tempR = dr[d];
        int tempC = dc[d];

        while (r + tempR >= 0 && r + tempR < N && c + tempC >= 0 && c + tempC < M) {
            // 현재 방문한 적이 없고 바다가 아니면 같은 섬으로 취급
            if (visited[r + tempR][c + tempC]
                        == false && map[r + tempR][c + tempC] != 0) {
                int now_i = r + tempR;
                int now_j = c + tempC;
                map[now_i][now_j] = sNum;
                visited[now_i][now_j] = true;
                mlist.push_back(make_pair(now_i, now_j));
                myqueue.push(make_pair(now_i, now_j));
            }
            else {
                break;
            }

            if (tempR < 0) {
                tempR--;
            }
            else if (tempR > 0) {
                tempR++;
            }
            else if (tempC < 0) {
                tempC--;
            }
            else if (tempC > 0) {
```

```
                        tempC++;
                    }
                }
            }
        }
    }
```

문제 066

불우이웃돕기

시간 제한 2초 | 난이도 골드 I | 백준 온라인 저지 1414번

다솜이는 불우이웃돕기 활동을 하기 위해 무엇을 해야 할 것인지 생각했다. 마침 집에 엄청나게 많은 랜선이 있다는 것을 깨달았다. 마침 랜선이 이렇게 많이 있을 필요가 없다고 느낀 다솜이는 랜선을 이용해 지역 사회에 봉사하기로 했다.

다솜이의 집에는 N개의 방이 있다. 각각의 방에는 모두 1개의 컴퓨터가 있다. 각각의 컴퓨터는 랜선으로 연결돼 있다. 어떤 컴퓨터 A와 B가 있을 때 A와 B가 서로 랜선으로 연결돼 있거나 다른 컴퓨터를 이용해 연결돼 있으면 서로 통신할 수 있다. 다솜이는 집 안에 있는 N개의 컴퓨터를 모두 서로 연결되게 하고 싶다. N개의 컴퓨터가 서로 연결돼 있는 랜선의 길이가 주어질 때 다솜이가 기부할 수 있는 랜선의 길이의 최댓값을 출력하는 프로그램을 작성하시오.

입력

1번째 줄에 컴퓨터의 개수 N, 2번째 줄부터 랜선의 길이가 주어진다. i번째 줄의 j번째 문자가 0일 경우에는 컴퓨터 i와 컴퓨터 j를 연결하는 랜선이 없다는 것을 의미한다. 이외의 경우에는 랜선의 길이를 의미한다. 랜선의 길이는 a에서 z는 1부터 26, A에서 Z는 27부터 52를 나타낸다. N은 50보다 작거나 같은 자연수다.

출력

1번째 줄에 다솜이가 기부할 수 있는 랜선의 길이의 최댓값을 출력한다. 만약, 모든 컴퓨터가 연결돼 있지 않으면 -1을 출력한다.

예제 입력 1

```
3  // 컴퓨터의 개수
abc
def
ghi
```

예제 출력 1

```
40
```

01단계 문제 분석하기

인접 행렬의 형태로 데이터가 들어오기 때문에 이 부분을 최소 신장 트리가 가능한 형태로 변형하는 것이 이 문제의 핵심입니다. 먼저 문자열로 주어진 랜선의 길이를 숫자로 변형해 랜선의 총합을 저장합니다. 이때 i와 j가 같은 곳의 값은 같은 컴퓨터를 연결한다는 의미이므로 별도 에지로 저장하지 않고 나머지 위치의 값들을 i → j로 가는 에지로 생성하고, 에지 리스트에 저장하면 최소 신장 트리 문제로 변형할 수 있습니다.

02단계 손으로 풀어 보기

1. 입력 데이터의 정보를 배열에 저장합니다. 먼저 입력으로 주어진 문자열을 숫자로 변환해 총합으로 저장합니다. 소문자는 '현재 문자 - 'a' + 1', 대문자는 '현재 문자 - 'A' + 27'로 변환합니다. i와 j가 다른 경우에는 다른 컴퓨터를 연결하는 랜선이므로 에지 리스트에 저장합니다.

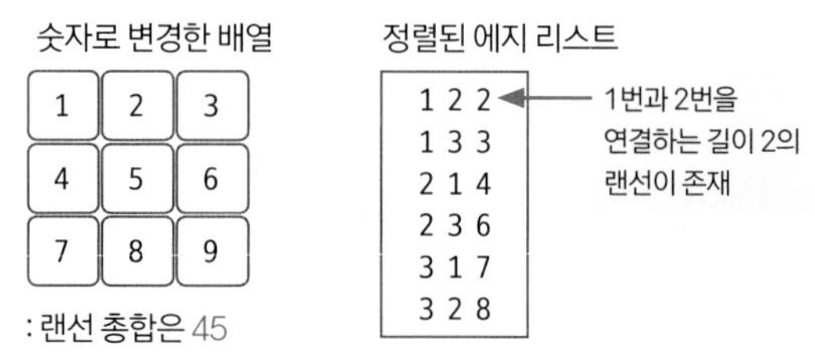

2. 저장된 에지 리스트를 바탕으로 최소 신장 트리 알고리즘을 수행합니다.

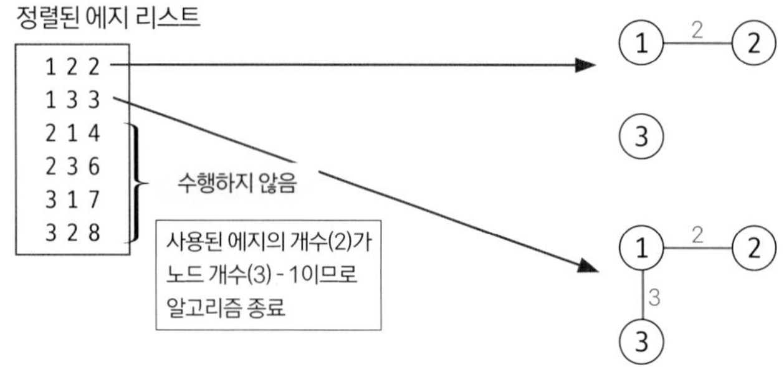

❸ 최소 신장 트리의 결괏값이 다솜이가 최소한으로 필요한 랜선 길이이므로 처음 저장해 둔 랜선의 총합에서 최소 신장 트리의 결괏값을 뺀 값을 정답으로 출력합니다. 단, 최소 신장 트리에서 사용한 에지 개수가 N - 1이 아닌 경우에는 모든 컴퓨터를 연결할 수 없다는 의미이므로 -1을 출력합니다.

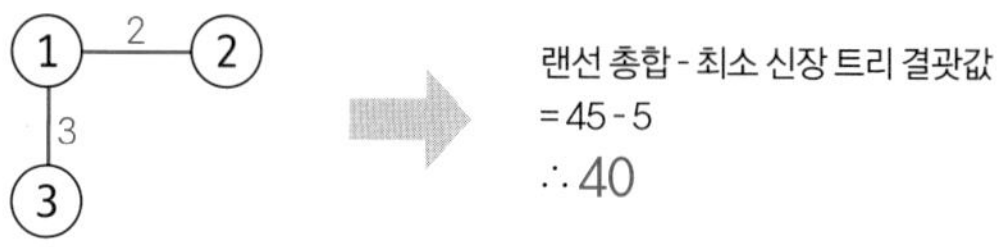

랜선 총합 - 최소 신장 트리 결괏값
=45 - 5
∴40

03단계 슈도코드 작성하기

```
N(컴퓨터의 개수), sum(모든 랜선의 합 저장)
parent(대표 노드 저장 배열)
Edge(에지 정보 저장 struct)        // 가중치 기준 오름차순 정렬로 설정
pq(랜선 정보를 저장할 우선순위 큐)  // 저장 데이터 유형을 구조체 Edge로 설정

for(N만큼 반복) {
    for(N만큼 반복) {
        랜선의 총합 저장하기:
        소문자 → 현재 문자 - 'a' + 1, 대문자 → 현재 문자 - 'A' + 27
        i와 j가 다르면 랜선 정보를 큐에 저장하기
    }
}

parent 크기를 N으로 재설정
for(N만큼 반복) {
    parent 배열 초기화하기  // 인덱스를 값으로 초기화
}

while(큐가 비워질 때까지) {
    큐에서 에지 정보 가져오기
    if(에지 시작점과 끝점의 부모 노드가 다르면) {  // 연결해도 사이클이 생기지 않으면
        union 연산 수행
        에지의 가중치를 정답 변수에 더하기
        사용 에지 수 1 증가
    }
}
```

```
사용한 에지가 노드 - 1만큼이면 모든 랜선의 합에서 최소 신장 트리 결괏값을 뺀 값을 출력
아니면 -1 출력

union(a, b) {  // union 연산
    a와 b의 대표 노드 찾기
    두 원소의 대표 노드끼리 연결하여 주기
}

find(a) {  // find 연산
    a가 대표 노드면 반환
    아니면 a의 대표 노드 값을 find(parent[a])값으로 저장 → 재귀 함수 형태
}
```

04단계 코드 구현하기

그래프/P1414_불우이웃돕기.cpp

```
#include <iostream>
#include <queue>
using namespace std;

void munion(int a, int b);
int find(int a);
static vector<int> parent;

typedef struct Edge {  // 에지 정보 구조체 생성, 가중치 기준 오름차순 정렬로 설정
    int s, e, v;
    bool operator > (const Edge& temp) const {
        return v > temp.v;
    }
} Edge;

int main()
{
    ios::sync_with_stdio(false);
    cin.tie(NULL);
    cout.tie(NULL);
```

```
    int N, sum = 0;
    cin >> N;
    priority_queue<Edge, vector<Edge>, greater<Edge>> pq;  // 오름차순 정렬

    for (int i = 0; i < N; i++) {
        for (int j = 0; j < N; j++) {
            char tempc = cin.get();

            if (tempc == '\n') {
                tempc = cin.get();
            }
            int temp = 0;

            if (tempc >= 'a' && tempc <= 'z') {
                temp = tempc - 'a' + 1;
            }
            else if (tempc >= 'A' && tempc <= 'Z') {
                temp = tempc - 'A' + 27;
            }
            sum = sum + temp;  // 모든 랜선의 길이 저장

            if (i != j && temp != 0) {
                pq.push(Edge{ i, j, temp });
            }
        }
    }

    parent.resize(N);

    for (int i = 0; i < N; i++) {
        parent[i] = i;
    }

    int useEdge = 0;
    int result = 0;

    while (!pq.empty()) {
        Edge now = pq.top();
```

```
        pq.pop();
        // 같은 부모가 아니라면 → 연결해도 사이클이 생기지 않는다면
        if (find(now.s) != find(now.e)) {
            munion(now.s, now.e);
            result = result + now.v;
            useEdge++;
        }
    }
    if (useEdge == N - 1) {
        cout << sum - result << "\n";
    }
    else {
        cout << -1 << "\n";
    }
}

void munion(int a, int b) {  // union 연산: 대표 노드끼리 연결함
    a = find(a);
    b = find(b);

    if (a != b) {
        parent[b] = a;
    }
}

int find(int a) {  // find 연산: 대표 노드 반환
    if (a == parent[a]) {
        return a;
    }
    else {
        return parent[a] = find(parent[a]);  // 재귀 함수 형태로 구현 → 경로 압축 부분
    }
}
```

트리

이 장에서는 트리의 기본적인 구조, 용어 특성 등에 관해 알아보고,
관련 문제를 풀어 보겠습니다. 특히 트리 중에서도 이진 트리와 세그먼트 트리는
코딩 테스트에 자주 나오는 단골손님이기 때문에 해당 부분의 개념과 구현 방법을
완벽하게 습득해 보세요.

09-1 트리 알아보기

트리[tree]는 노드와 에지로 연결된 그래프의 특수한 형태로, 주요 특징은 다음과 같습니다.

트리의 특징

- 순환 구조[cycle]를 지니고 있지 않고, 1개의 루트 노드가 존재합니다.
- 루트 노드를 제외한 노드는 단 1개의 부모 노드를 갖습니다.
- 트리의 부분 트리[subtree] 역시 트리의 모든 특징을 따릅니다.

트리에 관해 좀 더 자세히 알아보겠습니다.

트리의 핵심 이론

트리 관련 문제를 해결하려면 먼저 트리의 구성 요소에 관해 간단하게 알아볼 필요가 있습니다. 다음 그림과 표를 확인하세요.

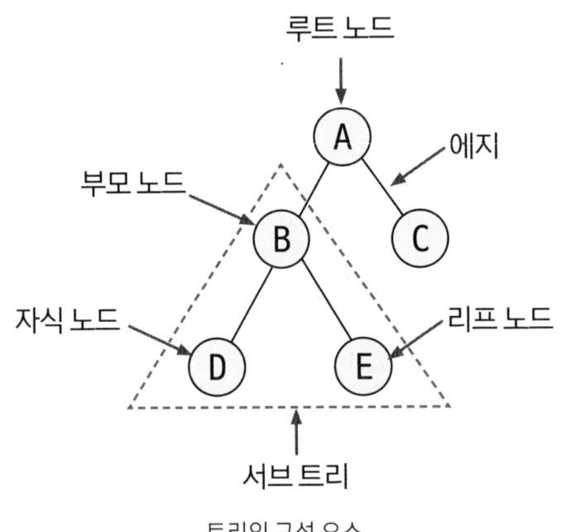

트리의 구성 요소

트리의 구성 요소

구성 요소	설명
노드	데이터의 index와 value를 표현하는 요소
에지	노드와 노드의 연결 관계를 나타내는 선
루트 노드	트리에서 가장 상위에 존재하는 노드
부모 노드	두 노드 사이의 관계에서 상위 노드에 해당하는 노드
자식 노드	두 노드 사이의 관계에서 하위 노드에 해당하는 노드
리프 노드	트리에서 가장 하위에 존재하는 노드(자식 노드가 없는 노드)
서브 트리	전체 트리에 속한 작은 트리

트리 자료구조 자체와 관련된 이해를 물어보는 문제도 종종 출제됩니다. 한번 학습해 볼까요?

문제 067 트리의 부모 찾기

시간 제한 1초 | 난이도 S2 실버 II | 백준 온라인 저지 11725번

루트 없는 트리가 주어진다. 이때 트리의 루트를 1이라고 정했을 때 각 노드의 부모를 구하는 프로그램을 작성하시오.

입력

1번째 줄에 노드의 개수 N(2 ≤ N ≤ 100,000), 2번째 줄부터 N - 1개의 줄에 트리상에 연결된 두 노드가 주어진다.

출력

1번째 줄부터 N - 1개의 줄에 각 노드의 부모 노드 번호를 2번 노드부터 순서대로 출력한다.

예제 입력 1
7 // 노드 개수
1 6
6 3
3 5
4 1
2 4
4 7

예제 출력 1
4
6
1
3
1
4

예제 입력 2
12
1 2
1 3
2 4
3 5
3 6
4 7
4 8
5 9
5 10
6 11
6 12

예제 출력 2
1
1
2
3
3
4
4
5
5
6
6

01단계 문제 분석하기

주어지는 데이터가 단순하게 연결된 두 노드를 알려 주는 것이므로 데이터를 저장할 때 양방향 에지로 간주하고 저장합니다. 인접 리스트 자료구조를 사용하면 간편하게 데이터를 저장할 수 있습니다. 트리의 루트가 1이라고 지정돼 있기 때문에 1번 노드부터 DFS로 탐색하면서 부모 노드를 찾아 주면 문제를 쉽게 해결할 수 있습니다.

인접 리스트 자료구조가 잘 기억나지 않는다면 07-1을 참고하세요.

02단계 손으로 풀어 보기

1 인접 리스트로 트리 데이터를 구현합니다.

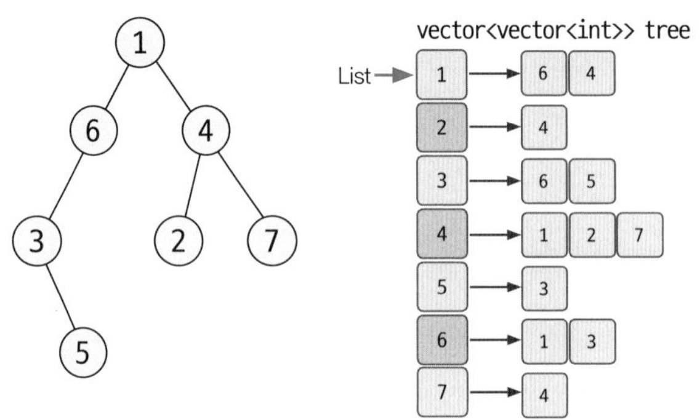

❷ DFS 탐색을 수행합니다. 수행할 때는 부모 노드의 값을 정답 배열에 저장합니다.

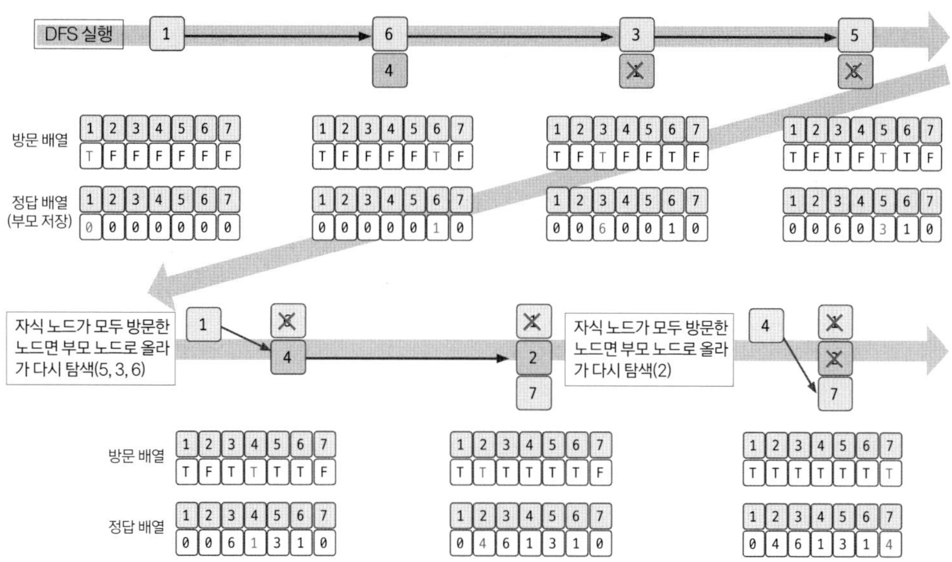

❸ 정답 배열의 2번 인덱스부터 값을 차례대로 출력합니다.

트리는 그래프 자료구조 중 하나의 형태이므로 그래프를 구현하는 방식을 사용할 수도 있고, 탐색 역시 그래프 탐색 알고리즘을 사용할 수 있다는 것을 생각해 볼 수 있는 문제입니다. 이제 슈도코드를 이용해 구조를 파악해 보세요.

03단계 슈도코드 작성하기

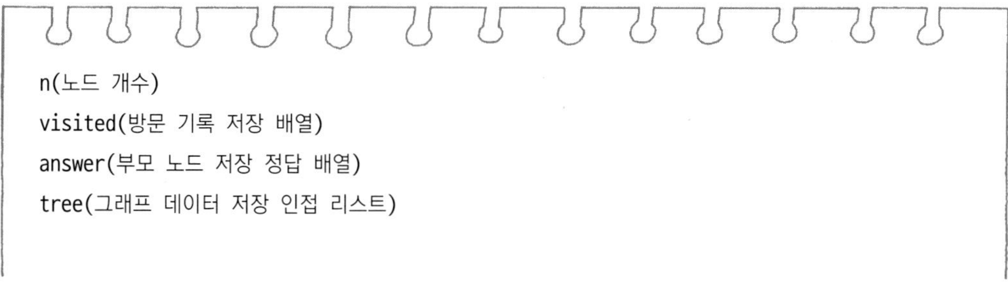

```
n(노드 개수)
visited(방문 기록 저장 배열)
answer(부모 노드 저장 정답 배열)
tree(그래프 데이터 저장 인접 리스트)
```

```
각 자료구조 크기 resize  // N + 1 크기로 변경

for(N만큼 반복) {
    인접 리스트 A에 그래프 데이터 저장
}

DFS 실행 → 루트 노드에서 실행

for(2 ~ N 반복) {
    answer 배열 출력
}

DFS{  // DFS 구현
    visited 배열에 현재 노드 방문 기록
    현재 노드의 연결 노드 중 방문하지 않은 노드에 대해
    정답 배열에 현재 노드(부모 노드) 저장
    DFS(연결된 미방문 노드)  // 재귀 함수 형태로 실행
}
```

04단계 코드 구현하기

트리/P11725_트리의부모찾기.cpp

```cpp
#include <iostream>
#include <vector>
using namespace std;

static int N;
static vector<int> answer;
static vector<bool> visited;
static vector<vector<int>> tree;
void DFS(int number);

int main()
{
    ios::sync_with_stdio(false);
    cin.tie(NULL);
```

```
    cout.tie(NULL);

    cin >> N;
    visited.resize(N + 1);
    tree.resize(N + 1);
    answer.resize(N + 1);

    for (int i = 1; i < N; i++) {
        int n1, n2;
        cin >> n1 >> n2;
        tree[n1].push_back(n2);
        tree[n2].push_back(n1);
    }

    DFS(1);   // 루트 노드에서 DFS 실행

    for (int i = 2; i <= N; i++) {
        cout << answer[i] << "\n";
    }
}

void DFS(int number) {
    visited[number] = true;

    for (int i : tree[number]) {
        if (!visited[i]) {
            answer[i] = number;   // 부모 노드를 정답 배열에 저장하기
            DFS(i);
        }
    }
}
```

문제 068

리프 노드의 개수 구하기

시간 제한 2초 | 난이도 S1 실버 I | 백준 온라인 저지 1068번

트리에서 리프 노드는 자식의 개수가 0인 노드를 말한다. 예를 들어 다음과 같은 트리가 있다고 가정해 보자. 리프 노드의 개수는 3개(2, 3, 4)다.

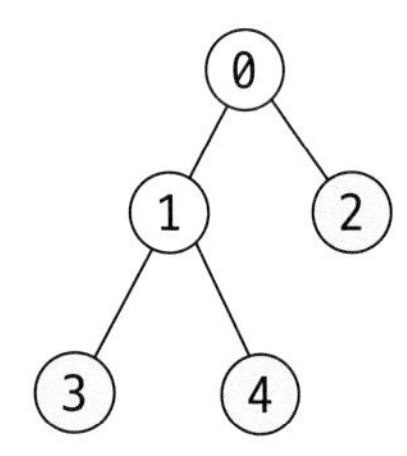

노드를 지우면 그 노드와 노드의 모든 자손이 트리에서 제거된다. 예를 들어 1번 노드를 지우면 1번 노드의 자식 노드인 3, 4번 노드도 트리에서 제거된다. 리프 노드는 1개가 남는다.

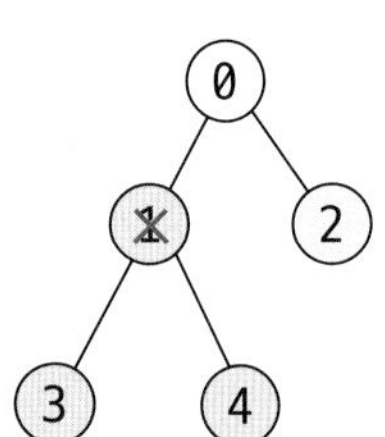

주어진 트리에서 노드 1개를 지울 때 남은 트리에서 리프 노드의 개수를 구하는 프로그램을 작성하시오.

입력

1번째 줄에 트리의 노드 개수 N이 주어진다. N은 50보다 작거나 같은 자연수다. 2번째 줄에 0번 노드부터 N - 1번 노드까지 각 노드의 부모가 주어진다. 만약 부모가 없다면 루트 노드 - 1이 주어진다. 3번째 줄에는 지울 노드의 번호가 주어진다.

출력

1번째 줄에 입력으로 주어진 트리에서 입력으로 주어진 노드를 지웠을 때 남아 있는 리프 노드의 개수를 출력한다.

예제 입력 1

```
9  // 노드 개수
-1 0 0 2 2 4 4 6 6
4  // 삭제 노드
```

예제 출력 1

```
2
```

01단계 문제 분석하기

이 문제의 핵심은 '리프 노드를 어떻게 제거하는가?'입니다. 리프 노드를 탐색하는 탐색 알고리즘을 수행할 때나 제거하는 노드가 나왔을 때 탐색을 종료하는 아이디어를 적용하면 실제 리프 노드를 제거하는 효과를 낼 수 있습니다. 이러한 아이디어를 접목해 문제에 접근해 보겠습니다.

DFS와 관련된 상세 프로세스는 앞에서 충분히 설명했기 때문에 이 부분을 생략한 나머지 부분을 풀어 보겠습니다.

02단계 손으로 풀어 보기

1 인접 리스트로 트리 데이터를 구현합니다.

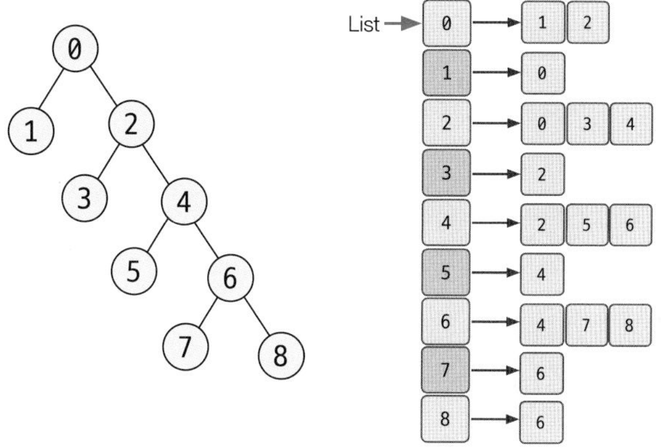

2 DFS 또는 BFS 탐색을 수행하면서 리프 노드의 개수를 셉니다. 단, 제거 대상 노드를 만났을 때는 그 아래 자식 노드들과 관련된 탐색은 중지합니다. 이는 제거한 노드의 범위에서 리프 노드를 제거하는 효과가 있습니다.

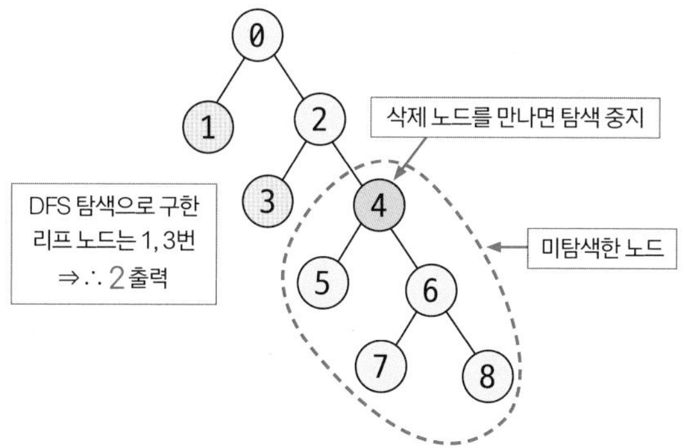

03단계 슈도코드 작성하기

```
n(노드 개수)
tree(그래프 데이터 저장 인접 리스트)
visited(방문 기록 저장 배열)
answer(리프 노드 개수 저장 변수)
deleteNode(삭제 노드)

for(N의 개수만큼 반복) {
    if(루트 노드가 아닌 경우) {
        인접 리스트 A에 그래프 데이터 저장
    }
    else {
        루트 노드값 저장
    }
}

deleteNode값 저장

if(deleteNode값이 0) {  // 루트 노드가 삭제 노드
    모두 삭제되므로 0을 출력하고 프로세스 끝냄
}
else DFS(root) {        // 루트 노드부터 DFS 실행
    answer 출력
}

DFS{  // DFS 구현
    visit 배열에 현재 노드 방문 기록
    for(연결 노드 탐색) {
        if(현재 노드의 연결 노드 중 방문하지 않은 노드이고 삭제 노드가 아닌 경우) {
            자식 노드 개수 증가
            DFS 실행(재귀 함수 형태)
        }
    }
    만약 자식 노드 개수가 0이면 answer 변수 증가
}
```

04단계 **코드 구현하기**

트리/P1068_리프노드.cpp

```
#include <iostream>
#include <vector>
using namespace std;

static int N;
static vector<vector<int>> tree;
static int answer = 0;
static int deleteNode = 0;
static vector<bool> visited;
void DFS(int number);

int main()
{
    ios::sync_with_stdio(false);
    cin.tie(NULL);
    cout.tie(NULL);

    cin >> N;
    visited.resize(N);
    tree.resize(N);
    int root = 0;

    for (int i = 0; i < N; i++) {
        int p;
        cin >> p;

        if(p != -1) {
            tree[i].push_back(p);
            tree[p].push_back(i);
        }
        else {
            root = i;
        }
    }
```

```
    cin >> deleteNode;

    if (deleteNode == root) {
        cout << 0 << "\n";
    }
    else {
        DFS(root);
        cout << answer << "\n";
    }
}

void DFS(int number) {
    visited[number] = true;
    int cNode = 0;

    for (int i : tree[number]) {
        if (visited[i] == false && i != deleteNode ) {  // 삭제 노드이면 탐색 중지
            cNode++;
            DFS(i);
        }
    }
    if (cNode == 0) {  // 자식 노드 수가 0이면 리프 노드로 간주하고 정답값 증가
        answer++;
    }
}
```

09-2 트라이

트라이[trie]는 문자열 검색을 빠르게 실행할 수 있도록 설계한 트리 형태의 자료구조입니다.

트라이의 핵심 이론

트라이는 일반적으로 단어들을 사전의 형태로 생성한 후 트리의 부모 자식 노드 관계를 이용해 검색을 수행합니다. 트라이 자료구조의 특징은 다음과 같습니다.

트라이의 특징

- N진 트리: 문자 종류의 개수에 따라 N이 결정된다. 예를 들어 알파벳은 26개의 문자로 이뤄져 있으므로 26진 트리로 구성된다.
- 루트 노드는 항상 빈 문자열을 뜻하는 공백 상태를 유지한다.

다음은 영단어 apple, air, apply를 순서대로 트라이 자료구조에 삽입하는 모습입니다.

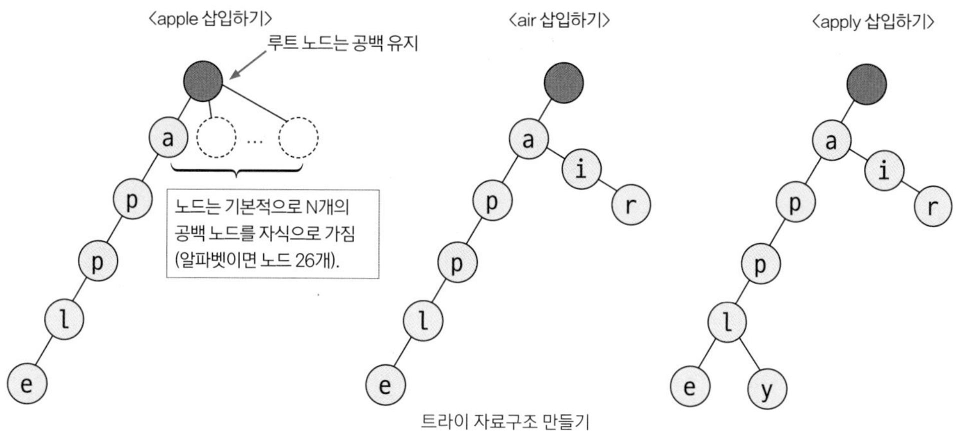

트라이 자료구조 만들기

먼저 루트 노드는 공백을 유지하고 apple의 각 알파벳에 해당하는 노드를 생성합니다. 그다음으로 air를 삽입할 때는 루트 노드에서부터 검색합니다. a 노드는 공백 상태가 아니므로 이동하고, i와 r은 공백 상태이므로 신규 노드를 생성합니다. apply를 삽입할 때도 검색 노드가 공백 상태이면 신규 노드를 생성하고, 아니면 이동하는 원리로 트라이 자료구조를 구현합니다. 이제 문제를 이용해 실제 코드로는 어떻게 구현하는지 연습해 보겠습니다.

문제 069

문자열 찾기

시간 제한 2초 | 난이도 S3 실버 III | 백준 온라인 저지 14425번

총 N개의 문자열로 이뤄진 집합 S가 있다. 입력으로 주어지는 M개의 문자열 중 집합 S에 포함돼 있는 것이 총 몇 개인지 구하는 프로그램을 작성하시오.

입력

1번째 줄에 문자열의 개수 N과 M(1 ≤ N ≤ 10,000, 1 ≤ M ≤ 10,000)이 주어진다. 그다음 N개의 줄에는 집합 S에 포함돼 있는 문자열이 주어지고, 그다음 M개의 줄에는 검사해야 하는 문자열이 주어진다. 입력으로 주어지는 문자열은 알파벳 소문자로만 이뤄져 있으며, 길이는 500을 넘지 않는다. 집합 S에 같은 문자열이 여러 번 주어지는 경우에는 없다.

출력

1번째 줄에 M개의 문자열 중 총 몇 개가 집합 S에 포함돼 있는지 출력한다.

예제 입력 1

```
5 11   // N, M
baekjoononlinejudge
startlink
codeplus
sundaycoding
codingsh
baekjoon
codeplus
codeminus
startlink
starlink
sundaycoding
codingsh
codinghs
sondaycoding
startrink
icerink
```

예제 출력 1

```
4
```

01단계 **문제 분석하기**

집합 S에 속해 있는 단어들을 이용해 트라이 구조를 생성하고, 트라이 검색을 이용해 문자열 M개의 포함 여부를 카운트하는 문제로, 사실 이 문제는 C++에서 제공하는 set 자료구조로 쉽게 풀 수 있습니다. 다만, 트라이 자료구조를 공부하는 것이기 때문에 앞서 공부한 자료구조를 이용하여 문제를 풀어보도록 하겠습니다.

02단계 **손으로 풀어 보기**

1 트라이 자료구조를 생성합니다. 현재 문자열을 가리키는 위치의 노드가 공백 상태라면 신규 노드를 생성하고, 아니라면 이동합니다. 문자열의 마지막에 도달하면 리프 노드라고 표시합니다.

2 트라이 자료구조 검색으로 집합 S에 포함된 문자열을 셉니다. 부모-자식 관계 구조를 이용해 대상 문자열을 검색했을 때 문자열이 끝날 때까지 공백 상태가 없고, 현재 문자의 마지막 노드가 트라이의 리프 노드라면 이 문자를 집합 S에 포함된 문자열로 셉니다.

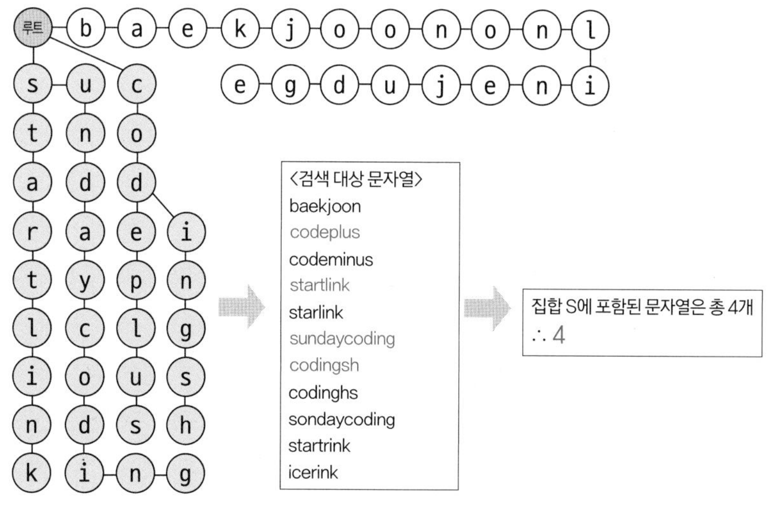

03단계 슈도코드 작성하기

```
class Node{  // 트라이 자료 구조 저장용 클래스
    next(다음 노드 배열)  // 크기 26인 배열로 선언
    isEnd(마지막 문자열 여부 표시)

    insert(key) {  // 문자열 삽입 함수 key → 문자열 포인터
        if(key가 문자열의 마지막이면) {
            isEnd 변수 true 설정
        }
        else {
            if(key 변수에 해당하는 노드가 nullptr) {
                신규 노드 생성
            }
            insert(key + 1)  // key 다음 문자열로 insert 호출 → 재귀 형태 구현
        }
    }

    find(key) {  // 문자열 찾기 함수 key → 문자열 포인터
        if(마지막 문자열 노드이면) {
            해당 문자 반환
        }
        if(다음 문자열이 없으면) {
            nullptr 반환
        }
        else {
            find(key + 1)  // key 다음 문자열로 find 호출 → 재귀 형태 구현
        }
    }
}

n(집합 S의 문자열 개수), m(검사할 문자열 개수)

while(n만큼 반복) {  // 트라이 자료구조 구축하기
    text(집합 S의 문자열)
    insert(text)  // 문자열을 트라이 자료 구조에 삽입
}
```

```
count(정답 변수)

while(m만큼 반복) {  // 트라이 자료구조 검색하기
    text(검색 문자열)
    find(text)  // 문자열 검색 함수 호출
    if(find 함수 결과가 성공일 경우) {  // 마지막 노드가 존재하고 isEnd값이 true이면
        count값 1 증가
    }
}
count 출력하기
```

04단계 코드 구현하기

트리/P14425_문자열집합.cpp

```
#include <iostream>
using namespace std;

class Node {  // 트라이 자료 구조 저장용 클래스
public:
    Node* next[26];
    bool isEnd;
    Node() : isEnd(false) {
        fill(next, next + 26, nullptr);
    }

    ~Node() {
        for (auto& child : next)
            delete child;
    }

    void insert(const char* key) {  // 문자열 삽입 함수
        if (*key == 0) {
            isEnd = true;
        }
        else {
            int next_index = *key - 'a';
```

```
            if (next[next_index] == nullptr) {
                next[next_index] = new Node();
            }
            next[next_index] -> insert(key + 1);
        }
    }

    Node* find(const char* key) {  // 문자열 찾기 함수
        if (*key == 0) {
            return this;
        }
        int next_index = *key - 'a';

        if (next[next_index] == nullptr) {
            return nullptr;
        }
        return next[next_index] -> find(key + 1);
    }
};

int main()
{
    ios::sync_with_stdio(false);
    cin.tie(NULL);
    cout.tie(NULL);

    int n, m;
    cin >> n >> m;
    Node* root = new Node();

    while (n > 0) {  // 트라이 자료구조 구축하기
        char text[501];
        cin >> text;
        root -> insert(text);
        n--;
    }

    int count = 0;
```

```
    while (m > 0) {  // 트라이 자료구조 검색하기
        char text[501];
        cin >> text;
        Node* result = root -> find(text);

        if (result && result -> isEnd) {
            count++;  // 집합 S에 포함되는 문자열
        }
        m--;
    }
    cout << count << "\n";
}
```

09-3 이진 트리

이진 트리binary tree는 각 노드의 자식 노드(차수)의 개수가 2 이하로 구성된 트리를 말합니다. 트리 영역에서 가장 많이 사용되는 형태입니다.

이진 트리의 핵심 이론

이진 트리의 종류

이진 트리에는 편향 이진 트리, 포화 이진 트리, 완전 이진 트리가 있습니다. 편향 이진 트리는 노드들이 한쪽으로 편향돼 생성된 이진 트리, 포화 이진 트리는 트리의 높이가 모두 일정하며 리프 노드가 꽉 찬 이진 트리, 완전 이진 트리는 마지막 레벨을 제외하고 완전하게 노드들이 채워져 있고, 마지막 레벨은 왼쪽부터 채워진 트리입니다.

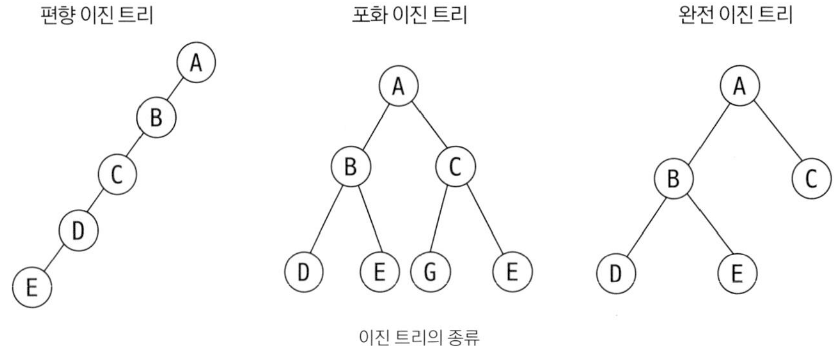

이진 트리의 종류

데이터를 트리 자료구조에 저장할 때 편향 이진 트리의 형태로 저장하면 탐색 속도가 저하되고 공간이 많이 낭비되는 단점이 있습니다. 일반적으로 코딩 테스트에서 데이터를 트리에 담는다고 하면 완전 이진 트리 형태를 떠올리면 됩니다.

이진 트리의 순차 표현

가장 직관적이면서 편리한 트리 자료구조 형태는 바로 '배열'입니다.

코딩 테스트에서 트리 문제가 나오면 그래프의 표현 방식보다 다음에서 설명하는 방식으로 데이터를 담는 것이 일반적입니다. 트리 부분에서 매우 중요한 부분이므로 꼭 완벽하게 이해될 때까지 학습하세요.

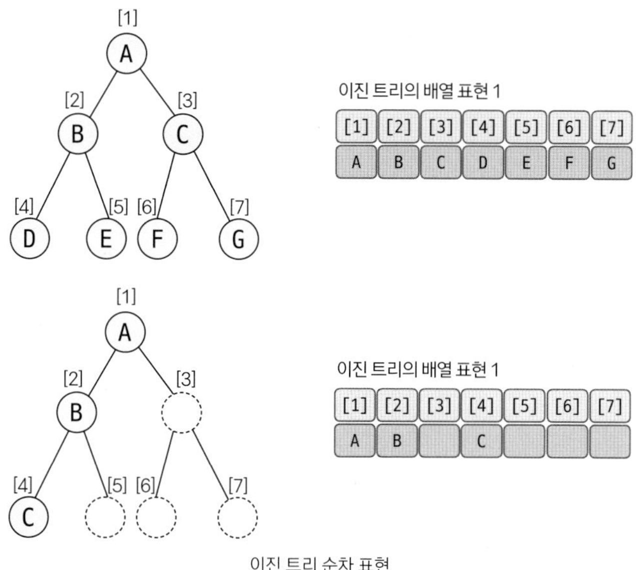

이진 트리 순차 표현

이진 트리는 위와 같이 1차원 배열의 형태로 표현할 수 있습니다. 그렇다면 이렇게 1차원 배열의 형태로 표현할 때 트리의 노드와 배열의 인덱스 간의 상관관계는 어떻게 될까요? 다음 표로 확인해 보세요.

트리의 노드와 배열의 인덱스 사이 상관관계

이동 목표 노드	인덱스 연산	제약 조건(N = 노드 개수)
루트 노드	index = 1	
부모 노드	index = index / 2	현재 노드가 루트 노드가 아님
왼쪽 자식 노드	index = index * 2	index * 2 ≤ N
오른쪽 자식 노드	index = index * 2 + 1	index * 2 + 1 ≤ N

위의 인덱스 연산 방식은 향후 세그먼트 트리segment tree나 LCAlowest common ancestor 알고리즘에서도 기본이 되는 연산이므로 꼭 숙지해 주세요.

문제 070

트리 순회하기

시간 제한 2초 | 난이도 실버 I | 백준 온라인 저지 1991번

이진 트리를 입력받아 전위 순회preorder traversal, 중위 순회inorder traversal, 후위 순회postorder traversal한 결과를 출력하는 프로그램을 작성하시오.

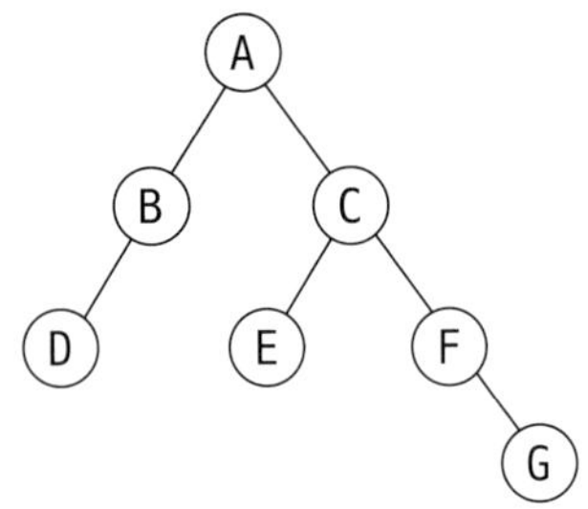

예를 들어 위와 같은 이진 트리가 입력되면 다음과 같은 결과가 나온다.

- 전위 순회한 결과: ABDCEFG // (루트) (왼쪽 자식) (오른쪽 자식)
- 중위 순회한 결과: DBAECFG // (왼쪽 자식) (루트) (오른쪽 자식)
- 후위 순회한 결과: DBEGFCA // (왼쪽 자식) (오른쪽 자식) (루트)

입력

1번째 줄에 이진 트리의 노드 개수 N(1 ≤ N ≤ 26), 2번째 줄부터 N개의 줄에 걸쳐 각 노드와 그의 왼쪽 자식 노드, 오른쪽 자식 노드가 주어진다. 노드의 이름은 A부터 차례대로 영문자 대문자로 매겨지며, 항상 A가 루트 노드가 된다. 자식 노드가 없을 때는 .으로 표현된다.

출력

1번째 줄에 전위 순회, 2번째 줄에 중위 순회, 3번째 줄에 후위 순회한 결과를 출력한다. 각 줄에 N개의 알파벳을 공백 없이 출력하면 된다.

예제 입력 1

```
7   // 노드 개수
A B C
B D .
C E F
E . .
F . G
D . .
G . .
```

예제 출력 1

```
ABDCEFG
DBAECFG
DBEGFCA
```

01단계 문제 분석하기

특별한 아이디어를 떠올릴 필요 없이 문제가 요구하는 자료구조 형태만 충실히 구현하면 되는 문제입니다. 문제에서 주어진 입력값을 트리 형태의 자료구조에 적절하게 저장하고, 그 안에서 탐색을 수행하는 로직을 구현해 봅시다. 여기에서는 2차원 배열을 이용해 트리 데이터를 저장하여 문제를 풀어보도록 하겠습니다.

02단계 손으로 풀어 보기

1 2차원 배열에 트리 데이터를 저장합니다(설명 편의를 위해 다음과 같이 저장된 데이터를 표현하겠습니다).

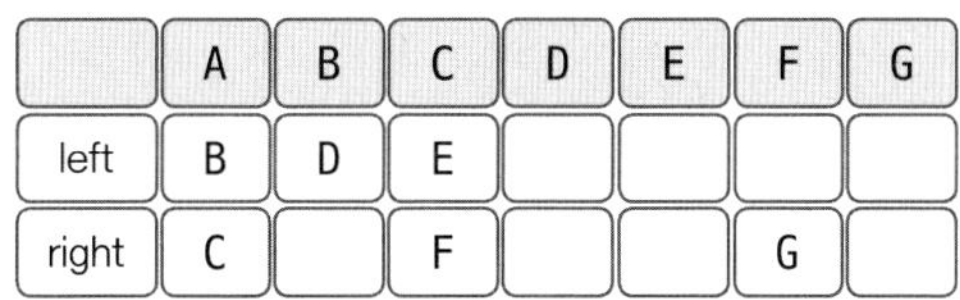

	A	B	C	D	E	F	G
left	B	D	E				
right	C		F			G	

2 전위 순회 함수를 구현해 실행합니다.

전위 순회 순서

현재 노드 → 왼쪽 노드 → 오른쪽 노드 순서로 탐색

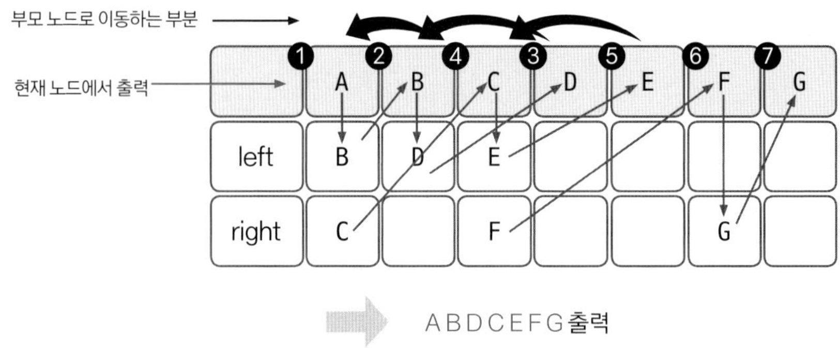

3 중위 순회, 후위 순회 함수도 과정 2와 같은 방식으로 구현해 실행합니다.

중위 순회 순서

왼쪽 노드 → 현재 노드 → 오른쪽 노드 순서로 탐색

후위 순회 순서

왼쪽 노드 → 오른쪽 노드 → 현재 노드 순서로 탐색

주어진 요구 사항을 코드로 잘 구현할 수 있는지를 물어보는 문제이므로 위 그림만으로 정확하게 이해하기 어렵다면 다음 슈도코드를 참고하세요. 단, 슈도코드를 참고하기 전에 3개의 순회 함수를 각각 어떻게 구현하면 좋을지 충분히 고민해 보기 바랍니다.

03단계 슈도코드 작성하기

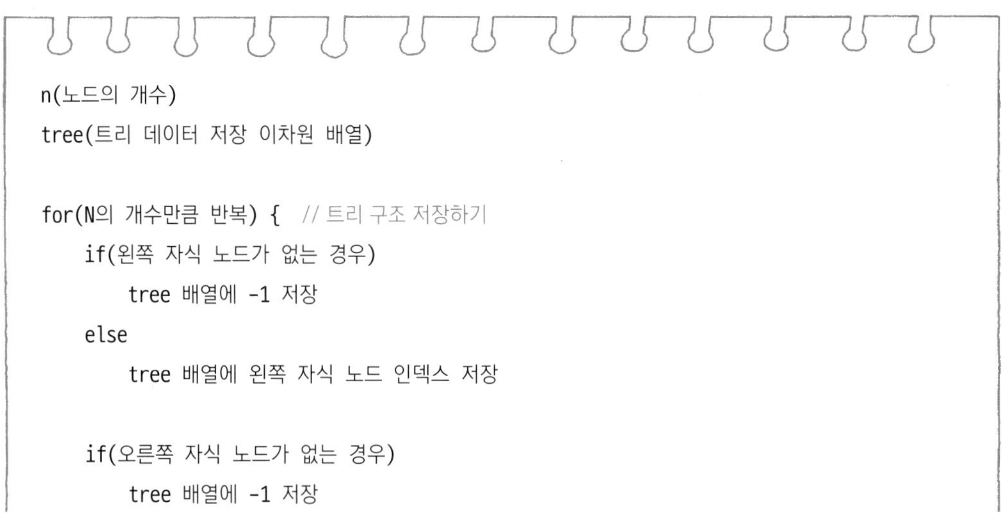

```
n(노드의 개수)
tree(트리 데이터 저장 이차원 배열)

for(N의 개수만큼 반복) {  // 트리 구조 저장하기
    if(왼쪽 자식 노드가 없는 경우)
        tree 배열에 -1 저장
    else
        tree 배열에 왼쪽 자식 노드 인덱스 저장

    if(오른쪽 자식 노드가 없는 경우)
        tree 배열에 -1 저장
```

```
    else
        tree 배열에 오른쪽 자식 노드 인덱스 저장
}

preOrder 실행 → inOrder 실행 → postOrder 실행

// preOrder 구현 → 중간-왼쪽-오른쪽
preOrder{
    현재값이 -1이면 반환(자식 노드가 없으면)
    1. 현재 노드 출력
    2. 왼쪽 자식 노드 탐색
    3. 오른쪽 자식 노드 탐색
}

// inOrder 구현 → 왼쪽-중간-오른쪽
inOrder{
    현재값이 -1이면 반환(자식 노드가 없으면)
    1. 왼쪽 자식 노드 탐색
    2. 현재 노드 출력
    3. 오른쪽 자식 노드 탐색
}

// postOrder 구현 → 왼쪽-오른쪽-중간
postOrder{
    현재값이 -1이면 반환(자식 노드가 없으면)
    1. 왼쪽 자식 노드 탐색
    2. 오른쪽 자식 노드 탐색
    3. 현재 노드 출력
}
```

04단계 코드 구현하기

트리/P1991_트리순회.cpp

```
#include <iostream>
using namespace std;

static int n;
static int tree[26][2];
void preOrder(int now);
void inOrder(int now);
void postOrder(int now);

int main()
{
    ios::sync_with_stdio(false);
    cin.tie(NULL);
    cout.tie(NULL);

    cin >> n;

    for (int i = 0; i < n; i++) {
        char node_char, left, right;
        cin >> node_char >> left >> right;
        int node = node_char - 'A';  // index로 변환을 위해 A 문자 빼기

        // 자식 노드가 없을 경우 -1을 저장
        if (left == '.') {
            tree[node][0] = -1;
        }
        else {
            tree[node][0] = left - 'A';
        }

        if (right == '.') {
            tree[node][1] = -1;
        }
        else {
            tree[node][1] = right - 'A';
```

```
        }
    }
    preOrder(0);
    cout << "\n";
    inOrder(0);
    cout << "\n";
    postOrder(0);
    cout << "\n";
}

void preOrder(int now) {
    if (now == -1) {
        return;
    }
    cout << (char)(now + 'A');  // 1. 현재 노드
    preOrder(tree[now][0]);     // 2. 왼쪽 탐색
    preOrder(tree[now][1]);     // 3. 오른쪽 탐색
}

void inOrder(int now) {
    if (now == -1) {
        return;
    }
    inOrder(tree[now][0]);       // 1. 왼쪽 탐색
    cout << (char)(now + 'A');   // 2. 현재 노드
    inOrder(tree[now][1]);       // 3. 오른쪽 탐색
}

void postOrder(int now) {
    if (now == -1) {
        return;
    }
    postOrder(tree[now][0]);     // 1. 왼쪽 탐색
    postOrder(tree[now][1]);     // 2. 오른쪽 탐색
    cout << (char)(now + 'A');   // 3. 현재 노드
}
```

09-4 세그먼트 트리

주어진 데이터의 구간 합과 데이터 업데이트를 빠르게 수행하기 위해 고안해 낸 자료구조의 형태가 바로 세그먼트 트리입니다. 더 큰 범위는 '인덱스 트리'라고 불리는데, 코딩 테스트 영역에서는 큰 차이가 없다고 생각해도 됩니다.

세그먼트 트리의 핵심 이론

세그먼트 트리의 종류는 구간 합, 최대 · 최소 구하기로 나눌 수 있고, 구현 단계는 트리 초기화하기, 질의값 구하기(구간 합 또는 최대 · 최소), 데이터 업데이트하기로 나눌 수 있습니다. 단계별로 좀 더 자세하게 설명하겠습니다.

1. 트리 초기화하기

리프 노드의 개수가 데이터의 개수(N) 이상이 되도록 트리 배열을 만듭니다. 트리 배열의 크기를 구하는 방법은 $2^k \geq N$을 만족하는 k의 최솟값을 구한 후 $2^k * 2$를 트리 배열의 크기로 정의하면 됩니다. 예를 들어 다음과 같은 샘플 데이터가 있다면 N = 8이므로 $2^3 \geq 8$이므로 배열의 크기를 $2^3 * 2 = 16$으로 정의합니다.

샘플 데이터

```
{5, 8, 4, 3, 7, 2, 1, 6}
```

리프 노드에 원본 데이터를 입력합니다. 이때 리프 노드의 시작 위치를 트리 배열의 인덱스로 구해야 하는데, 구하는 방식은 2^k를 시작 인덱스로 취하면 됩니다. 예를 들어 k의 값이 3이면 start_index = 8이 됩니다.

0	1	2	3	4	5	6	7	8	9	10	11	12	13	14	15
								5	8	4	3	7	2	1	6

리프 노드를 제외한 나머지 노드의 값을 채웁니다($2^k - 1$부터 1번 쪽으로 채웁니다). 채워야 하는 인덱스가 N이라고 가정하면 자신의 자식 노드를 이용해 해당 값을 채울 수 있습니다. 자식 노드의 인덱스는 이진 트리 형식이기 때문에 2N, 2N + 1이 됩니다. 케이스별로 적절하게 계산합니다.

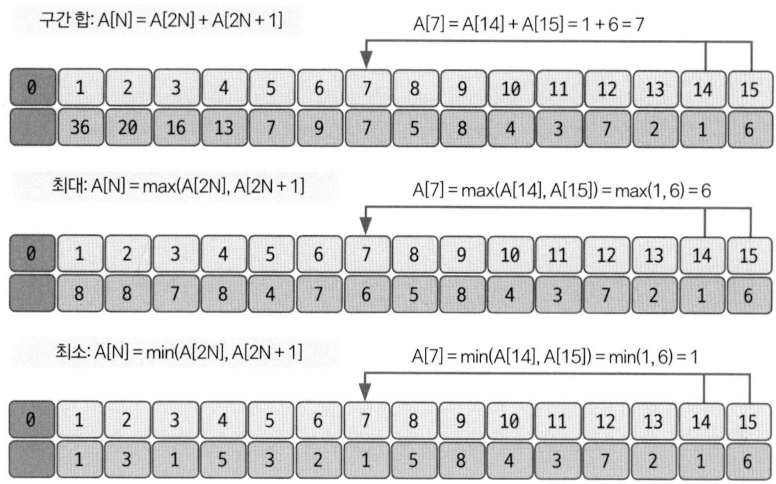

샘플을 이용해 3개의 케이스와 관련된 세그먼트 트리를 구성해 봤습니다. 구성한 트리 배열을 실제 트리 모양으로 구조화하면 다음과 같이 표현할 수 있습니다.

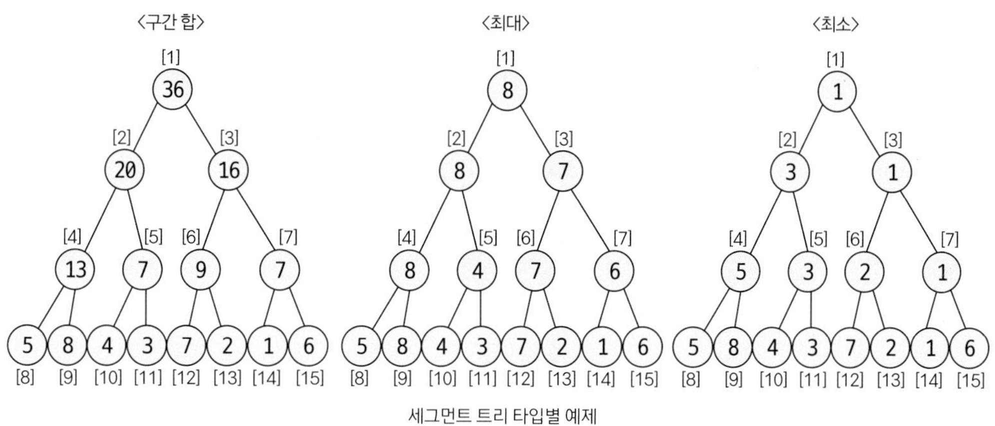

세그먼트 트리 타입별 예제

이렇게 세그먼트 트리를 구성해 놓으면 그 이후 질의와 관련된 결괏값이나 데이터 업데이트 요구 사항에 관해 좀 더 빠른 시간 복잡도 안에서 해결할 수 있게 됩니다.

2. 질의값 구하기

주어진 질의 인덱스를 세그먼트 트리의 리프 노드에 해당하는 인덱스로 변경합니다. 기존 샘플을 기준으로 한 인덱스값과 세그먼트 트리 배열에서의 인덱스값이 다르기 때문에 인덱스를 변경해야 합니다. 인덱스 변경 방법은 다음과 같습니다.

질의 인덱스를 세그먼트 트리 인덱스로 변경하는 방법

세그먼트 트리 index = 주어진 질의 index + 2^k - 1 // 샘플에서는 k = 3

질의에서의 시작 인덱스와 종료 인덱스에 관해 부모 노드로 이동하면서 주어진 질의에 해당하는 값을 다음과 같이 구합니다.

질의값 구하는 과정

① `start_index % 2 == 1`일 때 해당 노드를 선택한다.

② `end_index % 2 == 0`일 때 해당 노드를 선택한다.

③ `start_index depth` 변경: `start_index = (start_index + 1 ) / 2` 연산을 실행한다.

④ `end_index depth` 변경: `end_index = (end_index - 1) / 2` 연산을 실행한다.

⑤ ①~④를 반복하다가 `end_index < start_index`가 되면 종료한다.

①~②에서 해당 노드를 선택했다는 것은 해당 노드의 부모가 나타내는 범위가 질의 범위를 넘어가기 때문에 해당 노드를 질의값에 영향을 미치는 독립 노드로 선택하고, 해당 노드의 부모 노드는 대상 범위에서 제외한다는 뜻입니다. 부모 노드를 대상 범위에서 제거하는 방법은 바로 ③~④에서 질의 범위에 해당하는 부모 노드로 이동하기 위해 인덱스 연산을 index / 2가 아닌 (index + 1) / 2, (index - 1) / 2로 수행하는 것입니다.

질의에 해당하는 노드를 선택하는 방법은 구간 합, 최댓값 구하기, 최솟값 구하기 모두 동일하며 선택된 노드들에 관해 마지막에 연산하는 방식만 다릅니다.

질의에 해당하는 노드 선택 방법

- 구간 합: 선택된 노드를 모두 더한다.
- 최댓값 구하기: 선택된 노드 중 MAX값을 선택해 출력한다.
- 최솟값 구하기: 선택된 노드 중 MIN값을 선택해 출력한다.

트리 초기화하기에서 나온 구간 합 샘플을 이용해 2~6번째 구간 합을 구하는 간단한 예제를 살펴보겠습니다.

먼저 리프 노드의 인덱스로 변경합니다.

```
start_index = 2 + 7 = 9
end_index  = 6 + 7 = 13
```

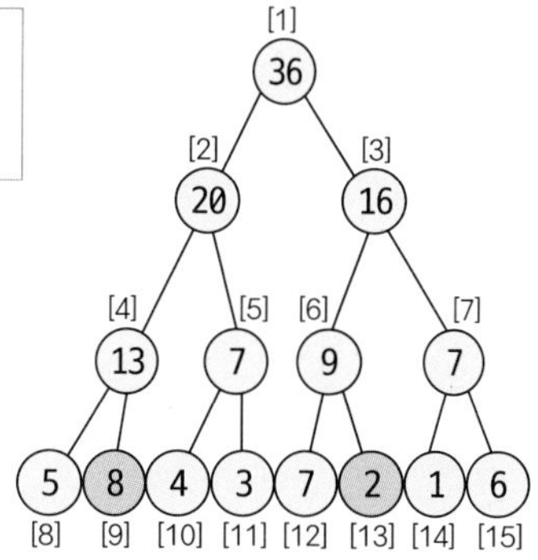

부모 노드로 이동합니다.

```
start_index % 2 = 9 % 2 = 1  // 노드 선택
end_index % 2 = 13 % 2 = 1   // 노드 미선택
start_index = (start_index + 1) / 2 = 10 / 2 = 5
end_index = (end_index - 1) / 2 = 12 / 2 = 6
```

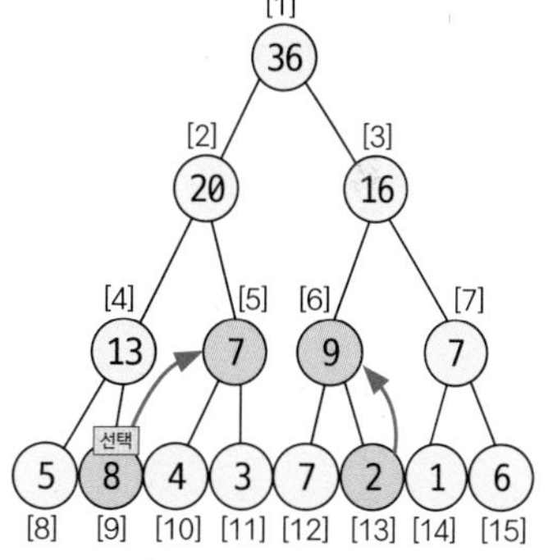

한 번 더 부모 노드로 이동합니다.

```
start_index % 2 = 5 % 2 = 1  // 노드 선택
end_index % 2 = 6 % 2 = 0    // 노드 선택
start_index = (start_index + 1) / 2 = 6 / 2 = 3
end_index = (end_index - 1) / 2 = 5 / 2 = 2
// end_index 〈 start_index이므로 종료
```

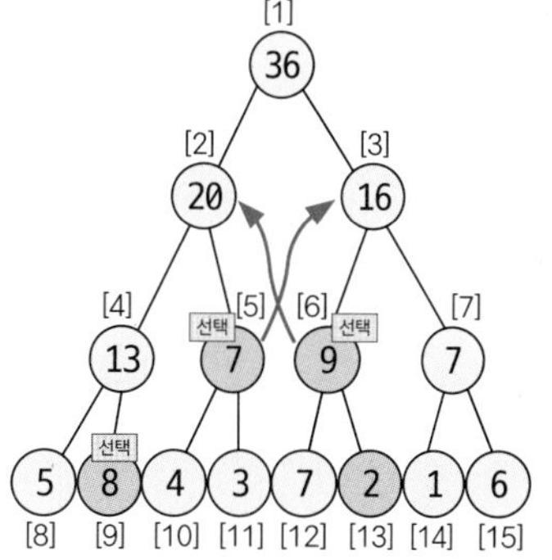

end_index 〈 start_index이므로 종료하고 값을 구합니다. 2~6번 구간 합의 값은 선택된 노드의 합인 8 + 9 + 7 = 24가 됩니다.

3. 데이터 업데이트하기

업데이트 방식은 자신의 부모 노드로 이동하면서 업데이트한다는 것은 동일하지만, 어떤 값으로 업데이트할 것인지에 관해서는 트리 타입별로 조금 다릅니다.

부모 노드로 이동하는 방식은 세그먼트 트리가 이진 트리이므로 index = index / 2로 변경하면 됩니다.

구간 합에서는 원래 데이터와 변경 데이터의 차이만큼 부모 노드로 올라가면서 변경합니다. 최댓값 찾기에서는 변경 데이터와 자신과 같은 부모를 지니고 있는 다른 자식 노드와 비교해 더 큰 값으로 업데이트합니다. 업데이트가 일어나지 않으면 종료합니다. 마지막으로 최솟값 찾기에서는 변경 데이터와 자신과 같은 부모를 지니고 있는 다른 자식 노드와 비교해 더 작은 값으로 업데이트합니다. 업데이트가 일어나지 않으면 종료합니다.

다음은 5번 데이터의 값을 7에서 10으로 업데이트하는 예시입니다. 5번 데이터의 인덱스를 리프 노드 인덱스로 변경하면 5 + 7=12이므로 12번 노드의 값이 업데이트됩니다.

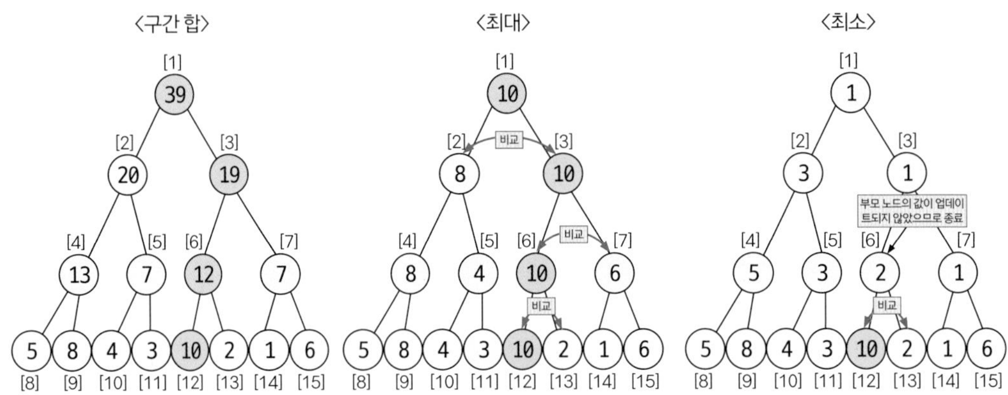

세그먼트 트리 데이터 업데이트하기

구간 합 구하기 3

시간 제한 2초 | 난이도 G1 골드 I | 백준 온라인 저지 2042번

어떤 N개의 수가 주어져 있다. 그런데 중간에 수의 변경이 빈번히 일어나고, 그 중간에 어떤 부분의 합을 구하려 한다. 만약 1, 2, 3, 4, 5라는 수가 있고, 3번째 수를 6으로 바꾸고 2번째부터 5번째까지 합을 구하라고 한다면 17을 출력하면 되는 것이다. 그리고 이 상태에서 5번째 수를 2로 바꾸고, 3번째부터 5번째까지 합을 구하라고 한다면 12가 될 것이다.

입력

1번째 줄에 N(1 ≤ N ≤ 1,000,000)과 M(1 ≤ M ≤ 10,000), K(1 ≤ K ≤ 10,000)가 주어진다. N은 수의 개수, M은 수의 변경이 일어나는 횟수, K는 구간의 합을 구하는 횟수다. 그리고 2번째 줄부터 N + 1번째 줄까지 N개의 수가 주어진다. 그리고 N + 2번째 줄부터 N + M + K + 1번째 줄까지 3개의 정수 a, b, c가 주어지는데, a가 1일 때 b(1 ≤ b ≤ N) 번째 수를 c로 바꾸고, a가 2일 경우에는 b(1 ≤ b ≤ N) 번째 수에서 c(b ≤ c ≤ N) 번째 수까지의 합을 구해 출력하면 된다. 입력으로 주어지는 모든 수는 -2^{63}보다 크거나 같고, 2^{63} - 1보다 작거나 같은 정수다.

출력

1번째 줄부터 K줄에 걸쳐 구한 구간의 합을 출력한다. 단, 정답은 -2^{63}보다 크거나 같고, 2^{63} - 1보다 작거나 같은 정수다.

예제 입력 1

```
5 2 2  // 노드 개수, 변경 횟수, 구간 합 횟수
1
2
3
4
5
1 3 6
2 2 5
1 5 2
2 3 5
```

예제 출력 1

```
17
12
```

01단계 문제 분석하기

단순하게 구간 합을 구하는 문제라면 앞에서 배운 합 배열 자료구조를 이용해 쉽게 해결할 수 있습니다. 하지만 이 문제를 합 배열로 풀지 못하는 이유는 중간에 수의 변경이 빈번히 일어나는 상황이 존재하기 때문입니다. 합 배열은 자료구조의 특성상 데이터 변경에 시간이 오래 걸리는 단점이 있습니다. 따라서 이 문제는 데이터의 변경에도 시간이 비교적 적게 걸리는 세그먼트 트리 자료구조를 이용해 해결하겠습니다.

02단계 손으로 풀어 보기

1 1차원 배열을 이용해 트리의 값을 초기화합니다. 트리 배열 크기가 N = 5이므로 $2^k \geq N$을 만족하는 k의 값은 3이고, 배열의 크기는 $2^3 * 2 = 16$이 됩니다. 시작 인덱스는 2^3 = start_index = 8이 됩니다.

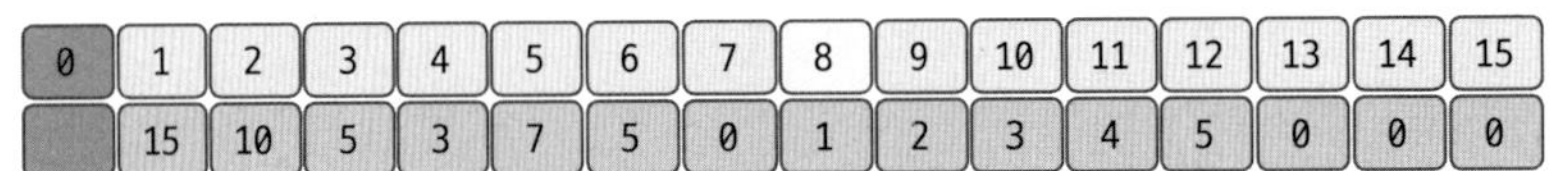

0	1	2	3	4	5	6	7	8	9	10	11	12	13	14	15
	15	10	5	3	7	5	0	1	2	3	4	5	0	0	0

2 질의값 연산 함수와 데이터 업데이트 함수를 수행하고, 질의와 관련된 결괏값을 출력합니다.

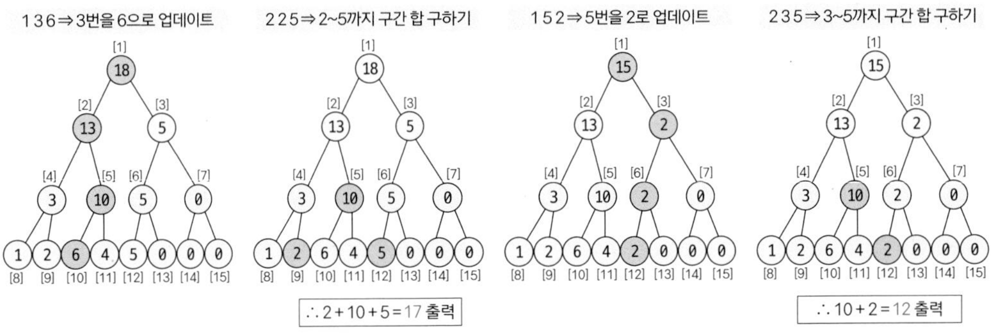

03단계 슈도코드 작성하기

```
tree(세그먼트 트리 배열)
N(수의 개수), M(변경이 일어나는 개수), K(구간 합을 구하는 개수)
treeSize 구하기 → pow(2, 트리의 높이 + 1)
leftNodeStartIndex 구하기 → treeSize / 2 - 1  // 리프 노드 시작 인덱스
tree 배열의 리프 노드 영역에 데이터 입력받기
setTree(트리의 크기)  // 초기 트리를 생성하는 함수

for(M + K만큼 반복하기) {
    a(질의 유형), s(시작 인덱스), e(변경 값 또는 종료 인덱스)
    // 데이터 변경 함수
    a가 1일 때 → changeVal(tree에서 시작 인덱스, e(변경 값))
    // 구간 합 함수 호출 및 출력하기
    a가 2일 때 → getsum(tree에서 시작 인덱스, tree에서 종료 인덱스)
}

// 구간 합을 구하는 함수 구현하기
getsum(시작 인덱스, 종료 인덱스) {
    while(시작 인덱스와 종료 인덱스가 교차할 때까지) {
        if(시작 인덱스 % 2 == 1) 해당 노드의 값을 구간 합에 추가하거나 시작 인덱스 증가
        if(종료 인덱스 % 2 == 0) 해당 노드의 값을 구간 합에 추가하거나 시작 인덱스 감소
            시작 인덱스 = 시작 인덱스 / 2
            종료 인덱스 = 종료 인덱스 / 2
    }
    구간 합 결과 반환하기
}

// 값 변경 함수 구현하기
changeVal(시작 인덱스, 변경 값) {
    diff(현재 노드의 값과 변경된 값의 차이)
    while(시작 인덱스가 0보다 크다) {
        시작 인덱스의 트리값에 diff값을 더함
        시작 인덱스 = 시작 인덱스 / 2
    }
}
```

빈출

```
// 초기 트리 생성 함수 구현하기
setTree(트리의 마지막 인덱스) {
    while(인덱스가 루트가 아닐 때까지 반복하기) {
        트리의 인덱스 / 2 부분(부모 노드)에 현재 index의 트리값 더하기
        index 1개 감소
    }
}
```

04단계 코드 구현하기

트리/P2042_구간합구하기.cpp

```cpp
#include <iostream>
#include <vector>
#include <cmath>
using namespace std;

static vector<long> tree;
long getSum(int s, int e);
void changeVal(int index, long val);
void setTree(int i);

int main()
{
    ios::sync_with_stdio(false);
    cin.tie(NULL);
    cout.tie(NULL);

    int N, M, K;
    cin >> N >> M >> K;  // 수의 개수, 변경이 일어나는 횟수, 구간 합을 구하는 횟수
    int treeHeight = 0;
    int Length = N;

    while (Length != 0) {
        Length /= 2;
        treeHeight++;
    }
```

```
    int treeSize = int(pow(2, treeHeight + 1));
    int leftNodeStartIndex = treeSize / 2 - 1;
    tree.resize(treeSize + 1);

    // 데이터를 리프 노드에 입력받기
    for (int i = leftNodeStartIndex + 1; i <= leftNodeStartIndex + N; i++) {
        cin >> tree[i];
    }
    setTree(treeSize - 1);   // tree 만들기

    for (int i = 0; i < M + K; i++) {
        long a, s, e;
        cin >> a >> s >> e;

        if (a == 1) {          // 변경
            changeVal(leftNodeStartIndex + s, e);
        }
        else if (a == 2) {   // 구간 합
            s = s + leftNodeStartIndex;
            e = e + leftNodeStartIndex;
            cout << getSum(s, e) << "\n";
        }
    }
}

long getSum(int s, int e) {  // 구간 합 연산 함수
    long partSum = 0;

    while (s <= e) {
        if (s % 2 == 1) {
            partSum = partSum + tree[s];
            s++;
        }
        if (e % 2 == 0) {
            partSum = partSum + tree[e];
            e--;
        }
        s = s / 2;
        e = e / 2;
```

```
    }
    return partSum;
}

void changeVal(int index, long val) {  // 트리값 변경 함수
    long diff = val - tree[index];

    while (index > 0) {
        tree[index] = tree[index] + diff;
        index = index / 2;
    }
}

void setTree(int i) {  // 초기 트리 생성 함수
    while (i != 1) {
        tree[i / 2] += tree[i];
        i--;
    }
}
```

문제 072 최솟값 찾기 2

시간 제한 1초 | 난이도 G1 골드 I | 백준 온라인 저지 10868번

N(1 ≤ N ≤ 100,000)개의 정수들이 있을 때 A번째 정수에서 B번째 정수까지 중 가장 작은 정수를 찾는 것은 어려운 일이 아니다. 하지만 이와 같은 a, b의 쌍이 M(1 ≤ M ≤ 100,000)개 주어졌을 때는 어려운 문제가 된다. 이 문제를 해결해 보자.

여기서 A번째라는 것은 입력되는 순서로 A번째라는 이야기다. 예를 들어 a = 1, b = 3이라면 입력된 순서대로 1번, 2번, 3번 정수 중 최솟값을 찾아야 한다. 각각의 정수들은 1 이상 1,000,000,000 이하의 값을 갖는다.

입력

1번째 줄에 N, M이 주어진다. 다음 N개의 줄에는 N개의 정수가 주어진다. 다음 M개의 줄에는 a, b의 쌍이 주어진다.

출력

M개의 줄에 입력받은 순서대로 각 a, b와 관련된 답을 출력한다.

예제 입력 1

```
10 4   // 노드 개수, 질의 개수
75
30
100
38
50
51
52
20
81
5
1 10
3 5
6 9
8 10
```

예제 출력 1

```
5
38
20
5
```

01단계 문제 분석하기

전형적인 세그먼트 트리 문제입니다. 데이터를 변경하는 부분이 없기 때문에 1차원 배열에 최솟값 기준으로 트리 데이터를 저장하고, 질의를 수행하는 함수까지만 구현합니다. 앞에서 학습한 구간 합 구하기와 매우 비슷한 문제이므로 바로 풀어 보겠습니다.

02단계 손으로 풀어 보기

1 1차원 배열로 트리의 값을 최솟값 기준으로 초기화합니다. 트리 배열 크기가 N = 10이므로 $2^k \geq N$을 만족하는 k의 값은 4이고, 배열의 크기는 $2^4 * 2 = 32$가 됩니다. 시작 인덱스는 2^4 = start_index = 16이 됩니다.

Tree[32]

0	1	2	3	4	5	6	7	8	9	10	11	12	13	14	15
	5	20	5	30	20	5	max	30	38	50	20	5	max	max	max
16	17	18	19	20	21	22	23	24	25	26	27	28	29	30	31
75	30	100	38	50	51	52	20	81	5	max	max	max	max	max	max

2 질의값 연산 함수를 수행하고, 결괏값을 출력합니다.

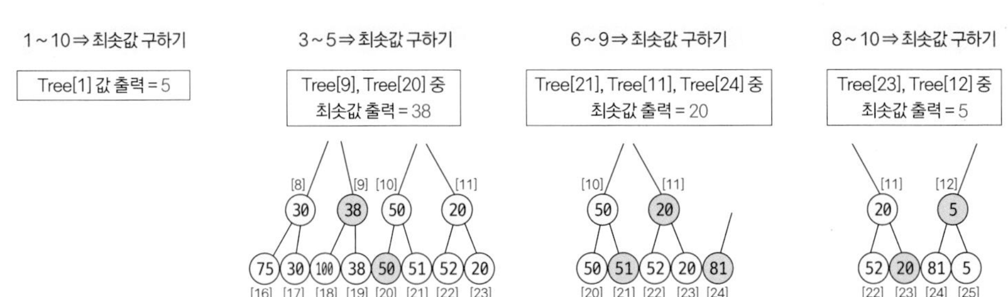
1~10⇒최솟값 구하기
Tree[1] 값 출력=5
3~5⇒최솟값 구하기
Tree[9], Tree[20] 중 최솟값 출력=38
6~9⇒최솟값 구하기
Tree[21], Tree[11], Tree[24] 중 최솟값 출력=20
8~10⇒최솟값 구하기
Tree[23], Tree[12] 중 최솟값 출력=5

03단계 슈도코드 작성하기

```
tree(세그먼트 트리 배열)
N(수의 개수), M(최솟값을 구하는 횟수)
treeSize 구하기 → pow(2, 트리의 높이 + 1)
leftNodeStartIndex 구하기 → treeSize / 2 - 1  // 리프 노드 시작 인덱스
트리 초기화하기(모든 값을 Max값으로 초기화)
tree 배열의 리프 노드 영역에 데이터 입력받기
setTree(트리의 크기)   // 초기 트리를 생성하는 함수

for(M만큼 반복하기) {
    // 최솟값을 구하는 함수 호출 및 출력하기
    getMin(tree에서 시작 인덱스, tree에서 종료 인덱스)
}

// 범위의 최솟값을 구하는 함수
getMin(시작 인덱스, 종료 인덱스) {
    Min(범위의 최솟값을 나타내는 변수, MAX_VALUE로 초기화)
    while(시작 인덱스와 종료 인덱스가 교차할 때까지) {
        if(시작 인덱스 % 2 == 1)
            Min과 현재 인덱스의 트리값과 비교해 작은 값을 Min 변수에 저장하기
```

```
        if(종료 인덱스 % 2 == 0)
            Min과 현재 인덱스의 트리값과 비교해 작은 값을 Min 변수에 저장하기
        시작 인덱스 = 시작 인덱스 / 2
        종료 인덱스 = 종료 인덱스 / 2
    }
    Min값 반환하기
}

// 초기 트리 생성 함수 구현하기
setTree(트리의 마지막 인덱스) {
    while(인덱스가 루트가 아닐 때까지 반복하기) {
        트리의 인덱스 / 2 부분(부모 노드)의 값과 현재 값을 비교해 현재 값이 더 작을 때
        해당 값을 트리의 인덱스 / 2 부분(부모 노드)에 저장하기
        index 1 감소
    }
}
```

04단계 코드 구현하기

트리/P10868_최솟값.cpp

```
#include <iostream>
#include <vector>
#include <cmath>
#include <limits.h>
using namespace std;

static vector<long> tree;
long getMin(int s, int e);
void setTree(int i);

int main()
{
    ios::sync_with_stdio(false);
    cin.tie(NULL);
    cout.tie(NULL);
```

```
    int N, M;
    cin >> N >> M;  // 수의 개수, 구간 내의 최솟값을 구하는 횟수
    int treeHeight = 0;
    int Length = N;

    while (Length != 0) {
        Length /= 2;
        treeHeight++;
    }
    int treeSize = int(pow(2, treeHeight + 1));
    int leftNodeStartIndex = treeSize / 2 - 1;

    // 트리 초기화하기
    tree.resize(treeSize + 1);
    fill(tree.begin(), tree.end(), LONG_MAX);

    // 데이터를 리프 노드에 입력받기
    for (int i = leftNodeStartIndex + 1; i <= leftNodeStartIndex + N; i++) {
        cin >> tree[i];
    }
    setTree(treeSize - 1);  // tree 만들기

    for (int i = 0; i < M; i++) {
        long s, e;
        cin  >> s >> e;
        s = s + leftNodeStartIndex;
        e = e + leftNodeStartIndex;
        cout << getMin(s, e) << "\n";

    }
}

long getMin(int s, int e) {  // 구간 내의 최솟값 구하기 함수
    long Min = LONG_MAX;

    while (s <= e) {
        if (s % 2 == 1) {
            Min = min(Min, tree[s]);
            s++;
```

```
        }
        s = s / 2;

        if (e % 2 == 0) {
            Min = min(Min, tree[e]);
            e--;
        }
        e = e / 2;
    }
    return Min;
}

void setTree(int i) {  // 초기 트리 생성 함수
    while (i != 1) {
        if (tree[i / 2] > tree[i]) {
            tree[i / 2] = tree[i];
        }
        i--;
    }
}
```

문제 073

구간 곱 구하기

시간 제한 1초 | 난이도 G1 골드 I | 백준 온라인 저지 11505번

어떤 N개의 수가 주어져 있다. 그런데 중간에 수의 변경이 빈번히 일어나고, 그 중간에 어떤 구간의 곱을 구하려 한다. 만약 1, 2, 3, 4, 5라는 수가 있고, 3번째 수를 6으로 바꾸고 2번째부터 5번째까지 곱을 구하라고 한다면 240을 출력하면 되는 것이다. 그리고 그 상태에서 5번째 수를 2로 바꾸고 3번째부터 5번째까지 곱을 구하라고 한다면 48이 될 것이다.

입력

1번째 줄에 수의 개수 N(1 ≤ N ≤ 1,000,000)과 M(1 ≤ M ≤ 10,000), K(1 ≤ K ≤ 10,000)가 주어진다. M은 수의 변경이 일어나는 횟수, K는 구간의 곱을 구하는 횟수다. 그리고 2번째 줄부터 N + 1번째 줄까지 N개의 수가 주어진다. 그리고 N + 2번째 줄부터 N + M + K + 1번째 줄까지 3개의 정수 a, b, c가 주어지는데, a가 1일 때 b번째 수를 c로 바꾸고, a가 2일 경우에는 b부터 c까지의 곱을 구해 출력하면 된다. 입력으로 주어지는 모든 수는 0보다 크거나 같고, 1,000,000보다 작거나 같은 정수다.

출력

1번째 줄부터 K줄에 걸쳐 구한 구간의 곱을 1,000,000,007로 나눈 나머지를 출력한다.

예제 입력 1

```
5 2 2  // 노드 개수, 변경 횟수, 구간 곱 횟수
1
2
3
4
5
1 3 6
2 2 5
1 5 2
2 3 5
```

예제 출력 1

```
240
48
```

01단계 문제 분석하기

대부분의 세그먼트 트리는 구간 합, 최댓값, 최솟값에 관해 많은 문제가 출제됩니다. 이 문제는 조금은 색다른 구간 곱과 관련된 문제입니다. 기본 틀은 세그먼트 트리의 다른 문제와 동일합니다. 이 문제에서 조건에 따라 자유자재로 기존의 알고리즘 코드를 수정할 수 있는 훈련을 하고자 합니다. 곱셈의 성질을 염두에 두고 문제를 풀어 보겠습니다.

02단계 손으로 풀어 보기

1 1차원 배열로 트리의 값을 초기화합니다. 트리 배열 크기가 N = 5이므로 $2^k \geq N$을 만족하는 k의 값은 3이고, 배열의 크기는 $2^3 * 2 = 16$이 됩니다. 시작 인덱스는 2^3 = start_index =

8이 됩니다. 곱셈이기 때문에 초깃값을 1로 저장해 주고, 부모 노드를 양쪽 자식 노드의 곱으로 표현합니다. 이때 MOD 연산을 지속적으로 수행해 값의 범위가 1,000,000,007이 넘지 않도록 구현합니다.

0	1	2	3	4	5	6	7	8	9	10	11	12	13	14	15
	120	24	5	2	12	5	1	1	2	3	4	5	1	1	1

❷ 질의값 연산 함수와 데이터 업데이트 함수를 수행하고 결괏값을 출력합니다. 이때 값을 업데이트하거나 구간 곱을 구하는 곱셈마다 모두 MOD 연산을 수행합니다.

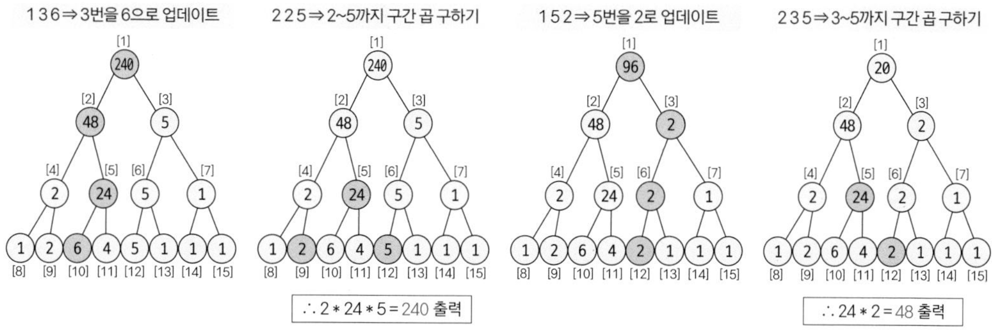

곱셈의 성질에 따른 세부 코드가 변경돼야 하며, MOD 연산 로직을 추가해야 합니다.

곱셈과 관련된 % 연산의 성질

```
(A * B) % C = (A % C) * (B % C) % C
// 두 값을 곱셈한 후 % 연산한 결과는 각각 % 연산한 값을 곱해 %로 나눈 것과 동일함
```

업데이트할 때 기존의 값이 0일 때

이 문제에서 고민해야 할 부분은 값 업데이트에서 기존의 값이 0일 때입니다. 기존의 값이 0이었다면 이 부모 노드는 모두 0으로 저장된 상태입니다. 따라서 기존의 구간 합과 같이 변경된 값을 부모 노드에 적용해도 '0 * 변경된 데이터'의 형태이므로 업데이트되지 않는 현상이 발생합니다. 따라서 이 부분은 부모 노드의 값을 업데이트할 때 양쪽 자식의 곱으로 업데이트해 주도록 세부 로직을 고민해야 합니다. 또한 프로세스마다 꼼꼼하게 MOD 연산을 수행하는 것도 잊지 말아야 합니다. 이 부분은 실제 코드를 이용해 확인해 주세요.

03단계 **슈도코드 작성하기**

```
tree(세그먼트 트리 배열)
N(수의 개수), M(변경이 일어나는 개수), K(구간 곱을 구하는 개수)
MOD(1000000007)
treeSize 구하기 → pow(2, 트리의 높이 + 1)
leftNodeStartIndex 구하기 → treeSize / 2 - 1  // 리프 노드 시작 인덱스
tree 초기화하기         // 구간 곱이므로 1로 초기화하기
tree 배열의 리프 노드 영역에 데이터 입력받기
setTree(트리의 크기)  // 초기 트리를 생성하는 함수

for(M + K만큼 반복하기) {
    a(질의 유형), s(시작 인덱스), e(변경 값 또는 종료 인덱스)
    // 데이터 변경 함수
    a가 1일 때 → changeVal(tree에서 시작 인덱스, e(변경 값))
    // 구간 곱 함수 호출 및 출력하기
    a가 2일 때 → getMul(tree에서 시작 인덱스, tree에서 종료 인덱스)
}

// 구간 곱을 구하는 함수 구현하기
getMul(시작 인덱스, 종료 인덱스) {
    while(시작 인덱스와 종료 인덱스가 교차할 때까지) {
        if(시작 인덱스 % 2 == 1) 해당 노드의 값을 구간 곱에 곱하기 % MOD
        if(종료 인덱스 % 2 == 0) 해당 노드의 값을 구간 곱에 곱하기 % MOD
        시작 인덱스 = 시작 인덱스 / 2
        종료 인덱스 = 종료 인덱스 / 2
    }
    구간 곱 결과 반환하기
}

// 값 변경 함수 구현하기
changeVal(시작 인덱스, 변경 값) {
    현재 index에 변경 값 저장하기
    while(시작 인덱스가 1보다 크다) {
        시작 인덱스 = 시작 인덱스 / 2
        // 현재 노드의 양쪽 자식 노드를 찾아 곱하는 로직
        시작 인덱스의 트리 값 =
                시작 인덱스 * 2의 트리 값 % MOD * 시작 인덱스 * 2 + 1의 트리 값 % MOD
```

```
    }
}

// 초기 트리 생성 함수 구현하기
setTree(트리의 마지막 인덱스) {
    while(인덱스가 루트가 아닐 때까지 반복하기) {
        트리의 인덱스 / 2 부분(부모 노드)에 현재 index의 트리 값 곱하기 % MOD
        index 1개 감소
    }
}
```

04단계 코드 구현하기

트리/P11505_구간곱구하기.cpp

```
#include <iostream>
#include <vector>
#include <cmath>
using namespace std;

static vector<long> tree;
static int MOD = 1000000007;
long getMul(int s, int e);
void changeVal(int index, long val);
void setTree(int i);

int main()
{
    ios::sync_with_stdio(false);
    cin.tie(NULL);
    cout.tie(NULL);

    int N, M, K;
    cin >> N >> M >> K;  // 수의 개수, 변경이 일어나는 횟수, 구간 곱 구하는 횟수
    int treeHeight = 0;
    int Length = N;

    while (Length != 0) {
```

```
        Length /= 2;
        treeHeight++;
    }
    int treeSize = int(pow(2, treeHeight + 1));
    int leftNodeStartIndex = treeSize / 2 - 1;
    tree.resize(treeSize + 1);
    fill(tree.begin(), tree.end(), 1);  // 구간 곱이기 때문에 초깃값을 1로 설정

    // 데이터를 리프 노드로 입력받기
    for (int i = leftNodeStartIndex + 1; i <= leftNodeStartIndex + N; i++) {
        cin >> tree[i];
    }
    setTree(treeSize - 1);  // tree 만들기

    for (int i = 0; i < M + K; i++) {
        long a, s, e;
        cin >> a >> s >> e;

        if (a == 1) {         // 값 변경
            changeVal(leftNodeStartIndex + s, e);
        }
        else if (a == 2) {  // 구간 곱
            s = s + leftNodeStartIndex;
            e = e + leftNodeStartIndex;
            cout << getMul(s, e) << "\n";
        }
    }
}

// 곱셈이 발생할 때마다 MOD 연산 수행
long getMul(int s, int e) {
    long partMul = 1;

    while (s <= e) {
        if (s % 2 == 1) {
            partMul = partMul * tree[s] % MOD;
            s++;
        }
        if (e % 2 == 0) {
```

```
            partMul = partMul * tree[e] % MOD;
            e--;
        }
        s = s / 2;
        e = e / 2;
    }
    return partMul;
}

void changeVal(int index, long val) {
    tree[index] = val;

    while (index > 1) {  // 현재 노드의 양쪽 자식 노드를 찾아 곱하는 로직
        index = index / 2;
        tree[index] = tree[index * 2] % MOD * tree[index * 2 + 1] % MOD;
    }
}

void setTree(int i) {
    while (i != 1) {
        tree[i / 2] = tree[i / 2] * tree[i] % MOD;
        i--;
    }
}
```

09-5 최소 공통 조상

트리 그래프에서 임의의 두 노드를 선택했을 때 두 노드가 각각 자신을 포함해 거슬러 올라가면서 부모 노드를 탐색할 때 처음 공통으로 만나게 되는 부모 노드를 '최소 공통 조상LCA: lowest common ancestor'이라고 합니다.

최소 공통 조상의 핵심 이론

일반적인 최소 공통 조상 구하기

먼저 트리의 높이가 크지 않을 때 최소 공통 조상을 구하는 방법을 예시와 함께 알아보겠습니다. 다음과 같은 트리에서 4번, 15번 노드의 최소 공통 조상을 구해 보겠습니다. 먼저 루트 노드에서 탐색을 시작해 각 노드의 부모 노드와 깊이를 저장합니다.

이때 탐색은 DFS 또는 BFS을 이용해 수행합니다.

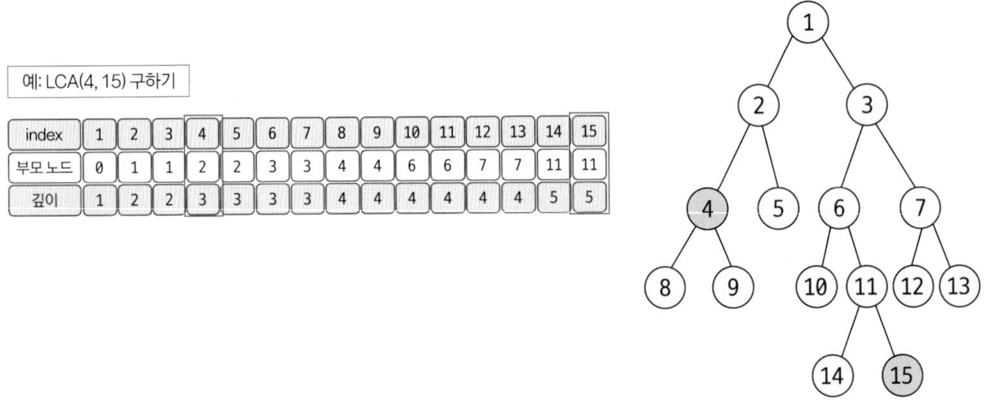

index	1	2	3	4	5	6	7	8	9	10	11	12	13	14	15
부모 노드	0	1	1	2	2	3	3	4	4	6	6	7	7	11	11
깊이	1	2	2	3	3	3	3	4	4	4	4	4	4	5	5

선택된 두 노드의 깊이가 다른 경우, 더 깊은 노드의 노드를 부모 노드로 1개씩 올려 주면서 같은 깊이로 맞춥니다. 이때 두 노드가 같으면 해당 노드가 최소 공통 조상이므로 탐색을 종료합니다.

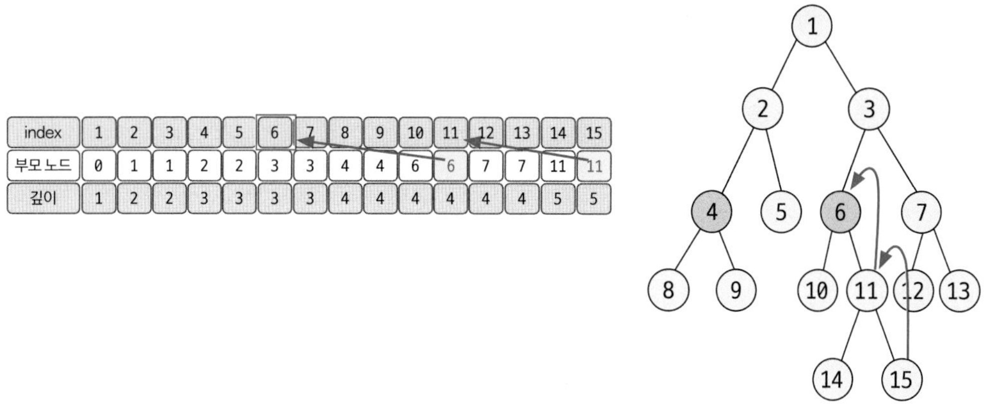

index	1	2	3	4	5	6	7	8	9	10	11	12	13	14	15
부모 노드	0	1	1	2	2	3	3	4	4	6	6	7	7	11	11
깊이	1	2	2	3	3	3	3	4	4	4	4	4	4	5	5

깊이가 같은 상태에서는 동시에 부모 노드로 올라가면서 두 노드가 같은 노드가 될 때까지 반복합니다. 이때 처음 만나는 노드가 최소 공통 조상이 됩니다. 이러한 원리로 다음 트리에서 4번, 15번 노드의 최소 공통 부모는 1이 됩니다.

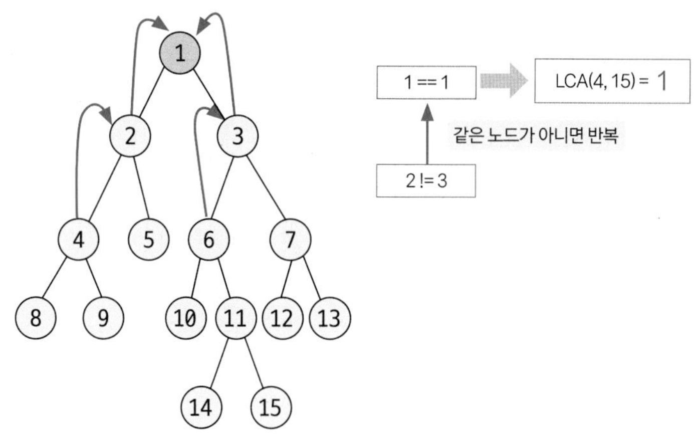

위와 같은 방식을 이용하면 최소 공통 조상을 구할 수 있지만, 트리의 높이가 커질 경우, 시간 제약 문제에 직면할 수 있습니다. 이러한 문제를 해결하기 위해 새롭게 제안된 방식이 바로 다음에 설명할 '최소 공통 조상 빠르게 구하기' 입니다. '최소 공통 조상 빠르게 구하기'는 일반적인 최소 공통 조상 구하기 알고리즘을 약간 변형한 형태이므로 '일반적인 구하기' 원리를 정확하게 학습한 후 '빠르게 구하기' 부분을 학습하세요.

최소 공통 조상 빠르게 구하기

'최소 공통 조상 빠르게 구하기'의 핵심은 서로의 깊이를 맞춰 주거나 같아지는 노드를 찾을 때 기존에 한 단계씩 올려 주는 방식에서 2^K씩 올라가 비교하는 방식입니다. 따라서 기존에 자신의 부모 노드만 저장해 놓던 방식에서 2^K번째 위치의 부모 노드까지 저장해 둬야 합니다. 다음 3단계를 이용해 좀 더 자세히 알아보겠습니다.

1. 부모 노드 저장 배열 만들기

부모 노드 배열을 만들기 위해서는 이 배열의 정의와 점화식을 학습해야 합니다.

부모 노드 배열의 정의

P[K][N] = N번 노드의 2^K번째 부모의 노드 번호

점화식과 관련된 자세한 내용은 '10장 조합'을 참고하세요.

부모 노드 배열의 점화식

```
P[K][N] = P[K - 1][P[K - 1][N]]
```

점화식에서 N의 2^K번째 부모 노드는 N의 2^{K-1}번째 부모 노드의 2^{K-1}번째 부모 노드라는 의미입니다. 즉, K = 4라고 가정하면 N의 16번째 부모 노드는 N의 여덟 번째 부모 노드의 여덟 번째 부모 노드라는 의미입니다. 이 점화식을 사용해 배열을 채워 보겠습니다.

배열에서 K는 '트리의 깊이 〉 2^K'를 만족하는 최댓값입니다. 다음 트리에서 최대 깊이는 5이기 때문에 K = 2가 됩니다. 즉, 이 트리의 모든 노드는 2^3번째 부모 노드를 지닌 경우가 없습니다.

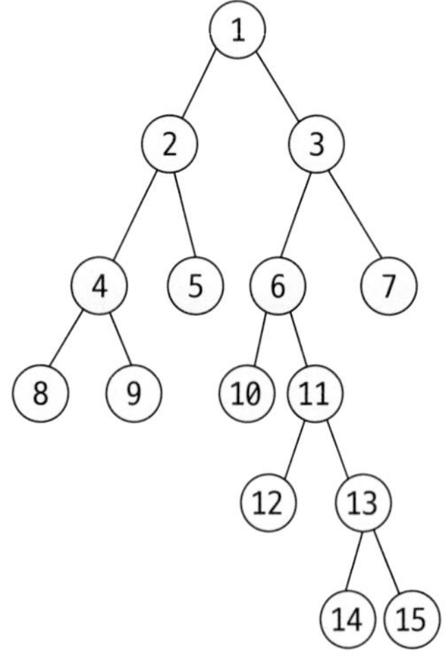

부모 노드 배열의 점화식을 이용해 배열의 값을 채워 보겠습니다.

k \ index	1	2	3	4	5	6	7	8	9	10	11	12	13	14	15
0		1	1	2	2	3	3	4	4	6	6	11	11	13	13
1				1	1	1	1	2	2	3	3	6	6	11	11
2												1	1	3	3

K = 0번째 배열을 탐색해 초기화

점화식으로 채움

초기화된 배열을 바탕으로 K를 1개씩 증가시키면서 나머지 배열을 채웁니다. 이해를 돕기 위해 14의 2^2번째, 즉 4번째 부모 노드(P[2][14])를 예시로 구해 보겠습니다.

```
P[2][14] = P[1][P[1][14]]
⇒ P[1][14] = P[0][P[0][14]] = P[0][13] = 11
⇒ P[2][14] = P[1][11]
⇒ P[1][11] = P[0][P[0][11]] = P[0][6] = 3
∴ P[2][14] = 3
```

2. 선택된 두 노드의 깊이 맞추기

P 배열을 이용해 기존에 한 단계씩 맞췄던 깊이를 2^K 단위로 넘어가면서 맞춥니다. 예를 들어 노드 2와 노드 15의 깊이를 맞춰 보겠습니다. 노드 2의 깊이는 2, 노드 15의 깊이는 6으로 두 노드의 깊이 차이는 4입니다. 깊이를 맞추기 위해 더 깊이 있는 노드 15의 4번째 부모 노드를 P 배열을 이용해 찾습니다. $4 = 2^2$이므로 K = 2이고, P[2][15] = 3이므로 노드 3으로 이동하면 노드 2와 높이를 맞추게 됩니다.

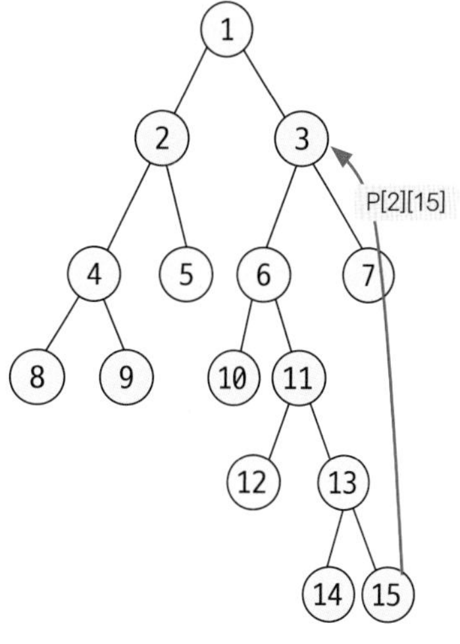

만약 높이 차이가 20이라고 가정하면 $2^K \le 20$을 만족하면서 K가 최대가 되는 만큼 이동하면서 높이 차이가 0이 될 때까지 반복합니다. 즉, 높이 차이가 20일 경우에는 2^4(16) → 2^2(4)와 같이 두 번 이동하면 됩니다.

3. 최소 공통 조상 찾기

공통 조상을 찾는 작업 역시 한 단계씩이 아닌 2^K 단위로 점프하면서 맞춥니다. K값을 1씩 감소하면서 P 배열을 이용해 최초로 두 노드의 부모가 달라지는 값을 찾습니다.

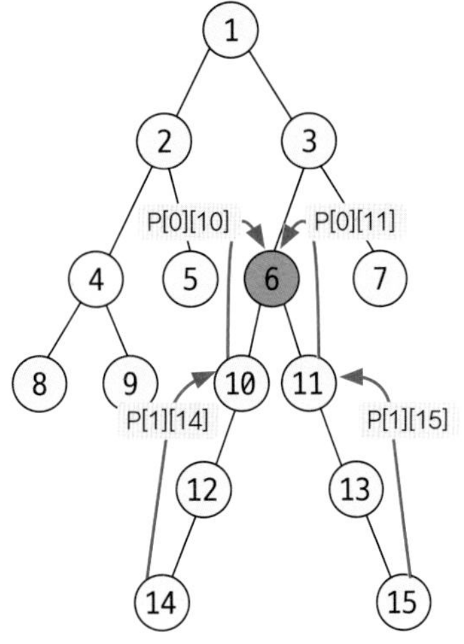

P[2][14] = 3 == P[2][15] = 3
P[1][14] = 10 != P[1][15] = 11

최초로 달라지는 K에 대한 두 노드의 부모 노드를 찾아 이동합니다. 즉, 노드 10, 노드 11로 이동합니다. 이를 K가 0이 될 때까지 반복합니다. 반복문이 종료된 후 이동한 2개의 노드가 같은 노드라면 해당 노드가, 다른 노드라면 바로 위의 부모 노드가 최소 공통 조상이 됩니다.

여기에서는 노드 10, 11이 다른 노드이기 때문에 바로 위 노드를 뜻하는 P[0][10] 또는 P[0][11], 즉 노드 6이 최소 공통 조상이 됩니다.

P[0][10] = 6 == P[0][11] = 6
∴ LCA(14, 15) = 6

문제 074

최소 공통 조상 구하기 1

시간 제한 3초 | 난이도 G3 골드 III | 백준 온라인 저지 11437번

N(2 ≤ N ≤ 50,000)개의 노드로 이루어진 트리가 주어진다. 트리의 각 노드는 1번부터 N번까지 번호가 매겨져 있으며, 루트는 1번이다. 두 노드의 쌍 M(1 ≤ M ≤ 10,000)개가 주어졌을 때 두 노드의 가장 가까운 공통 조상이 몇 번인지 출력하시오.

입력

1번째 줄에 노드의 개수 N, 그다음 N - 1개 줄에는 트리상에서 연결된 두 노드가 주어진다. 그다음 줄에 가장 가까운 공통 조상을 알고 싶은 쌍의 개수 M이 주어지고, 그다음 M개 줄에는 노드 쌍이 주어진다.

출력

M개의 줄에 차례대로 입력받은 두 노드의 가장 가까운 공통 조상을 출력한다.

예제 입력 1

```
15        // 노드 개수
1 2
1 3
2 4
3 7
6 2
3 8
4 9
2 5
5 11
7 13
10 4
11 15
12 5
14 7
6         // 질의 개수
6 11
10 9
2 6
7 6
8 13
8 15
```

예제 출력 1

```
2
4
2
1
3
1
```

01단계 문제 분석하기

질의 개수가 10,000개이며 노드 개수가 50,000개로 비교적 데이터가 크지 않아 일반적인 방식의 LCA 알고리즘으로 구현하면 되는 문제입니다. 기존에 공부했던 '일반적인 최소 공통 조상 구하기' 이론을 복습해 보고, 이 문제를 이용해 실제로 구현해 보겠습니다.

02단계 손으로 풀어 보기

1 인접 리스트로 트리 데이터를 구현합니다.

데이터 저장 부분이 기억나지 않으면 '08-1절 그래프의 표현'을 복습하세요.

2 탐색 알고리즘(DFS, BFS)을 이용해 각 노드의 깊이를 구합니다. 여기서는 LCA(6, 11)에 해당하는 두 노드만 살펴보겠습니다.

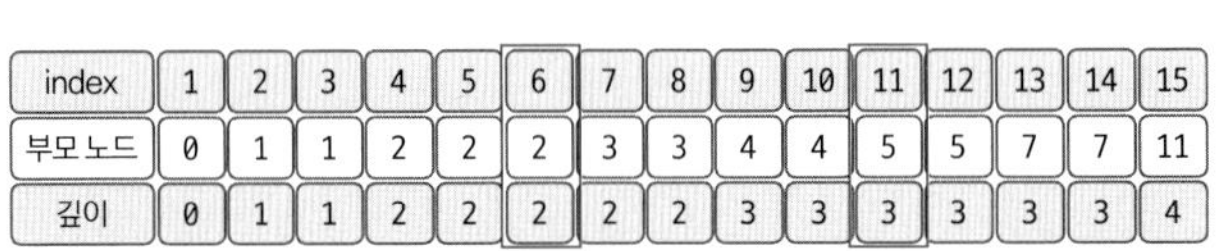

index	1	2	3	4	5	6	7	8	9	10	11	12	13	14	15
부모 노드	0	1	1	2	2	2	3	3	4	4	5	5	7	7	11
깊이	0	1	1	2	2	2	2	2	3	3	3	3	3	3	4

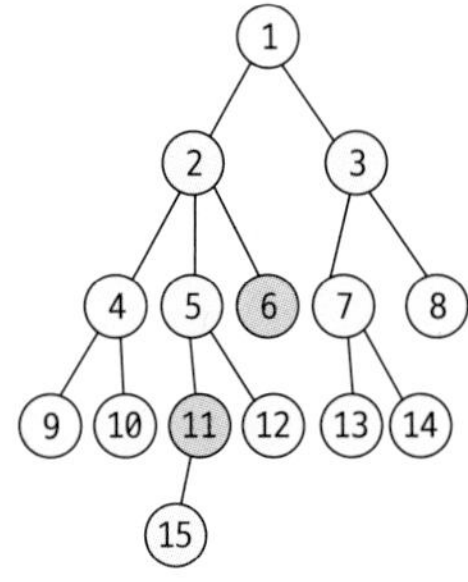

3 깊이를 맞추기 위해 더 깊은 노드를 같은 깊이가 될 때까지 부모 노드로 이동합니다. 깊이가 1만큼 차이 나므로 깊이가 3인 11번 노드를 부모 노드인 5번 노드로 이동합니다.

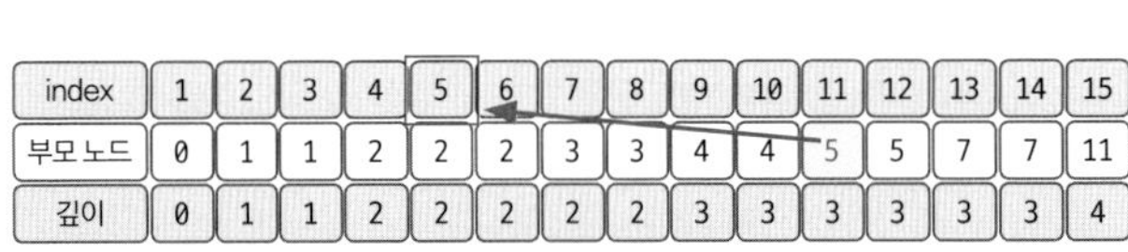

index	1	2	3	4	5	6	7	8	9	10	11	12	13	14	15
부모 노드	0	1	1	2	2	2	3	3	4	4	5	5	7	7	11
깊이	0	1	1	2	2	2	2	2	3	3	3	3	3	3	4

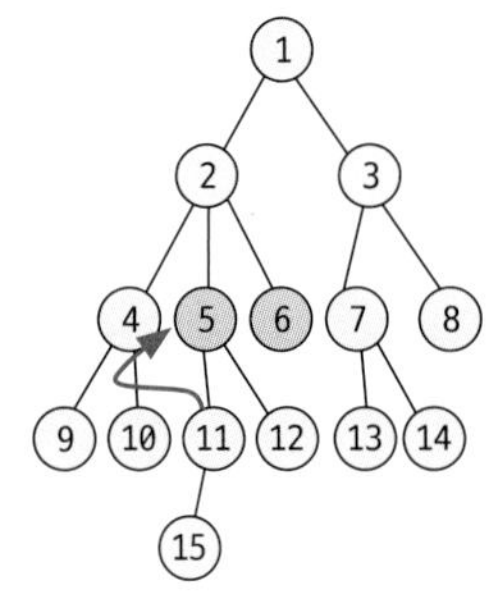

4 부모 노드로 계속 올라가면서 최소 공통 조상을 찾습니다. 한 번 더 이동하면 부모 노드가 2로 같아지므로 노드 6과 11의 최소 공통 조상은 2번 노드입니다.

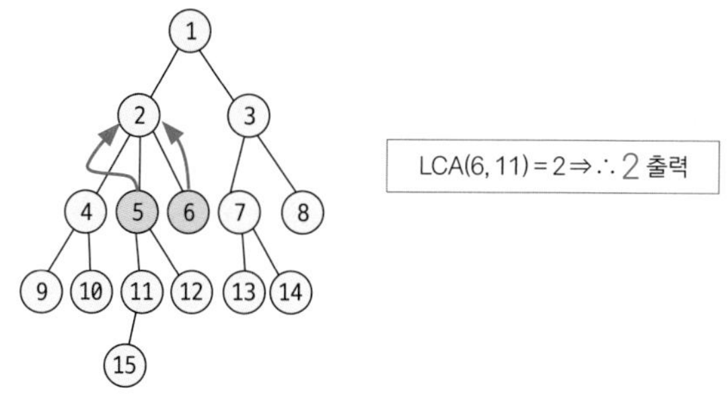

03단계 슈도코드 작성하기

```
tree(인접 리스트 자료구조)
N(수의 개수), M(질의 수)
depth(노드 깊이 배열), parent(노드 조상 배열)
visited(방문 여부 저장 배열)

for(N - 1의 개수만큼 반복) {
    인접 리스트 tree에 그래프 데이터 저장
}

BFS(1)  // 깊이와 부모 노드를 BFS를 통하여 구하기

for(M의 개수만큼 반복) {
    a(1번 노드), b(2번 노드)
    executeLCA(a와 b의 LCA를 구하는 함수 호출 및 결괏값 출력)
}

// LCA를 구하는 함수 구현
executeLCA(1번 노드, 2번 노드) {
    1번 노드(a) 깊이가 더 작으면 1번 노드(a)와 2번 노드(b) Swap
    // a를 부모 노드로 변경하는 작업을 두 노드 높이가 같아질 때까지 반복
    두 노드의 깊이를 동일하게 맞추기
    두 노드의 조상이 같을 때까지 두 노드를 각 노드의 부모 노드로 변경하는 작업 반복
    최저 공통 조상 반환
}
```

```
BFS{  // BFS 구현
    큐 자료구조에 시작 노드 넣기
    visited 배열에 시작 노드 방문 기록
    while(큐가 빌 때까지) {
        큐에서 노드 데이터를 가져오기
        현재 노드의 연결 노드 중 방문하지 않은 노드에 대해 반복 {
            큐에 데이터 삽입하고 visited 배열에 방문 기록
            부모 배열에 자신의 부모 노드 저장
            깊이 배열에 현재 높이 저장
        }
        if(이번 깊이에 해당하는 모든 노드를 방문했을 때) {
            현재 트리의 방문 수를 0으로 초기화
            깊이 크기를 현재 큐의 크기로 초기화
            트리의 깊이를 1 증가
        }
    }
}
```

04단계 코드 구현하기

트리/P11437_LCA.cpp

```
#include <iostream>
#include <vector>
#include <queue>
using namespace std;

static int N, M;
static vector<vector<int>> tree;
static vector<int> depth;
static vector<int> parent;
static vector<bool> visited;
int executeLCA(int a, int b);

void BFS(int node);
```

```
int main()
{
    ios::sync_with_stdio(false);
    cin.tie(NULL);
    cout.tie(NULL);
    cin >> N;

    tree.resize(N + 1);
    depth.resize(N + 1);
    parent.resize(N + 1);
    visited.resize(N + 1);

    for (int i = 0; i < N - 1; i++) {  // 인접 리스트 A에 그래프 데이터 저장
        int s, e;
        cin >> s >> e;
        tree[s].push_back(e);
        tree[e].push_back(s);
    }

    BFS(1);     // BFS를 이용하여 깊이 구하기
    cin >> M;   // 질문 수

    for (int i = 0; i < M; i++) {
        // 공통 조상을 구할 두 노드
        int a, b;
        cin >> a >> b;
        int LCA = executeLCA(a, b);
        cout << LCA << "\n";
    }
}

int executeLCA(int a, int b) {
    if (depth[a] < depth[b]) {
        int temp = a;
        a = b;
        b = temp;
    }
    while (depth[a] != depth[b]) {  // 두 노드의 깊이 맞추기
        a = parent[a];
```

```
    }
    while (a != b) {  // 같은 조상이 나올 때까지 한 칸씩 올리기
        a = parent[a];
        b = parent[b];
    }
    return a;
}

void BFS(int node) {  // BFS 구현
    queue<int> myqueue;
    myqueue.push(node);
    visited[node] = true;
    int level = 1;
    int now_size = 1;
    int count = 0;

    while (!myqueue.empty()) {
        int now_node = myqueue.front();
        myqueue.pop();
        for (int next : tree[now_node]) {
            if (!visited[next]) {
                visited[next] = true;
                myqueue.push(next);
                parent[next] = now_node;  // 부모 노드 저장
                depth[next] = level;      // 노드 깊이 저장
            }
        }
        count++;
        if (count == now_size) {
            count = 0;
            now_size = myqueue.size();
            level++;
        }
    }
}
```

최소 공통 조상 구하기 2

시간 제한 1.5초 | 플래티넘 | 백준 온라인 저지 11438번

N(2 ≤ N ≤ 100,000)개의 노드로 이뤄진 트리가 주어진다. 트리의 각 노드는 1번부터 N번까지 번호가 매겨져 있으며, 루트는 1번이다. 두 노드의 쌍 M(1 ≤ M ≤ 100,000)개가 주어졌을 때 두 노드의 가장 가까운 공통 조상이 몇 번인지 출력하시오.

입력

1번째 줄에 노드의 개수 N, 그다음 N - 1개 줄에는 트리상에서 연결된 두 노드가 주어진다. 그다음 줄에 가장 가까운 공통 조상을 알고 싶은 쌍의 개수 M이 주어지고, 그다음 M개의 줄에는 노드 쌍이 주어진다.

출력

M개의 줄에 차례대로 입력받은 두 노드의 가장 가까운 공통 조상을 출력한다.

예제 입력 1

```
15  // 노드 개수
1 2
1 3
2 4
3 7
6 2
3 8
4 9
2 5
5 11
7 13
10 4
11 15
12 5
14 7
6  // 질의 개수
6 11
10 9
```

예제 출력 1

```
2
4
2
1
3
1
```

```
2 6
7 6
8 13
8 15
```

01단계 문제 분석하기

기존 LCA 문제보다 노드의 개수와 질의(M)의 개수가 매우 커진 것을 확인할 수 있습니다. 그렇기 때문에 일반적인 '최소 공통 조상 구하기' 방식으로 이 문제를 구현하면 시간 초과가 발생합니다. '제곱수 형태를 이용한 빠르게 최소 공통 조상을 구하기' 방식으로 이 문제를 해결해 봅시다.

02단계 손으로 풀어 보기

1 인접 리스트로 트리 데이터를 구현합니다.

2 탐색 알고리즘(DFS, BFS)을 이용해 각 노드의 깊이와 2^0번째 부모 노드를 구합니다.

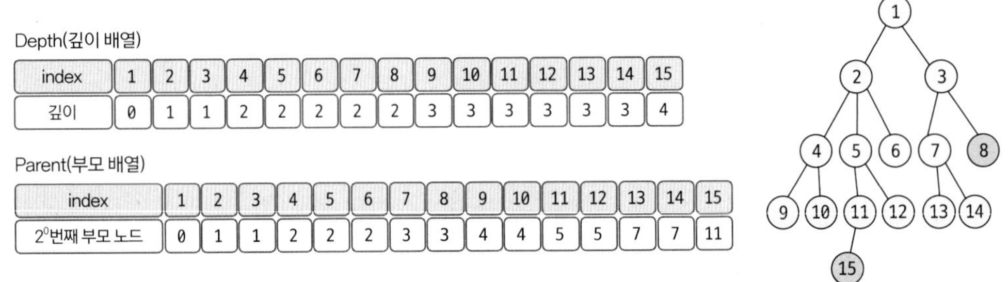

Depth(깊이 배열)

index	1	2	3	4	5	6	7	8	9	10	11	12	13	14	15
깊이	0	1	1	2	2	2	2	2	3	3	3	3	3	3	4

Parent(부모 배열)

index	1	2	3	4	5	6	7	8	9	10	11	12	13	14	15
2^0번째 부모 노드	0	1	1	2	2	2	3	3	4	4	5	5	7	7	11

3 점화식을 이용해 Parent 배열(부모 노드 배열)을 구합니다.

부모 노드 배열 점화식

```
P[K][N] = P[K - 1][P[K - 1][N]]
```

Parent(부모 배열)

index	1	2	3	4	5	6	7	8	9	10	11	12	13	14	15
2^0번째 부모 노드	0	1	1	2	2	2	3	3	4	4	5	5	7	7	11
2^1번째 부모 노드	0	0	0	1	1	1	1	1	2	2	2	2	3	3	5
2^2번째 부모 노드	0	0	0	0	0	0	0	0	0	0	0	0	0	0	1

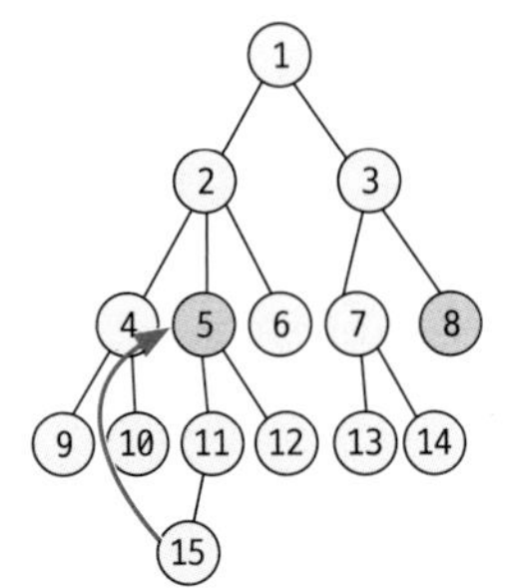

4 여기에서는 예로 15와 8의 최소 공통 조상을 찾아보겠습니다. 깊이가 큰 노드는 Parent 배열을 이용해 2^k만큼 빠르게 이동시켜 깊이를 맞춥니다. 깊이가 2만큼 차이(2^1)가 나므로 15번 노드를 15의 2^1번째 부모 노드인 5로 변경해 깊이를 맞춥니다. 한 칸씩 오르는 것이 아닌 2의 제곱수로 빠르게 올라갑니다.

빈출

5 부모 노드로 올라가면서 최소 공통 조상을 찾습니다. Parent 배열을 이용해 2^k만큼 넘어가면서 찾는 게 핵심입니다. k는 depth의 최댓값에서 1씩 감소합니다.

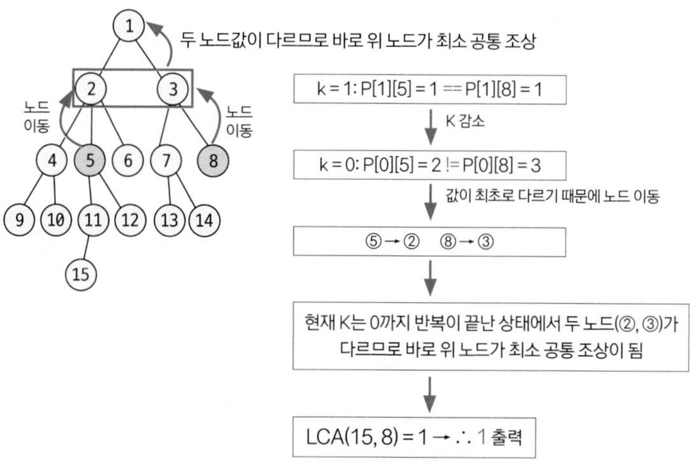

03단계 슈도코드 작성하기

```
tree(인접 리스트 자료구조)
N(수의 개수), M(질의 수)
depth(노드 깊이 배열), parent(노드 조상 배열)
visited(방문 여부 저장 배열)

for(N - 1의 개수만큼 반복) {
    인접 리스트 tree에 그래프 데이터 저장
}

kmax(최대 가능 높이) 구하기

BFS(1)  // 깊이와 부모 노드를 BFS를 통하여 구하기

for(kmax만큼 반복) {
    for(노드 개수만큼 반복) {
```

```
        점화식으로 부모 구성하기 → parent[k][n] = parent[k - 1][parent[k - 1][n]]
    }
}
for(M의 개수만큼 반복) {
    a(1번 노드), b(2번 노드)
    executeLCA(a와 b의 LCA를 구하는 함수 호출 및 결괏값 출력)
}

// LCA를 구하는 함수 구현
executeLCA(1번 노드, 2번 노드) {
    1번 노드(a)가 깊이가 더 작으면 1번 노드(a)와 2번 노드(b) Swap
    // parent 배열을 이용하여 깊이를 맞추기나 조상 찾기를 빠르게 수행
    두 노드의 깊이를 동일하게 맞춰 주기
    두 노드의 같은 조상이 나올 때까지 각 노드를 각 노드의 부모 노드로 변경하는 작업 반복
    최저 공통 조상 반환
}

BFS{  // BFS 구현
    큐 자료구조에 시작 노드 넣기
    visited 배열에 현재 노드 방문 기록
    while(큐가 빌 때까지) {
        큐에서 노드 데이터를 가져오기
        현재 노드의 연결 노드 중 방문하지 않은 노드에 대해 반복 {
            큐에 데이터 삽입하고 visited 배열에 방문 기록
            부모 배열에 자신의 부모 노드 저장
            깊이 배열에 현재 높이 저장
        }
        if(이번 높이에 해당하는 모든 노드를 방문하였을 경우) {
            현재 트리의 방문 수를 0으로 초기화
            깊이 크기를 현재 큐의 크기로 초기화
            트리의 깊이를 1 증가
        }
    }
}
```

04단계 코드 구현하기

트리/P11438_LCA2.cpp

```
#include <iostream>
#include <vector>
#include <queue>
#include <cmath>
using namespace std;

static int N, M;
static vector<vector<int>> tree;
static vector<int> depth;
static int kmax;
static int parent[21][100001];
static vector<bool> visited;
int executeLCA(int a, int b);
void BFS(int node);

int main()
{
    ios::sync_with_stdio(false);
    cin.tie(NULL);
    cout.tie(NULL);

    cin >> N;
    tree.resize(N + 1);

    for (int i = 0; i < N - 1; i++) {  // 인접 리스트 A에 그래프 데이터 저장
        int s, e;
        cin >> s >> e;
        tree[s].push_back(e);
        tree[e].push_back(s);
    }

    depth.resize(N + 1);
    visited.resize(N + 1);
    int temp = 1;
    kmax = 0;
```

```
    while (temp <= N) {  // 최대 가능 깊이 구하기
        temp <<= 1;
        kmax++;
    }

    BFS(1);  // BFS로 깊이 구하기

    for (int k = 1; k <= kmax; k++) {  // 점화식을 이용한 부모 배열 채우기
        for (int n = 1; n <= N; n++) {
            parent[k][n] = parent[k - 1][parent[k - 1][n]];
        }
    }

    cin >> M;

    for (int i = 0; i < M; i++) {
        // 공통 조상을 구할 두 노드
        int a, b;
        cin >> a >> b;
        int LCA = executeLCA(a, b);
        cout << LCA << "\n";
    }
}

int executeLCA(int a, int b) {
    if (depth[a] > depth[b]) {  // 더 깊이가 깊은 깊이가 b가 되도록 변경하기
        int temp = a;
        a = b;
        b = temp;
    }
    for (int k = kmax; k >= 0; k--) {              // 깊이 빠르게 맞추기
        if (pow(2, k) <= depth[b] - depth[a]) {
            if (depth[a] <= depth[parent[k][b]]) {
                b = parent[k][b];
            }
        }
    }
    for (int k = kmax; k >= 0 && a != b; k--) {  // 조상 빠르게 찾기
        if (parent[k][a] != parent[k][b]) {
            a = parent[k][a];
```

```
            b = parent[k][b];
        }
    }

    int LCA = a;

    if (a != b) {
        LCA = parent[0][LCA];
    }
    return LCA;
}

void BFS(int node) {  // BFS 구현
    queue<int> myqueue;
    myqueue.push(node);
    visited[node] = true;
    int level = 1;
    int now_size = 1;
    int count = 0;

    while (!myqueue.empty()) {
        int now_node = myqueue.front();
        myqueue.pop();
        for (int next : tree[now_node]) {
            if (!visited[next]) {
                visited[next] = true;
                myqueue.push(next);
                parent[0][next] = now_node;  // 부모 노드 저장
                depth[next] = level;         // 노드 깊이 저장
            }
        }
        count++;
        if (count == now_size) {
            count = 0;
            now_size = myqueue.size();
            level++;
        }
    }
}
```

조합

이 장에서는 조합에 대해 알아보겠습니다.
조합은 그 자체로 코딩 테스트에 자주 출제되는 주제이며
뒤에 나올 동적 계획법을 이해하는 데 기초가 되는 매우 중요한 장입니다.
해당 장에서 설명하는 조합 점화식 도출 방법에 대해 꼼꼼히 학습한다면
조합은 물론 동적 계획법의 점화식 도출 부분에도 도움이 되니
열심히 공부해 보세요!

10-1 조합 알아보기

조합[combination]은 $_nC_r$로 표현하고, 이는 n개의 숫자에서 r개를 뽑는 경우의 수를 뜻합니다. 조합과 비교되는 순열은 $_nP_r$로 표현되고, n개의 숫자 중 r개를 뽑아 순서를 고려해 나열할 경우의 수를 이야기합니다. 순열과 조합의 차이는 순서의 고려 유무입니다. 즉, 조합에서는 데이터 1, 2, 3과 3, 2, 1을 같은 경우로 판단하고, 순열은 다른 경우로 판단합니다.

순열과 조합의 핵심 이론

10장의 제목이 조합인 이유는 실제 알고리즘 코딩 테스트에서는 순열보다 조합의 출제 빈도수가 높고, 응용할 수 있는 문제도 많기 때문입니다. 먼저 순열과 관련된 개념만 간단하게 학습하고, 이후 조합을 자세하게 설명하겠습니다.

$$_nP_r = \frac{n!}{(n-r)!}$$

순열의 수학적 공식은 위와 같습니다. 언뜻 보면 복잡한 것 같지만 어렵지 않습니다. 예를 들어 5개 중 2개를 순서대로 선택하는 경우의 수를 구한다고 가정해 보겠습니다. 1번째 선택은 5개 데이터를 선택할 수 있으므로 5가지를 선택할 수 있고, 2번째 선택은 1번째에서 선택한 데이터를 제외한 4가지를 선택할 수 있습니다. 따라서 5개 중 2개를 고르는 경우의 수는 총 5 * 4 = 20가지가 됩니다. 위 수식은 이 내용을 공식화한 것입니다.

순열 개념은 간단하게 설명했으므로 이제 본격적으로 조합과 관련된 이야기를 해보겠습니다. 조합의 수학적 공식은 다음과 같습니다.

$$_nC_r = \frac{n!}{(n-r)!\,r!}$$

순열과 매우 비슷하며 분모에 r!만 추가된 것을 확인할 수 있습니다. r!은 무엇을 의미할까요? 바로 순서가 다른 경우의 수를 제거하는 역할을 합니다. 예를 들어 5개 중 2개를 선택하는 경우의 수를 구한다고 가정하면 기존 순열의 경우의 수에 2!로 나눠 5 * 4 / 2 = 10가지 경우의 수를 도출합니다. 즉, 1과 2를 선택할 때와 2와 1을 선택할 때를 1가지 경우의 수로 만들기 위해 2로 나누는 것입니다.

지금부터 알고리즘을 위한 핵심사항을 설명하겠습니다. 일반적으로 조합은 11장에서 배우는 '동적 계획법'의 시작이라고 볼 수 있습니다. 따라서 알고리즘에서 조합을 구현할 때는 위의 수학 공식을 코드화하지 않고 점화식을 사용해 표현합니다. 조합의 점화식은 어떻게 될까요? 다음 3가지 단계로 점화식을 세워 보겠습니다.

1. 특정 문제를 가정하기

먼저 적당한 조합 문제를 가정해 봅니다. 5개의 데이터에서 3개를 선택하는 조합의 경우의 수를 푸는 문제로 가정해 보겠습니다.

2. 모든 부분 문제가 해결된 상황이라고 가정하고 지금 문제 생각하기

모든 부분 문제가 해결된 상황이라고 가정해 보겠습니다. 먼저 5개의 데이터 중 4개가 이미 선택 여부가 결정된 데이터라고 가정합니다. 그리고 5번째 데이터의 선택 여부에 따른 경우의 수를 계산합니다. 만약 5번째 데이터를 포함해 총 3개의 데이터를 선택하려면 선택이 완료됐다고 가정한 4개의 데이터에서 2개가 선택되어 있어야 합니다. 5번째 데이터를 포함하지 않고 총 3개의 데이터를 선택하려면 이전 데이터 4개 중 3개가 선택되어 있어야 합니다. 이 2가지 경우의 수를 합치면 데이터 5개 중 3개를 선택하는 경우의 수가 나옵니다.

모든 부분 문제가 해결된 상황이라고 가정하는 방법은 조합뿐 아니라 동적 계획법에서도 꼭 필요하므로 확실하게 이해하고 넘어가세요.

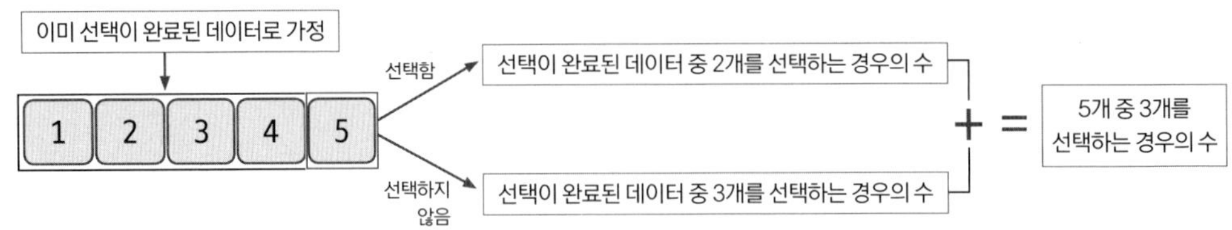

앞 그림을 점화식으로 표현하면 다음과 같습니다.

5개 중 3개를 선택하는 경우의 수 점화식

```
D[5][3] = D[4][2] + D[4][3]
```

이 내용을 도출할 때 고민하는 부분이 '4개 중 2개를 선택하는 경우의 수와 4개 중 3개를 선택하는 경우의 수를 구해야 하는 거 아닌가?'입니다. 하지만 앞에서도 언급했듯이 모든 부분의 문제가 해결됐다고 가정해야 합니다. 지금은 5개 중 3개의 경우의 수를 구하는 것이 아니라 궁극적으로 조합과 관련된 점화식을 도출하는 것이기 때문이죠. 점화식을 정확하게 도출하면 부분 문제는 프로그램 로직을 이용해 자연스럽게 구해집니다.

3. 특정 문제를 해결한 내용을 바탕으로 일반 점화식 도출하기

이 일반화된 점화식을 이용하면 조합과 관련된 모든 경우의 수를 쉽게 구할 수 있습니다.

조합 점화식

```
D[i][j] = D[i - 1][j] + D[i - 1][j - 1]
```

점화식이 간단하므로 외울 수도 있겠지만, 앞의 설명한 원리를 정확하게 이해하는 것이 문제에 응용하기 유리합니다.

문제 076

이항계수 구하기 1

시간 제한 1초 | 난이도 B1 브론즈 I | 백준 온라인 저지 11050번

자연수 N과 정수 K가 주어졌을 때 이항계수 $\binom{N}{K}$를 구하는 프로그램을 작성하시오.

입력

1번째 줄에 N과 K가 주어진다(1 ≤ N ≤ 10, 0 ≤ K≤ N).

출력

$\binom{N}{K}$를 출력한다.

예제 입력 1	예제 출력 1
5 2 // N K	10

01단계 문제 분석하기

조합에서 가장 기본이 되는 문제입니다. 앞에서 배운 핵심 이론의 일반 점화식을 이용하면 이 문제를 쉽게 해결할 수 있습니다.

02단계 손으로 풀어 보기

1 N과 K의 값을 입력받고 DP 테이블을 선언합니다(D[N + 1][N + 1]). 그리고 DP 테이블의 값을 다음과 같이 초기화합니다.

DP 테이블 초기화

```
D[i][1] = i  // i개 중 1개를 뽑는 경우의 수는 i개
D[i][0] = 1  // i개 중 1개도 선택하지 않는 경우의 수는 1개
D[i][i] = 1  // i개 중 i개를 선택하는 경우의 수는 1개
```

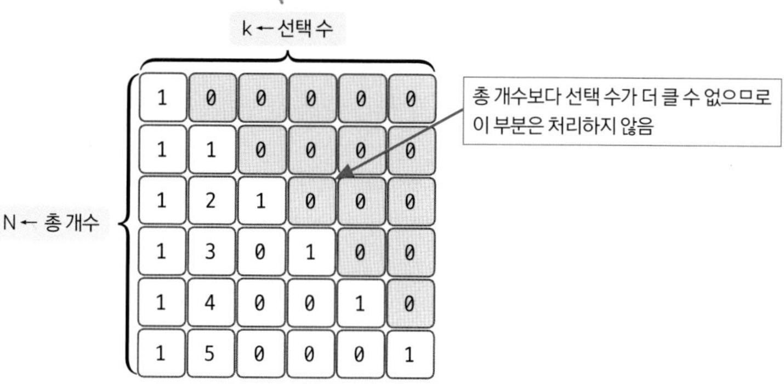
k ← 선택 수
N ← 총 개수
총 개수보다 선택 수가 더 클 수 없으므로
이 부분은 처리하지 않음

2 점화식으로 DP 테이블의 값을 채웁니다.

조합 점화식

```
D[i][j] = D[i - 1][j] + D[i - 1][j - 1]
```

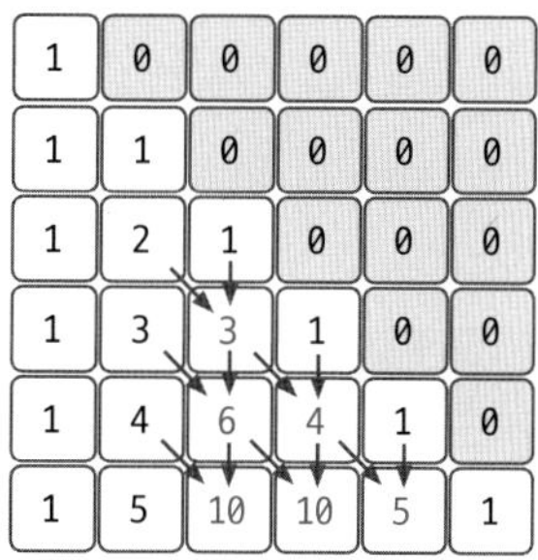

3 D[N][K]의 값을 출력합니다.

1	0	0	0	0	0
1	1	0	0	0	0
1	2	1	0	0	0
1	3	3	1	0	0
1	4	6	4	1	0
1	5	10	10	5	1

∴ D[5][2] = 10

03단계 슈도코드 작성하기

```
N(전체 수), K(고르는 수)
D(DP 테이블)

for(i → N만큼 반복) {  // DP 테이블 초기화하기
    D[i][1] = i  // i개에서 1개 선택 경우의 수는 i개
    D[i][0] = 1  // i개에서 하나도 선택 안 하는 경우의 수는 1개
    D[i][i] = 1  // i개에서 모두 선택하는 경우의 수는 1개
}

for(i → N만큼 반복) {
    for(j → i만큼 반복) {  // 고르는 수의 개수가 전체 개수를 넘을 수 없음
        D[i][j] = D[i - 1][j] + D[i - 1][j - 1];  // 조합 점화식
    }
}

D[N][K] 출력
```

04단계 코드 구현하기

조합/P11050_이항계수.cpp

```cpp
#include <iostream>
using namespace std;

static int N, K;
static int D[11][11];

int main()
{
    cin >> N >> K;

    for (int i = 0; i <= N; i++) {
        D[i][1] = i;
        D[i][0] = 1;
        D[i][i] = 1;
```

```
    }
    for (int i = 2; i <= N; i++) {
        for (int j = 1; j < i; j++) {
            D[i][j] = D[i - 1][j] + D[i - 1][j - 1];  // 조합 기본 점화식
        }
    }
    cout << D[N][K] << "\n";
}
```

문제 077

이항계수 구하기 2

시간 제한 1초 | 난이도 S1 실버 I | 백준 온라인 저지 11051번

자연수 N과 정수 K가 주어졌을 때 이항계수 $\binom{N}{K}$를 10,007로 나눈 나머지를 구하는 프로그램을 작성하시오.

입력

1번째 줄에 N과 K가 주어진다($1 \le N \le 1{,}000$, $0 \le K \le N$).

출력

$\binom{N}{K}$를 출력한다.

예제 입력 1
5 2 // N K

예제 출력 1
10

01단계 문제 분석하기

바로 앞의 이항계수 문제와 동일하지만, 단지 N의 범위가 커진 상태이고, 결괏값을 10,007로 나눈 나머지를 출력하라는 요구 사항이 있습니다. 다음과 같은 모듈러 연산의 특성을 이용해 이 문제를 해결할 수 있습니다.

모듈러 연산의 특성

```
(A mod N + B mod N) mod N = (A + B) mod N
```

모듈러 연산은 덧셈에 관해 위와 같이 각각 모듈러를 하고, 모듈러 연산을 수행한 것과 두 수를 더한 후 수행한 것의 값이 동일하므로 이 문제에서 DP 테이블에 결괏값이 나올 때마다 모듈러 연산을 수행하는 로직을 추가하면 문제를 해결할 수 있습니다.

02단계 손으로 풀어 보기

1 N과 K의 값을 입력받은 후 DP 테이블을 선언합니다(D[N + 1][N + 1]). 그리고 DP 테이블의 값을 다음과 같이 초기화합니다.

DP 테이블 초기화

```
D[i][1] = i  // i개 중 1개를 뽑는 경우의 수는 i개
D[i][0] = 1  // i개 중 1개도 선택하지 않는 경우의 수는 1개
D[i][i] = 1  // i개 중 i개를 선택하는 경우의 수는 1개
```

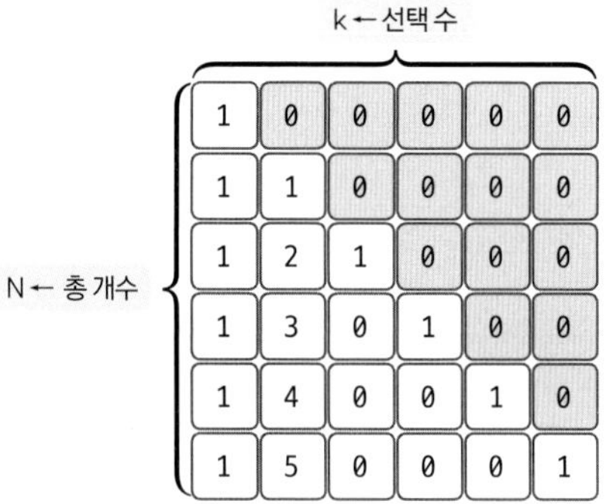

2 점화식으로 DP 테이블의 값을 채웁니다. 이때 점화식의 결괏값이 나올 때마다 MOD 연산을 수행합니다.

조합 점화식

```
D[i][j] = D[i - 1][j] + D[i - 1][j - 1]
```

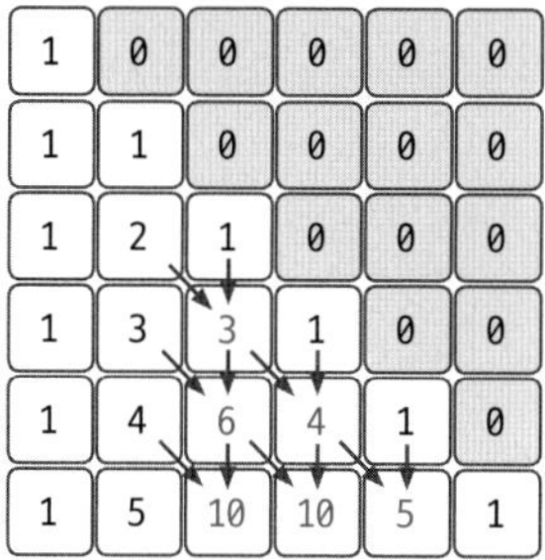

점화식의 결과가 나올 때마다 모듈러 연산 수행

예) D[5][2] = D[4][2] + D[4][1]
⇒ D[5][2] = D[5][2] % 10,007

3 D[N][K]의 값을 출력합니다.

∴ D[5][2] = 10

03단계 슈도코드 작성하기

```
N(전체 수), K(고르는 수)
D(DP 테이블)

for(i → N만큼 반복) {
    D 테이블 초기화하기
    D[i][1] = i    // i개에서 1개 선택 경우의 수는 i개
    D[i][0] = 1    // i개에서 하나도 선택 안 하는 경우의 수는 1개
    D[i][i] = 1    // i개에서 모두 선택하는 경우의 수는 1개
}
for(i → N만큼 반복) {
    for(j → i만큼 반복) {  // 고르는 수의 개수가 전체 개수를 넘을 수 없음
        D[i][j] = D[i - 1][j] + D[i - 1][j - 1];  // 조합 점화식
        D[i][j] 값을 10007로 Mod 연산한 값으로 업데이트하기
    }
}
D[N][K] 출력
```

04단계 코드 구현하기

조합/P11051_이항계수2.cpp

```
#include <iostream>
using namespace std;

static int N, K;
static int D[1001][1001];

int main()
{
    cin >> N >> K;
    for (int i = 0; i <= N; i++) {
        D[i][1] = i;
        D[i][0] = 1;
        D[i][i] = 1;
    }
    for (int i = 2; i <= N; i++) {
        for (int j = 1; j < i; j++) {
            D[i][j] = D[i - 1][j] + D[i - 1][j - 1];
            D[i][j] = D[i][j] % 10007;
        }
    }
    cout << D[N][K] << "\n";
}
```

문제 078 부녀회장이 될 테야

시간 제한 1초 | 난이도 B2 브론즈 II | 백준 온라인 저지 2775번

평소 반상회에 참석하는 것을 좋아하는 주희는 이번 기회에 부녀회장이 되고 싶어 각층의 사람들을 불러 모아 반상회를 주최하려고 한다. 이 아파트에 거주를 하려면 조건이 있는데, 'a층의 b호에 살려면 자신의 아래층(a - 1)의 1호부터 b호까지 사람들의 수의 합만큼 사람들을 데려와 살아야 한다.' 라는 계약 조항

을 꼭 지켜야 한다. 아파트에 비어 있는 집은 없고, 모든 거주민들이 이 계약 조건을 지켜왔다고 가정했을 때 주어지는 양의 정수 k와 n에 관해 k층에 n호에는 몇 명이 살고 있는지 출력하라. 단, 아파트에는 0층부터, 각층에는 1호부터 있으며, 0층의 i호에는 i명이 산다.

입력

1번째 줄에 테스트 케이스의 수 T가 주어진다. 그리고 각각의 케이스마다 입력으로 1번째 줄에 정수 k, 2번째 줄에 정수 n이 주어진다.

출력

각각의 테스트 케이스에 관해 이 집의 거주민 수를 출력한다(1 ≤ k, n ≤ 14).

예제 입력 1

```
2 // 질의 수
1 // 층
3 // 호
2 // 층
3 // 호
```

예제 출력 1

```
6
10
```

01단계 문제 분석하기

핵심 이론에서 구하고자 하는 값에 관해 일반화된 점화식을 도출하는 훈련을 해 봤습니다. 이 문제는 조합의 점화식을 도출하는 방법을 응용해 이 문제에서 사용할 점화식을 도출하면 쉽게 해결할 수 있습니다.

문제의 내용을 살펴보겠습니다. 'a층의 b호에 살려면 자신의 아래층(a – 1)의 1호부터 b호까지 사람들의 수의 합만큼 사람들을 데려와 살아야 한다.'라는 내용은 다음 표처럼 표현할 수 있습니다.

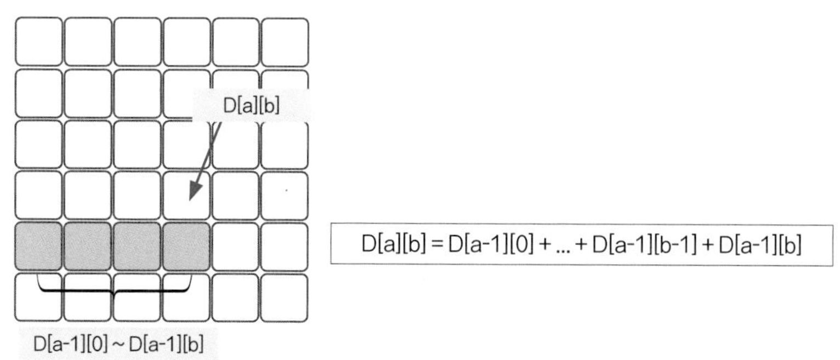

위 내용을 좀 더 응용하면 다음과 같이 점화식을 변경할 수 있습니다. a층 b호는 a층 b - 1호의 값에서 자기 아래층(a - 1층 b호)의 사람 수만 더하면 된다는 것을 알 수 있습니다. 이 내용을 적용해 일반화된 점화식을 도출하면 다음과 같습니다.

D[a][b] = D[a-1][0] + ... + D[a-1][b-1] + D[a-1][b]

D[a][b-1]

D[a][b] = D[a][b-1] + D[a-1][b]

이렇게 도출된 점화식을 이용해 실제 문제를 풀어 보겠습니다. 층의 수가 매우 적은 편이므로 가장 먼저 모든 아파트 층수에 관해 구해 놓고 테스트 케이스를 실행하는 방향으로 구조를 잡겠습니다.

02단계 손으로 풀어 보기

1 DP 테이블을 다음과 같이 초기화합니다.

DP 테이블 초기화

```
D[i][1] = 1  // 1호실에는 항상 값을 1로 초기화
D[0][i] = i  // 0층 i호의 수는 i로 초기화
```

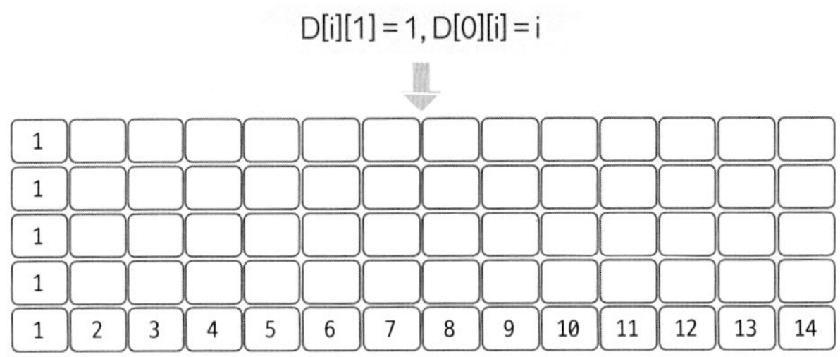

2 DP 테이블을 다음 점화식을 활용해 채웁니다.

점화식

```
D[i][j] = D[i][j - 1] + D[i - 1][j]
```

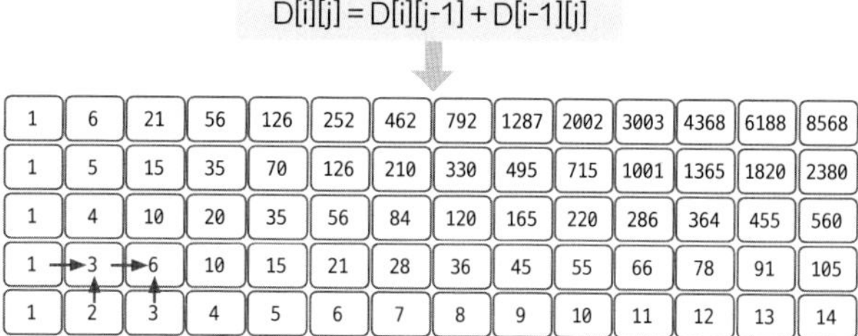

1	6	21	56	126	252	462	792	1287	2002	3003	4368	6188	8568
1	5	15	35	70	126	210	330	495	715	1001	1365	1820	2380
1	4	10	20	35	56	84	120	165	220	286	364	455	560
1	3	6	10	15	21	28	36	45	55	66	78	91	105
1	2	3	4	5	6	7	8	9	10	11	12	13	14

❸ 질의와 관련된 D[K][N] 값을 출력합니다.

1	6	21	56	126	252	462	792	1287	2002	3003	4368	6188	8568
1	5	15	35	70	126	210	330	495	715	1001	1365	1820	2380
1	4	10	20	35	56	84	120	165	220	286	364	455	560
1	3	6	10	15	21	28	36	45	55	66	78	91	105
1	2	3	4	5	6	7	8	9	10	11	12	13	14

03단계 슈도코드 작성하기

```
T(테스트 케이스), K(층수), N(호수)
D(DP 테이블)

for(i → 14만큼 반복하기) {  // DP 테이블 초기화하기
    D[i][1] = 1  // i층의 1호는 항상 1의 값을 지니기 때문에 초기화할 수 있음
    D[0][i] = i  // 0층의 i호는 i의 값을 지니도록 문제에서 주어짐
}
for(i → 1 ~ 14) {
    for(j → 2 ~ 14) {
        D[i][j] = D[i][j - 1] + D[i - 1][j];  // 일반화된 점화식
    }
}
for(T 개수) {
    K와 N값을 입력받음
    D[K][N] 출력하기
}
```

04단계 코드 구현하기

조합/P2775_부녀회장이될테야.cpp

```
#include <iostream>
using namespace std;

static int T, N, K;
static int D[15][15];

int main()
{
    for (int i = 0; i < 15; i++) {  // 초기화
        D[i][1] = 1;
        D[0][i] = i;
    }
    for (int i = 1; i < 15; i++) {
        for (int j = 2; j < 15; j++) {
            D[i][j] = D[i][j - 1] + D[i - 1][j];  // 점화식
        }
    }

    cin >> T;

    for (int i = 0; i < T; i++) {  // DP 테이블을 모두 구한 후 질의 출력
        cin >> K >> N;
        cout << D[K][N] << "\n";
    }
}
```

문제 079

다리 놓기

시간 제한 0.5초 | 난이도 G5 골드 V | 백준 온라인 저지 1010번

강 주변에서 다리를 짓기에 적합한 곳을 사이트라고 한다. 강의 서쪽에는 N개, 동쪽에는 M개의 사이트가 있다(N ≤ M). 서쪽의 사이트와 동쪽의 사이트를 다리로 연결하려고 한다. 이때 한 사이트에는 최대 1개의 다리만 연결될 수 있다.

다리를 최대한 많이 지으려고 하므로 서쪽의 사이트 개수 N만큼 다리를 지으려고 한다. 다리끼리는 서로 겹쳐질 수 없다고 할 때 다리를 지을 수 있는 경우의 수를 구하는 프로그램을 작성하시오.

i274님이 제작한 문제를 일부 수정해 수록했습니다.

입력

1번째 줄에 테스트 케이스의 개수 T, 그다음 줄부터 각 테스트 케이스에서 사이트의 개수가 정수 N, M(0 < N ≤ M < 30)으로 주어진다.

출력

각 테스트 케이스에서 다리를 지을 수 있는 경우의 수를 출력한다.

예제 입력 1

```
3      // 질의 수
2 2    // N, M
1 5
13 29
```

예제 출력 1

```
1
5
67863915
```

01단계 문제 분석하기

이 문제의 핵심은 '문제의 내용을 읽고 조합 문제로 생각할 수 있는가?'입니다. 특히 다리끼리는 서로 겹쳐질 수 없다는 조건이 이 문제를 쉽게 만들고 있습니다. 이 조건 때문에 이 문제를 M개의 사이트에서 N개를 선택하는 문제로 변경할 수 있습니다. 겹치지 않게 하려면 동쪽에

서 N개를 선택한 후 서쪽과 동쪽의 가장 위쪽 사이트에서부터 차례대로 연결할 수밖에 없기 때문입니다. 결국 이 문제는 M개에서 N개를 뽑는 경우의 수를 구하는 조합 문제로 변형해 풀 수 있습니다. 조합 점화식은 많은 문제에서 응용되기 때문에 기존 앞에 문제를 복습한다는 느낌으로 이 문제에 도전해 보세요.

02단계 손으로 풀어 보기

1. D[31][31]로 DP 테이블을 선언하고, 값을 다음 조건에 따라 초기화합니다. 기존의 조합 문제에서 초기화할 때와 같은 조건입니다.

DP 테이블 초기화

```
D[i][1] = i  // i개 중 1개를 뽑는 경우의 수는 i개
D[i][0] = 1  // i개 중 1개도 선택하지 않는 경우의 수는 1개
D[i][i] = 1  // i개 중 i개를 선택하는 경우의 수는 1개
```

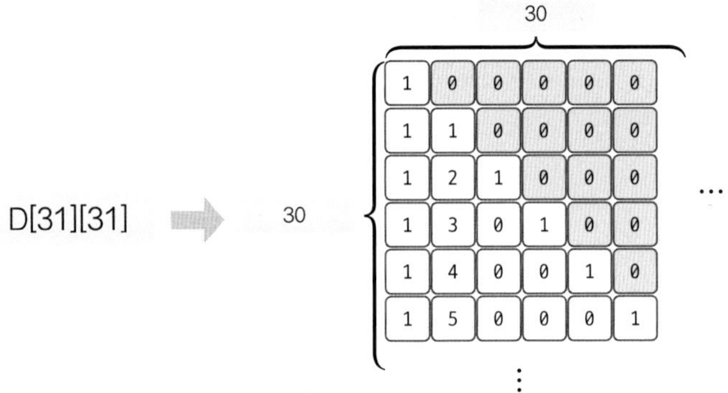

2. 점화식을 이용해 DP 테이블을 채웁니다. 이때 N과 M의 최댓값이 30보다 작으므로 미리 DP 테이블의 값을 30까지 구합니다.

조합의 점화식

```
D[i][j] = D[i - 1][j] + D[i - 1][j - 1]
```

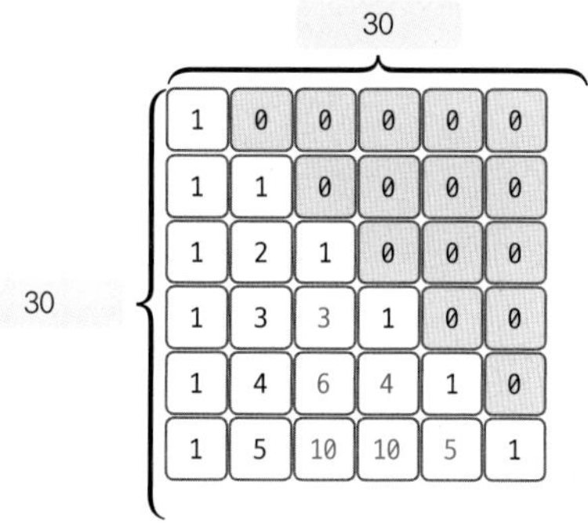

❸ 테스트 케이스를 실행해 D[M][N]의 값을 출력합니다.

∴ D[2][2] = 1, D[5][1] = 5, D[29][13] = 67863915

03단계 슈도코드 작성하기

```
T(테스트 케이스), N(서쪽), M(동쪽)
D(DP 테이블)

for(i → N만큼 반복하기) {
    // DP 테이블 초기화하기
    D[i][1] = i  // i개에서 1개를 선택하는 경우의 수는 i개
    D[i][0] = 1  // i개에서 1개도 선택하지 않는 경우의 수는 1개
    D[i][i] = 1  // i개에서 모두 선택하는 경우의 수는 1개
}
for(i → N만큼 반복하기) {
    for(j → i만큼 반복하기) {  // 고르는 수의 개수가 전체 개수를 넘을 수 없음
        D[i][j] = D[i - 1][j] + D[i - 1][j - 1];  // 조합 점화식
    }
}
for(T 개수) {
    N와 M의 값을 입력받음
    D[M][N] 출력하기
}
```

04단계 코드 구현하기

조합/P1010_다리놓기.cpp

```
#include <iostream>
using namespace std;

static int T, N, M;
static int D[31][31];

int main()
{
    for (int i = 0; i <= 30; i++) {
        D[i][1] = i;
        D[i][0] = 1;
        D[i][i] = 1;
    }
    for (int i = 2; i <= 30; i++) {
        for (int j = 1; j < i; j++) {
            D[i][j] = D[i - 1][j] + D[i - 1][j - 1];
        }
    }

    cin >> T;

    for (int i = 0; i < T; i++) {
        cin >> N >> M;
        cout << D[M][N] << "\n";
    }
}
```

문제 080

조약돌 꺼내기

시간 제한 2초 | 난이도 S3 실버 III | 백준 온라인 저지 13251번

효빈이의 비밀 박스에는 조약돌이 N개 들어 있다. 조약돌의 색상은 1부터 M까지 중 1개다. 비밀 박스에서 조약돌을 랜덤하게 K개 뽑았을 때 뽑은 조약돌이 모두 같은 색일 확률을 구하는 프로그램을 작성하시오.

입력

1번째 줄에 M(1 ≤ M ≤ 50), 2번째 줄에 각 색상의 조약돌이 몇 개 있는지 주어진다. 각 색상의 조약돌 개수는 1보다 크거나 같고, 50보다 작거나 같은 자연수다. 3번째 줄에는 K가 주어진다(1 ≤ K ≤ N).

출력

1번째 줄에 뽑은 조약돌이 모두 같은 색일 확률을 출력한다. 정답과의 절대 · 상대 오차는 10^{-9}까지 허용한다.

예제 입력 1

```
3       // 색 종류
5 6 7   // 색깔별 조약돌 개수
2       // K
```

예제 출력 1

```
0.300653595
```

예제 입력 2

```
2
5 7
1
```

예제 출력 2

```
1.000000000
```

예제 입력 3

```
1
13
8
```

예제 출력 3

```
1.000000000
```

예제 입력 4

```
5
12 2 34 13 17
4
```

예제 출력 4

```
0.035028831
```

01단계 문제 분석하기

그동안 공부한 조합을 이용하려면 색깔별 조약돌의 개수에서 K를 뽑을 수 있는 경우의 수를 구한 후, 전체 돌에 관해 n개를 뽑는 경우의 수를 나누면 이 문제를 쉽게 해결할 수 있습니다.

하지만 단순하게 확률식을 세워서 계산해도 풀 수 있습니다. 실제 코딩 테스트를 접할 때 많이 하는 실수가 특정 알고리즘이 정답이라고 생각해 좁은 시야로 문제를 대하는 것입니다. 이 문제는 알고 있는 알고리즘에 문제를 맞추려 하지 말고 좀 더 다양하게 문제를 분석하는 습관을 길러 보는 것이 좋을 것 같아 선정했습니다.

02단계 손으로 풀어 보기

❶ 색깔별 조약돌의 개수를 D 배열에 저장하고, 전체 조약돌 개수를 변수 T에 저장합니다.

D 배열(색깔별 개수 저장)

5	6	7

T(전체 조약돌 개수)
=5+6+7
=18

❷ 한 색깔의 조약돌만 뽑을 확률을 색깔별로 모두 구합니다. 입력에서 K = 2이므로 2번 뽑을 동안 같은 색이 나올 확률을 구하면 됩니다.

5개의 조약돌이 있는 색깔만 뽑을 확률 : 5/18 * 4/17 = 0.06535947712418301
6개의 조약돌이 있는 색깔만 뽑을 확률 : 6/18 * 5/17 = 0.09803921568627451
7개의 조약돌이 있는 색깔만 뽑을 확률 : 7/18 * 6/17 = 0.13725490196078433

❸ 각각의 확률을 더해 정답으로 출력합니다.

∴ 0.06535947712418301 + 0.09803921568627451 + 0.13725490196078433
= 0.30065359477124187

03단계 슈도코드 작성하기

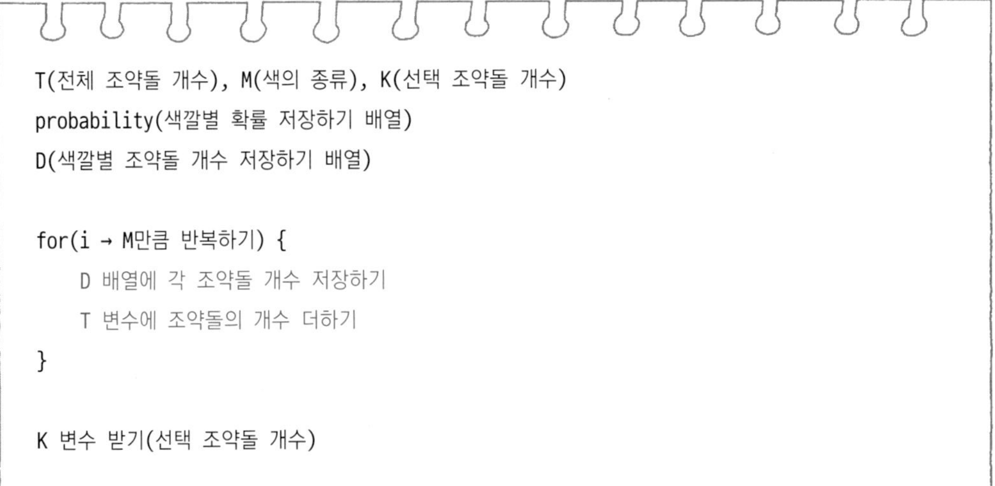

```
T(전체 조약돌 개수), M(색의 종류), K(선택 조약돌 개수)
probability(색깔별 확률 저장하기 배열)
D(색깔별 조약돌 개수 저장하기 배열)

for(i → M만큼 반복하기) {
    D 배열에 각 조약돌 개수 저장하기
    T 변수에 조약돌의 개수 더하기
}

K 변수 받기(선택 조약돌 개수)
```

```
    for(i → M만큼 반복하기) {
        // 선택 조약돌 개수보다 현재 색 조약돌 개수가 적으면 모두 같은 색으로 뽑을 확률은 0
        if(현재 색깔의 조약돌 개수가 선택해야 할 개수보다 크면)
            for(j → K만큼 반복하기) {
                i 색깔을 모두 뽑을 확률
                    = i 색깔을 모두 뽑을 확률 * 현재 색깔 개수 - K / 전체 색깔 개수 - K;
            }
            정답에 현재 색깔을 모두 뽑을 확률(probability[i]) 더하기
    }
    정답 출력하기  // 오차 범위 내 출력을 위해 소수점 9자리까지 출력
}
```

04단계 코드 구현하기

조합/P13251_조약돌꺼내기.cpp

```cpp
#include <iostream>
using namespace std;

static int M, K, T;
static int D[51];
static double probability[51];
static double ans = 0.0;

int main()
{
    cin >> M;

    for (int i = 0; i < M; i++) {
        cin >> D[i];
        T += D[i];
    }

    cin >> K;

    for (int i = 0; i < M; i++) {
        if (D[i] >= K) {
            probability[i] = 1.0;
```

```
            for (int k = 0; k < K; k++) {
                probability[i] *= (double)(D[i] - k) / (T - k);
            }
        }
        ans += probability[i];
    }
    cout << fixed;
    cout.precision(9);  // 오차 범위 내 출력을 위한 소수점 자릿수 설정
    cout << ans;
}
```

문제 빈출

081 순열의 순서 구하기

시간 제한 2초 | 난이도 G5 골드 V | 백준 온라인 저지 1722번

1부터 N까지의 수를 임의로 배열한 순열의 경우의 수는 N!이다. 임의의 순열은 영문 사전의 정렬 방식과 비슷하게 정렬된다고 하자. 예를 들어 N = 3이면 {1, 2, 3}, {1, 3, 2}, {2, 1, 3}, {2, 3, 1}, {3, 1, 2}, {3, 2, 1}의 순서로 정렬된다. N이 주어지면 다음 두 소문제 중 1개를 푸는 프로그램을 작성해 보자.

- 소문제 ① K가 주어지면 K번째 순열을 구한다.
- 소문제 ② 임의의 순열이 주어지면 이 순열이 몇 번째 순열인지 구한다.

author5님이 제작한 문제를 일부 수정해 수록했습니다.

입력

1번째 줄에 순열의 개수 N(1 ≤ N ≤ 20), 2번째 줄의 1번째 수는 소문제 번호다. 1일 때 K를 입력받고, 2일 때 임의의 순열을 나타내는 N개의 수를 입력받는다. 여기서 N개의 수에는 1에서 N까지의 정수가 한 번씩만 나타난다.

출력

주어진 소문제와 관련된 정답을 출력한다.

예제 입력 1
4 // 자릿수 N 1 3 // 소문제 번호, K

예제 출력 1
1 3 2 4

예제 입력 2
4 // 자릿수 N 2 1 3 2 4 // 소문제 번호, 순열

예제 출력 2
3

01단계 문제 분석하기

이 문제는 조합 문제와는 다르게 순열의 개념을 알아야 풀 수 있습니다. 순열은 순서가 다르면 다른 경우의 수로 인정됩니다. N자리로 만들 수 있는 순열의 경우의 수를 구해야 한다는 것이 이 문제의 핵심입니다. 4자리로 표현되는 모든 경우의 수를 구하는 예제를 살펴보면서 좀 더 자세하게 설명하겠습니다. 가장 먼저 각 자리에서 사용할 수 있는 경우의 수를 구합니다.

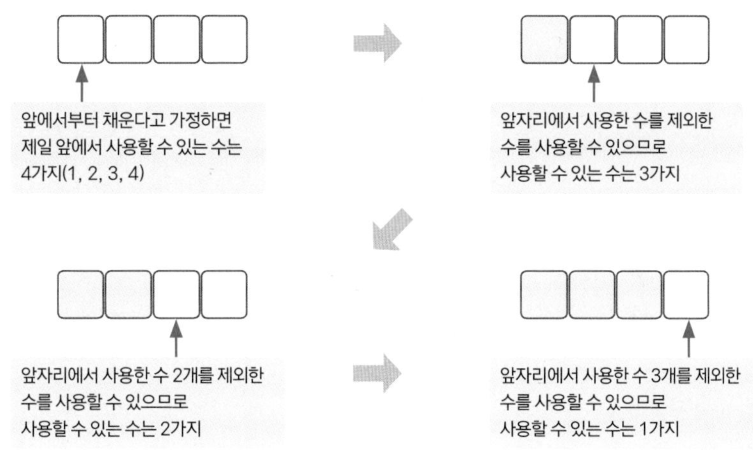

각 자리에서 구한 경우의 수를 모두 곱하면 모든 경우의 수가 나옵니다. 4자리로 표현되는 모든 경우의 수는 4 * 3 * 2 * 1 = 4! = 24입니다. 이를 일반화하면 N자리로 만들 수 있는 순열의 모든 경우의 수는 N!이라는 것을 알 수 있습니다.

02단계 손으로 풀어 보기

1 자릿수에 따른 순열의 경우의 수를 1부터 N자리까지 미리 계산합니다.

2 소문제 ①을 풀어 보겠습니다. 예제 1을 이용해 K번째 순열을 출력합니다.

K번째 순열 출력하기

① 주어진 값(K)과 현재 자리(N) - 1에서 만들 수 있는 경우의 수를 비교한다.

② ①에서 K가 더 작아질 때까지 경우의 수를 배수(cnt)로 증가시킨다(순열의 순서를 1씩 늘림).

③ K가 더 작아지면 순열에 값을 저장하고 K를 K - (경우의 수 * (cnt - 1))로 업데이트한다.

④ 순열이 완성될 때까지 ①~③을 반복하고 완료된 순열을 출력한다.

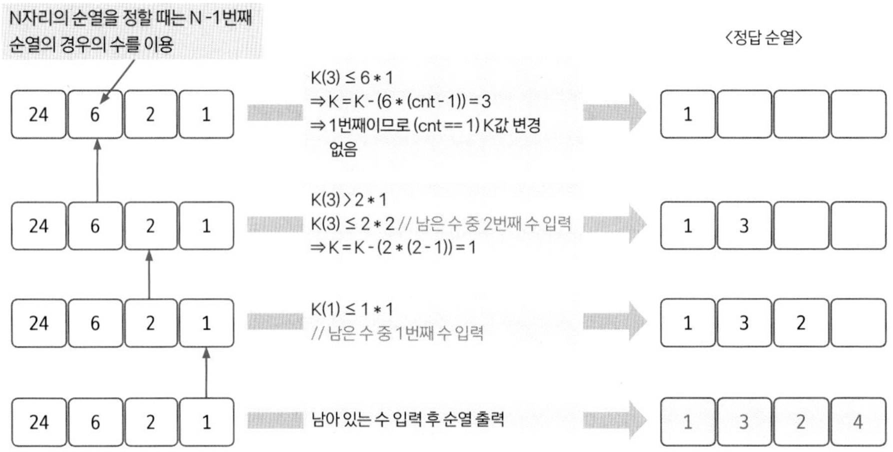

3 소문제 ②를 풀어 보겠습니다. 예제 2를 이용해 입력된 순열의 순서 K를 구합니다.

입력된 순열의 순서 구하기

① 현재 자릿수의 숫자를 확인하고 해당 숫자보다 앞 숫자 중 미사용 숫자를 카운트한다.

② 미사용 숫자 개수 * (현재 자리 - 1에서 만들 수 있는 순열의 개수)를 K에 더한다.

③ 모든 자릿수에 관해 ①~③을 반복한 후 K값을 출력한다.

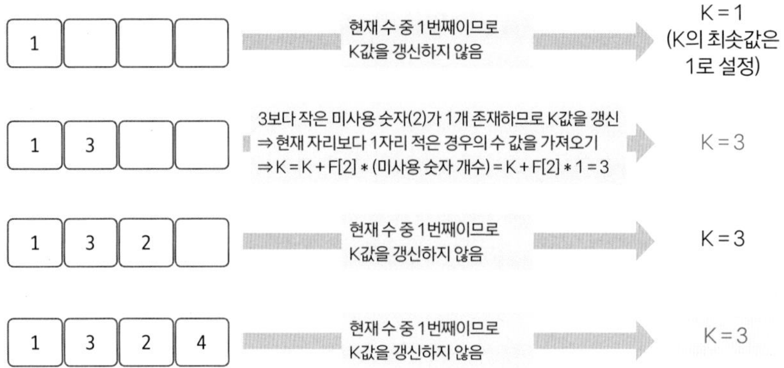

03단계 슈도코드 작성하기

```
F(자리별 만들 수 있는 경우의 수 저장 → 팩토리얼 형태)
S(순열을 담는 배열)
visited(숫자 사용 여부 저장 배열)
N(순열의 길이)
Q(문제의 종류 → 1이면 순열 출력, 2이면 순서 출력)
N, Q 입력받기

if(Q == 1 → 순열을 출력하는 문제) {
    K(몇 번째 순열을 출력할지 입력받기)
    → 길이가 N인 순열의 K번째 순서의 순열을 출력해야 하는 문제
    for(i → N만큼 반복) {
        cnt = 1(해당 자리에서 몇 번째 숫자를 사용해야 할지 정하는 변수)
        for(j → N만큼 반복) {
            이미 사용한 숫자는 계산하지 않음
            if(현재 순서 < 해당 자리 순열 수 * cnt) {
                현재 순서 = 현재 순서 - (해당 자리 순열 수 * (cnt - 1))
                현재 자리에 j값 저장, 숫자 j를 사용 숫자로 체크
                반복문 종료
            }
            cnt++;
        }
    }
    배열 출력
}
else {  // 순열의 순서를 출력하는 문제
    K(순열의 순서 저장 변수)
    S(순열 배열 저장)
    for(i → N만큼 반복) {
        for(j → S[i] 수만큼 반복) {
            if (visit[j] == false) {
                cnt++;  // 미사용 숫자 개수만큼 카운트
            }
        }
        K = K + cnt * 현재 자릿수에서 만들 수 있는 경우의 수
```

```
            S[i]번째 숫자를 사용 숫자로 변경
        }
        K 출력
    }
```

04단계 코드 구현하기

조합/P1722_순열의순서.cpp

```
#include <iostream>
using namespace std;

static int N, Q;
static long F[21], S[21];
static bool visited[21] = {false};

int main()
{
    cin >> N >> Q;
    F[0] = 1;
    // 팩토리얼 초기화 → 각 자릿수에서 만들 수 있는 경우의 수
    for (int i = 1; i <= N; i++) {
        F[i] = F[i - 1] * i;
    }
    if (Q == 1) {
        long K;
        cin >> K;

        for (int i = 1; i <= N; i++) {
            for (int j = 1, cnt = 1; j <= N; j++) {
                if (visited[j]) {
                    continue;  // 이미 사용한 숫자는 사용할 수 없음
                }
                // 주어진 K에 따라 각 자리에 들어갈 수 있는 수 찾기
                if (K <= cnt * F[N - i]) {
                    K -= ((cnt - 1) * F[N - i]);
                    S[i] = j;
```

```
                    visited[j] = true;
                    break;
                }
                cnt++;
            }
        }
        for (int i = 1; i <= N; i++) {
            cout << S[i] << " ";
        }
    }
    else {
        long K = 1;

        for (int i = 1; i <= N; i++) {
            cin >> S[i];
            long cnt = 0;

            for (int j = 1; j < S[i]; j++) {
                if (visited[j] == false) {
                    cnt++;  // 미사용 숫자 개수만큼 카운트
                }
            }
            K += cnt * F[N - i];  // 자릿수 개수에 따라 순서 더하기
            visited[S[i]] = true;
        }
        cout << K << "\n";
    }
}
```

빈출

문제 082 핵심 사전 찾기

시간 제한 2초 | 난이도 G3 골드 III | 백준 온라인 저지 1256번

동호와 규완이는 212호에서 문자열에 관해 공부하고 있다. 김진영 조교는 동호와 규완이에게 특별 과제를 줬다. 특별 과제는 특별한 문자열로 이뤄진 사전을 만드는 것이다. 사전에 수록돼 있는 모든 문자열은 N개의 "a"와 M개의 "z"로 이뤄져 있다. 다른 문자는 없다. 사전에는 알파벳 순서대로 수록돼 있다.

규완이는 사전을 완성했지만, 동호는 사전을 완성하지 못했다. 동호는 자신의 과제를 끝내기 위해 규완이의 사전을 몰래 참조하기로 했다. 동호는 규완이가 자리를 비운 사이에 몰래 사전을 보려고 하므로 문자열 1개만 찾을 여유밖에 없다. N과 M이 주어졌을 때 규완이의 사전에서 K번째 문자열이 무엇인지 구하는 프로그램을 작성하시오.

입력

1번째 줄에 N, M, K가 순서대로 주어진다. N과 M은 100보다 작거나 같은 자연수, K는 1,000,000,000보다 작거나 같은 자연수다.

출력

1번째 줄에 규완이의 사전에서 K번째 문자열을 출력한다. 만약 규완이의 사전에 수록돼 있는 문자열의 개수가 K보다 작으면 -1을 출력한다.

예제 입력 1	예제 출력 1
2 2 2 // N(a의 개수), M(z의 개수), K	azaz

01단계 문제 분석하기

사전에서 다루는 문자열이 a와 z밖에 없다는 점에 착안해 접근해 보겠습니다. 핵심 아이디어는 a와 z의 개수가 각각 N, M개일 때 이 문자로 만들 수 있는 모든 경우의 수는 N + M개에서 N개를 뽑는 경우의 수 또는 N + M개에서 M개를 뽑는 경우의 수와 동일하다는 것입니다. 직접 문제를 풀어 보겠습니다.

02단계 손으로 풀어 보기

1 조합의 경우의 수를 나타내는 DP 테이블을 초기화하고, 점화식으로 값을 계산해 저장합니다.

조합 점화식

```
D[i][j] = D[i - 1][j] + D[i - 1][j - 1]
```

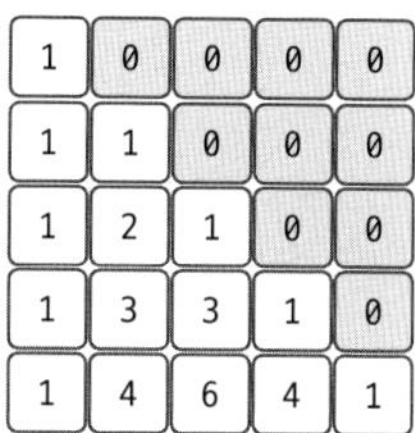

1	0	0	0	0
1	1	0	0	0
1	2	1	0	0
1	3	3	1	0
1	4	6	4	1

2 몇 번째 문자열을 표현해야 하는지를 나타내는 변수를 K라고 합시다. 현재 자릿수에서 a를 선택했을 때 남은 문자로 만들 수 있는 모든 경우의 수를 T라고 지정합니다. T와 K를 비교해 문자를 선택합니다.

문자 선택 기준

T ≥ K: 현재 자리 문자를 a로 선택

T < K: 현재 자리 문자를 z로 선택하고, K = K - T로 업데이트

남은 문자 총 개수 → 남은 z 개수

a =2, z =2이고, a를 선택했을 때 나머지 문자열로 만들 수 있는 경우의 수는 D[3][2]

D[3][2] = 3 ≥ K(2)이므로 a 확정 ⇒ z는 2개 남음

D[2][2] = 1 < K(2)이므로 z 확정 ⇒ z는 1개 남음 ⇒ K = K - T = 1로 업데이트

D[1][1] = 1 ≥ K(1)이므로 a 확정 ⇒ z는 1개 남음

D[0][1] = 0 < K(1)이므로 z 확정

3 과정 2를 a와 z의 문자 수를 합친 만큼 반복해 정답 문자열을 출력합니다.

∴ 확정된 문자를 차례대로 출력 ⇒ azaz

03단계 슈도코드 작성하기

```
N(a 문자 개수), M(z 문자 개수), K(순번)

// 조합 테이블 미리 만들기
for(i → 0 ~ 200) {
    for(j → 0 ~ i) {  // 고르는 수의 개수가 전체 개수를 넘을 수 없음
        D[i][j] = D[i - 1][j] + D[i - 1][j - 1];  // 조합 점화식
        D[i][j] 값이 K의 범위를 벗어났을 때 K 범위의 최댓값으로 D[i][j] 저장하기
    }
}

if(불가능한 K이면) -1 출력하기

while(모든 문자를 사용할 때까지) {
    if(a 문자를 선택했을 때 남은 문자로 만들 수 있는 모든 경우의 수 >= K) {
        a 출력하기, a 문자 개수 감소(N--)
    }
    else {
        z 출력하기, z 문자 개수 감소(M--),
                k의 값을 계산된 모든 경우의 수를 뺀 값으로 저장하기
    }
}
```

04단계 코드 구현하기

조합/P1256_사전.cpp

```cpp
#include <iostream>
using namespace std;

static int N, M, K;
static long D[202][202];

int main()
{
```

```
    cin >> N >> M >> K;

    for (int i = 0; i <= 200; i++) {  // 조합 테이블 초기화
        for (int j = 0; j <= i; j++) {
            if (j == 0 || j == i) {
                D[i][j] = 1;
            }
            else {
                D[i][j] = D[i - 1][j - 1] + D[i - 1][j];
                // K 범위가 넘어가면 범위 최댓값 저장
                if (D[i][j] > 1000000000) {
                    D[i][j] = 1000000001;
                }
            }
        }
    }
    if (D[N + M][M] < K) {  // 주어진 자릿수로 만들 수 없는 K번째 수이면
        cout << "-1";
    }
    else {
        while (!(N == 0 && M == 0)) {
            // a를 선택했을 때 남은 문자로 만들 수 있는 모든 경우의 수가 K보다 크면
            if (D[N - 1 + M][M] >= K) {
                cout << "a";
                N--;
            }
            else {  // 모든 경우의 수가 K보다 작으면
                cout << "z";
                K = K - D[N - 1 + M][M];  // K값 업데이트
                M--;
            }
        }
    }
}
```

문제 083

선물 전달하기

시간 제한 2초 | 난이도 G2 골드 II | 백준 온라인 저지 1947번

이번 ACM-ICPC 대회에 참가한 모든 사람들은 선물을 1개씩 준비했다. 모든 사람은 선물을 1개씩 받고, 자기의 선물을 자기가 받는 경우는 없다. 대회가 끝나고 난 후 각자 선물을 전달하려고 할 때 선물을 나누는 경우의 수를 구하는 프로그램을 작성하시오.

입력

1번째 줄에 ACM-ICPC 대회에 참가한 학생의 수 N(1 ≤ N ≤ 1,000,000)이 주어진다.

출력

경우의 수를 1,000,000,000으로 나눈 나머지를 1번째 줄에 출력한다.

예제 입력 1	예제 출력 1
5 // N	44

01단계 문제 분석하기

조합에서 다루기는 하지만 완전 순열이라는 개념의 문제입니다. 완전 순열의 개념은 n개의 원소의 집합에서 원소들을 재배열할 때 이전과 같은 위치에 배치되는 원소가 1개도 없을 때를 말합니다. 하지만 이 문제에서 필요한 것은 완전 순열의 개념이 아니라 문제에 주어진 조건에 따라 적절한 점화식을 도출해내는 역량입니다. 물론 완전 순열의 점화식은 쉽게 찾아볼 수 있습니다. 하지만 이 책에서는 스스로 점화식을 논리적으로 도출하는 훈련을 해 보겠습니다. 사실 조합, 순열의 개념은 다양한 동적 계획법 문제들의 점화식 원리를 이해하기 위한 기초 공사입니다. 조건에 관해 생각하면서 점화식을 도출해 보겠습니다.

02단계 **손으로 풀어 보기**

1 D[N] 테이블의 의미를 N명일 때 선물을 교환할 수 있는 모든 경우의 수로 정합니다. N명이 존재한다고 가정하고, A가 B라는 학생에게 선물을 줬다고 가정해 보겠습니다. 이때 교환 방식은 다음 2가지 방식만이 존재합니다.

선물을 교환하는 2가지 방식

① B도 A에게 선물을 줬을 때(양방향 교환)

: N명 중 2명이 교환을 완료했으므로 남은 경우의 수는 D[N - 2]

② B는 A가 아닌 다른 친구에게 선물을 전달할 때(단방향 교환)

: N명 중 B만 받은 선물이 정해진 상태이므로 남은 학생은 N - 1이며 경우의 수는 D[N - 1]

이는 A가 B라는 학생에게 선물을 준 것으로 가정하고 경우의 수를 생각한 것이지만 실제로 A는 자기 자신이 아닌 N – 1명에게 선물을 전달할 수 있습니다. 이 내용을 이용해 도출해낸 완전 순열의 경우의 수를 구하는 점화식은 다음과 같습니다.

완전 순열 점화식

```
D[N] = (N - 1) * (D[N - 2] + D[N - 1])
```

도출해낸 점화식을 이용하면 이 문제는 쉽게 풀 수 있습니다.

2 DP 테이블을 초기화합니다.

D[1] = 0 // 한 명이 다른 사람에게 모자를 선물할 수 없음

D[2] = 1 // 두 명의 경우 서로 교환하는 경우의 수만 존재

3 완전 순열 점화식으로 정답을 구합니다.

D[3] = (3 - 1) * (D[2] + D[1]) = 2 * 1 = 2

D[4] = (4 - 1) * (D[3] + D[2]) = 3 * 3 = 9

D[5] = (5 - 1) * (D[4] + D[3]) = 4 * 11 = 44

03단계 슈도코드 작성하기

```
D(N명일 때 선물을 교환할 수 있는 모든 경우의 수)
D[1] = 0  // 혼자서는 선물을 교환할 수 없음
D[2] = 1  // 2명일 경우에는 서로 교환하는 경우의 수만 존재

for(i → 3 ~ N) {
    i명이 교환할 수 있는 모든 경우의 수 = (i - 1) * (D[i - 1] + D[i - 2]) % mod
    // 값에 넣기 전에 항상 % 연산 수행
}
D[N]값 출력하기
```

04단계 코드 구현하기

조합/P1947_선물전달.cpp

```
#include <iostream>
using namespace std;

static int N;
static int mod = 1000000000;
static long D[1000001];

int main()
{
    cin >> N;
    D[1] = 0;
    D[2] = 1;

    for (int i = 3; i <= N; i++) {
        D[i] = (i - 1) * (D[i - 1] + D[i - 2]) % mod;   // 완전 순열 점화식
    }
    cout << D[N];
}
```

동적 계획법

11장에서는 알고리즘 코딩 테스트의 백미라 할 수 있는
동적 계획법에 관해 알아보겠습니다. 사실 모든 알고리즘 문제들은
완전 탐색을 이용해 정답을 도출할 수 있습니다.
단지 비효율적인 연산과 시간을 없애고, 답을 효율적으로 도출하기 위해
여러 알고리즘 기법이 생긴 것이지요. 동적 계획법은
이 중 가장 광범위한 여러 유형의 문제를 논리적인 사고를 이용해
효율적으로 풀 수 있는 알고리즘입니다.

11-1 동적 계획법 알아보기

동적 계획법dynamic programming은 복잡한 문제를 여러 개의 간단한 문제로 분리하여 부분의 문제들을 해결함으로써 최종적으로 복잡한 문제의 답을 구하는 방법을 뜻합니다.

동적 계획법의 핵심 이론

동적 계획법의 원리와 구현 방식은 다음과 같습니다.

동적 계획법의 원리와 구현 방식

① 큰 문제를 작은 문제로 나눌 수 있어야 한다.

② 작은 문제들이 반복돼 나타나고 사용되며 이 작은 문제들의 결괏값은 항상 같아야 한다.

③ 모든 작은 문제들은 한 번만 계산해 DP 테이블에 저장하며 추후 재사용할 때는 이 DP 테이블을 이용한다. 이를 메모이제이션memoization 기법이라고 한다.

④ 동적 계획법은 톱-다운 방식top-down과 바텀-업bottom-up 방식으로 구현할 수 있다.

동적 계획법의 가장 대표적인 문제인 피보나치 수열을 예로 들어 설명하겠습니다.

피보나치 수열 공식

```
D[N] = D[N - 1] + D[N - 2]  // N번째 수열 = N - 1번째 수열 + N - 2번째 수열
```

1. 동적 계획법으로 풀 수 있는지 확인하기

6번째 피보나치 수열은 5번째 피보나치 수열과 4번째 피보나치 수열의 합입니다. 즉, 6번째 피보나치 수열을 구하는 문제는 5번째 피보나치 수열과 4번째 피보나치 수열을 구하는 작은 문제로 나눌 수 있고, 수열의 값은 항상 같기 때문에 동적 계획법으로 풀 수 있습니다.

2. 점화식 세우기

점화식을 세울 때는 논리적으로 전체 문제를 나누고, 전체 문제와 부분 문제 간의 인과 관계를 파악하는 훈련이 필요합니다. 이 부분은 다양한 실전 문제를 풀면서 자연스럽게 훈련되므로 걱정하지 마세요. 이 예제는 피보나치 수열의 공식 자체가 점화식이므로 공식을 점화식으로 사용하겠습니다. 즉, 피보나치 수열의 점화식은 D[i] = D[i - 1] + D[i - 2]가 됩니다.

3. 메모이제이션 원리 이해하기

메모이제이션은 부분 문제를 풀었을 때 이 문제를 DP 테이블에 저장해 놓고 다음에 같은 문제가 나왔을 때 재계산하지 않고 DP 테이블의 값을 이용하는 것을 말합니다. 다음 그림을 보면 위에서 2번째와 3번째 피보나치 수열은 맨 왼쪽 탐색 부분에서 최초로 값이 구해지고, 이때 DP 테이블에 값이 저장됩니다. 이에 따라 나중에 2번째와 3번째 피보나치 수열의 값이 필요할 때 재연산을 이용해 구하지 않고, DP 테이블에서 바로 값을 추출합니다. 이러한 방식을 사용하면 불필요한 연산과 탐색이 줄어들어 시간 복잡도 측면에서 많은 이점을 가질 수 있습니다.

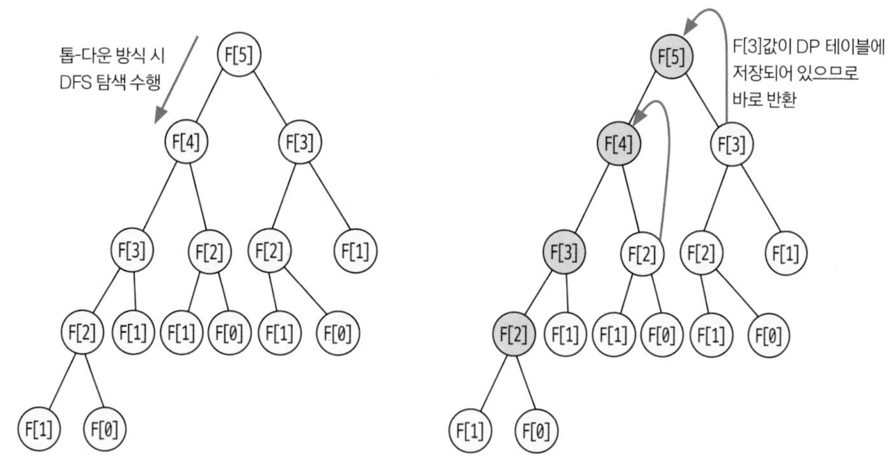

메모이제이션으로 5번째 피보나치 수열의 수 구하기

4. 톱-다운 구현 방식 이해하기

톱-다운 구현 방식은 말 그대로 위에서부터 문제를 파악해 내려오는 방식으로, 주로 재귀 함수 형태로 코드를 구현합니다. 코드의 가독성이 좋고, 이해하기가 편하다는 장점이 있습니다.

동적계획법/P2747_피보나치수_TopDown.cpp

```
#include <iostream>
#include <vector>
using namespace std;

static int N;
static vector<int> D;
int fibo(int n);

int main()
{
    cin >> N;
    D.resize(N + 1);

    for (int i = 0; i <= N; i++) {
        D[i] = -1;
    }
    D[0] = 0;
    D[1] = 1;
    fibo(N);
    cout << D[N];
}

int fibo(int n) {
    // 기존에 계산한 적이 있는 부분 문제는 다시 계산하지 않고 반환
    if (D[n] != -1) {
        return D[n];
    }
    // 메모이제이션: 구한 값을 바로 반환하지 않고 테이블에 저장 후 반환하도록 구현
    return D[n] = fibo(n - 2) + fibo(n - 1);
}
```

5. 바텀-업 구현 방식 이해하기

가장 작은 부분 문제부터 문제를 해결하면서 점점 큰 문제로 확장해 나가는 방식입니다. 주로 반복문의 형태로 구현합니다.

동적계획법/P2747_피보나치수_BottomUp.cpp

```
#include <iostream>
#include <vector>
using namespace std;

static int N;
static vector<int> D;

int main()
{
    cin >> N;
    D.resize(N + 1);

    for (int i = 0; i <= N; i++) {
        D[i] = -1;
    }
    D[0] = 0;
    D[1] = 1;

    for (int i = 2; i <= N; i++) {
        D[i] = D[i - 1] + D[i - 2];
    }
    cout << D[N];
}
```

두 방식 중 좀 더 안전한 방식은 바텀-업입니다. 톱-다운 방식은 재귀 함수의 형태로 구현돼 있기 때문에 재귀의 깊이가 매우 깊어질 경우 런타임 에러가 발생할 수 있습니다. 하지만 실제 코딩 테스트에서 이 부분까지 고려해야 하는 문제는 잘 나오지 않습니다. 오히려 자신이 구현한 함수에 버그가 있을 확률이 더 높을 것입니다. 이 부분을 제외하면 두 방식의 차이점은 거의 없다고 할 수 있습니다. 자신에게 좀 더 편한 방식이나 문제에 따라 두 방식 중 1개를 선택해 사용하면 됩니다. 동적 계획법은 매우 중요하므로 가장 많은 문제를 다룰 예정입니다. 이제 실전 문제로 실습해 볼까요?

문제 084

정수를 1로 만들기

시간 제한 0.15초 | 난이도 S3 실버 III | 백준 온라인 저지 1463번

정수 X에 사용할 수 있는 연산은 다음 3가지다.

1. X가 3으로 나누어떨어지면 3으로 나눈다.
2. X가 2로 나누어떨어지면 2로 나눈다.
3. 1을 뺀다.

정수 N이 주어졌을 때 위와 같은 연산 3개를 적절히 사용해 1을 만들려고 한다. 연산을 사용하는 횟수의 최솟값을 출력하시오.

입력

1번째 줄에 1보다 크거나 같고, 10^6보다 작거나 같은 정수 N이 주어진다.

출력

1번째 줄에 연산을 하는 횟수의 최솟값을 출력한다.

예제 입력 1	예제 출력 1	예제 입력 2	예제 출력 2
10 // N	3	2	1

01단계 문제 분석하기

사용할 수 있는 3가지 연산을 바텀-업 방식으로 구현할 수 있는지를 연습해 보는 문제입니다. 본격적인 동적 계획법 학습에 앞서 주어진 조건을 점화식으로 변형해 코드화하는 훈련을 해 보겠습니다.

02단계 손으로 풀어 보기

1 예제를 풀어 보겠습니다. 먼저 점화식의 형태와 의미를 도출합니다.

```
D[i]: i에서 1로 만드는 데 걸리는 최소 연산 횟수
```

2 점화식을 구합니다.

```
D[i] = D[i - 1] + 1                                  // 1을 빼는 연산이 가능함
if(i % 2 == 0) D[i] = min(D[i], D[i / 2] + 1)        // 2로 나누는 연산이 가능함
if(i % 3 == 0) D[i] = min(D[i], D[i / 3] + 1)        // 3으로 나누는 연산이 가능함
```

3 점화식을 이용해 DP 테이블을 채웁니다.

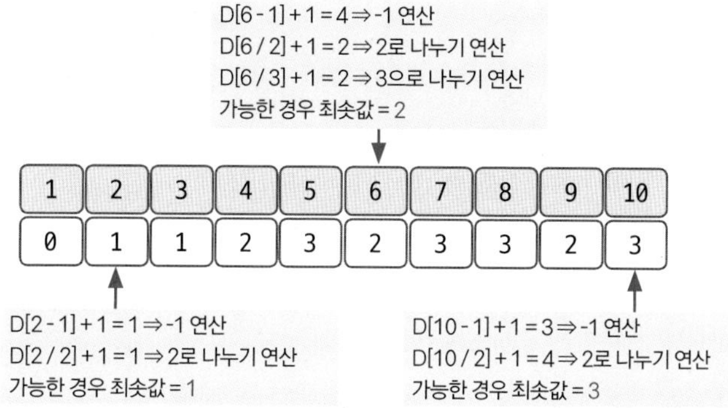

4 D[N]을 출력합니다.

∴ D[10] = 3

03단계 슈도코드 작성하기

```
N(구하고자 하는 수)
D[1] = 0 초기화  // 1일 때 연산 불필요

for(i → 2 ~ N) {
    D[i] = D[i - 1] + 1  // -1 연산 표현
    if(2의 배수) D[i / 2] + 1이 D[i]보다 작으면 변경하기  // 나누기 2 연산
    if(3의 배수) D[i / 3] + 1이 D[i]보다 작으면 변경하기  // 나누기 3 연산
}

D[N] 출력하기
```

04단계 **코드 구현하기**

동적계획법/P1463_1로만들기.cpp

```
#include <iostream>
#include <vector>
#include <cmath>
using namespace std;

static int N;
static vector<int> D;

int main()
{
    cin >> N;
    D.resize(N + 1);
    D[1] = 0;

    for (int i = 2; i <= N; i++) {
        D[i] = D[i - 1] + 1;
        if (i % 2 == 0) {
            D[i] = min(D[i], D[i / 2] + 1);
        }
        if (i % 3 == 0) {
            D[i] = min(D[i], D[i / 3] + 1);
        }
    }
    cout << D[N];
}
```

문제 085

퇴사 준비하기

시간 제한 2초 | 난이도 S3 실버 III | 백준 온라인 저지 14501번

상담원으로 일하고 있는 백준이는 퇴사하려고 한다. 오늘부터 N + 1일째 되는 날 퇴사하기 위해 남은 N일 동안 최대한 많은 상담을 하려고 한다. 백준이는 비서에게 최대한 많은 상담을 잡으라고 부탁했고, 비서는 하루에 1개씩 서로 다른 사람의 상담을 잡아 놓았다. 각각의 상담은 상담을 완료하는 데 걸리는 기간 T_i와 상담했을 때 받을 수 있는 금액 P_i로 이뤄져 있다. N = 7일 때 다음과 같은 상담 일정표를 살펴보자.

	1일	2일	3일	4일	5일	6일	7일
T_i	3	5	1	1	2	4	2
P_i	10	20	10	20	15	40	200

1일에 잡혀 있는 상담은 총 3일이 걸리며, 상담했을 때 받을 수 있는 금액은 10이다. 5일에 잡혀 있는 상담은 총 2일이 걸리며, 받을 수 있는 금액은 15이다. 상담하는 데 필요한 기간은 1일보다 클 수 있기 때문에 모든 상담을 할 수는 없다. 예를 들어 1일에 상담하면 2일, 3일에 있는 상담은 할 수 없게 된다. 2일에 있는 상담을 하면 3, 4, 5, 6일에 잡혀 있는 상담은 할 수 없다. 또한, N + 1일째에는 회사에 없기 때문에 6, 7일에 있는 상담은 할 수 없다. 퇴사 전에 할 수 있는 상담의 최대 이익은 1일, 4일, 5일에 있는 상담을 하는 것이며, 이때의 이익은 10 + 20 + 15 = 45이다. 상담을 적절히 했을 때 백준이가 얻을 수 있는 최대 수익을 구하는 프로그램을 작성하시오.

입력

1번째 줄에 N($1 \le N \le 15$), 2번째 줄부터 N개의 줄에 T_i와 P_i가 공백으로 구분돼 주어지고, 1일에서 N일까지 순서대로 주어진다($1 \le T_i \le 5$, $1 \le P_i \le 1,000$).

출력

1번째 줄에 백준이가 얻을 수 있는 최대 이익을 출력한다.

예제 입력 1

```
7 // N
3 10
5 20
1 10
1 20
2 15
4 40
2 200
```

예제 출력 1

```
45
```

예제 입력 2

```
10
1 1
1 2
1 3
1 4
1 5
1 6
1 7
1 8
1 9
1 10
```

예제 출력 2

```
55
```

예제 입력 3

```
10
5 10
5 9
5 8
5 7
5 6
5 10
5 9
5 8
5 7
5 6
```

예제 출력 3

```
20
```

예제 입력 4

```
10
5 50
4 40
3 30
2 20
1 10
1 10
2 20
3 30
4 40
5 50
```

예제 출력 4

```
90
```

01단계 문제 분석하기

동적 계획법에서 점화식은 유일하지 않습니다. 다양한 자신만의 아이디어로 적절한 점화식을 찾는 훈련을 반복하는 것이 동적 계획법 실력을 늘리는 지름길입니다. 먼저 점화식의 형태를 정의해 보는 것부터 시작하겠습니다. 문제의 주요 요소가 날짜 1개 정도라고 판단돼 1차원 형태의 점화식(D[i])을 세워 보려고 합니다. 그다음에 D[i]의 의미를 정해야 합니다. D[i]의 의미를 i번째 날부터 퇴사일까지 벌 수 있는 최대 수입으로 정의해 문제에 접근해 보겠습니다. 여러분 나름의 아이디어로 문제를 풀어 보세요.

02단계 손으로 풀어 보기

1 점화식의 형태와 의미를 도출합니다.

```
D[i]: i번째 날부터 퇴사일까지 벌 수 있는 최대 수입
```

2 점화식을 구합니다.

```
D[i] = D[i + 1]                               // 오늘 시작되는 상담을 했을 때 퇴사일까지 끝나지 않는 경우
D[i] = MAX(D[i + 1], D[i + T[i]] + P[i])     // 오늘 시작되는 상담을 했을 때 퇴사일 안에 끝나는 경우
```

3 점화식을 이용해 DP 테이블을 채웁니다.

<예제 1 상담 일정표>

	1일	2일	3일	4일	5일	6일	7일
T_i	3	5	1	1	2	4	2
P_i	10	20	10	20	15	40	200

D[7]

i + T[i] = 7 + 2 = 9 > N + 1 = 8
해당 날에 시작되는 상담은 퇴사일까지 끝낼 수 없으므로 D[7] = D[8] = 0

D[6]

i + T[i] = 6 + 4 = 10 > 8
D[6] = D[7] = 0

D[5]

i + T[i] = 5 + 2 = 7 ≤ 8
D[5] = MAX(D[6], D[7] + P[5]) = 15

D[4]

i + T[i] = 4 + 1 = 5 ≤ 8
D[4] = MAX(D[5], D[5] + P[4]) = 35

D[3]

i + T[i] = 3 + 1 = 4 ≤ 8
D[3] = MAX(D[4], D[4] + P[3]) = 45

D[2]

i + T[i] = 2 + 5 = 7 ≤ 8
D[2] = MAX(D[3], D[7] + P[2]) = 45

D[1]

i + T[i] = 1 + 3 = 4 ≤ 8
D[1] = MAX(D[2], D[4] + P[1]) = 45

4 완성된 DP 테이블에서 D[1] 값을 출력합니다.

1	2	3	4	5	6	7	8
45	45	45	35	15	0	0	0

03단계 **슈도코드 작성하기**

```
N(퇴사까지 남은 일수)
D(점화식 배열 → i ~ 퇴사일까지 벌 수 있는 최대 수입을 저장)
T(상담에 필요한 일수 저장 배열)
P(상담 완료 시 받는 수입 저장 배열)

for(N만큼 반복) {
    T와 P 배열 입력받기
}
for(i → N ~ 1까지 반복) {
    if(i + T[i] > N + 1) {  // i번째 상담을 퇴사일까지 끝낼 수 없는 경우
        D[i] = i + 1일 ~ 퇴사일에 벌 수 있는 최대 수입
    }
    else {                  // i번째 상담을 퇴사일까지 끝낼 수 있는 경우
        D[i] = MAX(i + 1일 ~ 퇴사일에 벌 수 있는 최대 수입과
                i번째 상담 비용 + i번째 상담이 끝난 다음 날부터 퇴사일까지 최대 수입)
    }
}
D[1] 출력  // 1일부터 퇴사일까지 벌 수 있는 최대 수입
```

04단계 **코드 구현하기**

동적계획법/P14501_퇴사.cpp

```
#include <iostream>
#include <vector>
#include <cmath>
using namespace std;

static int N;
static vector<int> D, T, P;

int main()
{
    cin >> N;
```

```
    D.resize(N + 2);
    T.resize(N + 1);
    P.resize(N + 1);

    for (int i = 1; i <= N; i++) {
        cin >> T[i] >> P[i];
    }
    for (int i = N; i > 0; i--) {
        if (i + T[i] > N + 1) {
            D[i] = D[i + 1];
        }
        else {
            D[i] = max(D[i + 1], P[i] + D[i + T[i]]);
        }
    }
    cout << D[1];
}
```

문제 빈출

086 이친수 구하기

시간 제한 2초 | 난이도 S3 실버 III | 백준 온라인 저지 2193번

0과 1로만 이뤄진 수를 '이진수'라고 한다. 이러한 이진수 중 특별한 성질을 갖는 것들이 있는데, 이들을 '이친수^pinary number^'라고 한다. 이친수는 다음의 성질을 만족한다.

- 이친수는 0으로 시작하지 않는다.
- 이친수에서는 1이 두 번 연속으로 나타나지 않는다. 즉, 11을 부분 문자열로 갖지 않는다.

예를 들면 1, 10, 100, 101, 1000, 1001 등이 이친수가 된다. 하지만 0010101이나 101101은 각각 1, 2번 규칙에 위배되므로 이친수가 아니다. N(1 ≤ N ≤ 90)이 주어졌을 때 N자리 이친수의 개수를 구하는 프로그램을 작성하시오.

입력

1번째 줄에 N이 주어진다.

출력

1번째 줄에 N자리 이친수의 개수를 출력한다.

예제 입력 1
5 // N

예제 출력 1
5

01단계 문제 분석하기

이친수의 개수와 관련된 요소를 먼저 찾아보면 가장 먼저 자릿수가 중요하다고 판단했습니다. 더 나아가 0으로 끝나는 이친수와 1로 끝나는 이친수를 구분해서 생각하면 좋겠다는 아이디어를 도출해 봤습니다. 이 문제에서 점화식은 유일하지 않고 다양할 수 있습니다. 2차원 배열 점화식을 선언(D[N][2])하고, 문제에 좀 더 자세히 접근해 보겠습니다.

02단계 손으로 풀어 보기

1 점화식의 형태와 의미를 도출합니다.

```
D[i][0]: i 길이에서 끝이 0으로 끝나는 이친수의 개수
D[i][1]: i 길이에서 끝이 1로 끝나는 이친수의 개수
```

2 점화식을 구합니다. 1은 두 번 연속으로 나오지 않는다는 조건이 이 점화식을 구하는 핵심입니다.

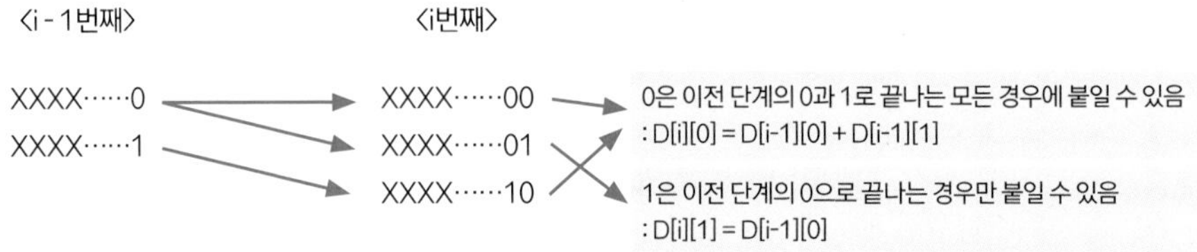

❸ 점화식을 이용해 DP 테이블을 채운 후 D[N][0] + D[N][1]의 값을 출력합니다.

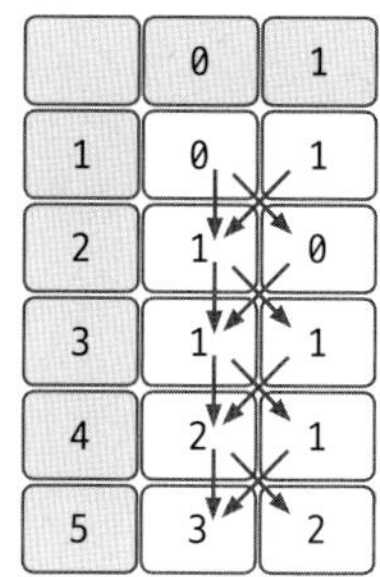

∴ D[5][0] + D[5][1] = 5

03단계 슈도코드 작성하기

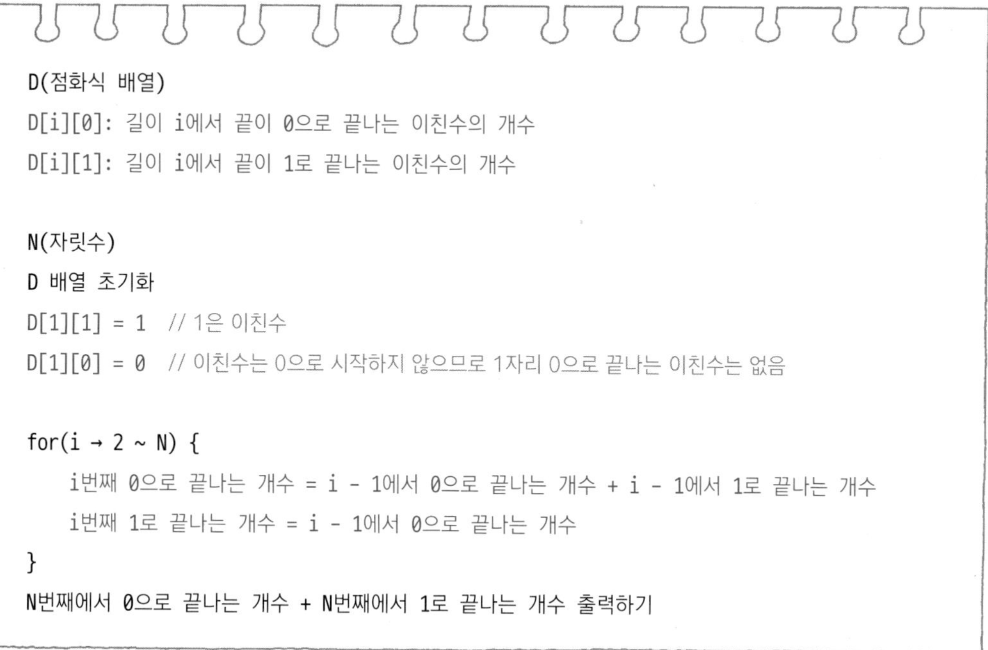

```
D(점화식 배열)
D[i][0]: 길이 i에서 끝이 0으로 끝나는 이친수의 개수
D[i][1]: 길이 i에서 끝이 1로 끝나는 이친수의 개수

N(자릿수)
D 배열 초기화
D[1][1] = 1  // 1은 이친수
D[1][0] = 0  // 이친수는 0으로 시작하지 않으므로 1자리 0으로 끝나는 이친수는 없음

for(i → 2 ~ N) {
    i번째 0으로 끝나는 개수 = i - 1에서 0으로 끝나는 개수 + i - 1에서 1로 끝나는 개수
    i번째 1로 끝나는 개수 = i - 1에서 0으로 끝나는 개수
}
N번째에서 0으로 끝나는 개수 + N번째에서 1로 끝나는 개수 출력하기
```

동적계획법/P2193_이친수.cpp

```
#include <iostream>
using namespace std;

static int N;
static long D[91][2];

int main()
{
    cin >> N;
    D[1][1] = 1;
    D[1][0] = 0;

    for (int i = 2; i <= N; i++) {
        D[i][0] = D[i - 1][1] + D[i - 1][0];
        D[i][1] = D[i - 1][0];
    }
    cout << D[N][0] + D[N][1];
}
```

문제 087

2*N 타일 채우기

시간 제한 1초 | 난이도 S3 실버 III | 백준 온라인 저지 11726번

다음 그림은 2 × 5 크기의 직사각형을 채운 1가지 방법의 예다. 이렇게 2 × n 크기의 직사각형을 1 × 2 또는 2 × 1 타일로 채우는 방법의 수를 구하는 프로그램을 작성하시오.

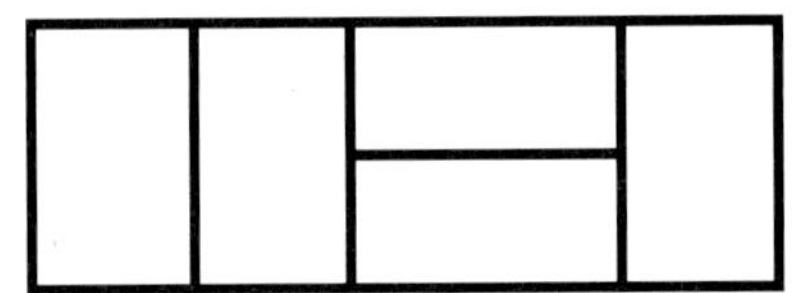

입력

1번째 줄에 N이 주어진다(1 ≤ N ≤ 1,000).

출력

1번째 줄에 2×N 크기의 직사각형을 채우는 방법의 수를 10,007로 나눈 나머지를 출력한다.

예제 입력 1	예제 출력 1	예제 입력 2	예제 출력 2
9 // N	55	2	2

01단계 문제 분석하기

문제의 내용에 따라 2 × N 크기의 직사각형을 1 × 2 또는 2 × 1 크기의 타일로 채우는 경우의 수를 구하는 점화식 D[N]을 정의합니다. 점화식을 정의한 후에는 문제가 단순화되도록 가정하는 것이 중요합니다. 1부터 N - 1 크기에 직사각형과 관련된 경우의 수를 모두 구해 놓았다고 가정하고 문제에 접근해 보겠습니다.

먼저 N보다 짧은 길이의 모든 경우의 수가 구해져 있다고 가정했으므로 N 바로 직전에 구해야 하는 N - 1, N - 2에서 N의 길이를 만들기 위한 경우의 수를 생각해 보겠습니다.

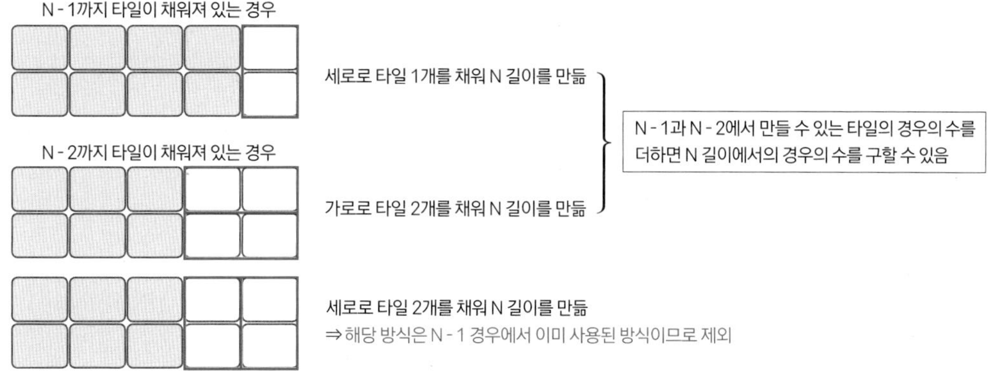

이와 같이 생각을 할 수 있다면 다음과 같이 점화식을 도출할 수 있습니다.

점화식

```
D[N] = D[N - 1] + D[N - 2]
```

이제 본격적으로 문제를 풀면 됩니다.

02단계 손으로 풀어 보기

1 점화식의 형태와 의미를 도출합니다.

```
D[N]: 길이 N으로 만들 수 있는 타일의 경우의 수
```

2 점화식을 구합니다.

```
D[N] = D[N - 1] + D[N - 2]  // D[N - 1]과 D[N - 2]의 경우의 수의 합이 D[N]
```

3 점화식으로 DP 테이블을 채운 후 D[N]의 값을 출력합니다. DP 테이블을 채울 때마다 문제에서 주어진 값(10,007)으로 % 연산을 수행하는 것도 잊지 마세요.

03단계 슈도코드 작성하기

```
D[N](길이가 2 * N인 직사각형이 2 * 1, 1 * 2 타일을 붙일 수 있는 경우의 수)
D[1] = 1  // 길이가 2 * 1일 때 타일의 경우의 수
D[2] = 2  // 길이가 2 * 2일 때 타일의 경우의 수

for(i → 3 ~ N) {
    // N - 1 길이일 때 경우의 수 + N - 2 길이일 때 경우의 수
    D[i] = D[i - 1] + D[i - 2]
    나온 결과를 10007 나머지 연산 수행하기
}
D[N]값 출력하기
```

04단계 **코드 구현하기**

동적계획법/P11726_2N타일링.cpp

```
#include <iostream>
using namespace std;

static int N;
static long D[1001];
static long mod = 10007;

int main()
{
    cin >> N;
    D[1] = 1;  // 길이가 2 * 1일 때 타일 경우의 수
    D[2] = 2;  // 길이가 2 * 2일 때 타일 경우의 수

    for (int i = 3; i <= N; i++) {
        D[i] = (D[i - 1] + D[i - 2]) % mod;
    }
    cout << D[N];
}
```

문제 088

계단 수 구하기

시간 제한 1초 | 난이도 S1 실버 I | 백준 온라인 저지 10844번

45,656이라는 수를 살펴보자. 이 수의 인접한 모든 자릿수의 차이는 1이다. 이를 '계단 수'라고 한다. 세준이는 수의 길이가 N인 계단 수가 몇 개 있는지 궁금해졌다. N이 주어질 때 길이가 N인 계단 수가 총 몇 개 있는지 구하는 프로그램을 작성하시오(0으로 시작하는 수는 없다).

입력

1번째 줄에 N이 주어진다. N은 1보다 크거나 같고, 100보다 작거나 같은 자연수다.

출력

1번째 줄에 정답을 1,000,000,000으로 나눈 나머지를 출력한다.

예제 입력 1	예제 출력 1	예제 입력 2	예제 출력 2
1 // N	9	2	17

01단계 문제 분석하기

만약 N번째의 길이에서 5로 끝나는 계단 수가 있었을 때 이 계단 수의 N - 1의 자리에 올 수 있는 수는 무엇일까요? 바로 5와 1 차이가 나는 4와 6입니다. 이러한 계단 수의 특성을 이용해 다음과 같이 정의해 보겠습니다.

계단 수의 정의

D[N][H]: 길이가 N인 계단에서 H 높이로 종료되는 계단 수를 만들 수 있는 경우의 수

정해진 점화식과 계단 수의 특성을 이용해 점화식을 만들어 보겠습니다.

02단계 손으로 풀어 보기

1 각 자릿수에 0 ~ 9 사이의 값이 들어 오므로 높이에 따라 다른 점화식을 도출합니다. 먼저 N에서 계단 높이가 0일 때 계단 수가 되려면 N - 1에서는 높이가 1이어야 합니다. N에서 계단 높이가 9일 때 계단 수가 되려면 N - 1에서는 높이가 8이어야 합니다. 나머지는 가운데 계단이므로 H + 1, H - 1 양쪽에서 계단 수를 만들 수 있습니다.

높이에 따른 점화식

```
D[i][H] = D[i - 1][H + 1]  // H = 0
D[i][H] = D[i - 1][H - 1]  // H = 9
D[i][H] = D[i - 1][H - 1] + D[i - 1][H + 1]  // H = 1 ~ 8
```

❷ DP 테이블의 값을 초기화합니다. 각 높이에서 길이가 1인 계단 수는 모두 1가지이므로 1로 초기화합니다. 단, 0으로 시작될 수 없으므로 이때는 0으로 초기화합니다. DP 테이블을 채울 때마다 1000000000으로 % 연산을 수행하는 것도 잊지 마세요.

D[1][1] = 1, D[1][2] = 1, D[1][3] = 1, D[1][4] = 1,
D[1][5] = 1, D[1][6] = 1, D[1][7] = 1, D[1][8] = 1, D[1][9] = 1

❸ D[N][0] ~ D[N][9]의 모든 값을 더한 값을 출력합니다. N = 2일 때 각 자릿수의 값을 모두 더하면 N = 2의 길이에서 만들 수 있는 모든 계단 수의 경우의 수를 출력할 수 있습니다. 여기에서도 % 연산을 잊지 말고 수행해야 합니다.

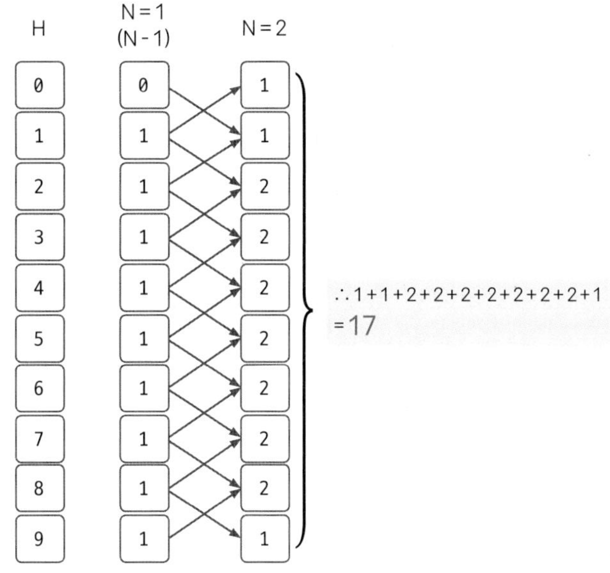

03단계 슈도코드 작성하기

```
D[N][H](길이가 N일 때 높이 H로 끝나는 계단 수의 모든 경우의 수)

for(i → 1 ~ N) {
    // 길이가 1일 때 만드는 높이 H로 끝나는 계단 수의 모든 경우의 수는 1
    // 단, 0으로 시작하는 숫자는 없으므로 D[0][1]은 0으로 초기화
    D[1][i] = 1
}
for(i → 2 ~ N) {
```

```
        // N에서 높이가 0이면 N - 1에서는 높이가 1이어야 계단 수가 가능
        D[i][0] = D[i - 1][1]
        // N에서 높이가 9면 N - 1에서는 높이가 8이어야 계단 수가 가능
        D[i][9] = D[i - 1][8]

        for(j → 1 ~ 8) {
            // 높이가 1 ~ 8이면 N - 1에서 자신보다 한 단계 위
            // 또는 한 단계 아래 높이에서 올 수 있음
            D[i][j] = (D[i - 1][j - 1] + D[i - 1][j + 1])
            나온 결과를 1000000000 나머지 연산 수행하기
        }
    }

    sum(결괏값)

    for(i → 0 ~ 9) {
        sum에 D[N][i]의 값을 모두 더하기
    }
    sum 출력하기
```

04단계 코드 구현하기

동적계획법/P10844_쉬운계단수.cpp

```cpp
#include <iostream>
using namespace std;

static int N;
static long D[101][11];
static long mod = 1000000000;

int main()
{
    cin >> N;

    // 0으로 숫자가 시작할 수 없으므로 D[0][1]은 0으로 초기화
    for (int i = 1; i <= 9; i++) {
```

```
        D[1][i] = 1;
    }
    for (int i = 2; i <= N; i++) {
        D[i][0] = D[i - 1][1];
        D[i][9] = D[i - 1][8];

        for (int j = 1; j <= 8; j++) {
            D[i][j] = (D[i - 1][j - 1] + D[i - 1][j + 1]) % mod;
        }
    }

    long sum = 0;

    for (int i = 0; i < 10; i++) {
        sum = (sum + D[N][i]) % mod;  // 정답값을 더할 때도 % 연산 수행
    }
    cout << sum;
}
```

문제 089

연속된 정수의 합 구하기

시간 제한 2초 | 난이도 G5 골드 V | 백준 온라인 저지 13398번

n개의 정수로 이뤄진 임의의 수열이 주어진다. 이 중 연속된 몇 개의 수를 선택해 구할 수 있는 합 중 가장 큰 합을 구하려고 한다. 단, 수는 1개 이상 선택해야 한다. 또한 수열에서 수를 1개 제거할 수 있다(제거하지 않아도 된다). 예를 들어 10, -4, 3, 1, 5, 6, -35, 12, 21, -1이라는 수열이 주어졌다고 가정해 보자. 여기서 수를 제거하지 않았을 때의 정답은 12 + 21 = 33이 정답이 된다. 만약 -35를 제거한다면 수열은 10, -4, 3, 1, 5, 6, 12, 21, -1이 되고, 여기서 정답은 10 - 4 + 3 + 1 + 5 + 6 + 12 + 21 = 54가 된다.

입력

1번째 줄에 정수 n(1 ≤ n ≤ 100,000)이 주어지고, 2번째 줄에 n개의 정수로 이뤄진 수열이 주어진다. 수는 -1,000보다 크거나 같고, 1,000보다 작거나 같은 정수다.

출력

1번째 줄에 답을 출력한다.

예제 입력 1
10 // N 10 -4 3 1 5 6 -35 12 21 -1

예제 출력 1
54

01단계 문제 분석하기

동적 계획법에서 점화식을 정의할 때 가장 흔하게 하는 실수를 하나 살펴보겠습니다. 동적 계획법에서는 큰 문제를 작은 문제로 나눌 수 있고, 이러한 작은 문제들을 해결해 궁극적으로 문제에서 요구하는 큰 문제를 해결합니다. 위 문제에서는 수열에서 가장 큰 합을 구하려고 할 때 수열에서 수를 1개 제거할 수 있다고 했습니다(제거 여부는 자유입니다). 이에 따라 점화식을 정의해 보겠습니다.

잘못된 점화식 정의

D[N]: 0에서 N까지 길이에서 연속으로 수를 선택하여 구할 수 있는 최대 합

위의 점화식 정의가 잘못된 이유가 무엇일까요? 바로 큰 문제를 부분 문제로 나눴을 때 부분 문제는 큰 문제를 해결하기 위한 1개의 부분이 돼야 한다는 것에 위배되기 때문입니다. 좀 더 풀어서 이야기하면 이 정의에서는 N값의 의미가 명확하지 않습니다. 다음 그림을 한번 살펴보세요.

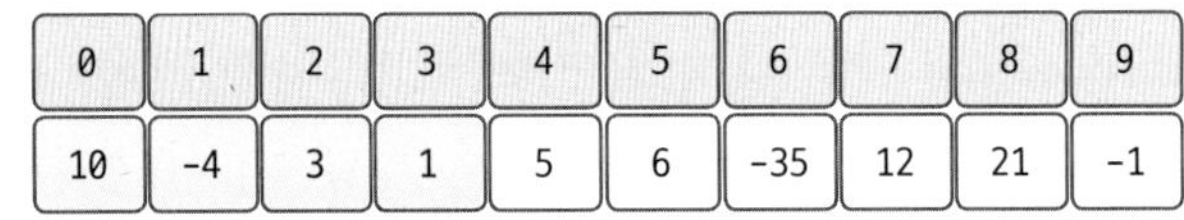

0	1	2	3	4	5	6	7	8	9
10	-4	3	1	5	6	-35	12	21	-1

만약 잘못된 점화식의 정의를 이용해 D[3]을 구하면 값이 10이 됩니다. 맨 앞의 수 10을 선택한 후 아무것도 선택하지 않는 게 가장 큰 값이기 때문입니다. 그런데 여기에서 잘 생각하면 D[0], D[1], D[2], D[3]의 값이 모두 10이라는 것을 알 수 있습니다. 즉 D[N]에서 N값이 문제를 부분 문제로 나누는데 적절치 못한 정의가 돼 있다는 것을 깨달을 수 있습니다. 그럼 N값이 문제를 적절하게 나눌 수 있게 정의하면 어떻게 될까요?

적절한 점화식 정의

D[N]: 0에서 N까지 길이에서 N을 포함하며 연속으로 수를 선택하여 구할 수 있는 최대 합

위와 같이 점화식을 정의하면 좀 더 쉽게 부분 문제를 이용해 전체 문제를 해결할 수 있습니다. 따라서 항상 동적 계획법에서 점화식을 정의할 때는 배열에 인덱스가 큰 문제를 적절하게 작은 문제로 분리할 수 있는지를 고려해야 합니다. 이제 본격적으로 문제를 풀어 보겠습니다.

02단계 손으로 풀어 보기

1개의 수를 삭제할 수 있기 때문에 왼쪽에서부터 인덱스를 포함한 최대 연속 합을 구하고, 오른쪽에서부터 인덱스를 포함한 최대 연속 합을 한 번 더 구하겠습니다. 양쪽으로 구한 후 L[N - 1] + R[N + 1]을 하면 N을 1개 제거한 최댓값을 구하는 효과가 있기 때문입니다.

1 주어진 수열을 저장합니다.

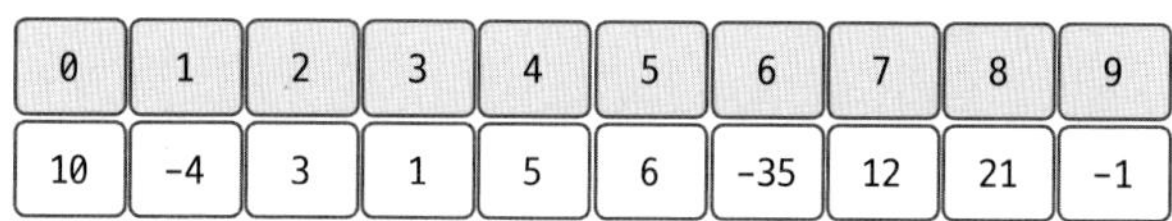

0	1	2	3	4	5	6	7	8	9
10	-4	3	1	5	6	-35	12	21	-1

2 점화식을 이용해 왼쪽, 오른쪽과 관련된 인덱스를 포함한 최대 연속 합 배열을 채웁니다.

점화식의 의미

L[N]: 왼쪽에서부터 N을 포함한 최대 연속 합을 나타냄. A[i]는 i자리의 수열의 수

R[N]: 오른쪽에서부터 N을 포함한 최대 연속 합을 나타냄

점화식 정의

L[i] = max(A[i], L[i - 1] + A[i]);

R[i] = max(A[i], R[i + 1] + A[i]);

❸ 계산된 두 배열을 이용해 최댓값을 찾습니다. i번째 수를 삭제했을 때 최댓값은 L[i - 1] + R[i + 1]이 됩니다. 이에 따라 이 배열에서의 최댓값은 7번째 수를 삭제할 때입니다.

03단계 슈도코드 작성하기

```
N(배열 크기), A(수열 데이터 저장 배열)
L(왼쪽에서 오른쪽으로 index를 포함한 최대 연속 합을 나타내는 배열)
R(오른쪽에서 왼쪽으로 index를 포함한 최대 연속 합을 나타내는 배열)

for(i → 0 ~ N) {
    배열 A 저장하기
}
for(i → 1 ~ N) {
    L[i] = max(A[i], L[i - 1] + A[i]);    // 왼쪽 합 배열(L) 저장하기
    L 배열의 최댓값을 정답 변수에 저장하기   // 1개도 삭제하지 않을 때 최댓값
}
for(i → N - 2 ~ 0) {
    R[i] = max( A[i], R[i + 1] + A[i]);   // 오른쪽 합 배열(R) 저장하기
}
for(i → 1 ~ N - 1) {
    기존 정답 변숫값과 L[i - 1] + R[i + 1]로 계산한 값 중 최댓값
    // L[i - 1] + R[i + 1]은 수열 A에서 i번째 수를 삭제했을 때 구할 수 있는 최대 연속 합
}
최댓값 출력하기
```

04단계 코드 구현하기

동적계획법/P13398_연속합2.cpp

```
#include <iostream>
#include <vector>
#include <cmath>
using namespace std;
```

```
static int N;
static vector<int> A, L, R;

int main()
{
    cin >> N;
    A.resize(N);

    for (int i = 0; i < N; i++) {
        cin >> A[i];
    }

    // 오른쪽으로 index를 포함한 최대 연속 합 구하기
    L.resize(N);
    L[0] = A[0];
    int result = L[0];

    for (int i = 1; i < N; i++) {
        L[i] = max(A[i], L[i - 1] + A[i]);
        // 하나도 제거하지 않았을 때를 기본 최댓값으로 저장
        result = max(result, L[i]);
    }

    // 왼쪽으로 index를 포함한 최대 연속 합 구하기.
    R.resize(N);
    R[N - 1] = A[N - 1];

    for (int i = N - 2; i >= 0; i--) {
        R[i] = max(A[i], R[i + 1] + A[i]);
    }
    // L[i - 1] + R[i + 1] 두 개의 구간 합 배열을 더해주면 i번째 값을 제거한 효과
    for (int i = 1; i < N - 1; i++) {
        int temp = L[i - 1] + R[i + 1];
        result = max(result, temp);
    }
    cout << result << "\n";
}
```

최장 공통부분 수열 찾기

시간 제한 1초 | 난이도 G4 골드 IV | 백준 온라인 저지 9252번

LCS(longest common subsequence: 최장 공통부분 수열) 문제는 두 수열이 주어졌을 때 모두의 부분 수열이 되는 수열 중 가장 긴 것을 찾는 문제다. 예를 들어 ACAYKP와 CAPCAK의 LCS는 ACAK가 된다.

입력

1번째 줄과 2번째 줄에 두 문자열이 주어진다. 문자열은 알파벳 대문자로만 이뤄져 있으며, 최대 1,000 글자로 이뤄져 있다.

출력

1번째 줄에 입력으로 주어진 두 문자열의 LCS의 길이, 2번째 줄에 LCS를 출력한다. LCS가 여러 가지일 때는 아무거나 출력하고, LCS의 길이가 0일 때는 2번째 줄을 출력하지 않는다.

예제 입력 1	예제 출력 1
ACAYKP CAPCAK	4 ACAK

01단계 문제 분석하기

LCS는 문자열을 이용한 대표적인 동적 계획법 문제입니다. 이러한 종류의 문제를 풀기 위해서는 다음과 같이 각 문자열을 축으로 하는 2차원 배열을 생성해야 합니다.

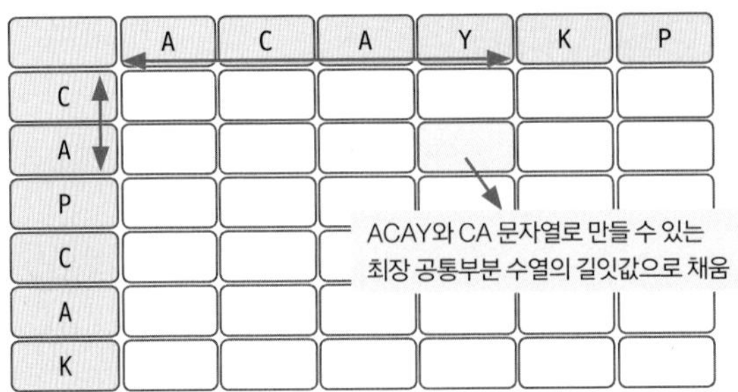

이렇게 구성한 2차원 배열이 바로 점화식 테이블이 됩니다. 위의 설명과 같이 테이블에 저장하는 값은 각 위치 인덱스를 마지막 문자로 하는 두 문자열의 최장 공통 수열의 길이입니다.

02단계 손으로 풀어 보기

1 LCS 점화식을 이용해 값을 채웁니다. 특정 자리가 가리키는 행과 열의 문자열값을 비교해 값이 같으면 테이블의 대각선 왼쪽 위의 값에 1을 더한 값을 저장합니다.

```
DP[i][j] = DP[i - 1][j - 1] + 1
```

비교한 값이 다르면 테이블의 왼쪽과 위쪽 값 중 큰 값을 선택해 저장합니다.

```
DP[i][j] = max(DP[i - 1][j], DP[i][j - 1])
```

위에서 세운 점화식을 이용해 테이블을 채우면 다음과 같이 나타낼 수 있고, 두 문자열의 최장 증가 수열의 길이는 4라는 것을 알 수 있습니다.

	A	C	A	Y	K	P
C	0	1	1	1	1	1
A	1	1	2	2	2	2
P	1	1	2	2	2	3
C	1	2	2	2	2	3
A	1	2	3	3	3	3
K	1	2	3	3	4	4

2 LCS 정답을 출력합니다. 먼저 마지막부터 탐색을 수행하고, 해당 자리에 있는 인덱스 문자열값을 비교해 값이 같으면 최장 증가 수열에 해당하는 문자로 기록하고, 왼쪽 대각선으로 이동합니다. 비교한 값이 다르면 테이블의 왼쪽과 위쪽 값 중 큰 값으로 이동합니다.

문자열과 관련된 동적 계획법은 이 문제와 비슷한 방법으로 풀이할 수 있는 경우가 많기 때문에 문제를 꼼꼼하게 숙지하고 실제 코드로 연습해야 합니다.

	A	C	A	Y	K	P
C	0	1	1	1	1	1
A	1	1	2	2	2	2
P	1	1	2	2	2	3
C	1	2	2	2	2	3
A	1	2	3	3	3	3
K	1	2	3	3	4	4

03단계 슈도코드 작성하기

```
DP(이차원 점화식 테이블), A(첫 번째 문자열), B(두 번째 문자열)
Path(LCS 저장 벡터)

for(i → 1 ~ A 문자열 길이) {
    for(j → 1 ~ B 문자열 길이) {
        A[i]와 B[i]가 같으면 DP[i][j]의 값을 왼쪽 대각선 값 + 1로 저장하기
        다른 경우에는 왼쪽의 값과 위의 값 중 큰 값으로 DP[i][j] 채우기
    }
}

DP의 마지막 값을 출력하기(LCS 길이)
getTex() 함수를 이용해 LCS 문자열 출력하기

// LCS 문자열을 구하는 함수
getTex(row, column) {  // 재귀 형태로 구현하기
    A[row]와 B[column]가 같으면 LCS에 기록, 대각선 왼쪽 위로 이동
    // getTex(row - 1, column - 1)
    다른 경우 왼쪽 값과 위의 값 중 값이 더 큰 쪽으로 이동하기
    // getTex(row - 1, column) 또는 getTex(row, column - 1)
}
```

04단계 코드 구현하기

동적계획법/P9252_LCS.cpp

```cpp
#include <iostream>
#include <vector>
#include <cmath>
using namespace std;

static int N;
static int DP[1001][1001];
static string A, B;
static vector<char> Path;
void getText(int r, int c);
```

```
int main()
{
    cin >> A >> B;

    for (int i = 1; i <= A.size(); i++) {
        for (int j = 1; j <= B.size(); j++) {
            if (A[i - 1] == B[j - 1]) {
                // 같은 문자열일 경우 왼쪽 대각선 값 + 1
                DP[i][j] = DP[i - 1][j - 1] + 1;
            }
            else {
                // 다르면 왼쪽과 위의 값 중 큰 수
                DP[i][j] = max(DP[i - 1][j], DP[i][j - 1]);
            }
        }
    }

    cout << DP[A.size()][B.size()] << "\n";
    getText(A.size(), B.size());

    for (int i = Path.size() - 1; i >= 0; i--) {
        cout<< Path[i];
    }
    cout << "\n";
}

void getText(int r, int c) {  // LCS 출력 함수
    if (r == 0 || c == 0) {
        return;
    }
    if (A[r - 1] == B[c - 1]) {  // 같으면 LCS에 기록하고 왼쪽 위로 이동
        Path.push_back(A[r - 1]);
        getText(r - 1, c - 1);
    }
    else {
        if (DP[r - 1][c] > DP[r][c - 1]) {  // 다르면 왼쪽과 위쪽 중 큰 수로 이동
            getText(r - 1, c);
        }
```

```
        else {
            getText(r, c - 1);
        }
    }
}
```

문제 091

가장 큰 정사각형 찾기

시간 제한 2초 | 난이도 G4 골드 IV | 백준 온라인 저지 1915번

크기가 n × m이고 0과 1로만 이루어진 배열이 있다. 이 배열에서 1로 된 가장 큰 정사각형의 크기를 구하는 프로그램을 작성하시오. 예를 들어 다음 그림과 같은 배열에서는 가운데에 있는 2 x 2 크기의 정사각형이 가장 크다.

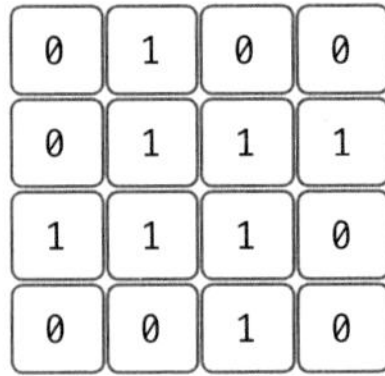

입력

1번째 줄에 n, m(1 ≤ n, m ≤ 1,000), 그다음 n개의 줄에 m개의 숫자로 배열이 주어진다.

출력

1번째 줄에 가장 큰 정사각형의 넓이를 출력한다.

예제 입력 1
4 4 // n, m 0100 0111 1110 0010

예제 출력 1
4

01단계 문제 분석하기

가장 큰 정사각형의 넓이를 구하는 것은 가장 큰 정사각형의 한 변의 길이를 구한다는 것과 동일한 이야기입니다. 따라서 변의 길이를 다음과 같이 D[i][j]로 정의한 후에 구해 보겠습니다.

점화식 정의

D[i][j]: i, j의 위치를 오른쪽 아래 꼭짓점으로 정하고, 해당 자리에서 그릴 수 있는 가장 큰 정사각형의 변의 길이

이렇게 정의하면 다음과 같이 DP 테이블을 채우는 방식, 즉 점화식 아이디어를 생각할 수 있습니다. 다음 그림에서 물음표 위치의 원래 값이 1일 경우, 이 위치에서 위, 왼쪽, 대각선 왼쪽 위에 있는 값 중 가장 작은 값에 1을 더한 값으로 변경합니다. 원래 값이 0일 경우 그대로 둡니다.

1	1	1	0
1	2	2	1
0	1	?	

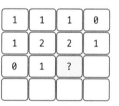

이 아이디어를 이용해 문제를 풀어 보겠습니다.

02단계 손으로 풀어 보기

1 DP 테이블의 값을 초기화합니다.

0	1	0	0
0	1	1	1
1	1	1	0
0	0	1	0

❷ 점화식을 이용해 DP 테이블의 값을 새롭게 채웁니다.

```
D[i][j] = MIN(D[i - 1][j - 1], D[i][j - 1], D[i - 1][j]) + 1  // 현재 자리의 원래 값이 1
D[i][j] = 0  // 현재 자리의 원래 값이 0
```

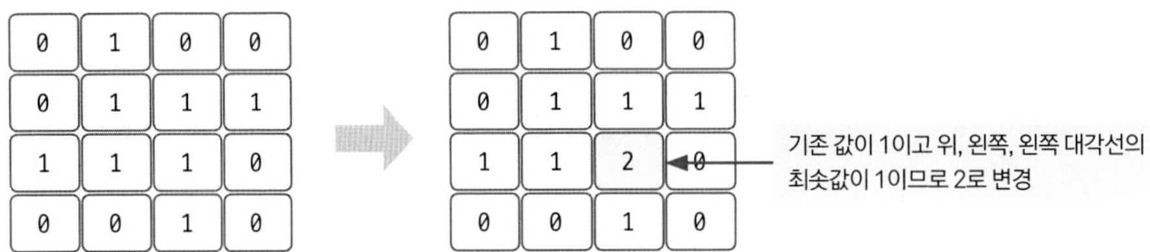
기존 값이 1이고 위, 왼쪽, 왼쪽 대각선의
최솟값이 1이므로 2로 변경

❸ DP 테이블 중 가장 큰 값의 제곱이 최대 정사각형의 넓이입니다. DP 테이블의 최댓값을 제곱해 출력합니다.

∴ $2^2 = 4$

03단계 슈도코드 작성하기

```
D[i][j](i, j 위치에서 왼쪽 위로 만들 수 있는 최대 정사각형 길이를 저장하는 배열)
N(배열의 세로)
M(배열의 가로)
max(최댓값 저장)

for(i → ~N) {
    for(j → 0 ~ M) {
        D[i][j]의 값이 1일 때 → 자신 위, 왼쪽 대각선 위의 값 중 최솟값 + 1을 저장
        만약 D[i][j]의 값이 최댓값보다 크다면 최댓값 갱신
    }
}
// 정사각형의 넓이를 출력해야 하므로 최댓값 * 최댓값을 출력
정답(최댓값 * 최댓값) 출력
```

04단계 **코드 구현하기**

동적계획법/P1915_가장큰정사각형.cpp

```
#include <iostream>
#include <cmath>
using namespace std;

static int N, M;
static int D[1001][1001];

int main()
{
    cin >> N >> M;
    long max = 0;

    for (int i = 0; i < N; i++) {
        string mline;
        cin >> mline;

        for (int j = 0; j < M; j++) {
            D[i][j] = mline[j] - '0';

            if (D[i][j] == 1 && j > 0 && i > 0) {
                D[i][j] = min(D[i - 1][j - 1], min(D[i - 1][j], D[i][j - 1])) + D[i][j];
            }
            if (max < D[i][j]) {
                max = D[i][j];
            }
        }
    }
    cout << max * max << "\n";
}
```

문제 092

빌딩 순서 구하기

시간 제한 2초 | 난이도 플래티넘 | 백준 온라인 저지 1328번

상근이가 살고 있는 동네에는 빌딩 N개가 1줄로 세워져 있다. 모든 빌딩의 높이는 1보다 크거나 같고, N보다 작거나 같으며, 높이가 같은 빌딩은 없다. 상근이는 학교 가는 길에 가장 왼쪽에 서서 빌딩을 몇 개 볼 수 있는지 봤고, 집에 돌아오는 길에는 가장 오른쪽에 서서 빌딩을 몇 개 볼 수 있는지 봤다. 상근이는 가장 왼쪽과 오른쪽에서만 빌딩을 봤기 때문에 빌딩이 어떤 순서로 위치해 있는지는 알 수가 없다. 빌딩의 개수 N과 가장 왼쪽에서 봤을 때 보이는 빌딩의 수 L, 가장 오른쪽에서 봤을 때 보이는 빌딩의 수 R이 주어졌을 때 가능한 빌딩 순서의 경우의 수를 구하는 프로그램을 작성하시오. 예를 들어 N = 5, L = 3, R = 2일 때 가능한 빌딩의 배치 중 하나는 1 3 5 2 4이다.

입력

1번째 줄에 빌딩의 개수 N과 가장 왼쪽에서 봤을 때 보이는 빌딩의 수 L, 가장 오른쪽에서 봤을 때 보이는 빌딩의 수 R이 주어진다($1 \le N \le 100$, $1 \le L, R \le N$).

출력

1번째 줄에 가능한 빌딩 순서의 경우의 수를 1000000007로 나눈 나머지를 출력한다.

예제 입력 1	예제 출력 1
3 2 2 //N L R	2

01단계 문제 분석하기

먼저 점화식의 의미를 정의해 보겠습니다.

점화식 정의

D[N][L][R]: N개의 빌딩이 있고 왼쪽에서 L개, 오른쪽에서 R개가 보일 때 가능할 경우의 수

점화식을 적절하게 정의하고 난 후 이 문제를 어떻게 하면 단순화할 수 있을지 생각해야 합니다. 먼저 N - 1개 빌딩과 관련된 모든 경우의 수를 알고 있다고 가정해 보겠습니다. 그러면 이후 1개의 빌딩을 어느 곳에 배치할 것인지 결정하는 것이 관건인데요, 이때 배치하는 빌딩이 가장 크다면 가장 왼쪽이나 오른쪽에 배치할 때 보이는 빌딩의 수는 1개가 될 것입니다. 하지만 중간에 배치하면 어떤 수가 나올지 예상하기 어렵습니다.

이 시점에 1가지 관점을 다르게 생각해 볼 수 있습니다. '높이가 애매한 빌딩을 마지막에 배치하는 것이 아니라 일정한 규칙에 따라 배치해 단순화해 볼 수 있지 않을까?'라는 가정을 더해 봅시다. 앞서 가장 큰 빌딩을 마지막에 배치하면 중간에 배치했을 때의 경우가 복잡하므로 이와 반대로 가장 작은 빌딩을 N번째로 배치한다고 가정해 보겠습니다. 그러면 명확하게 다음과 같이 3가지 경우의 수가 발생합니다.

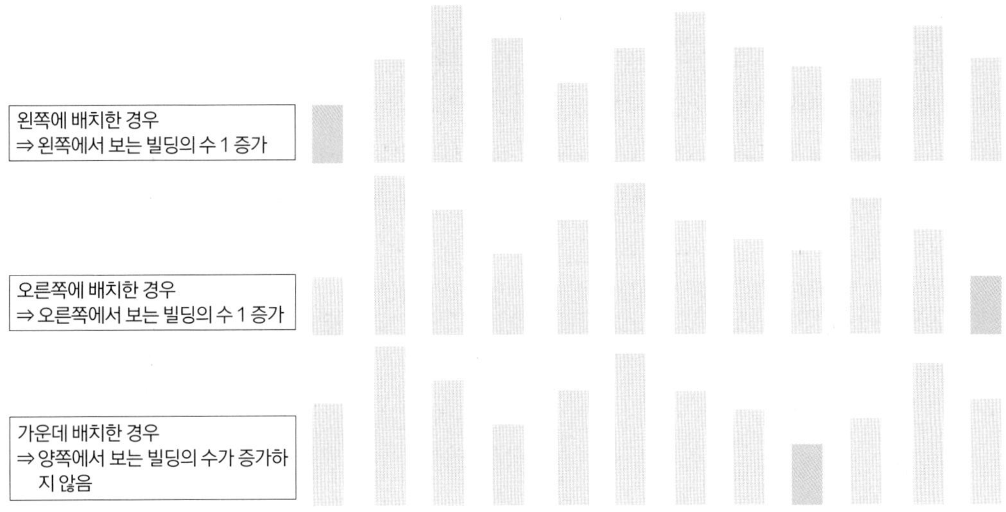
왼쪽에 배치한 경우
⇒ 왼쪽에서 보는 빌딩의 수 1 증가
오른쪽에 배치한 경우
⇒ 오른쪽에서 보는 빌딩의 수 1 증가
가운데 배치한 경우
⇒ 양쪽에서 보는 빌딩의 수가 증가하지 않음
단, 가운데 배치할 수 있는 경우의 수는 빌딩의 수가 N개일 때 N - 2개의 위치

이 3가지 경우의 수를 바탕으로 점화식을 도출해 보겠습니다.

02단계 손으로 풀어 보기

1 상황에 따른 점화식을 구합니다. 먼저 N개의 빌딩이 왼쪽에 L개, 오른쪽에 R개가 보인다고 가정하면 N - 1개의 빌딩에서 왼쪽에 빌딩을 추가할 때 왼쪽 빌딩이 1개 증가하므로 이전 경우의 수는 다음과 같습니다.

```
D[N - 1][L - 1][R]
```

N - 1개의 빌딩에서 오른쪽에 빌딩을 추가할 때 오른쪽 빌딩이 1개 증가하므로 이전 경우의 수는 다음과 같습니다.

```
D[N - 1][L][R - 1]
```

N - 1개의 빌딩에서 가운데 빌딩을 추가할 때는 증가 수가 없지만, N - 2개의 위치에 배치할 수 있으므로 N - 2를 곱합니다.

```
D[N - 1][L][R] * (N - 2)
```

3가지 경우의 수를 모두 더하면 다음과 같은 점화식이 나옵니다.

```
D[N][L][R] = D[N - 1][L - 1][R] + D[N - 1][L][R - 1] + D[N - 1][L][R] * (N - 2)
```

2 DP 테이블을 초기화합니다. 건물이 1개면 경우의 수는 1개일 수밖에 없습니다.

```
D[1][1][1] = 1
```

3 점화식을 이용해 정답을 구합니다.

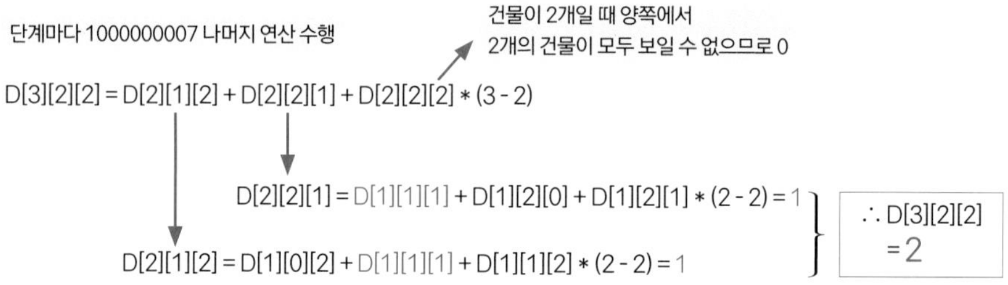

단계마다 1000000007 나머지 연산 수행

건물이 2개일 때 양쪽에서 2개의 건물이 모두 보일 수 없으므로 0

D[3][2][2] = D[2][1][2] + D[2][2][1] + D[2][2][2] * (3 - 2)

D[2][2][1] = D[1][1][1] + D[1][2][0] + D[1][2][1] * (2 - 2) = 1

D[2][1][2] = D[1][0][2] + D[1][1][1] + D[1][1][2] * (2 - 2) = 1

∴ D[3][2][2] = 2

03단계 슈도코드 작성하기

```
D[N][L][R](빌딩 N개를 왼쪽에서 L개, 오른쪽에서 R개가 보이도록 배치할 수 있는 모든 경우의 수)
D[1][1][1] = 1  // 건물이 1개일 때 배치될 경우의 수는 1개

for(i → 2 ~ N) {
    for(j → 1 ~ L) {
        for(k → 1 ~ R) {
            D[i][j][k] =
                    D[i - 1][j][k] * (i - 2) +  // 가장 작은 빌딩을 가운데에 놓는 경우
                    D[i - 1][j][k - 1] +        // 가장 작은 빌딩을 오른쪽에 놓는 경우
                    D[i - 1][j - 1][k]          // 가장 작은 빌딩을 왼쪽에 놓는 경우
                    나온 결과를 1000000007 나머지 연산 수행하기
        }
    }
}
D[N][L][R]값 출력하기
```

04단계 코드 구현하기

동적계획법/P1328_빌딩.cpp

```cpp
#include <iostream>
using namespace std;

static int N, L,R;
static long mod = 1000000007;
static long D[101][101][101];

int main()
{
    cin >> N >> L >> R;
    D[1][1][1] = 1;  // 빌딩이 1개이면 놓은 수 있는 경우의 수는 1개

    for (int i = 2; i <= N; i++) {
        for (int j = 1; j <= L; j++) {
            for (int k = 1; k <= R; k++) {
```

```
                D[i][j][k] =
                        (D[i - 1][j][k] * (i - 2) +
                        (D[i - 1][j][k - 1] +
                        D[i - 1][j - 1][k]))
                        % mod;
            }
        }
    }
    cout << D[N][L][R] << "\n";
}
```

문제 093

DDR을 해보자

시간 제한 2초 | 난이도 G3 골드 III | 백준 온라인 저지 2342번

승환이는 요즘 댄스 댄스 레볼루션, 즉 DDR이라는 게임에 빠져 살고 있다. DDR은 다음 그림과 같은 모양의 발판이 있고, 주어진 스텝에 맞춰 나가는 게임이다. 발판은 1개의 중점을 기준으로 위, 아래, 왼쪽, 오른쪽으로 연결돼 있다. 편의상 중점을 0, 위를 1, 왼쪽을 2, 아래를 3, 오른쪽을 4라고 정하자.

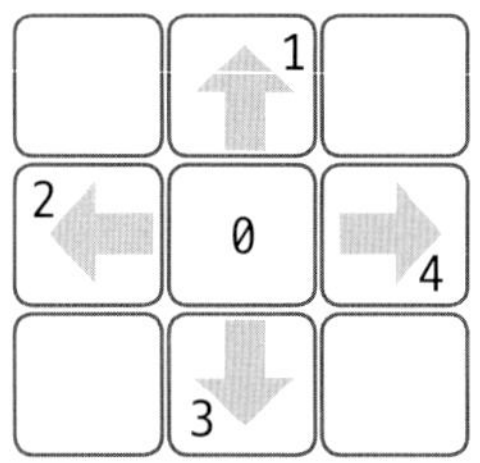

게임의 규칙은 이렇다. 처음에 게이머는 두 발을 중앙에 모으고 있다(그림에서 0의 위치). 게임이 시작하면 지시에 따라 왼쪽 또는 오른쪽 발을 움직인다. 두 발이 동시에 움직이면 안 되고, 게임을 시작했을 때를 제외하고 두 발이 같은 지점에 있어서는 안 된다. 예를 들어 한 발이 1의 위치에 있고, 다른 한 발이 3의 위치에 있을 때 3을 연속으로 눌러야 한다면 3의 위치에 있는 발로 계속 눌러야 한다.

오랫동안 DDR을 해 온 승환이는 발이 움직이는 위치에 따라 드는 힘이 다르다는 것을 알게 됐다. 예를 들어 중앙에 있던 발이 다른 지점으로 움직일 때는 2의 힘을 사용한다. 다른 지점에서 인접한 지점으로 움직일 때는 3의 힘을 사용한다. 예를 들어 2에서 1 또는 3으로 이동할 때는 3의 힘을 사용한다. 반대편으로 움직일 때는 4의 힘을 사용한다. 같은 지점을 한 번 더 누르면 1의 힘을 사용한다.

만약 1 → 2 → 2 → 4를 눌러야 한다고 가정해 보자. 두 발은 처음에 (0, 0)에 위치하고 있으므로 (0, 0) → (0, 1) → (2, 1) → (2, 1) → (2, 4)순으로 발을 움직여야 한다. 이러면 8의 힘을 사용한다. 8의 힘보다 더 적은 힘으로 1 → 2 → 2 → 4를 누를 수 있는 다른 방법은 없다. 이렇게 게임에서 주어진 발판 순서를 최소한의 힘으로 누르는 경로를 알려 주는 프로그램을 작성하시오.

입력

입력은 지시 사항으로 이뤄진다. 각각의 지시 사항은 1개의 수열로 이뤄진다. 각각의 수열은 1, 2, 3, 4의 숫자들로 이뤄지고, 이 숫자들은 각각의 방향을 나타낸다. 그리고 0은 수열의 마지막을 의미한다. 즉, 입력 파일의 마지막에는 0이 입력된다. 입력되는 수열의 길이는 100,000을 넘지 않는다.

출력

1번째 줄에 모든 지시 사항을 만족하는 데 필요한 힘의 최솟값을 출력한다.

예제 입력 1
1 2 2 4 0 // 수열

예제 출력 1
8

01단계 문제 분석하기

매우 복잡해 보이지만 주어진 내용에 충실해 점화식을 구현할 수 있는지를 알아보는 문제입니다. 아이디어는 수열의 최대 길이가 10만이므로 모든 경우의 수를 점화식으로 표현해 구해 보는 것입니다. 이를 바탕으로 점화식을 정의하면 다음과 같습니다.

점화식 정의

D[N][L][R]: N개의 수열을 수행한 후 왼발의 위치가 L, 오른발의 위치가 R일 때 최소 누적 힘

위와 같이 정의한다면 직전 수열까지 구한 최솟값을 이용해 해당 값을 구할 수 있다는 것을 깨달을 수 있습니다. 예를 들어 직전에 오른 다리가 2의 자리에 있었다가 현재 R 자리로 이동했

다면 D[N][L][R]의 최솟값 후보 중 하나로 D[N - 1][L][2] + (2 → R로 이동한 힘)이 될 수 있습니다. 왼발을 움직일 때도 생각해야 하겠죠. 예를 들어 D[N - 1][L′][R] + (L′: 직전 왼발의 위치 → L로 이동한 힘) 역시 D[N][L][R]의 최솟값 후보가 될 수 있습니다. 즉, 한 발만 움직여 D[N][L][R]의 위치를 만들 수 있는 모든 경우의 수를 비교해 최솟값을 이 위치에 저장하는 작업을 수행하면 이 문제를 해결할 수 있습니다.

02단계 손으로 풀어 보기

1 점화식 D[N][L][R]을 구합니다. mp[i][j]를 i에서 j로 이동하는 데 드는 힘이라고 하면 바로 직전에 오른발을 움직일 때 점화식은 다음과 같습니다.

```
D[N][L][R] = MIN(D[N - 1][L][i] + mp[i][R])
```

바로 직전에 왼발을 움직일 때는 다음과 같습니다.

```
D[N][L][R] = MIN(D[N - 1][i][R] + mp[i][L])
```

단, 이 점화식을 왼발과 오른발을 구분해 두 발로 만들 수 있는 모든 경우를 고려해 반복해야 합니다.

2 충분히 큰 수로 DP 테이블을 초기화하고, 점화식을 이용해 값을 채웁니다.

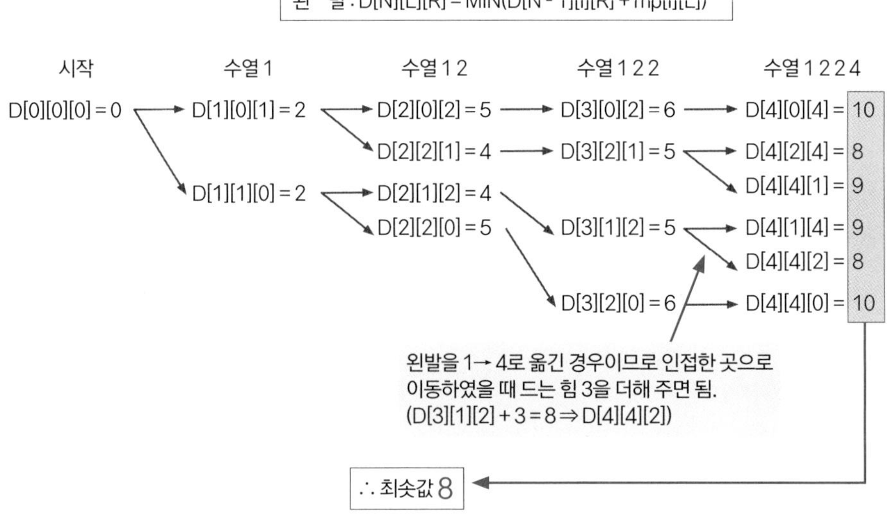

❸ 수열을 모두 수행한 후 최솟값을 출력합니다.

∴ 최솟값은 8

03단계 슈도코드 작성하기

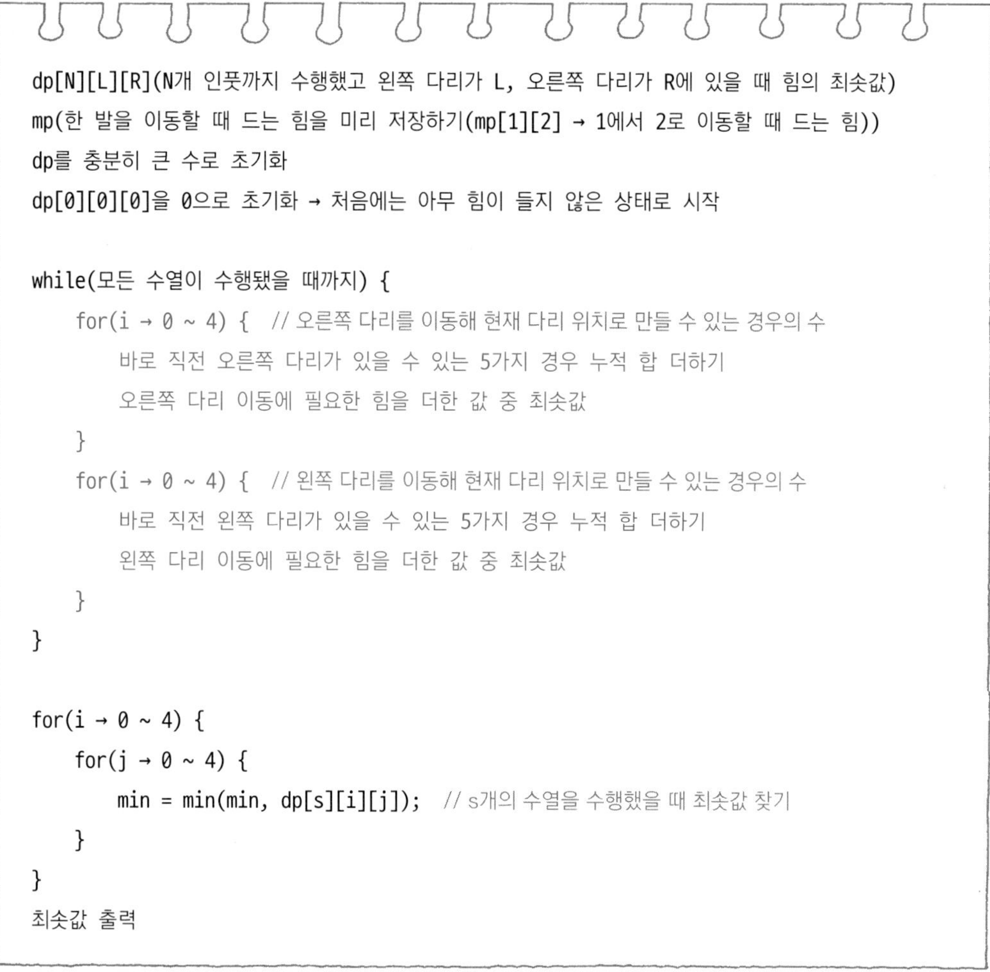

```
dp[N][L][R](N개 인풋까지 수행했고 왼쪽 다리가 L, 오른쪽 다리가 R에 있을 때 힘의 최솟값)
mp(한 발을 이동할 때 드는 힘을 미리 저장하기(mp[1][2] → 1에서 2로 이동할 때 드는 힘))
dp를 충분히 큰 수로 초기화
dp[0][0][0]을 0으로 초기화 → 처음에는 아무 힘이 들지 않은 상태로 시작

while(모든 수열이 수행됐을 때까지) {
    for(i → 0 ~ 4) {  // 오른쪽 다리를 이동해 현재 다리 위치로 만들 수 있는 경우의 수
        바로 직전 오른쪽 다리가 있을 수 있는 5가지 경우 누적 합 더하기
        오른쪽 다리 이동에 필요한 힘을 더한 값 중 최솟값
    }
    for(i → 0 ~ 4) {  // 왼쪽 다리를 이동해 현재 다리 위치로 만들 수 있는 경우의 수
        바로 직전 왼쪽 다리가 있을 수 있는 5가지 경우 누적 합 더하기
        왼쪽 다리 이동에 필요한 힘을 더한 값 중 최솟값
    }
}

for(i → 0 ~ 4) {
    for(j → 0 ~ 4) {
        min = min(min, dp[s][i][j]);  // s개의 수열을 수행했을 때 최솟값 찾기
    }
}
최솟값 출력
```

04단계 코드 구현하기

동적계획법/P2342_DDR.cpp

```
#include <iostream>
#include <cmath>
#include <climits>
using namespace std;

// dp[N][L][R] = N개 수열을 수행하였고 왼쪽이 L, 오른쪽이 R 자리에 있을 때 최소 누적 힘
static long dp[100001][5][5];
// 한발을 이동할 때 드는 힘을 미리 저장하기 mp[1][2] → 1에서 2로 이동할 때 드는 힘
int mp[5][5] = { { 0, 2, 2, 2, 2 },
                 { 2, 1, 3, 4, 3 },
                 { 2, 3, 1, 3, 4 },
                 { 2, 4, 3, 1, 3 },
                 { 2, 3, 4, 3, 1 } };

int main()
{
    int n = 0, s = 1;

    for (int i = 0; i < 5; i++) {
        for (int j = 0; j < 5; j++) {
            for (int k = 0; k < 100001; k++) {
                dp[k][i][j] = 100001 * 4;   // 충분히 큰 수로 초기화
            }
        }
    }

    dp[0][0][0] = 0;

    while (true) {
        cin >> n;
        if (n == 0) {   // 입력의 마지막이면 종료
            break;
        }
        for (int i = 0; i < 5; i++) {
            if (n == i) {   // 두 발이 같은 자리에 있을 수 없음
```

```
                continue;
            }
            for (int j = 0; j < 5; j++) {
                // 오른발을 옮겨서 현재 모습이 되었을 때 최소의 힘 저장
                dp[s][i][n] = min(dp[s - 1][i][j] + mp[j][n], dp[s][i][n]);
            }
        }
        for (int j = 0; j < 5; j++) {
            if (n == j) {  // 두 발이 같은 자리에 있을 수 없음
                continue;
            }
            for (int i = 0; i < 5; i++) {
                // 왼발을 옮겨서 현재 모습이 되었을 때 최소의 힘 저장
                dp[s][n][j] = min(dp[s - 1][i][j] + mp[i][n], dp[s][n][j]);
            }
        }
        s++;
    }

    s--;
    long minVal = INT_MAX;

    for (int i = 0; i < 5; i++) {
        for (int j = 0; j < 5; j++) {
            minVal = min(minVal, dp[s][i][j]);  // 모두 수행하였을 때 최솟값 찾기
        }
    }
    cout << minVal << "\n";  // 최솟값 출력
}
```

문제 **핵심**

094 행렬 곱 연산 횟수의 최솟값 구하기

시간 제한 1초 | 난이도 G3 골드 III | 백준 온라인 저지 11049번

크기가 N × M인 행렬 A와 M × K인 B를 곱할 때 필요한 곱셈 연산 횟수는 총 N × M × K번이다. 행렬 N개를 곱하는 데 필요한 곱셈 연산 횟수는 행렬을 곱하는 순서에 따라 달라진다. 예를 들어 A의 크기가 5 × 30이고, B의 크기가 3 × 2, C의 크기가 2 × 6일 때 행렬의 곱 ABC를 구하는 경우를 생각해 보자. AB를 먼저 곱하고, C를 곱하는 경우 (AB)C에 필요한 곱셈 연산 횟수는 (5 × 3 × 2) + (5 × 2 × 6) = 30 + 60 = 90번이다. BC를 먼저 곱한 후 A를 곱하는 경우 A(BC)에 필요한 곱셈 연산 횟수는 (3 × 2 × 6) + (5 × 3 × 6) = 36 + 90 = 126번이다. 같은 곱셈이지만, 곱셈을 하는 순서에 따라 곱셈 연산 횟수가 달라진다.

행렬 N개의 크기가 주어졌을 때 모든 행렬을 곱하는 데 필요한 곱셈 연산 횟수의 최솟값을 구하는 프로그램을 작성하시오. 단, 입력으로 주어진 행렬의 순서를 바꾸면 안 된다.

입력

1번째 줄에 행렬의 개수 N(1 ≤ N ≤ 500), 2번째 줄부터 N개 줄에는 행렬의 크기 r과 c가 주어진다(1 ≤ r, c ≤ 500). 항상 순서대로 곱셈할 수 있는 크기만 입력으로 주어진다.

출력

1번째 줄에 입력으로 주어진 행렬을 곱하는 데 필요한 곱셈 연산 횟수의 최솟값을 출력한다. 정답은 2^{31} - 1보다 작거나 같은 자연수다. 또한 최악의 순서로 연산해도 연산 횟수가 2^{31} - 1보다 작거나 같다.

예제 입력 1

```
3  // 행렬 개수
5 3
3 2
2 6
```

예제 출력 1

```
90
```

01단계 문제 분석하기

문제가 어렵고, 점화식을 구하기 막막할 때는 동적 계획법의 특징을 다시 한번 떠올려 보세요. 부분 문제를 구해 큰 문제를 해결하는 방식이 동적 계획법의 특징 중 하나입니다. 따라서 부분의 문제가 해결됐다고 가정하고, 점화식을 떠올려 보는 것도 점화식을 세울 수 있는 좋은 방법 중 하나입니다. 이 방법을 문제에 적용해 보겠습니다.

행렬의 개수 N이 주어지고, 1 ~ N개를 모두 곱했을 때 최소 연산 횟수를 구해야 합니다. 만약 N개 이외의 부분 영역, 예를 들면 1 ~ N - 1, 2 ~ N, 3 ~ N - 2 등 N을 제외한 모든 부분 구역을 1개의 행렬로 만드는 데 필요한 최소 연산 횟수를 알고 있다고 가정해 봅시다. 이러한 가정을 바탕으로 1 ~ N 구역의 최소 연산 횟수는 어떻게 구할 수 있을까요? 먼저 점화식을 정의해 보겠습니다.

점화식 정의

D[i][j]: i ~ j 구간의 행렬을 합치는 데 드는 최소 연산 횟수

다음과 같이 N번째 행렬을 제외한 모든 행렬이 합쳐진 경우를 떠올려 보세요.

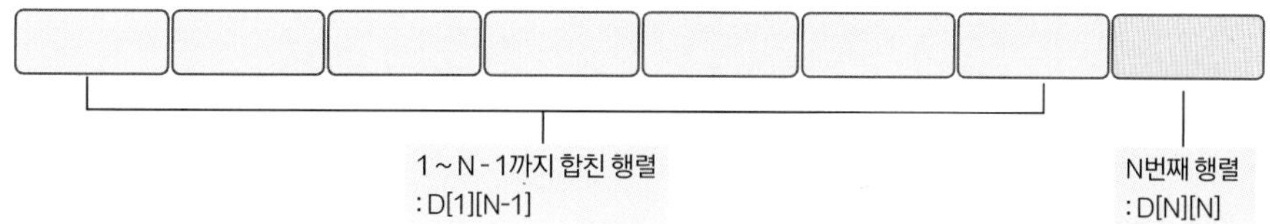

D[1][N−1], D[N][N]의 값을 안다고 가정했으므로 이때 1개의 행렬로 합치는 데 드는 횟수는 다음과 같습니다.

```
D[1][N-1] + D[N][N] + a  // 1개의 행렬로 합치는 데 드는 횟수
```

a는 두 행렬을 합치는 데 드는 값으로 2 × 3과 3 × 6 행렬이 있다면 2 × 3 × 6 = 36입니다. 이때는 1번째 행렬의 row 개수, N번째 행렬의 row 개수, column 개수를 곱하면 됩니다.

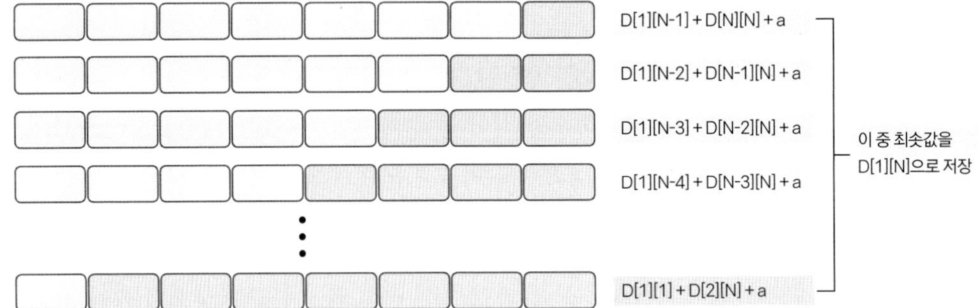

이 아이디어를 바탕으로 생각하면 위와 같이 D[1][N]의 값을 찾는 식을 구할 수 있습니다. 이렇게 정리된 내용을 바탕으로 문제를 풀어 보겠습니다.

02단계 손으로 풀어 보기

행렬 구간에 행렬이 1개일 때 0을 반환합니다. 행렬 구간에 행렬이 2개일 때 '앞 행렬의 row값 * 뒤 행렬의 row값 * 뒤 행렬의 column값'을 반환합니다. 행렬 구간에 행렬이 3개 이상일 때는 다음 조건식의 결괏값을 반환합니다.

행렬 구간에 행렬이 3개 이상일 때 조건식

```
// s: 시작 인덱스, e: 종료 인덱스
for(i를 시작 행렬부터 종료 행렬까지 반복하기)
    result = min(result,
                 D[s][i] + D[i + 1][e] + a(s 행렬의 row * i + 1 행렬의 row * e 행렬의 column))
```

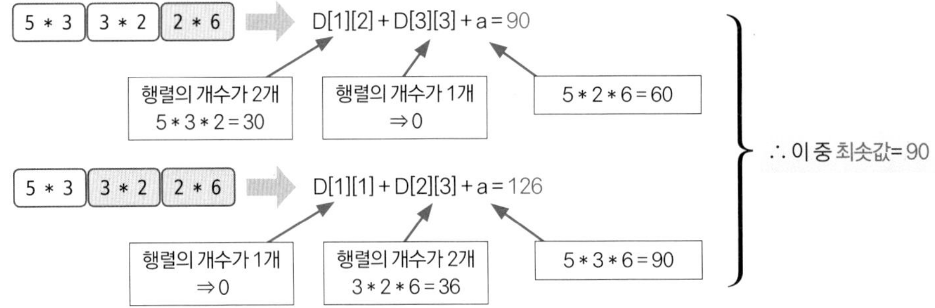

만약 구하려는 영역의 행렬 개수가 3개 이상일 때는 이 영역을 다시 재귀 형식으로 쪼개면서 계산하면 됩니다. 다음에 나올 슈도코드와 실제 구현 코드에서는 앞에서 알아본 설명에 맞게 점화식을 재귀 형태, 즉 톱-다운 방식으로 구현했습니다. 코드를 읽으면서 톱-다운 방식의 동작 원리를 정확하게 이해하기 바랍니다.

03단계 슈도코드 작성하기

```
D[i][j](i ~ j번째 행렬까지 최소 연산 수를 저장하는 배열)
M(행렬 정보 저장 벡터), N(행렬의 개수)
배열 D 초기화(-1로 저장)
행렬 데이터 저장
execute(1, N)  // DP 함수 호출
정답 출력

// 별도 함수 구현 부분 s → 시작 행렬 index, e → 종료 행렬 index
int execute(s, e) {
    result(결괏값)
    if(이미 계산한 구간일 경우) DP[i][j]값 바로 반환
    if(1개 행렬일 때) 연산 횟수 0 반환
    if(행렬 2개일 때) 2개 행렬 연산값 반환
    if(행렬 3개 이상일 때) {
        for(i → s ~ e) {  // 재귀 형태로 구현
            // 반복문으로 계산한 연산 횟수 중 최솟값을 정답에 저장
            정답 = min(현재 정답값,
                execute(s, i) + execute(i + 1, e) + 앞뒤 구간 행렬을 합치기 위한 연산 수)
        }
    }
}
```

04단계 코드 구현하기

동적계획법/P11049_행렬곱연산횟수의최솟값.cpp

```
#include <iostream>
#include <vector>
#include <cmath>
#include <climits>
using namespace std;

static int N;
static vector<pair<int, int>> M;
static long D[502][502];
int execute(int s, int e);

int main()
{
    cin >> N;
    M.resize(N + 1);

    for (int i = 0; i < N + 1; i++) {
        for (int j = 0; j < N + 1; j++) {
            D[i][j] = -1;
        }
    }
    for (int i = 1; i <= N; i++) {
        int y, x;
        cin >> y >> x;
        M[i] = make_pair(y, x);
    }
    cout << execute(1, N) << "\n";
}

int execute(int s, int e) {
    int result = INT_MAX;
    // 이미 계산한 적이 있는 부분이면 다시 계산하지 않는다 → 메모이제이션
    if (D[s][e] != -1) {
        return D[s][e];
    }
    if (s == e) {        // 행렬 한 개의 곱셈 연산의 수
```

```
        return 0;
    }
    if (s + 1 == e) {  // 행렬 두 개의 곱셈 연산의 수
        return M[s].first * M[s].second * M[e].second;
    }
    // 행렬이 3개 이상일 경우 곱셈 연산 수 → 점화식 처리
    for (int i = s; i < e; i++) {
        result = min(result,
            M[s].first * M[i].second * M[e].second + execute(s, i) + execute(i + 1, e));
    }
    return D[s][e] = result;
}
```

문제 095 핵심 외판원의 순회 경로 짜기

시간 제한 1초 | 난이도 G1 골드 I | 백준 온라인 저지 2098번

1번부터 N번까지 번호가 매겨져 있는 도시들이 있고, 도시들 사이에는 길이 있다(길이 없을 수도 있다). 이제 한 외판원이 어느 한 도시에서 출발해 N개의 도시를 모두 거쳐 다시 원래의 도시로 돌아오는 순회 여행 경로를 계획하려고 한다. 단, 한 번 갔던 도시로는 다시 갈 수 없다(맨 마지막에 여행을 출발했던 도시로 돌아오는 것은 예외). 이런 여행 경로에는 여러 가지가 있을 수 있는데, 가장 적은 비용을 들이는 여행 계획을 세우고자 한다. 각 도시 간에 이동하는 데 드는 비용은 행렬 W[i][j] 형태로 주어진다. W[i][j]는 도시 i에서 도시 j로 가기 위한 비용을 나타낸다. 비용은 대칭적이지 않다. 즉, W[i][j] 는 W[j][i]와 다를 수 있다. 모든 도시 간의 비용은 양의 정수다. W[i][i]는 항상 0이다. 경우에 따라 도시 i에서 도시 j로 갈 수 없을 때도 있고, 이럴 경우 W[i][j] = 0이라고 가정한다. N과 비용 행렬이 주어졌을 때 가장 적은 비용을 들이는 외판원의 순회 여행 경로를 구하는 프로그램을 작성하시오.

입력

1번째 줄에 도시의 수 N이 주어진다(2 ≤ N ≤ 16). 다음 N개의 줄에는 비용 행렬이 주어진다. 각 행렬의 성분은 1,000,000 이하의 양의 정수이며, 갈 수 없을 때는 0이 주어진다. W[i][j]는 도시 i에서 j로 가기 위한 비용을 나타낸다. 항상 순회할 수 있을 때만 입력으로 주어진다.

출력

1번째 줄에 외판원의 순회에 필요한 최소 비용을 출력한다.

예제 입력 1

```
4  // N
0 10 15 20
5 0 9 10
6 13 0 12
8 8 9 0
```

예제 출력 1

```
35
```

01단계 문제 분석하기

외판원 순회 문제는 영어로 TSP[traveling salesman problem]라고 불리고, 컴퓨터 과학 분야에서 가장 중요하게 취급되는 문제 중 하나입니다. 여러 가지 응용문제가 있지만, 여기서는 가장 일반적인 형태의 문제를 살펴보겠습니다. N의 크기가 매우 작기 때문에 모든 순서를 완전 탐색하면 정답을 구할 수 있습니다. 먼저 점화식을 정의하겠습니다.

점화식 정의

D[c][v]: 현재 도시가 c, 현재까지 방문한 모든 도시 리스트가 v일 때 앞으로 남은 모든 도시를 경유하는 데 필요한 최소 비용

예를 들어 D[2][1, 2]는 현재 도시가 2이고, 1, 2 도시를 방문한 상태에서 나머지 모든 도시를 경유하는 데 필요한 비용입니다.

완전 탐색의 경우에는 DFS나 BFS를 이용해 이미 학습한 부분이므로 문제가 없지만, 여기서는 생각해야 할 문제가 하나 더 있습니다. 바로 D[i][j]에서 j가 나타내는 것이 현재까지 방문한 모든 도시 리스트라는 것입니다. 리스트 데이터를 j라는 변수 1개에 저장할 수 있는 방법은 무엇일까요? 바로 bit, 즉, 이진수로 표현할 수 있습니다.

총 도시가 4개일 때를 예로 들어 방문 도시를 이진수로 표현해 보겠습니다. 방문 도시를 이진수의 각 자릿수로 표현하고, 방문 시 1, 미방문 시 0의 값으로 저장합니다.

- 4번, 1번 방문 → 이진수로 표현(1001) → D[i][9]
- 3번, 2번 방문 → 이진수로 표현(110) → D[i][6]
- 4번, 3번, 2번, 1번 방문 → 이진수로 표현(1111) → D[i][15]

이러한 방식으로 방문 리스트를 1개의 변수로 표현할 수 있습니다. 이 부분을 참고해 실전 문제에 도전해 보겠습니다.

02단계 손으로 풀어 보기

1 먼저 점화식을 구합니다. c번 도시에서 v 리스트 도시를 방문한 후 남은 모든 도시를 순회하기 위한 최소 비용은 현재 방문하지 않은 모든 도시에 대해 반복하고, 방문하지 않은 도시를 i라고 했을 때 다음과 같습니다. W[c][i]는 도시 c에서 도시 i로 가기 위한 비용을 나타냅니다.

```
D[c][v] = min(D[c][v], D[i][v | (1 << i)] + W[c][i])
```

점화식에 사용한 비트 연산식

위에 나온 점화식에서는 그동안의 점화식과는 다르게 비트 연산을 사용합니다. 기본적인 And, Or, Shift 연산을 이해한 후 이 점화식을 적용해 보세요. 문제를 해결하는 데 필요한 연산식은 다음을 참고하세요.

모든 도시 순회 판단 연산식

```
if(v == (1 << N) - 1)
// 예) N = 4(도시의 개수가 4개인 경우): (1 << 4) - 1 = 16 -1 = 15
```

15를 이진수로 표현하면 1111이며 이진수의 각 자리가 모두 1이기 때문에 모든 도시를 방문한 상태입니다. 즉, 도시의 개수가 4개인데 v값이 15인 경우 모든 도시를 방문한 상태라고 판단할 수 있습니다.

방문 도시 확인 연산식

```
if((v & (1 << i)) == 0)
// 예) i = 3(4번째 도시 확인 여부 확인): 1 << 3 = 8 = 1000
```

v & 1000 연산을 수행하였을 때 결괏값이 0이면 4번째 도시를 방문하지 않았다고 판단할 수 있습니다. 즉, v의 이진수 표현 시 4번째 자리가 1인 경우가 아니면 0을 반환하며 4번째 도시를 방문하지 않았다고 판단합니다.

방문 도시 저장 연산식

```
v | (1 << i)
// 예) i = 2(3번째 도시 저장): 1 << 2 = 100
```

v | 100 연산을 수행하면 v의 이진수 표현 시 3번째 자리를 1로 저장하게 되어 3번째 도시를 방문하였다는 사실을 저장하게 됩니다.

2 W 배열을 저장합니다.

	0	1	2	3
0	0	10	15	20
1	5	0	9	10
2	6	13	0	12
3	8	8	9	0

3 점화식으로 정답을 구합니다.

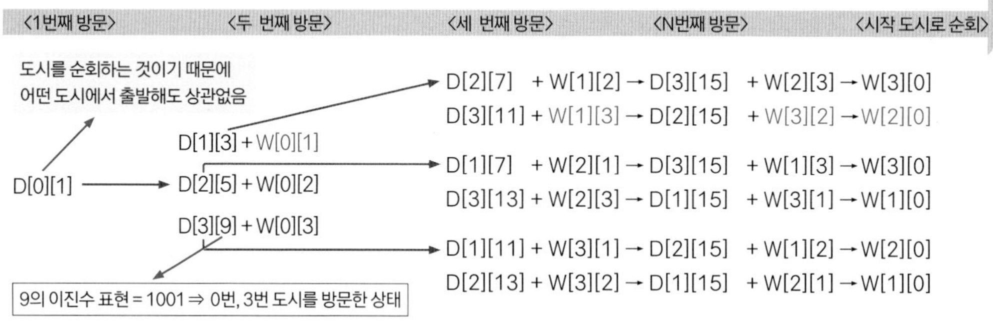

4 최솟값을 정답으로 출력합니다.

∴ W[0][1] + W[1][3] + W[3][2] + W[2][0] = 10 + 10 + 9 + 6 = 35

03단계 슈도코드 작성하기

```
N(도시의 개수)
W[i][j](i 도시에서 j 도시로 가는 데 드는 비용을 저장하는 배열)
D[c][v](현재 도시 c이고 현재까지 방문한 도시 리스트가 v일 때
        남은 모든 도시를 경유하는 데 드는 최소 비용)

for(i → 0 ~ N) {
    for(j → 0 ~ N) {
        배열 W에 값 저장하기
    }
}
for(i → 0 ~ N) {
    for(j → 0 ~ 1 << N) {
        배열 D를 충분히 큰 수로 저장하기
    }
}

tsp(0, 1)  // 완전 탐색 함수 수행
정답 출력하기

tsp(c, v) {  // 모든 경우의 수에 대한 완전 탐색, 재귀 구현
    if(모든 도시를 방문한 경우) {
        시작 도시로 돌아갈 수 있는 경우 → return W[c][시작 도시]
        시작 도시로 돌아갈 수 없는 경우 → return 무한대(정답이 될 수 없음)
    }
    if(이미 계산한 적이 있는 경우) {  // 다시 계산할 필요 없음
        return D[c][v]
    }
    for(i → 0 ~ N) {
        if(방문한 적이 없고 갈 수 있는 도시인 경우) {
            D[c][v] = min(D[c][v], tsp(i, (v | (1 << i))) + W[c][i]);
        }
    }
    return D[c][v]
}
```

04단계 **코드 구현하기**

동적계획법/P2098_외판원순회.cpp

```
#include <iostream>
#include <cmath>
using namespace std;

static int INF = 1000000 * 16 + 1;
static int N;
static int W[16][16];
static int D[16][(1 << 16)];
int tsp(int c, int v);

int main()
{
    cin >> N;
    for (int i = 0; i < N; i++) {
        for (int j = 0; j < N; j++) {
            cin >> W[i][j];
        }
    }
    cout << tsp(0, 1) << "\n";
}

int tsp(int c, int v) {  // 모든 경우의 수에 대한 완전 탐색, 재귀 구현
    if (v == (1 << N) - 1) {  // 모든 노드를 방문했을 때
        return W[c][0] == 0 ? INF : W[c][0];
    }
    // 이미 방문한 노드일 때 → 이미 계산했다면 바로 반환(메모이제이션)
    if (D[c][v] != 0) {
        return D[c][v];
    }
    int min_val = INF;
    for (int i = 0; i < N; i++) {
        // 방문한 적이 없고 갈 수 있는 도시일 때
        if ((v & (1 << i)) == 0 && W[c][i] != 0) {
            min_val = min(min_val, tsp(i, (v | (1 << i))) + W[c][i]);
        }
```

```
        }
        D[c][v] = min_val;
        return D[c][v];
    }
```

문제 핵심

096 가장 길게 증가하는 부분 수열 찾기

시간 제한 3초 | 난이도 플래티넘 | 백준 온라인 저지 14003번

수열 A가 주어졌을 때 가장 길게 증가하는 부분 수열을 구하는 프로그램을 작성하시오. 예를 들어 수열 A = {10, 20, 10, 30, 20, 50}일 때 가장 길게 증가하는 부분 수열은 {10, 20, 30, 50}이고, 길이는 4다.

입력

1번째 줄에 수열 A의 크기 N(1 ≤ N ≤ 1,000,000), 2번째 줄에 수열 A를 이루고 있는 A_i가 주어진다 (-1,000,000,000 ≤ A_i ≤ 1,000,000,000).

출력

1번째 줄에 수열 A의 가장 길게 증가하는 부분 수열의 길이를 출력하고, 2번째 줄에 정답이 될 수 있는 가장 길게 증가하는 부분 수열을 출력한다.

예제 입력 1

```
10  // N
11 5 10 12 7 14 3 8 24 2
```

예제 출력 1

```
5
5 10 12 14 24
```

01단계 문제 분석하기

가장 길게 증가하는 부분 수열(최장 증가 수열)의 점화식은 다음과 같이 비교적 간단하게 정의할 수 있습니다.

점화식 정의

D[i]: 0 ~ i까지 i를 포함하는 가장 길게 증가하는 수열의 길이

부분 문제를 이용해 전체 문제를 풀이하려면 i의 값이 부분 문제에 핵심이 되도록 정의해야 하므로 D[i]를 단순히 0 ~ i까지의 최장 증가 수열의 길이가 아닌 0 ~ i까지 i를 포함하는 최장 증가 수열의 길이로 정의하는 것이 중요합니다. 단, 이 문제의 N의 최댓값이 1,000,000으로 크기 때문에 시간 복잡도를 고려해 풀이를 설계해야 합니다.

02단계 손으로 풀어 보기

1 점화식을 구합니다. A[i]를 i번째 수열의 값이라고 정의하면 D[k]는 A[i] 〉 A[k]를 만족하는 최대 수열의 길이입니다. 즉, A[i]보다 작은 값을 지닌 수열의 최장 증가 수열의 길이 중 최댓값을 찾아 해당 값에 +1을 한 값을 D[i]에 저장하면 됩니다.

```
D[i] = max({D[k]}) + 1 (k = 1 ~ i - 1)
```

2 점화식을 이용해 D 배열의 값을 저장합니다. 이때 자신보다 작은 값을 지닌 최장 증가 수열 길이를 찾기 위해 B 배열을 만들어 현재 가장 유리한 수열을 실시간으로 저장합니다.

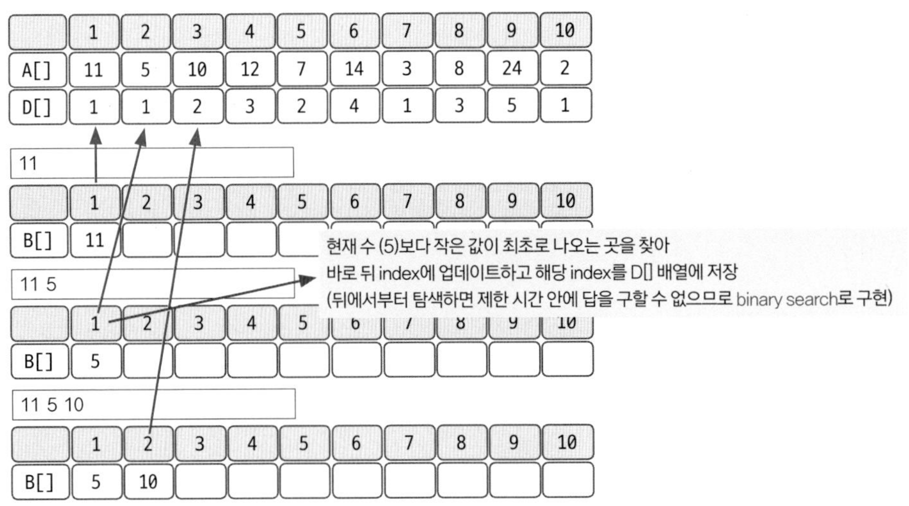

⋮

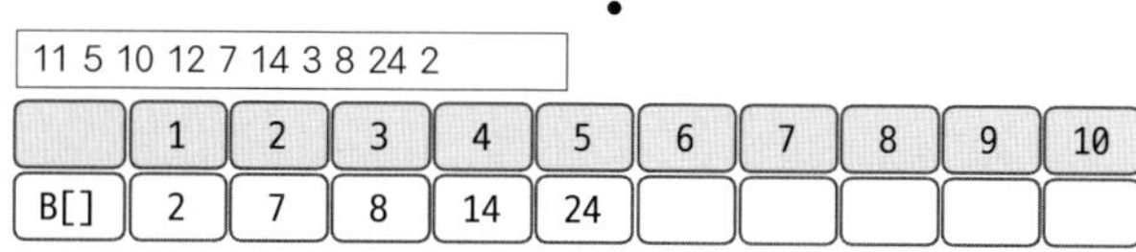

❸ D 배열을 이용해 정답을 출력합니다. 먼저 뒤에서부터 탐색해 최댓값(5)과 동일한 값을 가지는 최초 index의 A[]값을 출력합니다. 그리고 값을 1만큼 감소시키고 index가 1이 될 때까지 반복합니다.

이때 시간 복잡도를 줄이기 위해 자신이 들어갈 수 있는 위치를 찾는 알고리즘을 바이너리 서치를 이용해 구현해야 합니다. 코드를 보고 이해해 보세요.

03단계 슈도코드 작성하기

```
N(수열의 개수), A[](수열 데이터 저장), ans[](정답 수열 저장)
D[](0 ~ i까지 i를 포함하는 최장 증가 수열의 길이 저장)
B[](현재 가장 유리한 증가 수열 저장)
수열 데이터를 입력받아 배열 A에 저장

B[1] = A[1], D[1] = 1  // 초기화

for(i → 2 ~ N) {
    if(가장 마지막 수열보다 현재 수열이 큰 경우) {
        배열 B의 끝에 A[i]값 추가하기
        maxLength = maxLength + 1로 변경하고 배열 D에 maxLength 저장하기
    }
    else {
        이진 탐색을 이용하여 현재 수열이 들어갈 index 찾기
        B[index] = 현재 수열값 저장하고 D[i] = index 저장
```

```
    }
}
가장 긴 증가하는 부분 수열 길이 출력(maxLength)

for(i → N ~ 1) {  // 배열 D의 뒤에서부터 탐색
    최초 maxLength와 같은 값을 가지는 배열 D의 index를 찾아 해당 수열을 정답 배열에 저장
    maxLength값 1 감소
}
저장된 정답 배열 출력

// 현재 수열이 들어갈 수 있는 위치를 빠르게 찾아내기 위한 함수
binarysearch(l, r, now) {
    while(l이 r보다 작을 때까지 반복) {
        중앙값 = l + r / 2
        B[중앙값]이 now보다 작으면 l값을 중앙값 + 1로 변경
        B[중앙값]이 now보다 크거나 같으면 r값을 중앙값으로 변경
    }
    l값을 반환
}
```

04단계 코드 구현하기

동적계획법/P14003_가장길게증가하는부분수열.cpp

```
#include <iostream>
using namespace std;

static int N, maxLength;
static int B[1000001];
static int A[1000001];
static int D[1000001];
static int ans[1000001];
int binarysearch(int l, int r, int now);

int main()
{
    cin >> N;
```

```
    for (int i = 1; i <= N; i++) {
        cin >> A[i];
    }

    int index;
    B[++maxLength] = A[1];
    D[1] = 1;

    for (int i = 2; i <= N; i++) {
        if (B[maxLength] < A[i]) {  // 가장 마지막 수열보다 현재 수열이 큰 경우
            B[++maxLength] = A[i];
            D[i] = maxLength;
        }
        else {
            // 배열 B에서 data[i]보다 처음으로 크거나 같아지는 원소의 index 찾기
            index = binarysearch(1, maxLength, A[i]);
            B[index] = A[i];
            D[i] = index;
        }
    }

    cout << maxLength << "\n";  // 가장 긴 증가하는 부분 수열 길이 출력
    index = maxLength;
    int x = B[maxLength] + 1;

    for (int i = N; i >= 1; i--) {  // 뒤에서부터 탐색하면서 정답 수열 저장하기
        if (D[i] == index && A[i] < x) {
            ans[index] = A[i];
            x = A[i];
            index--;
        }
    }
    for (int i = 1; i <= maxLength; i++) {
        cout << ans[i] << " ";
    }
}

// 현재 수열이 들어갈 수 있는 위치를 빠르게 찾는 이진 탐색 구현
```

```
int binarysearch(int l, int r, int now) {
    int mid;

    while (l < r) {
        mid = (l + r) / 2;
        if (B[mid] < now) {
            l = mid + 1;
        }
        else {
            r = mid;
        }
    }
    return l;
}
```

12 기하

기하 알고리즘은 점, 선, 다각형, 원과 같이
각종 기하학적 도형을 다루는 알고리즘입니다.
하지만 실제 코딩 테스트에서의 기하 알고리즘은 모두 CCW라는
기하학적 성질을 이용해 풀 수 있다고 해도 과언이 아닙니다.
12장에서는 CCW에 관해 학습하고,
이 성질을 이용해 다양한 문제를 풀어 보겠습니다.

12-1 기하 알아보기

실제 코딩 테스트에서 기하 알고리즘을 다룰 때 이용하는 CCW에 관해 알아보겠습니다.

기하의 핵심 이론

CCW^counter-clockwise^는 평면상의 3개의 점과 관련된 점들의 위치 관계를 판단하는 알고리즘입니다. 수학적으로는 벡터의 외적과 관련된 이해가 필요하지만 12장에서는 코딩 테스트에 집중하기 위해 CCW의 공식과 결괏값과 관련된 해석 부분을 집중적으로 다루겠습니다. 세 점을 $A(X_1, Y_1)$, $B(X_2, Y_2)$, $C(X_3, Y_3)$ 라고 가정했을 때 CCW의 공식은 다음과 같습니다.

CCW의 공식

$$CCW = (X_1Y_2 + X_2Y_3 + X_3Y_1) - (X_2Y_1 + X_3Y_2 + X_1Y_3)$$

이 공식을 다음과 같이 도출하면 좀 더 쉽게 기억할 수 있습니다.

CCW 공식 도출 과정

① 1번째 점을 뒤에 한 번 더 씁니다.

② 오른쪽 아래 방향 화살표 곱은 더하고, 왼쪽 아래 방향 화살표의 곱은 뺍니다.

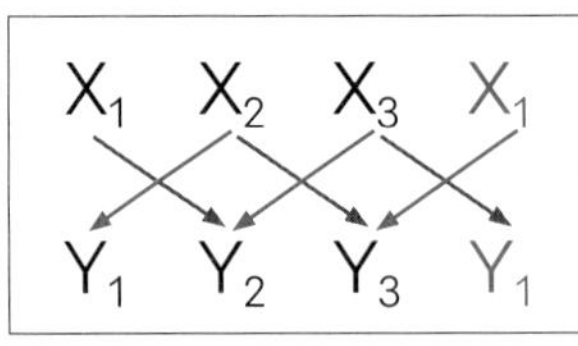

이렇게 세 점이 주어졌을 때 CCW 공식을 사용해 세 점에 관한 다양한 관계를 도출할 수 있습니다. CCW 공식은 기하에서 가장 기본이 되므로 코드 자체를 암기해 자신의 것으로 만들어 놓는 것이 좋습니다.

다음은 CCW를 수행한 결괏값이 어떤 의미를 지니고 있는지와 관련된 내용을 설명하겠습니다. CCW는 부호에 따라 다음과 같은 3가지 의미가 있습니다.

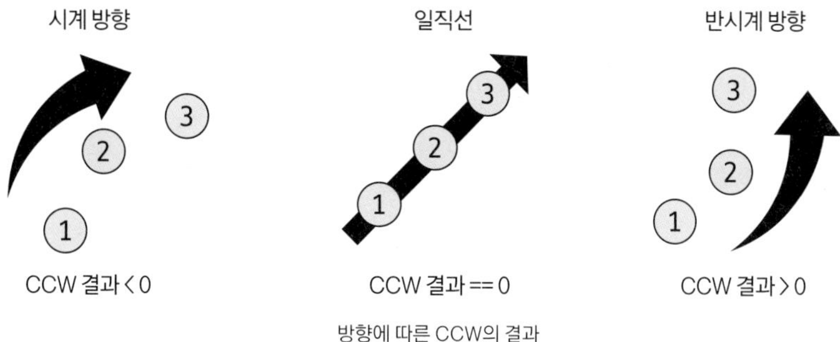

방향에 따른 CCW의 결과

이 부호와 별개로 CCW 결과의 절댓값은 세 점의 벡터 외적값을 나타내고, 이것은 CCW의 절댓값을 절반으로 나누면 세 점으로 이뤄진 삼각형의 넓이를 나타낸다는 것을 알 수 있습니다. 즉, |CCW 결괏값| / 2는 세 점으로 이뤄진 삼각형의 넓이로 이해하면 됩니다. 이 2가지 원리를 이용하면 다양한 기하 관련 문제를 해결할 수 있습니다. 이제 실전 문제를 이용해 CCW를 응용해 보겠습니다.

문제 097 선분 방향 구하기

시간 제한 1초 | 난이도 G5 골드 V | 백준 온라인 저지 11758번

2차원 좌표 평면 위에 있는 점 3개 P_1, P_2, P_3이 주어진다. P_1, P_2, P_3을 순서대로 이은 선분이 어떤 방향을 이루고 있는지 구하는 프로그램을 작성하시오.

입력

1번째 줄에 P_1의 (x_1, y_1), 2번째 줄에 P_2의 (x_2, y_2), 3번째 줄에 P_3의 (x_3, y_3)가 주어진다($-10{,}000 \le x_1, y_1, x_2, y_2, x_3, y_3 \le 10{,}000$). 모든 좌표는 정수다. P_1, P_2, P_3의 좌표는 서로 다르다.

출력

P_1, P_2, P_3을 순서대로 이은 선분이 반시계 방향이면 1, 시계 방향이면 -1, 일직선이면 0을 출력한다.

예제 입력 1	예제 출력 1	예제 입력 2	예제 출력 2	예제 입력 3	예제 출력 3
1 1 5 5 7 3	-1	1 1 3 3 5 5	0	1 1 7 3 5 5	1

01단계 문제 분석하기

전형적인 CCW 문제입니다. 핵심 이론에서 설명한 CCW 이론을 실제 코드로 구현할 수 있는지를 묻는 문제이므로 바로 문제를 풀어 보겠습니다.

02단계 손으로 풀어 보기

1 P_1, P_2, P_3 3개의 점을 입력받아 변수에 저장하고, CCW를 계산합니다.

$$\begin{aligned} CCW &= (X_1Y_2 + X_2Y_3 + X_3Y_1) - (X_2Y_1 + X_3Y_2 + X_1Y_3) \\ &= (1 * 5 + 5 * 3 + 7 * 1) - (5 * 1 + 7 * 5 + 1 * 3) \\ &= 27 - 43 = -16 \end{aligned}$$

2 CCW 결괏값에 따라 정답을 출력합니다.

∴ -16은 0보다 작으므로 -1 출력

03단계 슈도코드 작성하기

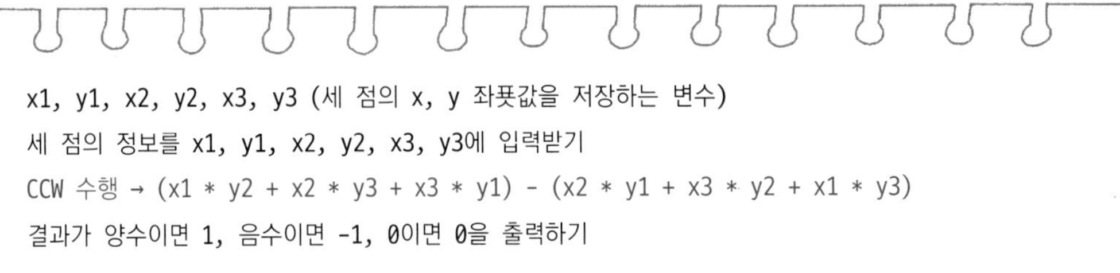

```
x1, y1, x2, y2, x3, y3 (세 점의 x, y 좌푯값을 저장하는 변수)
세 점의 정보를 x1, y1, x2, y2, x3, y3에 입력받기
CCW 수행 → (x1 * y2 + x2 * y3 + x3 * y1) - (x2 * y1 + x3 * y2 + x1 * y3)
결과가 양수이면 1, 음수이면 -1, 0이면 0을 출력하기
```

04단계 코드 구현하기

기하/P11758_CCW.cpp

```
#include <iostream>
using namespace std;

int main()
{
    int x1, y1, x2, y2, x3, y3;
    cin >> x1 >> y1 >> x2 >> y2 >> x3 >> y3;
    int result = (x1 * y2 + x2 * y3 + x3 * y1) - (x2 * y1 + x3 * y2 + x1 * y3);
    int ans = 0;

    if (result > 0) {
        ans = 1;
    }
    else if (result < 0) {
       ans = -1;
    }
    else {
       ans = 0;
    }
    cout << ans;
}
```

문제 098

선분의 교차 여부 구하기

시간 제한 0.25초 | 난이도 골드 II | 백준 온라인 저지 17387번

2차원 좌표 평면 위의 두 선분 L_1, L_2가 주어졌을 때 두 선분이 교차하는지 아닌지 구해 보자. 한 선분의 끝점이 다른 선분이나 끝점 위에 있으면 교차하는 것이다. L_1의 양끝점은 (x_1, y_1), (x_2, y_2), L_2의 양끝점은 (x_3, y_3), (x_4, y_4)이다.

입력

1번째 줄에 L_1의 양끝점 x_1, y_1, x_2, y_2, 2번째 줄에 L_2의 양끝점 x_3, y_3, x_4, y_4가 주어진다.

출력

L_1과 L_2가 교차하면 1, 아니면 0을 출력한다($-1,000,000 \leq x_1, y_1, x_2, y_2, x_3, y_3, x_4, y_4 \leq 1,000,000$) ($x_1, y_1, x_2, y_2, x_3, y_3, x_4, y_4$는 정수).

예제 입력 1	예제 출력 1	예제 입력 2	예제 출력 2	예제 입력 3	예제 출력 3
1 1 5 5 1 5 5 1	1	1 1 5 5 6 10 10 6	0	1 1 5 5 5 5 1 1	1

예제 입력 1	예제 출력 1	예제 입력 2	예제 출력 2	예제 입력 3	예제 출력 3
1 1 5 5 3 3 5 5	1	1 1 5 5 3 3 1 3	1	1 1 5 5 5 5 9 9	1

예제 입력 1	예제 출력 1	예제 입력 2	예제 출력 2	예제 입력 3	예제 출력 3
1 1 5 5 6 6 9 9	0	1 1 5 5 5 5 1 5	1	1 1 5 5 6 6 1 5	0

01단계 문제 분석하기

CCW의 특징을 이용하면 두 선분과 관련된 교차 여부를 구할 수 있습니다. 두 선분을 A-B, C-D라고 명명했을 때, A-B 선분을 기준으로 점 C와 D를 CCW한 값의 곱과 C-D 선분을 기준으로 점 A와 B를 CCW한 값의 곱이 모두 음수이면 두 선분은 교차한다고 볼 수 있습니다.

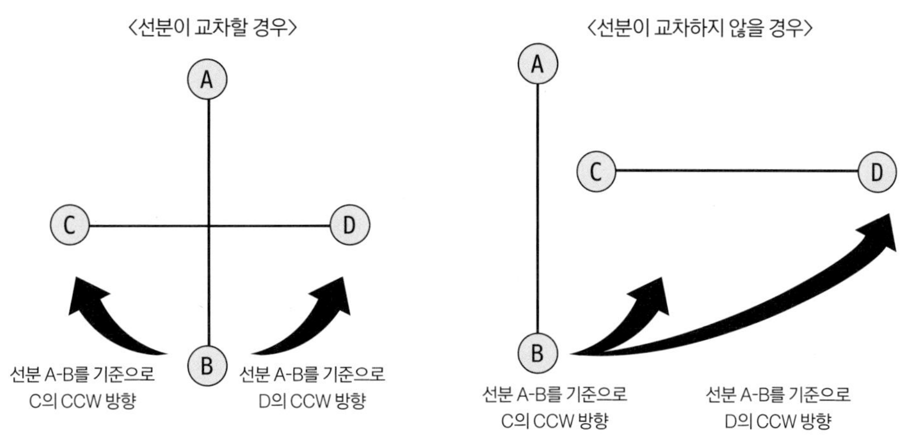

선분 A-B를 무한대로 늘렸을 때 C, D 사이를 지나면 두 CCW의 결괏값의 부호는 항상 반대가 됩니다. 그러면 두 CCW의 결괏값의 곱은 항상 음수가 되고, C-D 선분과 관련된 A, B의 CCW 결괏값의 곱도 음수라면 두 선분은 교차한다고 할 수 있습니다. 두 선분이 교차하지 않으면 위와 같이 CCW의 방향이 같을 때가 발생하고, 두 점과 관련된 CCW의 결괏값의 곱이 양수가 됩니다.

그럼 다음과 같이 선분이 겹칠 때는 어떻게 해야 할까요?

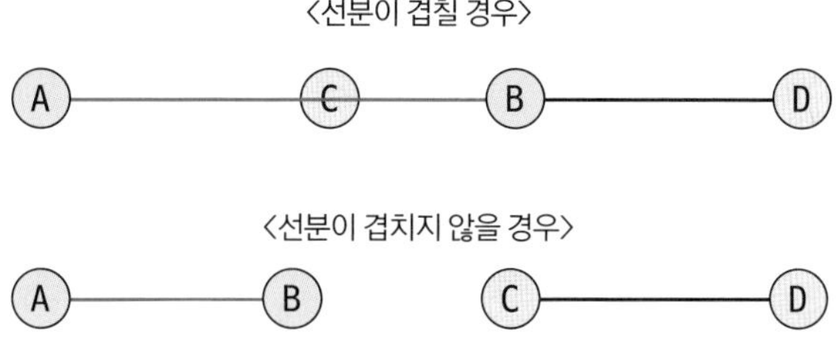

위 그림에 있는 두 예시에서 CCW의 결괏값은 모두 0입니다. 이때는 각 선분의 min max x, y 값으로 겹침 여부를 판단합니다. 선분이 겹치지 않는 경우는 한 선분의 min값이 다른 선분의 max값보다 클 때입니다. 위 미겹침 예시에서는 C-D의 min x값(점 C의 x값)이 A-B의 max x값(점 B의 x값)보다 크기 때문에 두 선분이 겹치지 않는다고 판단할 수 있습니다.

02단계 손으로 풀어 보기

1 두 선분과 관련된 CCW값의 곱을 구합니다.

$x_1 = 1, y_1 = 1, x_2 = 5, y_2 = 5$

$x_3 = 1, y_3 = 5, x_4 = 5, y_4 = 1$

각 점을 A, B, C, D로 정했을 때 CCW값을 구하면

CCW(ABC) = (1 * 5 + 5 * 5 + 1 * 1) - (5 * 1 + 1 * 5 + 1 * 5) = 16

CCW(ABD) = (1 * 5 + 5 * 1 + 5 * 1) - (5 * 1 + 5 * 5 + 1 * 1) = -16

CCW(CDA) = (1 * 1 + 5 * 1 + 1 * 5) - (5 * 5 + 1 * 1 + 1 * 1) = -16

CCW(CDB) = (1 * 1 + 5 * 5 + 5 * 5) - (5 * 5 + 5 * 1 + 1 * 5) = 16

2 결과에 따른 선분 교차 여부를 확인합니다.

CCW(ABC) * CCW(ABD) = (16) * (-16) = 음수

CCW(CDA) * CCW(CDB) = (-16) * (16) = 음수

⇒ 곱의 결괏값이 모두 음수 ⇒ 선분이 교차함 ⇒ ∴ 1 출력

03단계 슈도코드 작성하기

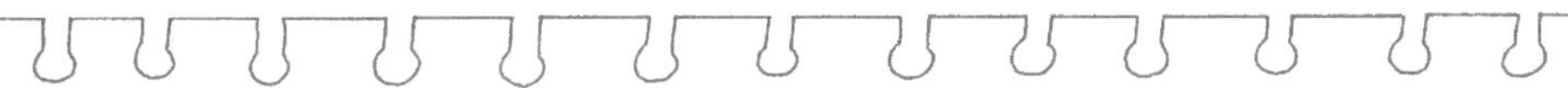

```
x1, y1, x2, y2, x3, y3, x4, y4(네 점의 x, y 좌푯값을 저장하는 변수)

각 선분과 관련된 CCW 수행하기
abc = CCW(x1, y1, x2, y2, x3, y3)
abd = CCW(x1, y1, x2, y2, x4, y4)
cda = CCW(x3, y3, x4, y4, x1, y1)
cdb = CCW(x3, y3, x4, y4, x2, y2)

각 선분과 관련된 CCW 결괏값의 곱이 모두 0일 때  // 두 선분이 일직선상에 있음
→ 선분 겹침 여부 판별 함수 호출(isOverlab) 겹쳤으면 1 아니면 0 출력
각 선분과 관련된 CCW 결괏값의 곱이 모두 양수가 아닐 때 → 선분 교차로 판별 1 출력
이외의 경우 → 선분 미교차 → 0 출력

isOverlab(두 선분의 (x, y) 좌표) {  // 선분 겹침 여부 판별 함수
    각 선분의 x, y와 관련된 min, max값을 구하기
    특정 선분과 좌표의 max값이 타 선분의 min값보다 항상 크거나 같으면 선분 교차
```

```
    아닌 경우가 1개라도 발생하면 선분 미교차
}

CCW{  // 세 점 데이터를 받음 x1, y1, x2, y2, x3, y3
    result = (x1 * y2 + x2 * y3 + x3 * y1) - (x2 * y1 + x3 * y2 + x1 * y3)
    결과가 양수이면 1, 음수이면 -1, 0이면 0을 출력
}
```

04단계 코드 구현하기

기하/P17387_선분교차.cpp

```cpp
#include <iostream>
#include <cmath>
using namespace std;

bool isCross(long x1, long y1, long x2, long y2, long x3, long y3, long x4, long y4);

int main()
{
    long x1, y1, x2, y2, x3, y3, x4, y4;
    cin >> x1 >> y1 >> x2 >> y2 >> x3 >> y3 >> x4 >> y4;
    bool cross = isCross(x1, y1, x2, y2, x3, y3, x4, y4);

    if (cross) {
        cout << 1;
    }
    else {
        cout << 0;
    }
}

int CCW(long x1, long y1, long x2, long y2, long x3, long y3) {
    long result = (x1 * y2 + x2 * y3 + x3 * y1) - (x2 * y1 + x3 * y2 + x1 * y3);
    if (result > 0) {
        return 1;
    }
    else if (result < 0) {
```

```
        return -1;
    }
    return 0;
}

// 선분 겹침 여부 판별 함수
bool isOverlab(long x1, long y1, long x2, long y2, long x3, long y3, long x4, long y4) {
    if (min(x1, x2) <= max(x3, x4) && min(x3, x4) <= max(x1, x2)
            && min(y1, y2) <= max(y3, y4) && min(y3, y4) <= max(y1, y2)) {
        return true;
    }
    return false;
}

bool isCross(long x1, long y1, long x2, long y2, long x3, long y3, long x4, long y4) {
    int abc = CCW(x1, y1, x2, y2, x3, y3);
    int abd = CCW(x1, y1, x2, y2, x4, y4);
    int cda = CCW(x3, y3, x4, y4, x1, y1);
    int cdb = CCW(x3, y3, x4, y4, x2, y2);

    if (abc * abd == 0 && cda * cdb == 0) {         // 선분이 일직선인 경우
        return isOverlab(x1, y1, x2, y2, x3, y3, x4, y4);  // 겹치는 선분인지 판별하기
    }
    else if (abc * abd <= 0 && cda * cdb <= 0) {  // 선분이 교차하는 경우
        return true;
    }
    return false;
}
```

문제 099

선분을 그룹으로 나누기

시간 제한 2초 | 난이도 P0 플래티넘 | 백준 온라인 저지 2162번

N개의 선분들이 2차원 평면상에 주어져 있다. 선분은 양끝점의 x, y 좌표로 표현된다. 두 선분이 서로 만나는 경우에 두 선분은 같은 그룹에 속한다고 정의하며, 그룹의 크기는 그 그룹에 속한 선분의 개수로 정의한다. 두 선분이 만난다는 것은 선분의 끝점을 스치듯이 만나는 경우도 포함한다. N개의 선분들이 주어졌을 때 이 선분들은 총 몇 개의 그룹으로 이루어져 있을까? 또한 가장 크기가 큰 그룹에 속한 선분의 개수는 몇 개일까? 이 2가지를 구하는 프로그램을 작성해 보자.

입력

1번째 줄에 N($1 \le N \le 3{,}000$), 2번째 줄부터 N + 1번째 줄에 양끝점의 좌표가 x_1, y_1, x_2, y_2의 순서로 주어진다. 각 좌표의 절댓값은 5,000을 넘지 않으며, 입력되는 좌표 사이에는 빈칸이 1개 이상 있다.

출력

1번째 줄에 그룹의 수, 2번째 줄에 가장 크기가 큰 그룹에 속한 선분의 개수를 출력한다.

예제 입력 1

```
3   // 선분 개수
1 1 2 3
2 1 0 0
1 0 1 1
```

예제 출력 1

```
1
3
```

01단계 문제 분석하기

[문제 097]에서 이미 선분 교차 판별과 관련된 문제를 학습했기 때문에 이 부분과 관련된 설명은 생략하겠습니다. 교차되는 선분을 1개의 그룹으로 합치는 부분에서 유니온 파인드 알고리즘을 떠올릴 수 있습니다. 단, 그룹의 수와 가장 큰 그룹의 선분 개수를 출력해야 하므로 기존 유니온 파인드 알고리즘을 적절하게 변형해야 합니다.

02단계 손으로 풀어 보기

1 변형된 유니온 파인드 알고리즘으로 배열을 초기화하겠습니다. 부모 노드 배열은 모두 -1로 초기화합니다. 음수라면 부모 노드로 취급합니다.

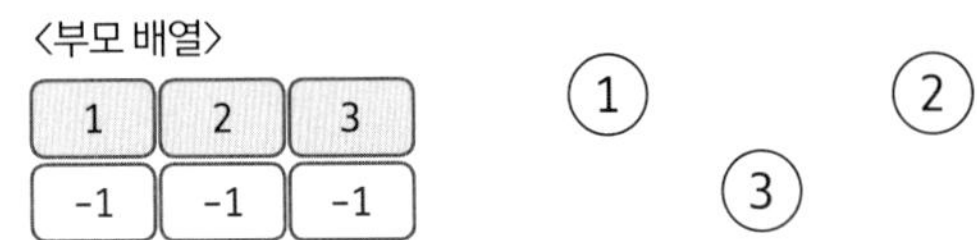

find 함수는 현재 인덱스에 해당하는 값이 음수라면 인덱스값을 반환하고, 값이 양수라면 parent[i]로 이동합니다. 음수라면 현재 인덱스에 해당하는 노드가 현재 선분 그룹의 대표 노드라는 뜻이 되며 해당 음수의 절댓값이 현재 선분 그룹에 연결된 선분의 개수가 됩니다. 값을 저장하는 로직은 아래 union 함수가 담당합니다.

union 함수는 두 대표 노드가 같으면 반환하고, 대표 노드가 다른 경우에는 두 대표 노드를 연결하여 하나의 선분 그룹으로 만들어 줍니다. 두 대표 노드를 연결할 때는 먼저 하나로 합쳐지는 선분 그룹의 대표가 될 노드(p)에 새롭게 합쳐지는 선분 그룹의 개수를 음수(q)로 더합니다. 그리고 대표 노드에서 자식 노드로 변경되는 기존의 대표 노드(q)에는 최종 대표 노드 p의 인덱스값을 넣습니다.

2 선분을 입력받으면서 이전까지 받은 선분과 교차되는지를 확인합니다. 교차할 때 변형된 union-find 함수를 이용해 부모 배열에 저장합니다. 변형된 union-find 함수에서는 부모 배열의 값이 음수이면 선분 그룹의 부모 노드이고, 이 음수의 절댓값이 이 그룹의 선분의 개수가 되도록 로직을 구현합니다.

1번 선분 (1 1 2 3) ⇒ 저장된 선분 없음

2번 선분 (2 1 0 0) ⇒ 1번 선분과 교차 판별: 교차하지 않음

3번 선분 (1 0 1 1) ⇒ 1번 선분과 교차 판별: 교차 ⇒ union(3, 1)

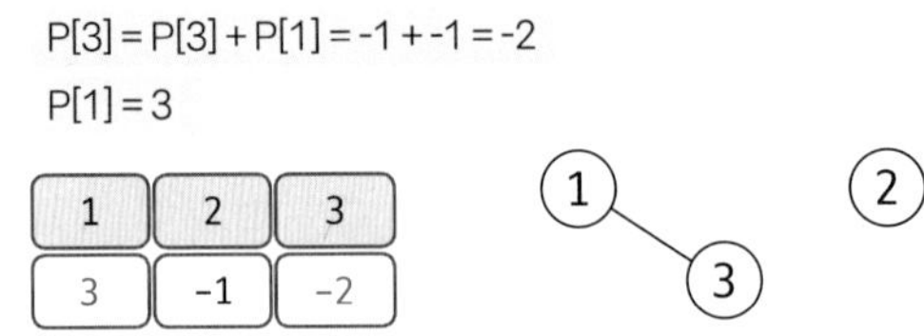

⇒ 2번 선분과 교차 판별: 교차 ⇒ union(3, 2)

P[3] = P[3] + P[2] = -2 + -1 = -3
P[2] = 3

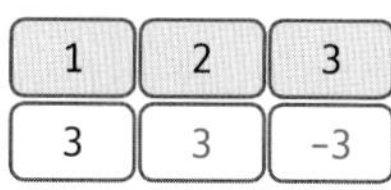

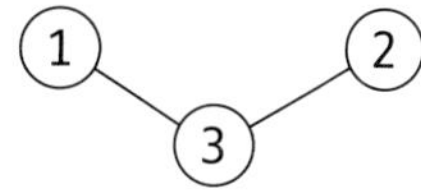

3 부모 배열에서 음수 데이터의 개수(그룹의 수), 최솟값의 절댓값(가장 큰 그룹의 선분 수)를 정답으로 출력합니다.

03단계 슈도코드 작성하기

```
// 앞에서 선분 교차와 관련된 코드는 이미 다뤘으므로 선분 교차 함수 구현 부분은 생략
N(선분 개수)
parent[](선분의 부모 선분 저장 노드 배열)
L[][](선분 저장 배열)
ans(선분 그룹 수)
res(가장 큰 선분 그룹의 선분 수를 음수로 저장하는 변수)

for(i → 1 ~ N) parent 배열을 모두 -1로 초기화

for(i → 1 ~ N) {
    신규 선분 저장하기
    for(j → 1 ~ i) {
        신규 선분과 현재까지 저장된 선분이 교차하는지 확인  // 선분 교차 함수 사용
        선분이 교차할 때 두 선분은 1개의 그룹으로 저장하기  // 변형된 union() 함수 호출
    }
}

for(i → 1 ~ N) {
    if(parent[i]의 값이 음수이면) {  // 음수인 parent[i]는 선분 그룹의 부모 노드
        ans++(선분 그룹 수 증가)
        res = min(res, parent[i])  // parent[i]의 값 중 가장 작은 수를 저장하기
    }
}

ans 출력하기, -res 출력하기
```

```
// 변형된 union-find
find(i) {
    if(parent[i]가 음수) return i   // 음수이면 자기 자신이 부모 노드
    return parent[i] = find(parent[i]);
}

union(i, j) {
    p = find(i), q = find(j)
    if(p == q) return   // 이미 연결되어 있음
    // p의 부모 노드에 q가 속한 선분 그룹의 선분 개수를 더하기(음수 절댓값으로 개수 표현)
    parent[p] += parent[q]
    parent[q] = p   // p를 q의 부모 노드로 지정하기
}
```

04단계 코드 구현하기

기하/P2162_선분그룹.cpp

```
#include <iostream>
#include <cmath>
using namespace std;

static int parent[3001];
static int L[3001][4];
static int N;

int find(int i);
void Union(int i, int j);
int CCW(long x1, long y1, long x2, long y2, long x3, long y3);
bool isOverlab(long x1, long y1, long x2, long y2, long x3, long y3, long x4, long y4);
bool isCross(long x1, long y1, long x2, long y2, long x3, long y3, long x4, long y4);

int main()
{
    cin >> N;

    for (int i = 1; i <= N; i++) {
```

```
        parent[i] = -1;
    }
    for (int i = 1; i <= N; i++) {
        cin >> L[i][0] >> L[i][1] >> L[i][2] >> L[i][3];

        for (int j = 1; j < i; j++) {  // 이전에 저장된 선분과 교차 여부 확인
            if (isCross(L[i][0], L[i][1], L[i][2], L[i][3],
                    L[j][0], L[j][1], L[j][2], L[j][3]) == true) {
                Union(i, j);
            }
        }
    }

    int ans = 0, res = 0;

    for (int i = 1; i <= N; i++) {
        // 음수이면 선분 그룹을 대표하는 부모(대표) 노드이므로 카운트
        if (parent[i] < 0) {
            ans++;
            res = min(res, parent[i]);  // 음수의 절댓값이 선분 그룹의 선분 개수
        }
    }
    cout << ans << "\n";
    cout << -res << "\n";
}

int find(int i) {
    if (parent[i] < 0) {
        return i;
    }
    return parent[i] = find(parent[i]);
}

void Union(int i, int j) {
    int p = find(i);
    int q = find(j);

    if (p == q) {
        return;
```

```
    }
    parent[p] += parent[q];
    parent[q] = p;
}

int CCW(long x1, long y1, long x2, long y2, long x3, long y3) {
    long temp = (x1 * y2 + x2 * y3 + x3 * y1) - (x2 * y1 + x3 * y2 + x1 * y3);

    if (temp > 0) {
        return 1;
    }
    else if (temp < 0) {
        return -1;
    }
    return 0;
}

bool isOverlab(long x1, long y1, long x2, long y2, long x3, long y3, long x4, long y4) {
    if (min(x1, x2) <= max(x3, x4) && min(x3, x4) <= max(x1, x2)
            && min(y1, y2) <= max(y3, y4) && min(y3, y4) <= max(y1, y2)) {
        return true;
    }
    return false;
}

bool isCross(long x1, long y1, long x2, long y2, long x3, long y3, long x4, long y4) {
    int abc = CCW(x1, y1, x2, y2, x3, y3);
    int abd = CCW(x1, y1, x2, y2, x4, y4);
    int cda = CCW(x3, y3, x4, y4, x1, y1);
    int cdb = CCW(x3, y3, x4, y4, x2, y2);

    if (abc * abd == 0 && cda * cdb == 0) {        // 선분이 일직선인 경우
        return isOverlab(x1, y1, x2, y2, x3, y3, x4, y4);
    }
    else if (abc * abd <= 0 && cda * cdb <= 0) {  // 선분이 교차하는 경우
        return true;
    }
    return false;
}
```

문제 100

다각형의 넓이 구하기

시간 제한 2초 | 난이도 G5 골드 V | 백준 온라인 저지 2166번

2차원 평면상에 N(3 ≤ N ≤ 10,000)개의 점으로 이뤄진 다각형이 있다. 이 다각형의 넓이를 구하는 프로그램을 작성하시오.

입력

1번째 줄에 N이 주어진다. 다음 N개의 줄에는 다각형을 이루는 순서대로 N개의 점의 x, y 좌표가 주어진다. 좌푯값은 절댓값이 100,000을 넘지 않는 정수다.

출력

1번째 줄에 넓이를 출력한다. 넓이를 출력할 때는 소수점 아래 둘째 자리에서 반올림해 첫째 자리까지 출력한다.

예제 입력 1

```
4   // 점의 개수
0 0
0 10
10 10
10 0
```

예제 출력 1

```
100.0
```

01단계 문제 분석하기

CCW는 다른 의미로 벡터의 외적값을 의미하기도 합니다. 다음 그림에서 CCW(A, B, C)의 절댓값은 세 점의 벡터 외적이고, 세 점을 기준으로 하는 평행사변형의 넓이를 나타냅니다.

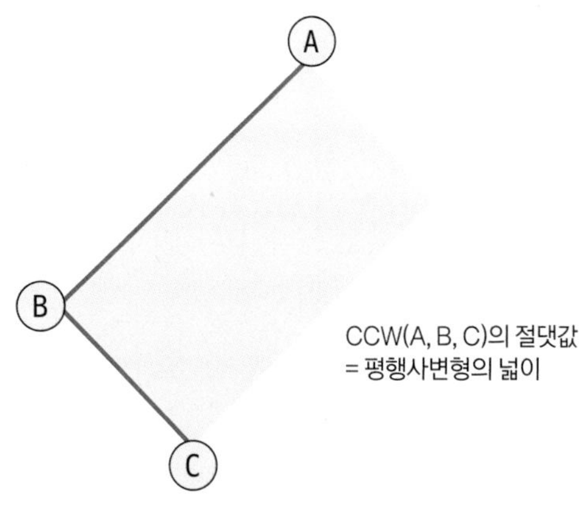

즉, CCW의 절댓값을 2로 나누면 세 점을 꼭짓점으로 하는 삼각형의 넓이를 구할 수 있습니다. 다각형의 넓이는 결국 원점과 다른 두 점 간의 CCW로 다음과 같이 표현할 수 있습니다.

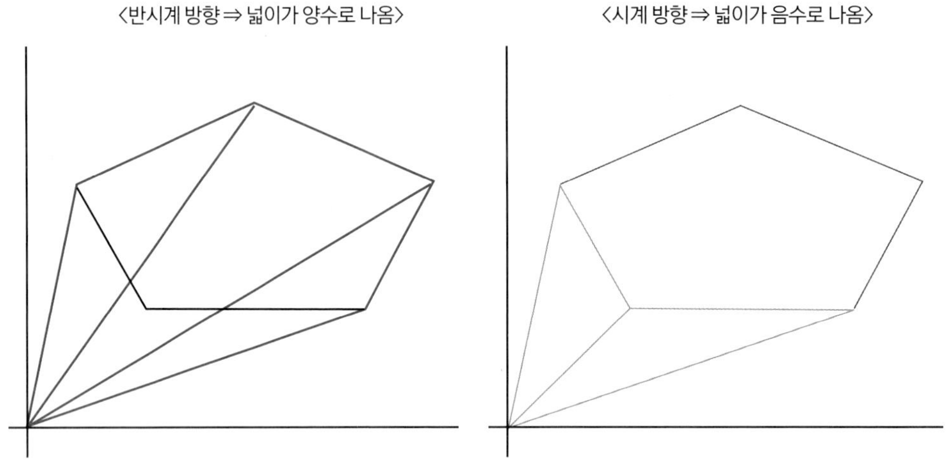
〈반시계 방향 ⇒ 넓이가 양수로 나옴〉
〈시계 방향 ⇒ 넓이가 음수로 나옴〉

원점과 다른 두 점 사이의 CCW로 넓이 표현하기

문제에서 점들이 순서대로 제공되는 것은 알고 있지만, 반시계 방향인지, 시계 방향인지는 알 수 없습니다. 하지만 다른 방향의 넓이의 부호는 항상 반대이므로 원점과 순서대로 오는 두 점 간의 CCW값들의 합을 절댓값으로 변경하고 2로 나누면 다각형의 넓이가 됩니다.

CCW = 벡터 외적값 = 3개의 점으로 이뤄지는 평행사변형의 넓이이므로 넓이의 값을 2로 나눠야 합니다.

원점과 다른 두 점 사이의 CCW 공식을 좀 더 단순화하면 다음과 같이 표현할 수 있습니다. 두 점을 x_1, y_1과 x_2, y_2라고 가정하겠습니다.

원점과 다른 두 점 사이의 CCW 공식

$$CCW = (x_1y_2 + x_2y_3 + x_3y_1) - (x_2y_1 + x_3y_2 + x_1y_3)$$

$$= (x_1y_2 + 0 + 0) - (x_2y_1 + 0 + 0)$$

$$= x_1y_2 - x_2y_1$$

02단계 손으로 풀어 보기

1 원점과 순서대로 나오는 두 점 사이의 CCW값을 계산합니다.

1번, 2번: 0 * 10 - 0 * 0 = 0

2번, 3번: 0 * 10 - 10 * 10 = -100

3번, 4번: 10 * 0 - 10 * 10 = -100

4번, 1번: 0 * 0 - 10 * 0 = 0(마지막 점과 최초 점까지 계산해야 함)

2 결과의 총합을 절댓값으로 변경한 후 2로 나눠 정답을 구합니다.

0 + -100 + -100 + 0 = -200 ⇒ |-200| = 200

∴ 200 / 2 = 100 출력

03단계 슈도코드 작성하기

```
N(점의 개수)
x(x좌표 저장 배열), y(y좌표 저장 배열)
result(정답 변수)

for(i → 0 ~ N - 1) {
    배열에 (x, y) 좌표 저장하기
}

// 배열에 마지막에 처음 점 다시 넣기 → 마지막과 처음 점도 CCW에 포함
x[N] = x[0]
y[N] = y[0]

for(i → 0 ~ N) {
    // 원점, i, i + 1 → 세 점에 대한 CCW값 구하여 result에 더하기
    result += x[i]y[i + 1] - x[i + 1]y[i]
}
result의 절댓값을 2로 나누고 둘째 자리에서 반올림하여 출력하기
```

04단계 **코드 구현하기**

기하/P2166_다각형의넓이.cpp

```
#include <iostream>
using namespace std;

static int N;
static long x[10001], y[10001];

int main()
{
    cin >> N;

    for (int i = 0; i < N; i++) {
        cin >> x[i];
        cin >> y[i];
    }
    x[N] = x[0];  // 마지막과 처음 점도 CCW 계산에 포함해야 함
    y[N] = y[0];
    double result = 0;

    for (int i = 0; i < N; i++) {
        result += (x[i] * y[i + 1]) - (x[i + 1] * y[i]);
    }
    cout << fixed;
    cout.precision(1);  // 소수점 자릿수 설정
    cout << abs(result) / 2.0;
}
```

Basic Programming Course

기초 프로그래밍 코스

파이썬, C 언어, 자바로 시작하는 프로그래밍!
기초 단계를 독파한 후 응용 단계로 넘어가세요!

기초 단계

박응용 | 360쪽

김성엽 | 576쪽

김동형 | 856쪽

시바타 보요 저, 강민 역 | 408쪽

시바타 보요 저, 강민 역 | 452쪽

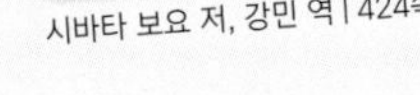

시바타 보요 저, 강민 역 | 424쪽

응용 단계

김창현 | 296쪽

강성윤 | 720쪽

김종관 | 564쪽

나는 어떤 코스가 적합할까?

A 파이썬 개발자가 되고 싶은 사람

- Do it! 점프 투 파이썬
- Do it! 점프 투 파이썬 — 라이브러리 예제 편
- Do it! 파이썬 생활 프로그래밍
- Do it! 점프 투 장고
- Do it! 점프 투 플라스크
- Do it! 장고+부트스트랩 파이썬 웹 개발의 정석
- Do it! 점프 투 파이썬 — 라이브러리 예제 편

B 자바·코틀린 개발자가 되고 싶은 사람

- Do it! 점프 투 자바
- Do it! 자바 완전 정복
- Do it! 자바 프로그래밍 입문
- Do it! 코틀린 프로그래밍
- Do it! 안드로이드 앱 프로그래밍
- Do it! 깡샘의 안드로이드 앱 프로그래밍 with 코틀린